Das Buch

Keßlers Biographie steht für viele, die in der DDR Verantwortung trugen: Aufgewachsen in einer kommunistischen Arbeiterfamilie, antifaschistischer Widerstand und Kampf in der Antihitlerkoalition, politische Qualifizierung in der Sowjetunion, Übernahme von Funktionen im Partei- und Staatsapparat, im Herbst 1989 Absturz und juristische Verfolgung ... So lehnte etwa das Verwaltungsgericht Köln seinen Anspruch auf Entschädigung als Wehrmachtdeserteur mit der Begründung ab, es sei kein NS-Urteil nachweisbar, außerdem habe Keßler wegen seiner Mitverantwortung in der DDR alle Ansprüche auf Entschädigung nach dem Erlaß der Bundesregierung verwirkt. Die vorliegenden Aufzeichnungen sind kein Rechtfertigung oder gar Entschuldigung. Keßler erzählt, was er erlebte, um deutlich zu machen, warum er sich in bestimmten Situationen so verhalten und so entschieden hat, wie er es tat. Wenn dennoch Fragen bleiben, ist dies nicht mangelnder Aufrichtigkeit geschuldet. Keßler kann Lauterkeit und moralische Integrität nicht abgesprochen werden.

Der Autor

Heinz Keßler, geboren am 26. Januar 1920 in Lauban (Schlesien), aufgewachsen in Chemnitz, Jung-Spartakusbund und Lehre als Maschinenschlosser, 1940 eingezogen zur Wehrmacht, am 22. Juni 1941 am Bug beim Überfall auf die Sowjetunion als 2. MG-Schütze dabei, nach drei Wochen zur Roten Armee übergelaufen. Besuch einer Antifaschule, 1943 Mitbegründer des Nationalkomitees »Freies Deutschland« und Frontbeauftragter des NKFD. Rückkehr nach Deutschland 1945, Leiter des Hauptjugendausschusses von Großberlin, Mitbegründer der FDJ 1946, danach ununterbrochen bis 1989 Mitglied des Parteivorstandes bzw. des ZK der SED, ausgeschlossen aus der SED-PDS im Januar 1990. Ab 1950 militärische Laufbahn, seit 1979 Mitglied des Nationalen Verteidigungsrates, 1985 Minister, 1986 Mitglied des Politbüros. Ende 1989 Rücktritt von allen Ämtern. 1990 verhaftet, 1991 erneut verhaftet und im sogenannten 1. Politbüroprozeß angeklagt. Am 16. September 1993 zu siebeneinhalb Jahren verurteilt, von denen der Armeegeneral a. D. viereinhalb Jahre absaß.

W0178328

Heinz Keßler

Zur Sache und zur Person

Erinnerungen

edition ost

ISBN 3-929161-63-X

Titel: Ullstein Bilderdienst
Rücktitel: Gabriele Senft. (Sonderparteitag der SED am
17. Dezember 1989 in der Berliner Werner-Seelenbinder-Halle)
Fotos: Archiv Keßler
Satz: edition ost
Druck: CPI Moravia Books

Inhalt

Sich erinnern bedeutet Schwerstarbeit. Deshalb habe ich mich der produktiven Zusammenarbeit eines langjährigen Freundes und Genossen versichert. Der Journalist Erich Selbmann*, langjähriger Chefredakteur der »Aktuellen Kamera« und danach Leiter des Bereichs Dramatische Kunst im Fernsehen der DDR, hat mich bei dieser Aufgabe tatkräftig unterstützt. Dafür bin ich ihm außerordentlich dankbar.

* Erich Selbmann (1926-2006) war der Sohn des DDR-Wirtschaftsministers Fritz Selbmann (1899-1975), der u. a. dadurch berühmt geworden war, daß er sich am 17. Juni 1953 vorm Haus der Ministerien in Berlin mutig den Streikenden stellte. Selbmann jr. war von 1953 bis 1955 Chefredakteur beim Deutschlandsender, später Intendant des Berliner Rundfunks. Von 1959 bis 1964 arbeitete er als Sekretär der SED-Bezirksleitung Berlin und von 1964 bis 1966 als Korrespondent des DDR-Fernsehens in Moskau. Von 1966 bis 1978 war Erich Selbmann Chefredakteur der Aktuellen Kamera., danach – bis 1989 – Stellvertretender Vorsitzender des Staatlichen Komitees für Fernsehen und Leiter des Bereichs Dramatische Kunst in Adlershof.

Vorwort

Ich habe mich dem Wunsch vieler, einige meiner Erinnerungen öffentlich zu machen, lange widersetzt. Zum einen will ich nicht zu jenen gehören, die um der billigen, der Sache nicht nützenden Sensation willen etwas schreiben. Zum anderen bin ich nicht so wandlungsfähig wie mancher meiner Zeitgenossen – ich bin in bestimmten Fragen geradezu wandlungsunwillig. Meine antifaschistische, kommunistische Gesinnung beispielsweise werde ich nicht dem Zeitgeist opfern. Außerdem ist mir die in Mode gekommene Praxis zuwider, frühere Weggefährten zu denunzieren und den eigenen Beitrag herauszustellen, den man für den Lauf der Geschichte angeblich geleistet habe.

Auf der anderen Seite ist die Aufforderung an einen Mann, der auf die 80 zugeht und an etlichen exponierten Plätzen tätig war, durchaus zulässig, er möge doch das Wesentliche zu Papier bringen, was er gesehen und erlebt hat. Tue er dies, gehe es dabei weniger um subjektiven Lorbeer, sondern um Zeugenschaft. Geschichte ist immer die Summe vieler Sichten und Erfahrungen, eine objektive Wahrheit gibt es nicht – aber jedes einzelne Element hilft, ihr näher zu kommen. Ausschließlich wegen dieser Intentionen gab ich dem fortgesetzten freundlichen Drängen nach.

Ich reklamiere für mich, daß ich viele Vorgänge in der Vergangenheit im Moment ihres Stattfindens nur bedingt durchschaut und in ihren Auswirkungen erfaßt habe. Ein solches Schicksal, so denke ich, teile ich wohl mit den meisten Menschen. Erst beim Blick zurück ordnet sich vieles zu einem überschaubaren Ganzen. Theoretische Erkenntnisse werden bestätigt, Vermutungen bekräftigt oder widerlegt, Irrtümer offenbar – und daraus wachsen wieder neue Einsichten. Das ist auch notwendig, damit die positiven Erfahrungen bewahrt bleiben und um nicht zweimal die gleichen Fehler zu begehen.

Wenn ich heute einige für mich wichtige Grunderkenntnisse meines Lebens und Schlüsselerlebnisse niederschreibe, werde ich mich bemühen, die Unmittelbarkeit nicht zu verdrängen, um nicht die historische Situation zu verfälschen. Das ist schwer, denn in die Bewertung der Vergangenheit fließt immer späteres Wissen mit ein. Und die Schlüsse, die man daraus zieht, die Lehren, wie wir immer sagten, sind ja die subjektiven Schlußfolgerungen aus dem Lauf der Geschichte. Auch die kann ich nicht verschweigen. Denn wozu schreibt man denn Memoiren – doch um den Nachgeborenen diese Schlüsse wissen zu lassen. Alles, was man tut, passiert in einer konkreten historischen Situation, unter konkreten subjektiven und objektiven Umständen. Geschichte entwickelt sich aus der Geschichte, sie hat ihre eigene Moral. Wie man heutige Gesetze und moralische Maßstäbe nicht zur Bewertung etwa der Reformation oder der Religionskriege im 17. Jahrhundert heranziehen kann, so ahistorisch ist es, beispielsweise Ursachen und Konsequenzen des Kalten Krieges ausschließlich mit heutigen Kategorien zu messen. Da die eine konkurrierende Seite verschwunden ist, heißt die kurzschlüssige Behauptung: Diese allein habe ihn vom Zaun gebrochen. Ergo ist auch alles andere, was sie getan hat, von Anfang an unrecht gewesen. Die DDR, so heißt es beharrlich, war darum ein Unrechtsstaat.

Die andere Seite hingegen, so suggeriert es diese Auffassung, sei immer von lauter Redlichkeit, von Recht und Gesetz, von Anstand und Menschlichkeit getrieben worden. Das ist nicht minder ahistorisch und unsinnig.

Wir müssen Geschichte aus ihrem Gang erklären, nicht aus dem Nachgang.

Heinz Keßler
Berlin, Februar 1996

1940 – 1945

Denn kein größeres Verbrechen gibt es,
als nicht zu kämpfen,
wo man kämpfen muß.
Friedrich Wolf

Der entscheidende Marschbefehl erreichte uns am späten Abend des 21., in der hereinbrechenden Nacht zum 22. Juni 1941. Damals war ich, einundzwanzigjährig, seit sieben Monaten Soldat.

Im November 1940 wurde ich – ganz entgegen meiner Erwartung, da ich ja in einer inzwischen kriegswichtig gewordenen Maschinenbaufabrik arbeitete und als uk-gestellt »unabkömmlich« schien – zur Armee einberufen, ungeachtet auch der Tatsache, daß ich aus einer in Chemnitz recht bekannten kommunistischen Familie stammte und meine Eltern, beide, wiederholt verhaftet, verurteilt und unter Polizeiaufsicht gestellt worden waren. Auf einem nüchternen Vordruck wurde ich aufgefordert, mich – nach erfolgreicher Musterung – in meiner Heimatstadt in der Kaserne »An der Planitzstraße« zur Rekrutenausbildung einzufinden. Meine erste, heftig aufwallende Empfindung war Abwehr. Sie entwickelte sich rasch zur ernsten Absicht, mich dieser Aufforderung zu widersetzen, mich dem verhaßten Dienst in der Wehrmacht, in der Eroberungsarmee des faschistischen Deutschland, zu entziehen.

Mit meinem Vater konnte ich darüber nicht sprechen – er war nach seiner letzten Haftentlassung zur Arbeit beim Autobahnbau dienstverpflichtet worden und wieder einmal, schon einige Monate lang, nicht mehr zu Hause. Also sprach ich mit meiner Mutter, zu der ich eine außerordentlich enge Bindung hatte und mit der ich mich immer über alles Wichtige beriet. Und ich sprach mit Freunden unserer Familie, mit erfahrenen Menschen, mit denen meine Eltern gemeinsam manchen politischen Kampf durchgestanden hatten. Alle rieten mir dringend davon ab, einen zwar verständlichen, aber völlig aussichtslosen Schritt zu tun. Gegen ihre Argumente fand ich keinen sinnvollen Einwand.

Es gebe zur Zeit – so machten sie mir klar – keinerlei Möglichkeit, irgendwo unterzutauchen und sich dem Zugriff der allgegenwärtigen Gestapo zu entziehen. Es war auch nicht daran zu denken – wie noch einige Jahre zuvor –, das Land zu verlassen und sich irgendwo ins Exil durchschlagen zu können. Die uns am nächsten liegende Tschechoslowakei war inzwischen ein deutsches Protektorat geworden, dem Reich praktisch einverleibt. Polen war besetzt, zu einem Teil Deutschland direkt angeschlossen, zum anderen als Generalgouvernement unter ein strenges Besatzungsregime gestellt. Seit Frühjahr und Sommer dieses Jahres 1940 waren auch die westlichen und nördlichen Grenzen Deutschlands faktisch aufgehoben – Frankreich, Belgien, Luxemburg, Holland, Dänemark und Norwegen waren im Laufe von nur wenigen Monaten zu okkupierten Gebieten geworden. Sich vagabundierend im Lande zu verstecken, wie es etwa noch vor fünf, sechs Jahren möglich gewesen sein mochte, schien aussichtslos, nicht nur deshalb, weil unter den strengen Auflagen und Kontrollen der Kriegszeit kaum ein sicheres Quartier gefunden werden konnte und es in Deutschland ohne Sparrücklagen, ohne Verdienst, ohne Verpflegung, ohne die kriegsbedingten Lebensmittelkarten unmöglich war zu überleben.

Darüberhinaus: Es war nicht zu übersehen, daß die in dieser Zeit vorherrschende politische Stimmung, die Geisteshaltung der Bevölkerungsmehrheit im Reich, selbst bei uns im Arbeiterzentrum Chemnitz, das übersteigerte Bewußtsein war, wieder zum Volk der Sieger, endlich zum Herrenvolk Europas zu gehören und zur Vorherrschaft über andere Völker berufen zu sein. Deserteure, Verweigerer, »Drückeberger« hatten angesichts dieser hochgestimmten, nationalistisch geprägten Massenhysterie kein Pardon zu erwarten.

Zudem war jetzt – am Ende eines Jahres so vieler Blitzkriegsiege – völlig unklar, wie es in der absehbaren Zukunft mit dem Krieg weitergehen würde: Ob in Kürze Überfälle auf weitere Staaten bevorstanden oder aber eine längere Periode der Besetzung und Ausplünderung der bereits unterworfenen Länder, eine Zeit der Schaffung eines dauerhaften Deutsch-Europas begann, das unweigerlich ein Polizeistaat sein würde.

Nein, es gab keinen Untergrund mehr, in dem man unsichtbar werden konnte. »Junge, schlag Dir deine Pläne aus dem Kopf, warte auf günstigere Zeiten!«

Und einer unserer Freunde – der wie fast alle Genossen meines Vaters die vier Jahre des Weltkrieges 1914/18 an den Fronten er-

Mutter Hedwig Keßler (auf dem linken Foto rechts) in den 60er Jahren zur Kur. Vater Robert Keßler (rechts) in den 30er Jahren

lebt und erlitten hatte und dort zum kämpferischen Kriegsgegner geworden war – fügte noch hinzu: »Wenn es schon nicht vermeidbar ist, Soldat zu werden – sei sehr aufmerksam, präge sir alles ein und lerne. Vielleicht kannst du es später brauchen!«

Damals verstand und billigte ich diese Worte nicht, doch schon wenige Monate später begriff ich sie.

Ich rückte in der Kaserne »An der Planitzstraße« ein. Die Rekrutenausbildung war außergewöhnlich hart. Die Einheit, die hier aus jungen Wehrpflichtigen – die meisten sogar noch jünger als ich – zusammengestellt, eingekleidet und auf die Stuben der alten Kaserne aufgeteilt wurde, bestand überwiegend aus Söhnen aus Arbeiter- und Bauernfamilien aus dem Raum Chemnitz und dem Bördegebiet um Magdeburg. Mein Eindruck war, daß die meisten von ihnen – ich konnte natürlich nur einen Bruchteil der Einberufenen, die Männer meiner Gruppe, meines Zuges, meiner Kompanie überblicken – keineswegs überschwenglich froh waren, nun endlich Soldat zu werden.

Alle waren ja aus ihrer Ausbildung, ihren ersten Berufsjahren, ihrem Freundeskreis gerissen worden. Sie waren, das spürte ich, nicht sonderlich erbaut, nun auf unbestimmte Zeit Uniform tragen und kaserniert leben zu müssen, aber sie äußerten ihren Unmut nicht. Sie fanden sich mit dem scheinbar Unabänderlichen ab, gewöhnten sich rasch an die graue Uniform und versuchten, aus der neuen Situation das Beste zu machen – was immer dieses Beste auch sein mochte.

Nun war jeder Tag in dieser ersten Ausbildungsphase – vom frühzeitigen Wecken bis zum späten Zapfenstreich – so dicht mit Exerzierstunden und anstrengenden Ausmärschen, mit Schießübungen und Waffenreinigen, mit überraschendem Alarm und theoretischer Unterrichtung vollgestopft, daß für ausschweifende Gedanken kaum Zeit noch Freiraum blieb. Bald waren wir alle in den festen Rhythmus eines straffen Dienstplanes eingebunden, von den Erlebnissen aus der Zeit »davor« wurde nur selten gesprochen, auch von dem, was uns erwartete, wenig. Von bevorstehenden Feldzügen, von direkten Kampfhandlungen – obwohl man sie doch täglich trainierte – sprach man kaum. Die meisten glaubten wohl, die wichtigsten Eroberungen, die der »Führer« für notwendig hielt, seien nun erfolgt. Vielleicht würde man in den besetzten Gebieten, die Deutschland natürlich nicht wieder freigeben könne, Dienst machen, die dort stationierten Truppen ablösen müssen, schließlich würde die Vorherrschaft Deutschlands und sein Besatzungsregime in weiten Teilen Europas von langer Dauer sein.

Die Ausbildung war hart und anstrengend, sie forderte uns immer wieder bis an den Rand unserer Kräfte. Mir wurde von Anfang an klargemacht, daß ich als »MG-Schütze Zwei« vorgesehen war. Während der »MG-Schütze Eins« wirklich ein Schütze war, also das Maschinengewehr trug, es in Anschlag brachte, zielte und schoß, war die Nummer Zwei nicht mehr als ein gut gedrillter Schlepper. Er mußte dem Schützen Eins zur Hand gehen und die schweren Munitionskästen schleppen – durch Schnee und Schlamm und Staub, über Stock und Stein, mit Hinwerfen, mit »Sprung auf, marsch marsch!«, mit Deckungssuche in hastiger Folge. Obwohl ich gesund, kräftig und sportlich trainiert war, wurde ich mir oft der Grenzen meiner Kraft bewußt – und empfand es darum als besonders empörend, daß wir immer wieder, noch weit über den Ausbildungsplan hinaus, schikaniert wurden: Immer wieder Bettenbauen! Immer wieder Spindappelle, wobei die Uniformstücke auf den Boden flogen und die Stiefel hinterher. Immer wieder Strafexerzieren, Robben über den Kasernenhof, Hetzjagden mit letzter Kraft über die Eskaladierwand. Dabei handelte es sich, wie ich spürte, in den meisten Fällen gar nicht um Schikanen aus bloßer Bösartigkeit oder niederer Gesinnung. Das passierte natürlich auch.

Da gab es zum Beispiel unseren Stubengefreiten, nur wenig älter als wir, nur wenige Monate länger Soldat, aber auf besondere Art primitiv und ungebildet. Er nutzte jede Gelegenheit, uns seine Überlegenheit zu demonstrieren, die ihm der kleine silberglänzende Winkel am Oberarm verlieh. Wenn er unsere Stube betrat, stellte er seinen Fuß auf den nächstbesten Schemel – und die zehn Mann unserer Gruppe mußten mit den Schuhbürsten hinzustürzen, um seine Stiefel zu wienern. Weil ich mich weigerte, das Spiel mitzuspielen, erhielt ich manchen Sonderdienst. Nachdem ihm aber eines Abends, bei einem der wenigen Stadtausgänge, eine tüchtige Tracht Prügel verabreicht worden war – die Übeltäter wurden nie ermittelt –, legte sich seine Anmaßung ein wenig.

Da gab es auch einen Unteroffizier, der mich erschreckend an den Sadisten »Himmelstoß« erinnerte, den ich aus dem Remarque-Roman »Im Westen nichts Neues« kannte – er kam aus Döbeln, wo er in einer Großbrauerei am Automaten Flaschen gespült hatte und jetzt, »etwas geworden«, seine Mißachtung der Untergebenen austobte. Doch: das waren Ausnahmen.

Offiziere sahen wir übrigens selten – nur bei den großen Appellen oder wenn die Ergebnisse des jeweiligen Ausbildungsabschnittes eingeschätzt werden mußten. Ansonsten waren die uns nächsten Vorgesetzten die Unteroffiziere, die Feldwebel, die »Kompanie-Spieße«. Auch sie waren zumeist Söhne von Arbeitern und Bauern, hatten aber schon eine längere Dienstzeit hinter sich, an den vorangegangenen militärischen Operationen teilgenommen – etwa das Sudetenland mit besetzt –, in Polen, Frankreich oder in Norwegen gekämpft und waren stolz, Verwundungen erlitten zu haben und bereits Auszeichnungen zu tragen. Sie sahen in ihrer Pflicht, uns jungen Burschen militärischen Schliff beizubringen, einen ehrenhaften Auftrag und hielten eine sehr harte Ausbildung, die Gewöhnung an unbedingten Gehorsam und eiserne Disziplin für viel wichtiger als das Wissen um Richtung und Ziel der befohlenen Märsche. Den Rekruten die »Hammelbeine langzuziehen«, um aus Zivilisten »wirkliche Menschen « zu machen, schien ihnen unerläßlich zu sein.

Und sie erlebten ja den Erfolg ihrer unerbittlichen Schinderarbeit: Schon nach wenigen Tagen war jeder Drang zu selbständiger Entscheidung, die dem Menschen doch eigen ist, in den Rekruten erstickt. Sie folgten willig, fast automatisch, ohne nachzudenken, den hastigen Kommandos und taten alles, was ihnen befohlen war – wie Marionetten an ihren Fäden. Sicher hatten die jungen Rekruten noch sehr viel zu lernen: Schießen, Kartenlesen, Waffenkunde, rechtzeitig in Deckung zu gehen und im geschlossenen Sprung nach vorn zu stürmen. Doch das Wichtigste war ihnen unverlierbar eingeprägt: Stets auf einen gegebenen Befehl hin die richtige Bewegung zu tun. Schließlich war das in Deutschland beim Barras immer so gewesen!

Kurz nach Weihnachten 1940 wurde unsere Ausbildungskompanie – wie andere Einheiten auch – von Chemnitz in das Gebiet nahe Passau verlegt. Es war ein Abschied von der Heimatstadt, der – das fühlte ich – lange dauern sollte. Es war eine Verlegung von Sachsen nach Bayern, in eine unbekannte, neue Welt. Obwohl es uns jungen Soldaten eigentlich gleich sein konnte, in welcher Kaserne wir nächtigten und über welchen Exerzierplatz man uns jagte – mir fiel der Abschied von Chemnitz schwer. Ich nutzte den letzten Ausgang – wir hatten seit der vierten Woche unserer Ausbildung wöchentlich einmal einige Stunden Stadtgang –, mich von der Mutter und der Schwester, von guten Freunden und von der Stadt zu verabschieden. Besonders wichtig war für mich das Gespräch mit meiner Mutter. Wir führten es allein, es war lang und ernst und doch keine Moralpredigt, ohne schwülstige Phrasen, aber sehr grundsätzlich. Es hat mich lange beschäftigt. Von ihm wird noch die Rede sein.

Das Rekrutenleben unweit Passaus unterschied sich von dem in Chemnitz so grundsätzlich, daß wir zunächst kaum Worte fanden. Die Kasernen waren für alle Rekruten zu klein, sie reichten nicht aus, uns aufzunehmen. Darum wurden wir in Privatquartieren bei Kleinbauern untergebracht. Diese Unterkünfte waren angenehm, die Verpflegung war reichhaltig und gut, wenn auch ganz anders und viel schwerer als bei uns zu Haus oder in unserer alten Kaserne, die Gastgeber waren freundlich. Sie schienen begeistert

zu sein, künftige Soldaten bei sich zu beherbergen und sahen in uns Helden von Morgen, zumindest sagten sie es.

Die Ausbildung, zu der wir jeden Tag auf den Kasernenhof mußten, geriet nicht sehr intensiv. Wir mußten nur das Notwendigste tun, um den Tag herumzubringen und nicht aus der Übung zu kommen und dabei möglicherweise nachlässig zu werden, zu »versacken«. Erst allmählich kamen wir dahinter, daß in diesen Wochen die Ausbildung gar nicht das Wichtigste war, sondern daß hier in Niederbayern, mit dem Zentrum auf dem berühmten Truppenübungsplatz Grafenwöhr, eine neue Division aufgestellt werden sollte. Es war die 134. Infanteriedivision, die zunächst unter der seltsamen Bezeichnung »11. Welle« aus Teilen irgendwo aufgeriebener und aufgelöster anderer Divisionen und eben aus Neuzugängen gebildet wurde. Militärisch damals noch völlig unerfahren, verstand ich kaum, was alles nötig war, um eine Division aufzustellen, sie auszurüsten und schlagkräftig zu machen – aus Menschen, die aus vielen Gebieten kamen, stabile Einheiten zusammenzufügen, dazu sehr viele Fahrzeuge zu konzentrieren, die notwendigen Waffenbestände zu sichern und eine komplizierte Infrastruktur von Aufklärungseinheiten über Pionierbataillone bis zu Sanitätsgruppen und dem Verpflegungstroß aufzubauen. Ich bekam damals auch nur eine blasse Vorstellung davon. Meine Welt war immer noch klein, umfaßte meine Gruppe, meinen Zug, meine Kompanie, gerade noch Umrisse meines Bataillons waren zu erkennen. Dennoch war schon jetzt zu ahnen, daß die Militärmaschine gewaltig größer und komplizierter, daß sie übermächtig war. Wozu sie in absehbarer Zeit eingesetzt werden sollte, blieb nach wie vor unklar.

Die Diskussion darüber kam jedoch in Gang, weil in unseren Einheiten die unerfahrenen Rekruten mit Soldaten zusammengeführt und in den Gruppen gemischt wurden, die bereits Fronterfahrung besaßen und vollmundig von ihren Erlebnissen berichteten. Um vor uns aufzutrumpfen und unsere Neugier zu wecken, erzählten sie davon, wie sie im September 1939 die Grenzsicherungsanlagen zu Polen einfach beiseite geschoben hatten und schon wenig später in die herrliche Stadt Krakau einmarschiert waren. Sie berichteten davon, wie sie in Nordfrankreich bei ihrem Vormarsch in Richtung Paris die Grabfelder aus dem Weltkrieg 1914/18, die Zeugnisse der Kämpfe vor Verdun und an der Somme, gesehen hatten und sich als Rächer empfanden, berufen, den Erbfeind zur Raison zu bringen. Das Zusammentreffen mit diesen Soldaten machte auf die meisten Rekruten unbestreitbar Eindruck, und ihr Gehabe »Wir Deutschen sind doch die Größten!« blieb nicht ohne Wirkung.

Dennoch – obwohl ja unsere Ausbildungszeit langsam zu Ende ging – gab es auch in Passau noch keine Erkenntnis, was die exakten Aufgaben der neuen Division sein würden. Erfahrungen sammeln, um die Verwalter Europas zu sein – darauf waren viele von uns eingestellt. An einen neuen Feldzug dachte noch niemand, die Auffassung blieb vorherrschend, in den besetzten Gebieten sei ein »Wachwechsel« vorzunehmen, es könnten ja nicht immer dieselben Truppen sein, die außerhalb der Reichsgrenzen standen.

Das schien sich zunächst zu bestätigen, als wir Ende Januar, Anfang Februar 1941 von Passau nach Tschenstochau verlegt wurden. Wir kannten Lage und Geschichte der Stadt nur ungenau – ein Blick in einen einfachen Atlas verriet uns das Wichtigste: Tschenstochau lag nordöstlich der Grenze zum oberschlesischen Industriegebiet, einige hundert Kilometer südwestlich von Warschau, an der Warthe. Es war eine Industriestadt mit Eisenhütten in der Nähe großer Erzlager, mit einem Stahlwerk und vielen Maschinenfabriken, mit Werken der Baustofferzeugung und der Textilindustrie, gewissermaßen ein polnisches Chemnitz. Und gleichzeitig war Tschenstochau eine alte Kulturstadt mit einem schönen, alten Zentrum, mit vielen Schulen, Hochschulen und vor allem mit zahlreichen Kirchen, eine der »polnischsten« Städte überhaupt. Das Bildnis der »Schwarzen Madonna« in der Kirche Jasna Gora (»Heller Berg«) hatte die Stadt zu einem der wichtigsten Wallfahrtsorte des erzkatholischen Polens gemacht.

Wir waren erwartungsvoll, kaum aber auf das, was wir dann erlebten. Zunächst ging die Formierung unserer Division weiter, vor allem die Ausstattung mit Fahrzeugen und schweren Waffen. Auch unsere Ausbildung wurde wieder ernsthaft aufgenommen – es war erneut eine sehr strenge, schikanöse Ausbildung, die alles von uns forderte. Und doch war etwas völlig anders geworden: Wir waren jetzt in einem besetzten Gebiet stationiert.

Für die meisten jungen Soldaten war dies ein völlig neuer Reiz, wenn man so will: eine große Verführung, ein Appell an den oft zitierten »inneren Schweinehund«, zumal sie die hier bereits lange einquartierten deutschen Einheiten und deren einschüchternde Wirkung auf die polnische Bevölkerung aus der Nähe erlebten – Dreistigkeit und Hochmut auf der deutschen, Angst und strikte Ablehnung auf der polnischen Seite. Ich sah, daß die doch in Tschenstochau geborenen und herangewachsenen Polen in ihrer vertrauten Heimatstadt – ob junge Frauen mit kleinen Kindern, ob alte Frauen mit ihren Einkaufsbeuteln oder hinfällige Greise, ob Priester oder Nonnen, die es hier in großer Zahl gab – den

Bürgersteig verlassen mußten und ihn verließen, sobald ihnen deutsche Soldaten entgegenkamen. Ich hatte schon vorher von noch schlimmeren Demütigungen und Gewaltmaßnahmen gegen die Bevölkerung besetzter Länder gehört, dennoch machte diese blamable Massenerscheinung auf offener Straße, die so fatal an das alte Nazilied »Die Straße frei den braunen Bataillonen!« erinnerte, den krassen Unterschied zwischen Besatzern und Besetzten, zwischen »Herrenmenschen« und »Untermenschen« brutal sichtbar, daß es jeden erschrecken mußte. Das Schlimmste schien mir, daß auch die jüngsten Soldaten, selbst die noch nicht voll ausgebildeten Jungen aus Chemnitz und Magdeburg, diese Möglichkeit, Menschen zu demütigen, sofort praktizierten, als hätten sie es immer schon getan.

Auch auf andere Weise erfuhr ich, daß wir Besatzungsmacht waren. Es gab ausgedehnte Einweisungen, wie man sich in der Stadt zu bewegen hatte: Wir sollten nie allein, sondern stets mit anderen durch die Straßen gehen, auf jeden möglichen Hinterhalt achten und vor Untergrundkämpfern, vor »bewaffneten polnischen Banditen« auf der Hut sein – selbst wenn es sich noch um halbe Kinder handelte. Man teilte uns auch mit – was wir weder aus Chemnitz noch aus Passau kannten –, daß und wo es die von der Stadtkommandantur eingerichteten Bordelle gab, worauf bei einem Besuch in diesen »Freudenhäusern« besonders zu achten war und wie man sich gegen Geschlechtskrankheiten schützen konnte. Es konnte nicht verwundern, daß viele diese Warnungen als eine versteckte Aufforderung verstanden, die Bordelle aufzusuchen und sich in den kleinen Kneipen, faktisch im engen Umkreis der »Schwarzen Madonna«, maßlos zu betrinken.

Zum ersten Male sah ich ein jüdisches Ghetto. In Gesprächen mit schon länger hier stationierten Soldaten, zu solchen kam es ja hin und wieder, erfuhr ich, daß hier zu Beginn des Krieges etwa 28.000 Juden gelebt hatten, die wie die Polen auch in fast allen Industriezweigen, daneben im Groß- und Einzelhandel und in vielen Zweigen des Handwerks, tätig waren. Der Einmarsch der deutschen Truppen in Tschenstochau erfolgte am 3. September 1939, am dritten Tag des Krieges, und sofort begann die Verfolgung der Juden. Schon am 4. September, dem »blutigen Montag«, wurden 300 Juden aus ihren Häusern geholt und erschossen. Es folgten Beschlagnahmung des Eigentums, Vertreibungen aus den Häusern, Mißhandlungen und Demütigungen. Im August 1940, also

Monate vor unserer Ankunft, waren 1.000 junge Juden zusammengetrieben und in das Arbeitslager Ciechanow deportiert worden. (Keiner von ihnen überlebte.) Anfang 1941 hatte die deutsche Besatzungsmacht begonnen, im östlichen alten Teil der Stadt ein Ghetto einzurichten. Mehr als 20.000 Juden wurden aus den Städten und Dörfern der Umgebung dorthin verbracht, so daß schließlich 48.000 im Ghetto zusammengepfercht waren. Es wurde mit Stacheldrahtverhauen und Postenketten abgeriegelt – nur jene Juden konnten es in überwachten Gruppen verlassen, die in den Munitionsfabriken an der Krotkastraße arbeiten mußten. Die Enge, der Schmutz, das unübersehbare Elend, der Hunger, die Hinfälligkeit der Menschen erschreckten mich zutiefst – und ich schämte mich, die graue Uniform der Wehrmacht zu tragen. Denn sie, nicht nur die SS, auch die Wehrmacht, wenn sie nicht sogar selbst beteiligt war, wußte von all diesen Greueln.

Ich war erleichtert – fast hätte ich gesagt froh –, als wir im Frühjahr 1941 aus Tschenstochau abgezogen wurden. Wohin wir verlegt werden sollten, war uns lange unklar – wir merkten nur, daß es quer durch das besetzte Polen nach Osten ging. Städtenamen erfuhren wir nicht, Ortsschilder konnten wir nicht lesen oder verstanden sie nicht, vermochten sie nicht einzuordnen. Als wir unser Ziel erreichten, fanden wir uns in tiefen Wäldern wieder, dicht wie Urwälder. Weit und breit gab es keine Stadt, kein Dorf, kein Gehöft. Wir sahen keinen Zivilisten, keinen Jäger, keinen Holzsammler wie sonst in Wäldern, nur deutsche Soldaten und rasch errichtete Zeltunterkünfte, Feldküchen, Waffen- und Werkzeuglager. Es sprach sich allmählich herum, daß wir südlich an Warschau vorbeigefahren waren und nun etwa acht oder zehn Kilometer vor dem Bug standen, nicht weit von seiner Mündung in die Weichsel, vor der polnisch-sowjetischen Grenze. Irgend jemand wollte während der Fahrt die Ortsnamen Mielnik und Losic verstanden haben – das konnte aber auch ein Irrtum oder eine bloße Vermutung gewesen sein.

Auch wenn ich die dumpfe Vermutung bekam, daß ein neuer Überfall, ein neuer Feldzug bevorstünde, äußerte ich diese Ahnung nicht. Niemand sprach davon. Uns waren auf der Fahrt hierher die langen sowjetischen Güterzüge entgegengekommen, die Rohstoffe und Produkte aller Art nach Deutschland brachten: Erze, Kohle, Fässer mit Treibstoff und Schmieröl, Holzbohlen und ungeschnittene Baumstämme, wohl auch Getreide und Fleisch. Die

Sowjetunion hielt die abgeschlossenen Lieferverträge nach wie vor ein, die sie mit Deutschland abgeschlossen hatte und deren Umfang selbst uns im fernen Chemnitz sichtbar geworden war. Man mochte vom Hitler-Stalin-Pakt halten, was immer man wollte – mein Vater sprach immer mit Abscheu und Wut von ihm. Eines konnte man aber wohl nicht ignorieren: Die Handelsbeziehungen im Gefolge dieses Paktes wären erledigt, sollte es Krieg geben. Jeder hoffte, daß der friedliche Handel mehr Nutzen für Deutschland brachte als eine kriegerische Auseinandersetzung.

Uns Soldaten wurde gesagt, wir hätten hier zu arbeiten. Neben der fortzusetzenden Ausbildung und in ihrem Rahmen sollten durch die Wälder Schneisen geschlagen und Straßen in Richtung Bug gebaut werden. Noch immer kann ich es nicht völlig erklären, wie schnell damals gewisse Gerüchte in Umlauf kamen und wie hartnäckig sie sich hielten, nämlich daß die von uns gefällten Bäume, die immer breiter werdenden Schneisen, die immer stabiler befestigten Straßen einem gigantischen, für uns aber ungefährlichen Projekt des »Führers« dienten. Hatte sich das Gerücht wie von selbst aus vielen Gesprächern herausgefiltert? Oder hatte es eine Propagandainstanz gezielt in Umlauf gebracht? Gleichwohl: Es kam den Hoffnungen und Erwartungen der Männer in Feldgrau entgegen. Sehr bald gab es nur noch diese eine Behauptung, die kolportiert wurde: Der Führer suche – auch in Absprache mit der sowjetischen Regierung – nach einem Weg quer durch Rußland, durch die Ukraine und die sowjetischen Republiken im Kaukasus, in die arabischen Staaten und den Norden Indiens hinein, wo unter englischer Verwaltung befindliche Ölquellen, die Deutschland so dringend brauchte, lagen.

So phantastisch ein solcher Plan auch klang, für unmöglich hielten wir ihn nicht. Das Rätseln, das Vermuten und wilde Spekulieren ging schlagartig zurück. Bemerkenswert schien mir, daß auch die Rekruten, die erst einige Monate die Uniform trugen, es für durchaus »normal« hielten, deutsche Waffen auch auf andere Kontinente zu tragen. Sie hatten es von ihren Vätern aus dem Weltkrieg erfahren, sie hatten es in der Schule gelernt, sie hatten es in den beiden ersten Kriegsjahren erlebt: Immer hieß es, wenn von den deutschen Kriegszielen die Rede war, daß es einen gesunden Drang nach dem Osten von Alters her gäbe, daß Deutschland nicht länger ein Volk ohne Raum bleiben dürfe, daß es auch um Siedlungsgebiete und Rohstoffquellen ging. Es galt als selbstverständlich, daß gleich nach der Wehrmacht auch die Ingenieure der großen Konzerne in die besetzten Länder kamen und dort »germanisierten« oder eigene Werke bauten. Vielleicht machten sie sich keine Gedanken darüber, inwieweit der »germanische Führerstaat« die Interessen der großen Industrie vertrat, doch sie akzeptierten auch das Recht am fremden Erdöl.

Für ein Kurzes habe auch ich unter dem Eindruck der allgemeinen Stimmung an das Gerücht geglaubt. Im Hinterkopf steckte natürlich immer noch der Gedanke, irgendwann kommt es noch zum Krieg mit der Sowjetunion. Doch im Vordergrund stand der Eindruck: Jetzt, hier und heute wird er noch nicht ausbrechen.

Die Überraschung, die alles umstülpte, kam am 21. Juni, am späten Nachmittag. Dieser Tag, der Tag vor der Sommersonnenwende, der längste Tag des Jahres, war ein wunderschöner, warmer Sonnentag. Unerwartet ging Bewegung durch das Zeltlager. So kündigte sich stets ein wichtiges Ereignis an. Man teilte uns mit, daß wir hohen Besuch bekämen. Wir wurden aufgefordert, uns auf einer weiträumigen Lichtung in einem großen Kreis niederzulassen. Dann tauchte ein ranghoher Offizier auf, ein hochgewachsener, kräftiger Mann um die fünfzig, gutgenährt und offensichtlich gut gelaunt. Ich hatte ihn noch nie gesehen, ich war überhaupt noch niemals mit einem General zusammengetroffen und sah staunend seine Uniform mit den roten Biesen, den roten Revers und Kragenspiegeln. Mir sagte auch sein Name nichts, als er sich bis zu mir herumgesprochen hatte. Es war unser Divisionskommandeur, Generalleutnant Conrad von Cochenhausen.

Der Herr General gab sich außerordentlich leger und zwanglos, demonstrativ und übertrieben leutselig. Er setzte sich in die Mitte des Kreises und plauderte mit den Soldaten und Offizieren. Ja, er plauderte, fragte den einen oder anderen, woher er stamme, erkundigte sich danach, wie es hier im tiefen Wald mit der Verpflegung und der Hygiene stünde. Er machte scherzhafte Bemerkungen über die Schönheit der Natur und darüber, daß ja nun der Sommer beginne. Alles wirkte unnatürlich, überzogen und belanglos.

Plötzlich stellte er, durch keine Floskel vorbereitet, die Frage: »Was meint Ihr, wird es Krieg gegen die Sowjetunion geben?«

Sofort war es still im Rund, alle spitzten die Ohren und hielten den Atem an. Der General fragte noch einmal, er wandte sich jetzt an die Nahesitzenden. Ein Teil der Soldaten schwieg auch jetzt noch, einige wenige sagten: »Nein, es wird nicht zum Kriege kommen« – und verwiesen auf das Gerücht vom Marsch zu den Schätzen Arabiens. Einige jüngere Offiziere meinten, wenn auch zögernd und unsicher, Krieg sei nicht ausgeschlossen, schließlich seien die Bolschewisten Deutschlands Feinde. Dann stand der General auf und machte einige Schritte zur Mitte des Kreises: »Es wird Krieg geben!«

Doch kein Hurra-Geschrei brauste auf. Allen stockte der Atem. Von Cochenhausen begann zu erklären – nichts ließ er aus. Er sprach vom bolschewistisch-jüdischen Kommunismus, dem Erzfeind des neuen Deutschland. Er erwähnte Hitlers »Mein Kampf«, in dem die Notwendigkeit, den Kommunismus zu vernichten, schon begründet worden sei. Er sprach von den Ländereien, die unbewirtschaftet seien, weil die Slawen an anständige Arbeit nicht gewöhnt und unfähig wären, aus dem Reichtum der Natur etwas zu machen, also alles verkommen ließen. Er sprach von der besonderen Verantwortung der nordischen Rasse, besonders der Deutschen, die Schätze des Ostens zu bergen. Er erinnerte an die Feldzüge in Polen und Frankreich und in den letzten Monaten gegen Jugoslawien – und davon, wieviel leichter es jetzt sein würde, denn Rußland sei ein Koloß auf tönernen Füßen, der beim ersten massiven Anstoß der Wehrmacht zusammenbrechen müsse. Er wollte seine Behauptung mit Zahlen belegen. Unsere Wehrmacht – so sagte er – habe dank der Weitsicht des Führers und des Fleißes der deutschen Arbeiter auf einem Frontkilometer soundsoviel Panzer, soundsoviel Artilleriegeschütze, soundsoviel Soldaten. Auf der anderen Seite dagegen befänden sich lediglich normale Grenzbefestigungen, so daß es – verglichen mit den Feldzügen, die die Wehrmacht bisher durchgeführt hatte – ein nicht allzu schwerer Gang sein würde.

Später erst wurde mir bewußt, daß der General mit keinem Wort von einem möglichen Angriff der Sowjetunion auf Deutschland gesprochen hatte, wie es schon in wenigen Stunden Hitler und seine Propaganda behaupten würden – nichts also von einem Präventivschlag, nichts von Abwehr, nichts von Verteidigung. Von Cochenhausen mußte wohl wissen, daß wir hier in unmittelbarer Nähe zur Grenze die Haltlosigkeit einer solchen Behauptung durchschauen würden. Er schloß: »Weihnachten werden wir in Moskau einziehen, dann ist die ganze Sache erledig. Zu Neujahr, Soldaten, sind wir wieder zu Hause!«

Dann wünschte er uns alles Gute und verabschiedete sich.

Ich habe später oft an diese Rede denken müssen und auch an diesen Mann, auch als ich erfuhr, daß Herr von Cochenhausen zwar noch den Weihnachtstag erlebte, wenn auch nicht in, sondern vor Moskau, nicht aber den Silvesterabend, da er am 30. Dezember zu Tode kam. Gefallen? Durch Freitod gestorben? Es ist bis heute nicht ermittelt.

Ich kann mich noch genau an die Stimmung unter den Soldaten an diesem Juni-Nachmittag erinnern, sie schlug von einer auf die andere Stunde um: Nach dieser Eröffnung war sie gedrückt, sogar ängstlich. Der größte Teil hatte an eine solche Möglichkeit wirklich nicht geglaubt. Diese Gedrücktheit hielt aber nicht lange vor, bald gewöhnten sich die meisten an den Gedanken, kämpfen und schießen, vielleicht sterben zu müssen: »Befehl ist Befehl, was können wir denn tun – und nicht jede Kugel trifft.«

Meine eigenen Empfindungen in dieser Stunde sind schwer zu beschreiben. Auf der einen Seite war ein bestimmter Druck von mir abgefallen. Ich hatte mich wiederholt an die Unterhaltungen mit meinem Vater im Sommer 1939 und an all die bösen, verbitterten Sätze erinnert, mit denen er den Nichtangriffspakt zwischen Deutschland und der Sowjetunion, den sogenannten »Hitler-Stalin-Pakt«, verurteilt hatte, den er nicht verstand. Er wollte ihn wohl auch nicht verstehen, selbst wenn er ihn in den Debatten mit alten Genossen als einen Versuch erklärte, Zeit zu gewinnen und einen Angriff auf die Sowjetunion zu verzögern. Und wenn auch er, nicht zu Unrecht, die ganze Schuld für diesen Vertrag den lavierenden Westmächten zuschob, die kein Beistandsabkommen mit dem sozialistischen Staat Sowjetunion geschlossen hatten, war mein Vater der Meinung, daß nicht jeder Zweck, und sei es der beste, jedes Mittel heiligen könne. Er wehrte sich gegen die beschönigende Redensart, daß man, um ein Ziel zu erreichen, auch mit dem Teufel paktieren müsse. Er war dagegen, daß Stalin mit Hitler und seiner Bande einen solchen Pakt schloß. Er erinnerte an seine Mithäftlinge im Konzentrationslager Sachsenburg, er erinnerte an die Freunde, die allen Gefahren zum Trotz in Deutschland politischen Widerstand organisierten, er sprach auch von den vielen Emigranten, nicht wenigen Chemnitzern darunter, die 1933 in die Sowjetunion gegangen waren, weil sie dort die Haupthoffnung auf einen Sturz Hitlers verkörpert sahen. Mußten sie den Vertrag nicht als einen Verrat empfinden?

Im Verlaufe vieler Gespräche mit guten Freunden relativierte sich seine Haltung ein wenig, er hörte ja nicht auf, politisch zu arbeiten. Überwunden aber hat er seine Einwände nicht. Und auch in mir waren sie stark.

Jetzt, nach der Ankündigung des Generals, waren die oft wirren Gedanken an diesen Pakt mit einem Schlag aus meinem Kopf – zumindest für die nächste Zeit. Dagegen aber war sofort ein anderer da, nicht weniger drückend: Wie wird der bevorstehende Kampf ausgehen, wieviele Opfer wird es auf beiden Seiten geben? Meine Antwort auf den ersten Teil der Frage glaubte ich schnell geben zu können, weil ich auch darüber, zumindest indirekt, mit meinem Vater gesprochen hatte: Wenn es zum Krieg zwischen Deutschland und der Sowjetunion kommen sollte, würde Deutschland besiegt werden. In einem solchen Kräftemessen würde – wie man es später als ein Wort von Ernst Thälmann weitergab – Stalin Hitler das Genick brechen. Doch der zweite Teil der Frage gab mir jetzt noch düstere Gedanken ein als vor Monaten. Inzwischen hatte ich ja das Ausmaß der Militärmacht kennengelernt, die diesseits vom Bug aufmarschiert war. Ich hatte die Rücksichtslosigkeit der SS wie der Wehrmacht und ihrer Offiziere, die ideologische Verirrung der meisten Soldaten miterlebt, ihre Bereitschaft, jedem Befehl zu folgen.

Am Abend kam das Kommando zum Kompanieappell, wir erhielten die Befehle erst in der Kompanie, dann im Zug, schließlich in der Gruppe. Es wurden genaue Verhaltensmaßregeln ausgegeben. Da es sehr lange hell sein würde und uns eine lange Nacht bevorstand, wurden wir darauf eingeschworen, von nun an nicht mehr zu rauchen, möglichst still zu sein und mit Waffen und Gerät keine verdächtigen Geräusche zu verursachen. Dann erfolgte eine Neuaufteilung der Gruppen. Dabei erfuhren wir auch, daß – von uns bisher unbemerkt – einige Einheiten schon in unserem Vorfeld tätig waren, Pioniere und Einweisungsgruppen am Bug. Wir erhielten Marschverpflegung. Es gab einen Kleiderappell, einen Waffenappell. Wir mußten unsere Waffen, das Umhängegeschirr, Gasmaske, Tornister und Brotbeutel vorbereiten und erhielten Munition. In der heraufziehenden Morgendämmerung brachen wir auf. Früh am Morgen, ich schätze so gegen 3 Uhr, erreichten wir den Bug. Dort waren schon, einen Steinwurf vom Ufer entfernt, Schützenlöcher vorbereitet, in denen jeweils zwei Rekruten und ein Unteroffizier Position bezogen und warteten, was da kommen sollte.

Kurz vor 4 Uhr setzte von deutscher Seite mit einem Schlag ohne jede Vorankündigung ein höllischer Lärm ein. Es brach ein heftiges Artilleriefeuer aus hunderten Geschützen los. Später erfuhren wir, daß in diesem Augenblick an der gesamten Grenze von der Ostsee bis zu den Karpaten die Geschütze ohne Kriegserklärung zu feuern begannen. Der Lärm schien kein Ende nehmen, keine Pause machen zu wollen. Wir sahen jenseits des Flusses, obwohl dort auch weite Wälder lagen, Staubwolken und riesige Säulen von Rauch.

Der Lärm dauerte dreißig, vielleicht auch fünfundvierzig Minuten, dann brach er ganz plötzlich wieder ab – und in die Stille hinein dröhnte der Lärm der Flugzeuge über uns. Die Erde schien zu vibrieren. Wie wir ebenfalls später erfuhren, trugen mehrere Tausende Flugzeuge ihre Bombenlast hinüber und warfen sie auf Flugplätze, Eisenbahnen und auf die im Grenzgebiet stationierten sowjetischen Verbände. Ich hatte damals nur einen einzigen Gedanken: »Wenn die Rote Armee genauso auf unsere Seite schießt, bleibt nichts von uns übrig«. Diese Sorge wich sehr schnell einer noch viel schwerer zu beantwortenden Frage: Warum schlug auf unsere Seite kein einziger Schuß, nicht einmal ein Schuß aus einem Karabiner ein?

Nachdem die erste Feuerwalze über den Fluß und das flache Land gerollt war, kam das Angriffskommando. Am Ufer lagen Schlauchboote, Holzbarken und Flöße bereit. Der Unteroffizier in unserem Loch – es war der verhaßte »Spülautomat« aus Döbeln, der Schleifer aus der Planitzstraße und aus Tschenstochau – zischte immer wieder: »Raus, Keßler, raus hier!« Ich knurrte zurück: »Nur mit Ihnen, Herr Unteroffizier!« Mir war alles egal.

Er schüttelte wütend die Faust – und sprang.

Ein Schlauchboot brachte uns hinüber und wir sprangen an Land – noch immer fiel kein Gegenschuß. Das Bild, das sich uns bot, war furchtbar – ich hatte Schlimmeres noch nie gesehen. Die recht einfachen, sehr provisorisch wirkenden Grenzbefestigungen – Holzhäuser, Stacheldrahtverhaue, Truppenunterkünfte – waren vernichtet. In den Boden hatten Granaten riesige Krater gerissen. Ich sah zum ersten Mal in meinem Leben Hunderte von toten Menschen. Sie lagen übereinander, waren von Splittern zerrissen, um sie standen Lachen von Blut. Nicht einer der hier stationierten Soldaten hatte überlebt. Es handelte sich, wie die grünen Spiegel an den Uniformen zeigten, um sowjetische Grenzsoldaten.

Nach etwa einer Stunde wurde zum Sammeln befohlen, die Gruppen und Züge fanden wieder zusammen. Es zeigte sich, daß es in unserer Kompanie einen einzigen Leichtverwundeten gab – einen jungen Rekruten, der mit seinem Karabiner ungeschickt umgegangen war, so daß ein Schuß sich löste und er sich selbst an der Hand verletzte. Es war ein so offensichtlicher Unfall, aus Ungeschicklichkeit entstanden, daß in dieser allgemeinen Vormarschstimmung kein Verdacht auf »Selbstverstümmelung« aufkam.

Wir marschierten weiter, etwa 20 Kilometer, erst durch dichten Wald, dann auf schlechten Wegen durch Wiesen und Felder, vorbei an Zeugnissen massiver Zerstörung, an getöteten Menschen, an von Geschossen zerfetztem Vieh, an zerstörten Brunnen – und immer noch spürten wir kein Zeichen von Widerstand.

Eine Frage hämmerte in meinem Kopf. Ich wollte mich nicht mit oberflächlichen, prahlerischen Gedanken abfinden, wie es manche, vielleicht die meisten Soldaten an meiner Seite, konnten: »Wir sind wir, und uns kann keiner!« Mich quälte die Frage: Wie ist dies nur möglich gewesen? War es nur die heimtückische Überraschung, nur die nicht erwartete Dreistigkeit des deutschen Überfalls, oder waren die deutschen Truppen wirklich so sehr viel stärker, so deutlich überlegen, wie General von Cochenhausen es dargestellt hatte?

Die Grenzsoldaten, deren verstümmelte Leichen wir sahen, mögen noch wenige Minuten vor ihrem Tod nicht gewußt, nicht einmal geahnt haben, daß die angriffslustigen Feinde schon einige Steinwürfe weit bereitstanden. Aber: Waren die verantwortlichen sowjetischen Stäbe auch ohne jede Vorahnung, ohne jegliche Vorwarnung gewesen? Hatte das allgemeine, vielleicht auch verordnete Zutrauen zu den Worten eines wortbrüchigen Vertragspartners die Posten in der vordersten Linie leichtsinnig werden lassen? Tatsächlich hatte am 15. Juni, also eine Woche vor dem Überfall, der Kundschafter Richard Sorge unter Lebensgefahr den genauen Angriffstermin aus Tokio nach Moskau gefunkt.

Bald erfuhr ich auch, daß ein deutscher Soldat – ganz in der Nähe von uns – durch den Bug geschwommen war, um vor dem Überfall zu warnen. Man glaubte beiden nicht, weil man eine Provokation vermutete, vom deutschen Geheimdienst angezettelt oder von den westlichen Kriegsgegnern Hitlers, die die Sowjetunion möglichst bald in die Kämpfe hineinreißen wollten. Vielleicht wollte Moskau den Warnungen auch nicht glauben.

Diese Frage hat mich jahrzehntelang beschäftigt. Man muß verstehen, daß das Erlebnis dieser schmählichen Überrumpelung im Juni 1941, gerade weil man die Hinweise zuvor nicht zur Kenntnis genommen hatte, zu einem schweren, langwirkenden Trauma der sowjetischen Politiker und Militärs wurde. Es war auch dann noch lebendig und nicht verarbeitet, als es die sozialistische Staatengemeinschaft, den Warschauer Pakt und die gemeinsame westliche Grenze des Staatenbundes gab. Das bekanntlich sehr strenge Regime der Grenzsicherung, das die Sowjetunion als Konsequenz aus ihrem Versagen von damals heraus entwickelt und durchgesetzt hatte, wurde auch auf die Bündnispartner übertragen und besonders für die gemeinsame Grenze zur kapitalistischen Welt zum ehernen Gesetz. »Das, was wir 1941 erlebten, darf sich nie wiederholen!« – dies hörten wir immer und immer wieder von sowjetischen Politikern und Offizieren. »Selbst wenn wir noch so viele Verträge und Abkommen haben, Wortbrüche sind möglich und dürfen uns nicht noch einmal überrumpeln«.

Da ich damals, am 22. Juni 1941, an der Grenze zur Sowjetunion unmittelbar dabei war, konnte ich ihnen nur zustimmen.

Nach mehr als zwei Stunden Marsch machten wir Halt. Erst wurde Essenfassen befohlen, dann, wir waren nach einer Pause zur Ruhe gekommen, eine Art Feldappell durchgeführt. Offiziere auf Pferden tauchten auf. Wir kannten sie nicht, sie gehörten offensichtlich zu übergeordneten Stäben. Sie beglückwünschten uns und riefen: »So wird es nun weitergehen, immer vorwärts, nichts hält uns auf!« Es wurden erste Medaillen und Orden an Offiziere und Unteroffiziere verteilt. Das Auftreten der Offiziere – selbstbewußt und siegessicher – machte auf die Soldaten Eindruck. Auch sie glaubten nun – nur wenige Stunden nach Beginn der Kampfhandlungen – an einem Blitzkrieg teilzunehmen.

Nur mich drückten die Gedanken: Was wird nun aus deiner Absicht, was wird aus dir, wie soll es weitergehen?

Ich hatte Zeit, diese Frage immer neu zu durchdenken, sie hin und her zu wälzen – denn der Marsch nach Osten ging weiter, mit immer neuen Eindrücken. Wir marschierten, marschierten. Ohne nennenswerten Widerstand. Genauer gesagt: Ich habe keinen Widerstand erlebt. Nur die Eindrücke von den »Gegnern« – die doch intuitiv und in politischer Hinsicht meine Freunde waren – wurden immer bedrückender.

Der Wald wurde allmählich lichter, erste Gehöfte tauchten auf, noch keine Dörfer, sondern kleine Häusergruppen, die meisten zerschossen – doch auch ohne die Zerstörungen boten sie einen wenig gepflegten Eindruck. Die Männer in unserer Kolonne begannen zu lästern und diese Armut mit deutschen Dörfern zu vergleichen. Auch hier: Deutschland, Deutschland über alles!

Dann begegneten uns die ersten Züge sowjetischer Kriegsgefangener – sie machten einen deprimierenden Eindruck. Die Männer, die uns entgegenkamen, steckten in schlechten Uniformen, sie waren nicht rasiert, offensichtlich lange nicht gewaschen, hungrig und sehr geschwächt, die Gesichter niedergeschlagen, verzweifelt, viele ausdruckslos. Unsere Soldaten sahen das von der Goebbelspropaganda verbreitete Bild der Sowjetunion und der Sowjetarmee wieder und fanden die Worte des Generals von Cochenhausen bestätigt. Und sie fanden trotzdem nichts dabei, daß uns befohlen wurde, nicht nur die Gehöfte und kleinen Siedlungen, die Gärten und Felder und die wenigen Herden auf den Weiden, sondern selbst die Gefangenenkolonnen zu plündern, zu requirieren, was irgendwie brauchbar war: Vieh, Gemüse und Obst für unsere Verpflegung, Panjewagen samt ihren kleinen, ärmlichen Gespannen.

Ein beachtlicher Teil unserer Tragelasten – Maschinengewehre, Munitionskästen, Tornister, Verpflegungskisten – wurde auf Pferdewagen transportiert. Die meiste Zeit aber mußten wir Soldaten in die Speichen greifen, da die schweren Räder im tiefen Sand versanken und die stabilen deutschen Armeepferde mit den Bodenverhältnissen nicht zurechtkamen und frühzeitig schlapp machten. Die kleinen, armseligen, struppigen Panjepferde jedoch wurden mit den Schwierigkeiten fertig.

Wir marschierten, marschierten durch Dörfer, dann auch durch kleinere Städte. Wir sahen provisorisch angebrachte Wegweiser zu deutschen Truppenteilen, Dienststellen und Stäben, dazwischen auch einige Richtungsschilder mit kyrillischen Buchstaben – einer von uns entzifferte die Richtung: Es ging nach Bobruisk.

Und ich zerbrach mir die ganze Zeit den Kopf: Was machst du? Wie verhältst du dich, wenn du jetzt gezwungen wirst, gegen sowjetische Truppen zu schießen? Ich wußte die Antwort nicht. Nicht, daß ich in meiner Absicht schwankend geworden wäre – eher im Gegenteil. Vielleicht hätten die Eindrücke der letzten Tage manch anderen zweifeln lassen, ob ein Überlaufen jetzt möglich, mehr noch, ob es überhaupt sinnvoll sei, wo doch der Vormarsch so schnell erfolgte und ein ernster Widerstand noch nicht spürbar war. Nicht so bei mir, ich empfand von Tag zu Tag mehr, je massiver die Eindrücke auf mich wirkten, daß dieses überfallene Land und seine Bürger jetzt erst recht der Solidarität bedurften, und seien es auch nur einzelne, die Solidarität zeigen wollten. Und bei mir festigte sich der Gedanke: Du mußt eine Möglichkeit finden, aus der dir aufgezwungenen Konfrontation mit sowjetischen Soldaten auszubrechen. Die Alternative hieß: abhauen – nach vorn oder nach hinten.

Das läßt sich heute zwar alles leicht erzählen, doch es war ein sehr komplizierter Prozeß, für das Denken wie für das Gefühl. Nicht die Angst um mich selber stand dabei im Vordergrund, auch nicht die Furcht, von den eigenen Leuten erschossen zu werden – vielleicht war ich dafür einfach noch zu jung und unerfahren. Ich mußte vor allem an meine Eltern denken. Mein Vater war illegal tätig, meine Mutter dienstverpflichtet. Ich hatte eine Schwester, vier Jahre jünger als ich – was sollte aus ihr werden, wenn man die Eltern wieder holte?

Ich erinnerte mich des letzten Gespräches mit meiner Mutter Ende 1940. Obwohl damals konkrete Anzeichen für den Fortgang des Krieges nicht bekannt waren, hatte sie bei der Erörterung der vielen Möglichkeiten in meinem Soldatenleben, bei denen ich mich vorsehen sollte, sehr rasch das ihr am wichtigsten erscheinende Thema gefunden: »Was auch kommen mag, Heinz, laß Dich niemals in einem Krieg gegen die Sowjetunion mißbrauchen, denke immer daran, sie ist unsere stärkste Hoffnung.« Es war dies ein in meiner Kindheit oft besprochenes Thema und überraschte mich nicht – ich mußte, als Mutter so sprach, an viele Begebenheiten denken, an die ich mich auch heute noch lebhaft erinnere: an das Buch »Wie der Stahl gehärtet wurde«, an den Film »Panzerkreuzer Potemkim«, an das Lied, das wir so oft in unserer Gruppe der Pionierorganisation »Jungspartakus« gesungen hatten: »Drum höher und höher und höher!«, an die Erzählungen vieler Freunde, die schon im Sowjetland gewesen waren, etwa Fritz Große, der sich als 16jähriger durchgeschlagen hatte und in Budjonnys Reiterarmee kämpfte. Alles wurde bei Mutters Worten lebendig. So nachdrücklich, wie sie es gesagt hatte, ließ es nur einen Schluß zu.

Nur, so dachte ich weiter, wo sollte ich stiften gehen? Irgendwo vor uns mußte gewiß eine Frontlinie sein. Doch wir erreichten sie nie, weil die erste Welle stets schneller war.

Nach etwa drei Wochen seit dem Angriff am Bug gab es den ersten Stopp. Wir standen am Fluß Beresina in der Nähe der Stadt Bobruisk. Dort war es der sowjetischen Seite offensichtlich gelungen, eine erste Abwehrfront aufzubauen. Wir lagerten und warteten.

Die Beresina wurde nach kurzer Zeit zu einem Gesprächsthema in den Gruppen der deutschen Soldaten. Es gab unter uns einige Absolventen von höheren Schulen und Studenten, die waren belesen und an solchen Gesprächen interessiert. Wir erfuhren, daß hier 1812 Napoleon, der zuvor ganz Europa besiegt und besetzt hatte, eine vernichtende Niederlage erlitten habe. »Hoho«, lachten manche der Rekruten, »wer war denn schon Napoleon?!« Der Führer hatte mit unserer Wehrmacht Frankreich in nicht einmal fünf Wochen besiegt und zur Kapitulation gezwungen.« »Ja«, wandte jemand ein – es war ein älterer Soldat, vielleicht ein Lehrer –, »Napoleon wurde auch nicht bei dem Versuch, von West nach Ost über die Beresina zu gehen, geschlagen, in dieser Richtung ging alles glatt.« Napoleon sei bis Moskau gekommen, er besetzte es – doch dann brannten die Moskauer ihre Stadt ab, der Winter kam, und es wurde furchtbar kalt. Die Franzosen mußten sich zurückziehen – und als sie die Beresina von Ost nach West überqueren wollten, wurden sie von russischen Truppen so vernichtend geschlagen, daß nur ein Bruchteil der Armee wieder ins deutsche Quartier kam.

Der Erzähler sprach ohne besondere Betonung, so, als erinnerte er nur an etwas, was ohnehin alle wußten. Ich sah auch nicht, ob seine Worte Eindruck machten, bald sprachen wir von anderem, etliche lachten. Mich aber machten sie sehr nachdenklich.

Ein Offizier kam und sagte, es sei notwendig, einen Spähtrupp zu bilden. Wir hätten jenseits der Beresina einige Brückenköpfe errichten können. Nun müsse erkundet werden, ob sie ausbaufähig seien. »Also: Freiwillige vor!« Es war der 15. Juli 1941.

Ich meldete mich, ohne daß jemand Mißtrauen fassen konnte, und wurde in den Spähtrupp aufgenommen. Wir wurden zum Brückenkopf übergesetzt, der in einem großen Waldgebiet lag. An seinem Ende breitete sich eine freie Fläche. Bevor man sie jedoch erreichte, mußte man durch ein schwer einsehbares Dorf – links eine Häuserzeile, rechts eine Häuserzeile, in der Mitte eine unbefestigte, jetzt tief aufgewühlte Straße. Ein typisch weißrussisches Dorf. Das sollten wir erkunden, natürlich unter Deckung und ernsten militärischen Vorsichtsmaßnahmen. Mir schoß sofort der Gedanke durch den Kopf, hier zu den sowjetischen Truppen überzulaufen. Die Eltern, Freunde und Genossen, alle, die mich kannten, erwarten jetzt, daß ich es wenigstens versuche, hämmerte es hinter der Stirn. Ich betrat ein Bauernhaus.

In einem großen, dunklen Raum, der Küche, saß eine Frau mit zwei Kindern, die aufschreckte, als ich in voller Montur durch die Tür trat. Ich bedeutete ihr mit unaufgeregten Gesten, sie solle ruhig bleiben, und legte Karabiner, Koppel mit Patronentaschen und Seitengewehr auf den Tisch. In diesem Augenblick ging draußen eine wilde Schießerei los. Mir war sofort klar: Sowjetische Soldaten und Männer aus dem Dorf saßen auf den Dächern und hatten den deutschen Spähtrupp in ein vermeintlich leeres Dorf und damit in eine Falle laufen lassen. Als draußen Ruhe eingetreten war, blickte ich vorsichtig durch die Tür. Meine Kameraden hatten sich offensichtlich zurückgezogen. Als ich hinausgehen wollte, kamen sowjetische Soldaten. Sie hatten mich in das Haus gehen sehen und wollten mich nun holen. Sie sahen meine Waffen und betrachteten sie mit großem Interesse, untersuchten Schloß und Zielvorrichtung. Sie wirkten ruhig, obgleich sie nicht genau wußten, was sie von mir zu halten hatten. Wenig später luden sie mich auf ein Auto und brachten mich zu einer Kommandostelle, die jenseits der großen Lichtung lag. Hier begannen nun die Verhöre. Sie waren lang und endlos, und ihre Zahl schien nicht begrenzt.

Die erste Frage, die man mir stellte, lautete: »Warum?«

Der Dolmetscher, ein sehr guter, fügte erklärend hinzu, daß der »Podpolkownik«, der Oberstleutnant, wissen wolle, was jetzt, mitten im Vormarsch, einen deutschen Soldaten bewegen könne, die Waffen niederzulegen.

Ich erzählte, wer ich war, wo ich herkam und daß ich nicht gewillt sei, gegen die Sowjetunion zu kämpfen. Wenn mir die Möglichkeit gegeben werde, wolle ich, wo auch immer, helfen, diesen Krieg so schnell wie möglich zu beenden. Sie notierten das, gaben mir zu trinken und zu essen . Dennoch war ich nervös.

Dann kamen die unangenehmen Gespräche. Ich wurde zu einem nächsten Stab transportiert. Dort ging zunächst das selbe

Fragespiel von vorne los. Wieder mit Dolmetscher. Er übersetzte betont die Frage – und diese Frage wurde mir dann immer und immer wieder gestellt – ob ich vielleicht ernsthaft der Meinung sei, daß die deutschen Arbeiter und Bauern ohne Widerspruch gegen die Sowjetunion, gegen einen Arbeiter-und-Bauernstaat kämpfen würden, sehr bald müsse doch ihr Klasseninstinkt rebellieren und sie zwingen, die Waffen umzudrehen. Ich habe klipp und klar geantwortet: »Ja! Ich bin leider überzeugt davon, diese Wehrmacht, in dieser Zusammensetzung, wird jeden Befehl, der ihr gegeben wird, befolgen.« Der eine Offizier erklärte halb ungläubig, halb verärgert, ich sei noch zu jung, um seine Frage verstehen zu können. Er ließ, als ich meine Ansicht wiederholte, sogar die Vermutung durchblicken, daß ich ihn möglicherweise provozieren wolle. Und ein anderer wies mich darauf hin, daß es doch in Deutschland eine starke Arbeiterbewegung mit einer politisch und organisatorisch einflußreichen SPD und KPD gegeben habe. Man könne und wolle nicht glauben, daß das, was ich gesagt habe, den Tatsachen entspreche. Als ich es unbeirrt wiederholte, wurden sie sehr böse und sogar handgreiflich. Solche Reaktionen gab es auch bei den folgenden Verhören, bis ihnen durch eigene Erfahrung – der Vormarsch der faschistischen Truppen ging weiter – klar wurde, daß man es mit einem bis aufs Äußerste entschlossenen Aggressor zu tun hatte.

Sollten dieser unbeirrbare Glaube an bloßes Lehrbuchwissen, dieses Vertrauen in das, was der Theorie nach eben so sein sollte und gar nicht anders sein konnte, dieser offenbare Mangel an ausreichenden Informationen über die Wirklichkeit außerhalb des eigenen Landes – sollte dies alles der Grund für die Anfangsniederlagen, für die Anfangsverluste gewesen sein? Dann war es um so richtiger, daß ich auf ihre Seite gekommen bin, dann war es umso mehr meine Pflicht, ihnen – soweit ich es überhaupt vermochte – die Wahrheit zu sagen, auch wenn sie mir lange nicht glauben wollten!

Nachdem alle Gespräche – immer neue und immer gründlichere – geführt, alle Verhöre notiert, alle Protokolle miteinander verglichen waren und so eine genaue Kenntnis meiner Person, meiner Herkunft und der Motive für den Frontwechsel bestand, wurde ich weiter wie jeder Kriegsgefangene behandelt. Lange befand ich mich auf dem Marsch – erst durch mehrere kleinere Sammelstellen, wo die Gefangenen der verschiedenen Frontabschnitte zusammengeführt wurden, dann durch einige größere, schließlich in ein großes Lager bei Gomel. Und doch hatte ich das Gefühl, daß meine Existenz den Verantwortlichen, wer immer das sein mochte, bekannt war, daß ich beobachtet wurde. Ob ich nun unter ihrer Kontrolle oder unter ihrer Obhut stand, mußte sich noch herausstellen.

Damals im Sommer 1941 gab es noch nicht so sehr viele deutsche Gefangene in den Händen der Roten Armee, obwohl sie im Laufe der Wochen, als die Kämpfe an Heftigkeit zunahmen, zahlreicher wurden. Soldaten in Feldgrau, die übergelaufen waren, blieben zunächst Ausnahmen. Man hatte mir schon im ersten Verhör gesagt, daß ich an der gesamten Front der zweite oder dritte gewesen sei, sie behielt man bei allen Wirren der Frontbewegungen im Blick.

So war ich auch nicht überrascht, als ich im Spätsommer – ich war in das Lager 27 in Krasnogorsk westlich von Moskau gebracht worden – gemeinsam mit einigen anderen Gefangenen zu einer erneuten Befragung gerufen wurde. Zu ihnen gehörte auch einer der wenigen gleich mir erfolgreich übergelaufenen Männer. Er war im September 1941 über die Frontlinie gegangen, stammte aus der Tschechoslowakei, war ein Deutscher aus der Gegend um Brünn, sieben Jahre älter und darum viel erfahrener als ich, seit Jahren schon Kommunist. Nach der Bildung des Protektorats Böhmen und Mähren war er nach Deutschland übergesiedelt und in Sachsen zur Wehrmacht gelangt. Er war eine bemerkenswerte Legierung aus Tollkühnheit und Besonnenheit und wurde später ein enger Freund und guter Kampfgefährte, zunächst in der Gefangenschaft, dann im Nationalkomitee »Freies Deutschland«, später in der DDR. Er hieß Franz Gold.

In der Baracke im Lager 27 (Krasnogorsk), in die man mich führte, erwarteten mich drei Männer, die ohne lange Vorrede das Gespräch eröffneten – freundlich, sehr sachlich und zu meiner Überraschung in einem einwandfreien Deutsch. Das waren keine Dolmetscher, wie jene, die mich bisher befragt hatten, es waren Deutsche. Einer war der Wortführer, die anderen warfen nur ab und zu eine Bemerkung oder Frage ein.

Ich sollte noch einmal erzählen, wo ich herkam, aus welcher Stadt, aus welcher Familie ich stammte, was ich bis zu meiner Einberufung getan hatte. Dabei hatte ich die ganze Zeit das sichere Gefühl, daß meine Gesprächspartner alles schon wußten. Vor allem der Wortführer, schon älter und offenbar sehr erfahren, mit dem unverwechselbaren Akzent eines Norddeutschen, richtete Fragen an mich, die einer nur stellen kann, der die Antworten schon weiß. Das war unverkennbar keine Befragung, es war eine Prüfung.

Er fragte nach einzelnen Ortsteilen und Betrieben in Chemnitz, nach Menschen, die mir bekannt sein könnten und die ich in der Tat zumeist auch kannte, nach Chemnitzer Kommunisten und Sozialdemokraten, schließlich nach meinen Eltern. Ich staunte nicht schlecht, wie genau der Alte sie kannte. Er wußte, daß mein Vater vor 1933 im Vertrieb der Zeitung *Der Kämpfer* beschäftigt war. Er wußte, daß mein Vater schon sehr zeitig von den Nazis in das Konzentrationslager Sachsenburg verschleppt worden war. Von meiner Mutter wußte er, daß sie wiederholt zur Stadtverordneten in Chemnitz gewählt worden und verantwortlich im RFMB, dem »Roten Frauen- und Mädchen-Bund«, tätig gewesen war. Der Wortführer – so stellte sich am Ende heraus – war Rudolf Lindau, seit 1906 Mitglied der Sozialdemokratischen Partei, 1918 Mitbegründer der KPD und in Chemnitz selbst Mitarbeiter des *Kämpfers*. 1933 war er in die Sowjetunion emigriert und lehrte als Dozent für Geschichte der deutschen und internationalen Arbeiterbewegung an verschiedenen Hochschulen. Ihn sollte ich sehr bald und sehr oft wiedersehen. Der andere Gesprächspartner war – wie mir erst später bewußt wurde – der frühere KPD-Reichstagsabgeordnete Walter Ulbricht. Den dritten kannte ich nicht. Nach kurzer Zeit schien mir, daß sie mich als einen der Ihren akzeptierten.

Ich schreibe diesen Satz nur mit Zögern nieder. Es war mein erstes Zusammentreffen mit deutschen Emigranten in der Sowjetunion, viele solcher Treffen folgten. Ich mußte natürlich daran denken, was sie alles erlebt, auch was sie erlitten hatten. Viele hatten schon vor 1933 und in der ersten Zeit nach der Machtergreifung aktiv am Kampf gegen den Hitlerfaschismus teilgenommen, bis sie auf Beschluß ihrer Partei Deutschland verließen. Sie gingen ja nicht, um irgendwohin auszuwandern, sie gingen, um nach Deutschland zurückzukehren. So begann meist ohne eine Pause die aktive politische Arbeit vom Ausland nach Deutschland hinein. Viele von ihnen waren Kämpfer in den internationalen Freiwilligenverbänden in Spanien. Auf meist abenteuerlichen Wegen gelangten sie in die Sowjetunion. Nach dem Überfall am 22. Juni traten viele – wie meine späteren Freunde Markus

Wolf, Peter Florin und Moritz Mebel – in die Rote Armee ein, kämpften – wie Fritz Schmenkel oder Rudolf Gyptner – in den sich formierenden Partisanenverbänden oder arbeiteten in Industrie und Landwirtschaft. Sehr viele widmeten sich der politischen Arbeit unter den Kriegsgefangenen. Wenn sie einen wie mich als einen der Ihren akzeptierten, war das von großer Wichtigkeit.

Schließlich fragten mich meine Gesprächspartner, welch eine Aufgabe mir für die nächste Zeit vorschwebte. Ich antwortete ohne zu zögern, daß ich mithelfen wollte, den Krieg zu beenden, auf welche Weise, auf welchem Platz auch immer, wenn es sein mußte und es möglich war, auch direkt an der Front. Meine Gesprächspartner äußerten Verständnis dafür, meinten jedoch, ich müsse verstehen, daß das gegenwärtig noch nicht möglich sei. Die militärische und politische Lage sei zu schwierig und zu unübersichtlich. Das würde sich bestimmt ändern, aber brauche seine Zeit.

Während des Gesprächs sah ich plötzlich unsere Freunde aus Chemnitz wieder vor mir, die mir ein Jahr zuvor erklärt hatten, daß ein Schritt nur dann erfolgreich sein könne, wenn die notwendigen Bedingungen gegeben sind, und daß man sehr genau darauf darauf achten müsse, sie dann nicht ungenutzt zu lassen.

Ich konnte also nur zustimmen. Ich wußte, daß der deutsche Vorstoß an allen Frontabschnitten ungebrochen weiterging, daß starke deutsche Truppenverbände im Marsch auf Moskau waren und bald vor der Hauptstadt stehen würden. Also mußte ich warten, man würde mich sicher rechtzeitig über meine Aufgaben unterrichten. So gingen wir auseinander. Trotzdem: Es war für mich – im nachhinein betrachtet – der erste Schritt auf dem Wege zum Nationalkomitee »Freies Deutschland«, dessen Bildung – wie bekannt – sehr viel später in diesem gleichen Krasnogorsk erfolgte. Bis dahin vergingen noch fast zwei Jahre.

Wenn ich vom ersten Schritt sprach, ist das keine bloß rhetorische Floskel. Ich halte es gerade heute für notwendig, dies zu betonen. Es gibt gewichtige Gründe, die mich veranlassen, über die große Organisation des deutschen antifaschistischen Widerstandes Nationalkomitee »Freies Deutschland« (NKFD) ausführlich zu berichten.

Es hat in der Bundesrepublik schon immer lebhafte, ja geradezu halsbrecherische Spekulationen von Politikern, Historikern und Journalisten gegeben, warum das Nationalkomitee »Freies

Deutschland« im Sommer 1943 überhaupt gegründet worden ist. Bis heute wird gefragt – als hätte es sich um ein Geheimmanöver gehandelt –, welches politische Ziel die »eigentlichen Initiatoren« erreichen wollten. Die eigentlichen Initiatoren? Man tut so, als ob die Aussagen aus erster Hand, also die veröffentlichten Erinnerungen der Gründungsteilnehmer, die damals im Klubhaus Krasnogorsk gehaltenen Reden, das sofort und wiederholt veröffentlichte Gründungsmanifest und andere offizielle Dokumente der Bewegung gar nicht existierten oder aber nur vorgeschobene Tarnung gewesen seien, hinter der sich ganz andere, hintergründige Absichten finsterster Art verbargen. Man erfand lieber eine eigene Vorgeschichte und Geschichte des Nationalkomitees, als die vorhandenen Dokumente zu befragen.

Die Angriffe und Verleumdungen, die gegen das Nationalkomitee »Freies Deutschland« vorgebracht wurden, verstärkten sich nach 1990 beträchtlich – bis hin zu dem Versuch, die Bewegung aus der Geschichte des deutschen Widerstands ganz zu tilgen, ihre Dokumente zum Beispiel aus der Berliner Gedenkstätte »Deutscher Widerstand« zu entfernen und allein die Tradition des 20. Juli gelten zu lassen. Sicher glaubte man, auch hier einen Nebenkriegsschauplatz im Feldzug gegen die deutsche Nachkriegsgeschichte eröffnen zu können. Wollte man etwa die Entwicklung der DDR, die pauschal als ein »Unrechtsstaat von Anfang an«, als ein »Spielball auswärtiger Interessen gegen Deutschland« diffamiert wurde, mit jenen Vorgängen mitten im Krieg beginnen lassen?

Es versteht sich, daß im Verständnis dieser neudeutschen Geschichtsrevisionisten die eigentlichen Hauptkräfte der Bewegung, die kriegsgefangenen Soldaten und Offiziere, ausgeklammert bleiben sollten, da man sie lediglich als »Instrumente«, als »Mißbrauchte« betrachtete, die nicht nach freiem Willen, sondern unter Druck handelten, wenn sie nicht gar miserable opportunistische »Konjunkturritter« waren, die im Interesse bestimmter Vergünstigungen in der Gefangenschaft auch vor Landesverrat nicht zurückscheuten. »Initiatoren« waren – aber auch sie nur zweitrangig und vorgeschoben, weil eigentlich auch sie »mißbraucht« – die in die Sowjetunion emigrierten deutschen Kommunisten mit dem Ziel, sich für eine »Machtübernahme nach Hitler« zu empfehlen. Als die eigentlichen »Initiatoren« wurden die sowjetische Regierung und Armeeführung, wurde letztlich Stalin selbst ausgemacht. Und so fragte man, was die Sowjets, was Stalin wohl im Sinn hatten, was sie – auch mit der außerordentlich starken Publizität, die die Gründung des Nationalkomitees in der sowjetischen Presse und im Rundfunk mit seiner weltweiten Ausstrahlung erfuhr – strategisch und taktisch beabsichtigten?

Sollte diese Gründung eines Nationalkomitees »Freies Deutschland« nur ein Druckmittel gegen die westlichen Alliierten sein und sie zwingen, endlich eine zweite Front im Westen zu eröffnen, um nicht von einem deutschen »Freikorps« überrascht zu werden?

Sollte diese Gründung – so eine zweite Vermutung – ein Druckmittel gegenüber regimekritischen Kräften in der deutschen Wehrmachtsführung und der innerdeutschen, auch der bürgerlichen Opposition sein, endlich ernsthafte Schritte zum Sturz Hitlers und zur Herbeiführung eines Waffenstillstands zu unternehmen, um nicht irgendwann aus dem Spiel gedrängt zu werden?

Sollte sie – drittens – ein zwar verschlüsseltes, aber doch begreifbares Signal speziell an die gesamte deutsche Wehrmachtsführung sein, Voraussetzungen für eine sofortige Beendigung der Kampfhandlungen an der deutsch-sowjetischen Front zu schaffen und damit möglicherweise Kräfte für die Weiterführung des Krieges an den westlichen Fronten freizusetzen?

Oder sollte sie – viertens schließlich – ein Signal an das deutsche Volk sein und anzeigen, daß Moskau grundsätzlich zur Zusammenarbeit mit einem wie auch immer gearteten Deutschland – »nur ohne Hitler« – bereit sei?

Neben diesen hintergründigen und auch hinterhältigen Fragen und Vermutungen erfanden Historiker und Journalisten, alles im nachhinein, auch einen völlig neuen Zeitplan. Danach soll der eigentliche Anstoß zur Gründung des Nationalkomitees erst einige Wochen vor dem 12. Juli, Ende Juni 1943, in einem hastig einberufenen Gespräch zwischen dem alten Kominternpolitiker Dmitri Manuilski und Wilhelm Pieck erfolgt sein – eine Vorstellung, die nicht nur der Wirklichkeit, sondern auch jeder Wahrscheinlichkeit widerspricht. Eine politische Bewegung von diesem Ausmaß zaubert man nicht aus dem Boden, sie muß wachsen und reifen, das braucht Zeit, sinnvoll genutzte Zeit. Deshalb möchte ich an meinem Beispiel davon berichten und werde auf die oben genannten Fragen zu antworten versuchen sowie zu den Vermutungen und Verdächtigungen Stellung zu nehmen. Zunächst aber will ich aus eigenem Erleben einige Voraussetzungen deutlich machen, die diesen so wichtigen Schritt erst ermöglichten. Nicht nur, um falsch geschriebene Geschichtsbücher zu korrigieren und etwas geradezurücken, worauf es letztlich nicht mehr ankommt, sondern um Erfahrungen mitzuteilen, die jede linke emanzipatorische Bewegung auch in Zukunft mit Ernst studieren sollte. Die Entwicklungsgeschichte des Nationalkomitees – sie war Einheitsfrontpolitik in Aktion, und das unter den kompliziertesten Bedingungen.

Eines Tages – im September 1941 – wurde ich gemeinsam mit Franz Gold in die Lagerleitung gerufen. Unsere schon bekannten Gesprächspartner – diesmal war der Wortführer Walter Ulbricht – teilten uns mit, daß die militärische und wirtschaftliche Situation in und um Moskau inzwischen nicht einfacher, sondern eher noch komplizierter geworden sei und die deutschen Truppen kurz vor der Hauptstadt stünden. Die entscheidende Schlacht zur Verteidigung Moskaus und damit der Sowjetunion stehe bevor. Es sei notwenig, die inzwischen hier in Frontnähe zusammengeführten Kriegsgefangenen ins tiefe Hinterland zu transportieren. An uns ging die Frage, ob wir bereit seien, beim Aufbau eines solchen Lagers an einem neuen Standort – wo immer das auch sein würde – mitzuhelfen. Dort sei – wenn nötig – nicht nur die sowjetische Lagerleitung zu unterstützen, sondern auch die antifaschistische Überzeugungsarbeit zu entwickeln. Die Erfahrungen könnte man danach auf andere Lager übertragen. Schließlich – so erklärte uns Ulbricht – sei dies nicht nur notwendig, um trotz aller schweren Bedingungen in einem Gefangenenlager die erforderliche Disziplin aufrechtzuerhalten und das Leben wenigstens einigermaßen erträglich zu machen. Es ginge auch darum , daß die hier zusammengeführten Männer eine Hilfe erhielten, damit sie verstehen, welcher verbrecherischen Politik der eigenen Regierung sie zum Opfer gefallen waren und was sie für das eigene Leben daraus zu lernen hätten. Kriegsgefangener zu sein, hieße ja auch, nicht wie Millionen andere gefallen zu sein, sondern weiterleben zu können – und für dieses Leben einen neuen Sinn zu finden.

Wir waren dazu bereit, mehr der Not gehorchend als dem eigenen Triebe, denn am liebsten wären wir aktiv an der Front geblieben. Nach wenigen Tagen begann der Transport. Wir wurden – wie Tausende andere Gefangene auch – in Waggons gesperrt, die für die große Zahl der Menschen viel zu klein waren. Die Luft in den Waggons war binnen kurzem stickig, es war dunkel und nur durch einige wenige Ritzen fiel ein Schimmer der Außenwelt ein. Die Fahrt war physisch wie auch psychisch und politisch furchtbar.

Später sah ich ein, daß damals – im Spätherbst 1941- bessere Bedingungen auf dem Transport überhaupt nicht möglich waren, nicht nur weil die Zeit drängte und der Verlauf der bevorstehenden Kämpfe noch nicht überschaubar war. Zur gleichen Zeit und auf die gleiche Weise mußten Hunderttausende, wenn nicht Millionen sowjetischer Menschen ebenfalls nach dem Osten, außerhalb der ersten Gefahrenzone, gebracht werden. Dazu kam noch, daß gleichzeitig zehntausende Betriebe der Industrie im europäischen Teil der Sowjetunion demontiert und im sibirischen und mittel-asiatischen Teil neu aufgebaut und rasch wieder in Gang gesetzt werden mußten, damit die Produktion für Front und Hinterland nur kurzfristig unterbrochen wurde und sie, in Sicherheit gebracht, um so intensiver und effektiver weiterlief.

So berechtigt es sicher ist, wenn bei der Erinnerung an den vor mehr als fünfzig Jahren beendeten Krieg auch der Strapazen und Opfer der vielen Deutschen gedacht wurde, die von Ost nach West flohen, der Umsiedler, der Flüchtlinge und Vertriebenen aus Schlesien oder Ostpreußen, die ja zunächst und vor allem auf Befehle und Forderungen der Hitlerregierung und der Armee-

Im 1943 gegründeten Nationalkomitee »Freies Deutschland«.
Zweiter von links: Walter Ulbricht. Zweiter von rechts: Heinz Keßler

führung zurückgingen, so bleibt es doch Unrecht und grundfalsch, nicht der Millionen sowjetischer Menschen zu gedenken, die viel früher, unter noch viel härteren Bedingungen im Ergebnis der deutschen Eroberungspolitik aus ihrer Heimat vertrieben und in große Entbehrung, in harte Not gestoßen worden sind. Ich habe diese Vertriebenenströme gesehen und werde sie nicht vergessen.

Unsere Fahrt im überfüllten, stickigen Waggon dauerte – mit nur wenigen Pausen bei kurz geöffneten Türen, aber mit sehr vielen und oft langen Wartestunden auf Rangierbahnhöfen und Abstellgleisen – fast drei Wochen. Daß es wenig zu essen gab – jeden Tag ein Stück Brot, einen Becher Tee mit einem kleinen Stück Zucker und ab und zu eine kleine Scheibe Speck – das war das Schlimmste noch nicht.

Die deutschen Kriegsgefangenen in unserem wie in allen Waggons glaubten, auf einer anderen Fahrt zu sein. Es waren Gerüchte im Umlauf, daß Gefangene beider Seiten ausgetauscht würden, daß die Fahrt also nach Westen ginge und der Weg zu Frau und Kind bald frei sein würde. Sie drängten sich zu den schmalen Ritzen in der Waggonwand, um zu sehen, in welcher Richtung die Sonne stand. Groß war die Erwartung, bald heimzukommen, deutlich aber auch die sofort wiederkehrende, ständig zunehmende Großsprecherei, die feindselige Stimmung gegen die Russen und ihren Sowjetstaat. Und wie kläglich dann der Umschwung in Verzweiflung und Hoffnungslosigkeit, gemischt mit Angst und Haß, als deutlich wurde, daß an jedem Morgen die Sonne vor unserer Lokomotive aufging, wir also unentwegt nach Osten fuhren. Uns war nicht nur klar, daß in dieser Situation, hier im Waggon, ein politisches Gespräch zwar gewagt werden mußte, aber kein Ergebnis bringen konnte. Wir ahnten auch, wie schwer unsere Aufgabe sein würde, wenn wir das Ziel erreichten.

Nach fast drei Wochen waren wir angelangt. Wir befanden uns im Gebiet von Karaganda, im zentralen Teil Kasachstans. Wenig später erfuhren wir, daß es ein Gebiet reich an Steinkohlevorkommen war, reich also an schwerer Arbeit. Als wir die Waggons verlassen hatten, begann ein Marsch von mehreren Stunden durch die kasachische Steppe. Noch war es am Tag glühend heiß. Endlich waren wir am Ziel. Vor uns standen einige wenige Baracken, die – das war sofort erkennbar – für uns längst nicht ausreichten. Wir mußten im Freien kampieren und spürten, daß die Nächte schon bitterkalt waren.

Die erste Aufgabe war es, Baracken zu bauen. Für die Erdarbeiten standen nur Spaten und Brechstangen, für die Holzarbeiten einfache Sägen und Beile zur Verfügung. Die Arbeit war sehr schwer, der Hunger – bei nur 250 Gramm Brot am Tag und ab und zu einer Schüssel dünner Suppe, die kaum sättigte – war schmerzend. Es war natürlich nicht einfach, den Gefangenen zu erklären, daß die sowjetischen Bürger zu dieser Zeit mit den gleichen kleinen Rationen zufrieden sein mußten. Hinzu kam, daß uns eine Typhuswelle heimsuchte, die auch meinen neuen Freund Franz Gold traf. Es bedurfte strenger Quarantänemaßnahmen, um es nicht zu einer rasenden Epidemie kommen zu lassen. Zu unser aller Glück wurde diese Gefahr gebannt.

Man hatte mich zu einem der Brigadiere bestimmt, die während des Arbeitseinsatzes für Sicherheit, Ordnung und die erforderliche Arbeitsleistung zu sorgen hatten und als Sprecher der »Brigade« als Bindeglied zu den sowjetischen Mannschaften fungierten. Das war keine leichte Aufgabe, zumal der Winter hier sehr schnell anbrach und es ohne den allmählichen Übergang des Herbstes bitterkalt wurde. Die Verpflegung blieb auf ihrem niedrigen Niveau, und allein das war schon ein Ergebnis großer Anstrengungen. Jetzt spürten wir aber auch den Mangel an entsprechender Kleidung, an Mänteln, Handschuhen, warmen Mützen und festen Stiefeln. Es kam in zunehmendem Maße zu unerfreulichen Übergriffen hungriger und frierender Gefangener, zu Diebstählen und auch zu Schlägereien, die die Brigadiere zu schlichten suchten.

Eines Tages Ende November war es besonders kalt, der Wind fegte über die Steppe und trieb uns Sand und Schnee ins Gesicht. Die Arbeit mit Beil und Säge und unhandlichen Holzpfählen fiel immer schwerer und wir mußten öfter die Arbeit unterbrechen, um uns aufzuwärmen und sei es nur dadurch, daß wir die Arme kräftig an den Leib schlugen.

Da kam ein Mann auf uns zu, offensichtlich aus dem Stab der Lagerleitung, sicher kein Gefangener, sondern ein Russe oder Emigrant, denn er trug Zivilkleidung: einen stabilen Schaffellmantel, eine »Schapka«, die typische Fellmütze, und »Walenki«, die so wärmenden Filzstiefel. Ich machte eine Bemerkung darüber, daß der Frost heute besonders schlimm und zermürbend sei.

Da warf er mir einen Satz zu, der mir die Wut zu Kopf steigen ließ – vielleicht hatte er sich gar nichts Böses dabei gedacht, vielleicht hielt er es nur für witzig, ich war jedoch empört. Er sagte:

»Wenn ich so langsam arbeiten würde wie Du, dann würde ich auch vor Frost zittern.«

Ich wartete nicht den Bruchteil einer Sekunde und antwortete sofort: »Wenn ich einen Mantel, eine Schapka und Walenki hätte wie Sie«, ich betonte das »Sie« demonstrativ, »dann würde ich bestimmt auch schneller arbeiten. Und wenn Sie mir nicht mehr zu sagen haben als dies, dann lassen Sie mich in Ruhe!«

Gut, gut, wiegelte er ab, entschuldigte sich und lud mich zu sich, vielleicht könne man etwas zur Erleichterung der Arbeit unter diesen Bedingungen tun. Dort erfuhr ich, daß sein Codename, den damals viele politische Emigranten nicht nur in der Sowjetunion trugen, um sich vor Überfällen der Nazis zu schützen, »Roth« war. Dahinter verbarg sich der Name Heinz Hoffmann. Er war ein Mannheimer Kommunist, der vor Madrid gegen Franco gekämpft hatte und dort schwer verwundet worden war, dann nach Moskau kam, wo er politische Arbeit leistete. Jetzt war er gemeinsam mit noch einem Spanienkämpfer, Herbert Grünstein, in Karaganda. Wir wurden gute Freunde, viele Jahre war er als Verteidigungsminister der DDR mein Chef und Vorgänger.

Armeegeneral Heinz Hoffmann (»Roth«) – Zweiter von rechts – und Generaloberst Heinz Keßler (zweiter von links), 1979

Etwa zur gleichen Zeit wurde ich kurz verhaftet und in den »Bunker« gebracht. Es hatte eine Schlägerei gegeben, als sich herausstellte, daß einige rumänische Gefangene in einer Vorratskammer eingebrochen waren und ihre Beute nicht herausgeben wollten, die ganze Brigade aber in Verdacht geriet. Da ging mein väterliches Erbe mit mir durch – er hatte sich auch bei keiner Straßenschlacht, keiner wichtigen Schlägerei in Chemnitz zurückgehalten. Ich mischte mich in den Streit ein und langte kräftig zu. In einer Zelle fand ich mich wieder, der sowjetische Kommandant wollte Prügeleien nicht dulden, noch dazu zwischen Deutschen und Rumänen. Sehr bald kam ich wieder heraus, blieb Brigadier und hatte bei den Gefangenen sogar an Autorität und Zutrauen gewonnen.

Mit der voranschreitenden Zeit entwickelte sich ein geordnetes Lagerleben. Die Baracken waren inzwischen gebaut und boten Schutz vor Wind und Wetter. Es wurde ein antifaschistisches Aktiv gebildet, Vorträge zu den verschiedensten Themen wurden gehalten, Zirkel formierten sich, die bald ein reges Eigenleben entwickelten. Das Aktiv nahm zunehmend Einfluß auch auf die Arbeit der Küchen, auf Fragen der Gesundheitsvorsorge und Hygiene. Sogar ein Chor wurde gebildet und fand rasch Zuspruch. Die Übergriffe auf Hab und Gut der anderen gingen zurück. Die Behandlung der Gefangenen war sicher streng, aber korrekt.

Natürlich ist das Leben in Gefangenenlagern immer schwierig und bedrückend, dennoch halte ich diese Bemerkung über die strenge Korrektkeit oder korrekte Strenge für wichtig, zumal ich viel später in den Besitz von Informationen aus dem deutschen Konzentrationslager Sachsenhausen bei Berlin kam. In genau der gleichen Zeit, die ich in Karaganda erlebte, befand sich die erste große Gruppe von sowjetischen Kriegsgefangenen in Sachsenhausen: Mitte August 1941 wurden dort die Baracken der Strafkompanie für Kriegsgefangene frei gemacht. Im September trafen die ersten im Lager ein. Anfang Oktober wurde das erste Vergasungsauto, in dessen Laderaum die Auspuffgase gepreßt wurden, ausprobiert. Sie sollten wenig später in Auschwitz eingesetzt werden – die ersten Opfer waren jedoch sowjetische Kriegsgefangene. Mitte Oktober wurde in den Baracken 10, 11, 12, 34, 35 und 36 in Sachsenhausen das »Sowjetische Kriegsgefangenen-Arbeitslager« eingerichtet. Ende Oktober brach – wie in Karaganda auch – eine Flecktyphusepidemie aus. Unter den sowjetischen

Gefangenen gab es viele Tote. Mitte November betrug die Zahl der ermordeten sowjetischen Kriegsgefangenen in diesem einen Lager 18.000, davon waren 15.000 im Verlauf vieler Wochen, Nacht für Nacht, in der Genickschußanlage »Z« erschossen worden.

Das dritte Ereignis schließlich, das für mich mit dem Namen Karaganda verbunden blieb – auch weil es zu meinem nächsten Einsatz hinüberführte –, war der Besuch einer Delegation der KPD aus Moskau, die im Dezember bei uns eintraf. Zu ihr gehörten Walter Ulbricht, Arthur Pieck und Hans Mahle. Ihr Ziel war es, wie vorher schon angekündigt, die Erfahrungen beim Aufbau dieses Lagers kennenzulernen, um sie auch weitergeben zu können. Zugleich hatte sie die Absicht, hier in Karaganda an einer Weihnachtsfeier teilzunehmen. Die große Schwierigkeit, an die niemand zuvor gedacht hatte, war, daß es in Mittelasien, in Kasachstan, in seiner weiten Steppe überhaupt nur wenige Bäume, aber schon gar keine Tannenbäume gab. Ich weiß immer noch nicht, auf welch abenteuerlichen Wegen es dennoch gelang, Tannenbäume von irgendwoher herbeizuschaffen. Auf alle Fälle – die Weihnachtsfeier fand statt.

Zum Abschluß dieses Besuches, am Ende der gründlichen Auswertung wurden die hier arbeitenden Emigranten (Heinz Hoffmann, Herbert Grünstein und andere) und eine Reihe von Antifa-Aktivisten (darunter Franz Gold und ich) mit einer neuen Aufgabe vertraut gemacht. Das verbleibende Aktiv, die Zirkel und Arbeitsgemeinschaften waren inzwischen stark genug, die Aufgaben in Karaganda allein zu erfüllen.

Uns wurde die Frage gestellt, ob wir auf die Schulbank wollten. Im Januar 1942 sollte in Oranki, südlich von Gorki an der mittleren Wolga, die erste Antifaschule ihre Arbeit aufnehmen. Es war, wie man heute sagen würde, wiederum ein Pilotprojekt mit dem Ziel, zunächst im Verlauf von vier, fünf Monaten Erfahrungen zu sammeln, um sie danach für die später in größerer Zahl vorgesehenen Schulen zu nutzen. Daß dabei etwas Gedeihliches für ein großes Unternehmen im Kampf gegen Hitler herauskommen sollte (noch war an ein Nationalkomitee nicht im entferntesten zu denken!), war aufregend genug, rangierte aber doch zunächst an zweiter Stelle. Für mich stand die Tatsache im Vordergrund, daß ich nach der Entlassung aus der Volksschule 1934 und dem Besuch der Berufsschule 1937 das erste Mal wieder gründlich lernen konnte. Natürlich stimmten wir zu und fuhren Mitte Januar los, Heinz

Hoffmann sogar mit seiner jungen Frau und seinem kleinen Sohn, der erst vier Monate zuvor in Karaganda geboren worden war.

Auch über die Antifaschulen – es wurden im Laufe der Zeit viele eingerichtet, die von einer sehr großen Zahl von Gefangenen erfolgreich besucht wurden – hat man später in der Bundesrepublik sehr verzerrte Darstellungen gegeben. Mit solchen Begriffen wie »Gehirnwäsche«, »Nürnberger Trichter« oder »Indoktrination« wurde nicht gespart. Dabei war, wie ich es selbst erlebte, das Gegenteil der Fall.

Hier soll an eine Äußerung des späteren Präsidenten des Nationalkomitees, des Dichters Erich Weinert, zum Charakter der Antifaschulen erinnert werden, deren Kerngedanke uns schon damals, vor der Eröffnung der ersten Schule in Oranki, erläutert wurde: »Es ist nicht die Absicht, in diesen Schulen die Kursanten durch eine sogenannte Weltanschauungsmühle zu drehen, daß auf der einen Seite der unfertige Mensch steht und auf der anderen Seite der fertige Marxist herauskommt. Die Kurse haben den Sinn, sie vertraut zu machen mit einer Denkmethode, mit einer Untersuchungsmethode, die erfahrungsgemäß die besten Einblicke gewährt in die Hintergründe der Bewegungsgesetze der menschlichen Gesellschaft.«

Besser kann man Aufgabe und Arbeitsweise unseres Lehrgangs in Oranki nicht beschreiben – und wenn es seine Aufgabe war, Erfahrungen für ein ganzes System zu sammeln, so war dies ein gutes Programm.

Es war das einzig mögliche. Anders als mit dem ständigen Appell, ja auch mit einem sanften Zwang zu einem schöpferischen Umgang mit neuen, für die meisten Schüler überraschenden Erkenntnissen, anders als mit der schrittweisen Gewöhnung an lebhafte Diskussionen und ein dialektisches, widerspruchreiches Denken hätte man bei den an Doktrinen und Parolen, an Schlagworte und mystische, halbreligiöse Vorstellungen gewöhnten jungen Deutschen aus dem Hitlerstaat überhaupt nichts erreicht. Daß diese Antifaschulen aber – wie jeder bestätigen wird, der sie erlebte – auf das Denken und Fühlen, auf die Lebenshaltung so vieler Menschen nachhaltig einwirkte, das lag nach meiner Erfahrung schon in Oranki vor allem an dreierlei: Zunächst interessierte, ja faszinierte der Lehrstoff – für die meisten Kursanten war er neu und absolut ungewohnt. Wenn er für sie etwas Bekanntes enthielt, dann war es bisher bruchstückhaft und verzerrt und wurde erst jetzt ins richtige Licht gerückt. Gelehrt wurde sehr umfassend deutsche Geschichte, und zwar von der Frühzeit der Sklavenhaltergesellschaft bis zur Gegenwart, wenn man so will von Hermann dem Cherusker bis zu Hermann Göring.

Das geschah nicht nur und nicht in erster Linie anhand von einzelnen Episoden oder herausragenden Heldengeschichten, sondern im Zusammenhang mit der Entwicklung der Produktivkräfte, der Produktionsverhältnisse, der Lebensbedingungen der Deutschen, dem Klassenkampf durch die Jahrhunderte. Gelehrt wurden natürlich besonders ausführlich die geschichtlichen Bedingungen und Wesensmerkmale des deutschen Faschismus – wie er entstand, worin seine wesentlichen Irrlehren und politischen Ziele bestanden, wer ihn an die Macht gebracht hatte und warum er so nachhaltig auf das deutsche Volk wirken konnte. Themen waren auch die Geschichte der deutschen Arbeiterbewegung, der alten revolutionären Sozialdemokratie und deren Spaltung im ersten Weltkrieg, der Novemberrevolution und ihres Scheiterns und der Kommunistischen Partei in der Weimarer Republik sowie die historische Notwendigkeit, das Sektierertum zu überwinden und zur gemeinsamen Aktion aller Hitlergegner zu gelangen. Dabei gab es keineswegs nur fertig vorgesetzte Resultate, es wurde dazu angehalten, die Ergebnisse in der Diskussion selbst zu erstreiten. Eine große Rolle spielte die Beschäftigung mit der deutschen Literatur – mit Goethe, Schiller, Heine, Hölderlin, aber auch mit wichtigen Erscheinungen der russischen Literatur: Gogol, Tolstoi, Gorki, Majakowski. Und ebenso beschäftigte man sich natürlich mit der Geschichte der Sowjetunion, ihrer Innen- und Außenpolitik und mit den aktuellen internationalen Beziehungen, den Ursachen, dem Verlauf und den Perspektiven des Krieges. Für die meisten Lehrgangsteilnehmer, selbst wenn man sie unter Berücksichtigung ihrer bisherigen Aktivität in den Lagern und ihrer Aufgeschlossenheit ausgewählt hatte, waren die Einsichten, die sie jetzt gewannen, zum überwiegenden Teil überraschend neu.

Die zweite wesentliche Voraussetzung dafür, daß diese Schulen die ihnen gesetzten Ziele erreichten, waren das Wissen, die politische Erfahrung und menschliche Reife der Dozenten, die hier eingesetzt waren. Es waren in der Mehrzahl langjährige Mitglieder der Kommunistischen Partei, der Gewerkschaftsbewegung, des Jugendverbandes mit besonderer Begabung und Fähigkeit, Wissen praxisnah weiterzugeben. Leiter der Schule war der später für sehr viele deutsche Kriegsgefangene zu einem Begriff, zu einem Beispiel an Wissen, Lebenserfahrung und menschlichem Anstand gewordene Professor der Philosophie, Nikolai Jantzen. Zum Lehrkörper gehörten so erfahrene Politiker wie Rudolf Lindau (Spezialist für Geschichte der Arbeiterbewegung), Hermann Matern (für alle Fragen der Einheits- und Volksfrontpolitik), Edwin Hoernle (für Fragen der Agrarpolitik), Wilhelm Florin (Gewerkschaftpolitik), Helene Berg (Fragen der Sozialpolitik und der Frauenbewegung), Heinz Hoffmann (für Geschichte des Krieges und der Militärpolitik), Anton Ackermann (Internationale Beziehungen, aber auch Literatur und Kulturpolitik) und andere. Sie hielten vor dem ganzen Lehrgang Vorträge auf ihrem Fachgebiet und waren daneben auch als Klassenleiter für kleinere Gruppen eingesetzt, mit denen sie Seminare durchführten, Diskussionen über den jeweiligen Stoff und über die bei den Schülern auftretenden Fragen leiteten. Sie gaben die Themen für die Belegarbeiten vor und bewerteten sie – eine Form, die erfolgreich anstelle von Prüfungen praktiziert wurde. Denn es ging ja nicht um mechanisch einstudiertes Buchwissen, sondern um die Stärkung der Fähigkeit, Wissen praktisch zu handhaben.

Deswegen waren zum Teil sehr heftige Debatten, lebhafte Auseinandersetzungen, sogar ernster Streit an der Tagesordnung und erwünscht. Ich habe mich später – Jahrzehnte danach – noch an einige Beispiele sehr erbitterter Diskussionen erinnert, so an eine lange Auseinandersetzung über das Wesen der internationalen Anti-Hitler-Koalition und über Möglichkeit, Nutzen und eventuelle Gefahren eines so engen Bündnisses zwischen so unterschiedlichen Staaten wie der Sowjetunion und den USA. Interessante Debatten gab es verständlicherweise auch über eine Reihe von Erkenntnissen zur Militärpolitik, deren unterschiedliche Deutung die Männer in Uniform nicht nur theoretisch, sondern am eigenen Leibe praktisch erlebt hatten.

So erfuhren die meisten zum ersten Mal von den militärpolitischen Arbeiten Friedrich Engels', den seine Freunde ja »General« nannten. Sie erfuhren von der schon in den 90er Jahren des vorigen Jahrhunderts von Engels anhand der ökonomischen und politischen Entwicklung der großen Industriestaaten vorausgesagten Möglichkeit eines »Weltkrieges«. Und sie staunten nicht wenig über die letzte große Arbeit von Friedrich Engels »Kann Europa abrüsten?«, die den ersten Abrüstungsvorschlag der sozialistischen

Bewegung überhaupt enthielt. Genau so lebhaft und überraschend aufschlußreich waren – wie ich mich erinnere – die Diskussionen über die Einschätzungen des Krieges in unserem, dem zwanzigsten Jahrhundert in den Werken Lenins. Er hatte ja als einer der ersten festgestellt, daß in diesem Jahrhundert – schon lange vor der Entwicklung der furchtbaren ABC-Massenvernichtungswaffen – der Krieg seinen Charakter grundlegend verändert hatte: Es standen sich nicht mehr nur Armeen, es standen sich Völker gegenüber, und am Kriegsgeschehen waren nicht nur Soldaten und Waffensysteme beteiligt, sondern buchstäblich alle gesellschaftlichen Bereiche. Krieg tobte nicht mehr nur an den Fronten, sondern genau so im Hinterland, an der »Heimatfront«, einbezogen waren nicht nur uniformierte Männer, sondern auch Frauen, Greise und Kinder. Zu Schlachtfeldern wurden auch die Wirtschaft, die Wissenschaft, das kulturelle Leben, die Massenkommunikation, der Alltag. Der »totale Krieg« war eine Realität, schon bevor Goebbels diesen Begriff in die Massen warf und zu einem Programm machte. Daraus folgte aber auch – und das leuchtete uns allen als besonders wichtige Erkenntnis ein –, daß gerade im Krieg das Verhältnis eines Volkes zu seiner Regierung, einer Gesellschaft zu ihrer herrschenden Klasse eine größere Bedeutung gewann als zuvor, und daß dieses Verhältnis beeinflußt, verändert werden konnte. Die darin verborgene Herausforderung verstanden wir alle.

Die dritte Ursache für die erfolgreiche Arbeit der Antifaschulen war sicher die Organisation des Lehrplanes und des Unterrichts. Die Ausbildung war nicht auf einen ganz speziellen Einsatz hin ausgerichtet – es gab keine Gruppe späterer Propagandisten, späterer Frontbeauftragter, späterer Kulturfunktionäre für die verschiedenen Gefangenenlager in der Sowjetunion, auch keine Lehrgänge mit Blick auf einen späteren Einsatz in einem befreiten und wieder aufzubauenden Deutschland.

Solche spezialisierten Unterrichtungen hat es auch gegeben, aber sehr viel später, kurz vor dem Sieg über Hitler. 1942 jedoch und weit darüber hinaus – wurde Wissen vermittelt, das der Absolvent überall anwenden konnte, das ihn befähigte, auf allen Gebieten zu arbeiten, die die politischen Notwendigkeiten erforderten. Als nach fünf Monaten der Lehrgang abgeschlossen war, ging ein Teil der Absolventen – es waren wohl die meisten – in die verschiedenen Gefangenenlager zurück, um dort die Antifa-Aktivs zu leiten. Andere, die besondere Begabung bewiesen hatten, wur-

den als Lehrer an den später geschaffenen Antifa-Schulen eingesetzt. Einige aber – darunter auch ich – wurden für andere
Aufgaben vorgesehen.

Im Herbst 1942/43 wurden Franz Gold, ich und ein öster-
reichischer Kamerad mit Namen Zwiefelhöfer wieder nach
Krasnogorsk bei Moskau gebracht. Man wiederholte die Frage, die
man schon vor mehr als einem Jahr gestellt hatte, ob wir mit einem
Einsatz an, vielleicht auch hinter der Front einverstanden wären.
Als wir bejahten, erhielten wir den Marschbefehl.

Inzwischen hatte sich in der Tat die militärische Lage geändert,
der große Umschwung stand unmittelbar bevor. Nachdem im
Dezember 1941 – wir waren in Karaganda – vor Moskau der deutsche Vormarsch zum Stehen gekommen war und die Rote Armee
ihre Gegenoffensive eröffnet hatte, durch die Hitlers Blitzkriegs-
strategie zum erstenmal scheiterte und die Wehrmacht die erste
große Niederlage hinnehmen mußte, folgten 1942 weitere
Schritte. Zwar versuchte die Wehrmacht Ende Juni 1942 mit der
Eröffnung einer neuen Sommeroffensive das Heft wieder in die
Hand zu bekommen, die strategische Initiative wieder an sich zu
reißen, doch durch die heroische Verteidigung von Stalingrad von
September bis zum Beginn der sowjetischen Gegenoffensive im
November, die zunächst zur Schließung des Kessels um Stalingrad
führte, wurde die entscheidende Wende des Krieges vorbereitet.

Jetzt machte auch der Einsatz deutscher Antifaschisten an der
Front Sinn, um auf Einheiten der Wehrmacht politisch Einfluß zu
nehmen.

In Krasnogorsk traf ich mit Menschen zusammen, die ich
schon von meinem ersten Aufenthalt im Sommer 1941 her kannte, aber auch mit anderen, denen ich damals noch nicht begegnet
war und die später zu engen Vertrauten wurden, die ich sehr ver-
ehrte. Da war Dr. Frida Rubiner, schon in den 60ern, eine
Veteranin der deutschen Arbeiterbewegung. Sie hatte zwischen
1914 und 1918 im schweizer Exil gelebt, dort Lenin kennengelernt und mit ihm zusammengearbeitet, und später war sie eine
Freundin von Rosa Luxemburg und Clara Zetkin. Da war Alfred
Kurella, der lange in der Komintern an der Seite von Georgi
Dimitroff gearbeitet hat.

Durch meine Mutter hatte ich schon in der Kindheit das Buch
»Mussolini ohne Maske« von ihm kennengelernt. Da war der sowjetische Professor Braginski, ein bekannter Orientalist, der viele

Sprachen beherrschte und die deutschen Antifaschisten hilfreich unterstützte.

Hier in Krasnogorsk erläuterte man uns das Vorhaben: Es sollte im Januar 1943 gestartet werden, immer noch geraume Zeit vor der Gründung des Nationalkomitees, und es war, wie man heute sagen würde, wiederum ein Pilotversuch, ein Test, wie und mit welchen Methoden politische, antifaschistische Arbeit an und hinter der Front geleistet werden konnte. Wie wir erfuhren, waren zu gleicher Zeit zwei solcher Einsätze geplant, die danach ausgewertet werden sollten : einer im Kessel von Stalingrad, ein zweiter, wenn auch in kleineren Dimensionen, im Kessel bei Welikije Luki, nördlich von Moskau. Die beiden Aktionen, die etwa zur selben Zeit ablaufen sollten, waren bei einer im Grundsatz gleichen Zielstellung angesichts der unterschiedlichen Bedingungen nicht völlig miteinander zu vergleichen. Im Kessel von Stalingrad ging es um eine umfassende und differenzierte propagandistische Arbeit, die sowohl akustisch wie schriftlich, also mit Lautsprechern und Flugblättern in großer Zahl, durchzuführen war und zum Ziel hatte, größere Truppenteile zur Einstellung der Kämpfe und zum Gang in die Gefangenschaft zu überzeugen. Im Kessel bei Welikije Luki, für den wir vorgesehen waren, sollte dieser Einsatz der Worte und Argumente kombiniert werden mit einem Versuch, in den Kessel direkt einzudringen und in direkten Gesprächen einen Keil zwischen die Truppen und ihr Kommando zu treiben.

Die Aktion wurde von sowjetischer Seite von Professor Braginski, von deutscher Seite von Alfred Kurella koordiniert. Sie gingen dabei von wichtigen Erkenntnissen der Frontaufklärung aus, die informiert hatte, daß sich die deutschen Einheiten im Kessel in einer aussichtslosen Lage befanden und das auch wußten. Der Kommandeur jedoch, ein Oberstleutnant Richard von Saß, Ritterkreuzträger und fanatischer Hitleranhänger, sei nicht bereit zu kapitulieren, was unzählige sinnlose Opfer bedeuten mußte. Außerdem sei Oberstleutnant von Saß bei den Truppen wie bei einer großen Zahl von Offizieren unbeliebt, ja sogar verhaßt, weil er nicht nur außerordentlich grausam in der Behandlung der russischen Bevölkerung war – Verhaftungen, Folterungen und Erschießungen waren an der Tagesordnung –, sondern weil er auch dafür berüchtigt war, sich selbst durch Beschlagnahmen zu bereichern. Es schien daher möglich, an diesen Erkenntnissen anzuknüpfen und die objektiven Widersprüche zu nutzen, um die Soldaten von ihrem Kommandeur zu trennen.

Der Leiter der gesamten Gruppe in dieser konkreten Operation war Franz Gold. Hinzu kamen ein Offizier, Leutnant Friedrich Augustin, der schon früh in Gefangenschaft geraten und Antifaschist geworden war, dazu der Österreicher Zwiefelhöfer und ich. Uns zugeordnet waren zehn sowjetische Soldaten. Wir waren also vier Deutschsprachige und zehn Russen, die kein Wort Deutsch verstanden – möglicherweise war das ein Fehler, unvermeidlich, aber eben falsch. Wir wurden alle in deutsche Uniformen gekleidet – Leutnant Augustin, unser Chef nach außen hin, als mehrfach dekorierter Offizier erkennbar, unser eigentlicher Kommandeur, Franz Gold, in der Uniform eines gleichfalls fronterfahrenen Feldwebels, wir anderen, auch die jungen Russen, stellten deutsche Soldaten dar.

Die Legende besagte, daß wir zu einer Entsatztruppe gehörten. Es war üblich, daß in geschlossene Kessel von den deutschen Kommandos Entsatztruppen zur Verstärkung, zur moralischen Mobilisierung geschickt wurden. So sollten wir in zwei Gruppen in den Kessel eindringen und versuchen, an den Stab von Herrn von Saß heranzukommen, ihn zu isolieren. Die sowjetische Seite ging davon aus, daß die übrigen Offiziere kapitulieren würden und das Leben von Tausenden Menschen gerettet werden könnte, wenn es gelänge, den hartnäckigen Kommandeur in die Ecke zu drängen. Man hatte uns von Anbeginn nicht im Zweifel darüber gelassen, daß es während dieses Versuches auch zu bewaffneten Auseinandersetzungen kommen könnte und in dem Falle, daß man uns festsetzte, wir als Überläufer bestimmt von den Standgerichten umgebracht würden.

Wir begannen auch hier mit einem intensiven Einsatz der Lautsprecher. Danach brachen wir auf, bei schneidender Kälte, die mich aufs neue an Napoleon und seine Große Armee erinnerte. Die Gruppe 1 unter Franz Gold ging voran und versuchte, an den Kommandeur heranzukommen und mit ihm zu sprechen. Ich sollte mit der Gruppe 2 etwas später von einer anderen Seite in den Kessel eindringen und dann, wenn das verabredete Zeichen gegeben wurde, daß das Gespräch erfolgreich war, die Nachricht in den Bunker überbringen, daß der Weg zur Kapitulation und zum Abzug der eingekesselten Truppen frei sei. Wir sind nicht weit gekommen. Die Gruppe Gold hatte zwar eine genaue Vorstellung, wo der Bunker des Kommandeurs war. Doch als sie sich ihm näherte – zu seinem Eingang führte eine aus Balken zusammengefügte Treppe empor –, bot sich ihr ein unerwartetes Bild. Rechts und links des Eingangs waren auf dem Erdwall des Bunkers – aus welchem Grund auch immer – Maschinengewehre aufgebaut. Damit war sofort höchste Alarmstufe gegeben. Es kam ein Offizier aus dem Bunker und forderte unseren Offizier (Augustin) auf, allein, ohne Begleitung, in den Bunker zu kommen, um die Lage zu besprechen und – als Vertreter der »Entsatztruppe« – die Verhandlung mit von Saß zu führen. Gold wurde sofort mißtrauisch und ließ das nicht zu. Er wollte mitgehen. Das verhinderten wiederum die Offiziere aus dem Bunker, auch sie waren mißtrauisch. Meine Gruppe stand in Bereitschaft und wartete auf das vereinbarte Signal. Plötzlich wurde – niemand wußte warum, waren wir durchschaut oder reagierten die Wachposten nervös? – aus Maschinengewehren das Feuer eröffnet. Wir mußten es erwidern. Zwei der sowjetischen Soldaten wurden getroffen, sie waren sofort tot. Es gab ein heilloses Durcheinander, und uns blieb nichts weiter übrig, als uns zurückzuziehen.

Als wir wieder außerhalb des Kessels waren und uns trafen, fehlte Friedrich Augustin. Franz Gold, der immer überaus mißtrauisch war, sagte übereilt: »Ich habe so etwas vorausgesehen, einem preußischen Leutnant sollte man so leicht nicht trauen!« Franz Gold bereute diese Worte schnell.

Im Vordergrund stand die Frage: Wie bekommen wir die beiden sowjetischen Soldaten aus dem Kessel wieder heraus? Und es war derselbe Franz Gold, der sofort wieder in den Kessel ging und unter hoher Lebensgefahr die Leichen der beiden Soldaten holte.

Es dauerte einige Zeit, bis wir herausfanden, was mit Augustin passiert war. Er war nach dem wilden Feuerwechsel und dem allgemeinen Durcheinander an einer falschen Stelle aus dem Kessel herausgekommen, die dortigen sowjetischen Posten kannten das Losungswort nicht und verhafteten ihn. Erst nach vielen Mühen bekamen wir ihn frei.

Wir erstatteten sofort einen ausführlichen Bericht gegenüber Braginski und Kurella, erst mündlich, dann schriftlich. Wir versuchten, Zielstellung und Resultat, Aufwand und Nutzen gegenüberzustellen und erste Lehren zu ziehen. Die Zielstellung – so stellten wir fest – war richtig. Wäre es gelungen, den Kommandeur zu isolieren, hätte vielen tausend Menschen das Leben gerettet werden können. Die Isolierung des Kommandeurs war mißlungen, trotzdem hatte die Aktion eine beachtliche moralisch-politische Wirkung auf die im Kessel Eingeschlossenen, die plötzlich mit der Gewißheit konfrontiert waren, daß die von der anderen Seite aktiv und mutig entschlossen waren und nun schon bis in die eigenen Stäbe eindringen konnten. Die Kampfmoral hatte einen Knacks bekommen, die Bedingungen für die am nächsten Morgen angreifenden Truppen der Roten Armee waren, wie man uns bestätigte, günstiger geworden. Der Kessel wurde von der Roten Arme gesprengt, die Opfer auf beiden Seiten waren trotzdem sehr hoch. Ritterkreuzträger von Saß übrigens tat das, was er vorher seinen Offizieren und Soldaten verwehrt hatte: Er begab sich als einer der ersten in Gefangenschaft.

Unser Bericht wurde, wie wir hörten, an der ganzen Front ausgewertet. Wir selbst berichteten in Krasnogorsk, hielten auch vor einigen inzwischen geschaffenen Antifa-Komitees in unterschiedlichen Gefangenenlagern Vorträge und antworteten auf viele interessierte Fragen. Und wir drei, Gold, Augustin und ich, haben danach an mehreren Abschnitten der Front – einmal alle drei, dann mit anderen zusammen, oft auch nur Gold und ich allein – weiter gearbeitet. Wir haben Flugblätter entworfen und zum Druck vorbereitet, Schriften an und hinter die Front gebracht, mit deutschen Kriegsgefangenen gesprochen, Informationen gesammelt, die der Roten Armee nützlich waren und auch den Gefangenen halfen. Nicht selten haben wir auch Kriegsgefangene wieder zu ihrer Truppe zurückgeschickt, ohne eine Bedingung, allein mit der Bitte, ihren Kameraden die Wahrheit zu berichten und den vielen Lügen entgegenzutreten: Soldaten, die sich ergeben, werden auf sowjetischer Seite entgegen allen Gerüchten keineswegs erschossen oder mißhandelt. Es waren dies alles Formen der politischen Arbeit, die jetzt erstmals erprobt und später an den Fronten allgemein angewandt wurden.

Dabei waren diese Einsätze im ersten Halbjahr 1943 durchaus gefährlich und kräfteraubend. Einmal wurde ich – mit meinem Megaphon an vorderster Front – verwundet. Es war zwar nur ein Streifschuß, doch der Blutverlust war beträchtlich. Franz Gold hat mich kilometerweit aus der Gefahrenzone geschleppt. Wenig später wurde Franz selbst schwer krank und fieberte so stark, daß das Schlimmste zu befürchten war. Buchstäblich im letzten Augenblick gelang es, ihn in einen Sanitätsstützpunkt an der Front und dann nach Moskau in ein Hospital zu bringen. Nebenbei erwähnt: Dabei wurden wir beide sogar verhaftet, von Rotarmisten abgeführt und in einer alten Dorfkirche, die immer mal wieder Zielpunkt von Artilleriesalven war, eingesperrt. Einige junge Mädchen, die bei den Partisanen kämpften und nun zu den vorrückenden sowjetischen Truppen stießen, hatten gehört, daß wir – Franz und ich, beide in einer unvorschriftsmäßigen Uniform – uns deutsch unterhielten. In den Augen der jungen Frauen konnten wir nur feindliche Spitzel sein. Bald war der Irrtum aufgeklärt, wir erhielten sogar ein für den Krankentransport geeignetes Zugabteil und kamen gut nach Moskau. Auch aus diesem Zwischenfall konnten wir für die zukünftigen Einsätze an der Front, für uns selbst wie für andere, Lehren ziehen.

Im Mai-Juni befand ich mich im Raum Kursk – noch war die große sowjetische Offensive im Kursker Bogen nicht eingeleitet, aber sie wurde schon vorbereitet. Hier bekam ich die Order, wieder nach Krasnogorsk zu kommen.

Ich habe von drei Beispielen, gewissermaßen von drei Stufen auf dem Wege zur Schaffung des Nationalkomitees berichtet – nicht weil sie etwas Außergewöhnliches gewesen wären, sondern weil ich sie unmittelbar selbst erlebt habe. Ähnliche Erlebnisse hatten viele andere auch. Es war ja der Sinn der ersten Versuche, daß sie ausgewertet, ausgebaut und ständig verbessert an vielen Orten angewandt wurden. Noch einmal zusammengefaßt:

Mit dem Namen Karaganda verband sich für mich: Organisation eines auch unter den harten Bedingungen der Kriegsgefangenschaft einigermaßen erträglichen Lebens, mit einer gerechten Teilung der kargen Verpflegung, mit der Sicherung stabiler hygienischer Bedingungen und gesicherter ärztlicher Versorgung, mit einer zwar anstrengenden, aber doch gleichmäßig geregelten Arbeit, mit Anfängen einer gewissen kulturellen Beschäftigung und ersten geistig-politischen Auseinandersetzung um die jüngste Vergangenheit, Gegenwart und Zukunft. Möglichkeiten zu einer Beschäftigung mit der Geschichte, der Politik, der Verantwortung jedes einzelnen und die Chance, Einsichten in den Gang der Gesellschaft zu gewinnen – das war für mich Oranki.

Schließlich: aktiv werden können in dem Bestreben, den Krieg praktisch zu einem schnelleren Ende zu bringen und vielen Menschen das Leben zu retten – das war gleichbedeutend für mich mit Welikije Luki.

Jede Form der Aktivierung der deutschen Kriegsgefangenen stand für sich selbst. Sie wären im Prinzip auch ohne Koordinierung versucht und erprobt worden. Daß am Ende durch Gewinnung eines Teiles der Gefangenen eine antifaschistische Bewegung entstand, war – wie ich meine – keineswegs ein schon am Anfang angestrebtes Ziel, schon gar kein großangelegter, heimtückischer Versuch von Seelenfang für die Interessen kommunistischer Agitatoren, wie heute behauptet wird. Es war vielmehr die logische Konsequenz einer Entwicklung, die Folge des Appells an die Vernunft. Man kann, wenn man sie zeitlich gliedern will, drei Abschnitte dieser Entwicklung unterscheiden.

Der erste Abschnitt umfaßte im Prinzip die Zeit vom Juni 1941 bis zum Juni 1942. Es war die Phase des ersten raschen Vormarsches der deutschen Truppen im Sommer und Herbst nach dem heimtückischen Überfall, weiter die Zeit des Stockens der deutschen Offensive vor Moskau wie an anderen Frontabschnitten im eiskalten russischen Winter und schließlich die Monate eines zwar nicht mehr so schwungvollen, aber dennoch tief ins Land eindringenden Vormarsches der Wehrmacht im Frühjahr und Sommer des zweiten Jahres an der Ostfront. Die natürlich sehr schnell schon versuchte Einflußnahme über die Frontlinien hinweg erfolgte in dieser Periode fast ausschließlich durch deutschsprechende sowjetische Kommunisten und deutsche Emigranten mit Lautsprechern und Flugblättern. Trotz der bitteren Erfahrungen des raschen Vormarsches der Wehrmacht gab es bei den politischen Propagandisten nach wie vor starke Illusionen über den wirklichen Bewußtseinsstand der deutschen Soldaten. Sie unterschätzten ganz offensichtlich die Tatsache, daß die Angehörigen der deutschen Armee tief in die faschistische Ideologie verstrickt waren. Man mußte einsehen, daß es fast unmöglich war, ihren immer noch starken Glauben an den deutschen Sieg durch Worte zu erschüttern und den Boden für ein klares, realistisches Denken freizulegen.

Gleichzeitig entwickelten sich – wie bei uns in Karaganda – auch in anderen Lagern, keineswegs schnell, eher sehr zögerlich und widerspruchsvoll, Aktivs kriegsgefangener Deutscher, die durch ihr eigenes Erleben nachdenklich und kritisch geworden und mit der fortschreitenden Zeit zu direkten politischen Erklärungen bereit waren. Lange waren es Einzelbeispiele – doch sie hatten letzten Endes Wirkung.

So gab es im Dezember 1941 im Lager 58 in Temnikow – es war ein Durchgangslager, in das fast alle Gefangenen der ersten Monate kamen, das aber auch als Sammelpunkt für potentielle Antifa-Aktivisten vorgesehen war – eine erste Initiative. 15 Gefangene riefen zu einer politischen Diskussion auf, die auch zustande kam und nur einen Tagesordnungspunkt hatte: »Wie ist der Hitlerkrieg zu beenden?« An ihr nahmen 158 Männer teil, die einen »Appell an das deutsche Volk« beschlossen. Ende Februar 1942 gab es im Lager Jelabuga ein erstes Treffen von 190 Gefreiten, Unteroffizieren und Feldwebeln.

Die nächste größere Aktion – neben vielen kleinen und lange nicht beachteten – gab es Monate später. Am 28. Juni 1942 wurde vom Lager 27 (Krasnogorsk) aus, auf Initiative der Lager 27, 58 und 95, eine »Radiokundgebung« organisiert – heute würde man es eine Konferenzschaltung nennen –, an der insgesamt 1 900 Kriegsgefangene teilnahmen.

Sie hörten die Ansprachen von Hauptmann Hadermann, Oberleutnant Reyher und Soldat Beier sowie einen Aufruf »An unsere Kameraden« und diskutierten darüber.

Dennoch gebietet es die Wahrheit, deutlich zu sagen, daß solche Aktivitäten im Jahre 1942 noch sehr selten und, genau betrachtet, nicht sehr wirksam waren. Die wenigen mutigen Gruppen, die sich an die Öffentlichkeit wagten, wurden weitgehend gemieden und begeifert. Vor allem die Offiziere, die in eigenen Lagern untergebracht waren, wandten sich mit hartnäckiger Entschiedenheit gegen jegliche »Zusammenarbeit mit dem Feind«, gegen jede »Verletzung des Fahneneides«. Um so wichtiger war, daß am 21. Mai 1942 im Offizierslager Jelabuga eine Versammlung stattfand, auf welcher der schon genannte Dr. Ernst Hadermann – ein ehemaliger Studienrat und sowohl im Ersten wie im Zweiten Weltkrieg wegen Tapferkeit dekorierter Offizier – eine leidenschaftliche Rede hielt. Sie wurde unter dem Titel »Wie ist der Krieg zu beenden? Ein kräftiges Manneswort eines deutschen Hauptmanns« als Broschüre in 500.000 Exemplaren verbreitet. Ein bemerkenswerter, vielleicht der entscheidende Satz in der Rede Hadermanns war: »Jetzt ist die paradoxe Situation eingetreten, daß wir, die wir doch gefangen und in Lager gesperrt sind, eine größere Freiheit genießen als unsere Landsleute zu Hause. Und weil wir diese Entscheidungsfreiheit haben, müssen wir es sein, die etwas gegen die Fortsetzung des Krieges tun.«

Die Diskussion über diese Broschüre in den verschiedenen Gefangenenlagern – eine sehr ernste, aber auch sehr schwierige Diskussion – bestimmte unter anderem die zweite Strecke des steinigen Weges von Juni 1942 bis Januar 1943.

In der Literatur über diese Zeit ist ausführlich, vielleicht sogar zu ausführlich, darüber berichtet worden, daß im November 1942 – der eiserne Ring um Stalingrad und die 6. Armee war gerade erst geschlossen worden – eine Gruppe deutscher Emigranten mit Lautsprecherwagen an der Stalingrader Front eingesetzt wurde: Walter Ulbricht, Willi Bredel, Erich Weinert und andere, die sich an die unter den furchtbaren Bedingungen des Winters leidenden Truppen wandten. Zuwenig mag in diesen Berichten deutlich geworden sein, daß der Erfolg dieser Bemühungen zunächst noch gering gewesen ist. War es die Skepsis gegenüber den führenden kommunistischen Funktionären, über die die Goebbelspropaganda ja zehn Jahre lang unausgesetzt die schlimmsten Verleumdungen verbreitete? War es der immer noch nicht völlig aufgegebene Glaube an Hitlers Versprechungen von raschem Entsatz und schließlichem Sieg, auch an der Wolga? War es die gezielt verbreitete und ständig geschürte Angst vor einer sowjetischen Gefangenschaft? Hier kam wohl alles zusammen.

Der eigentliche Umschwung – und der dritte, entscheidende Abschnitt – setzte erst im Zusammenhang mit der Zerschlagung des Kessels von Stalingrad ein. Eine Schlußfolgerung aus den bisherigen Erfahrungen war, daß im Januar 1943 eine Gruppe von antifaschistischen Kriegsgefangenen an der Stalingrader Front eingesetzt wurden (Hadermann, Reyher, Charisius), die nicht nur die richtigen Argumente, sondern auch die verständlichere Sprache fanden. Es war dies die erwähnte Parallelgruppe zu uns, die wir nach Welikije Luki gingen. Sie trug dazu bei, daß viele der eingeschlossenen Soldaten die Aussichtslosigkeit des Kampfes in Stalingrad einsahen und bereit waren, das eigene Weiterleben höher zu werten als die sinnlose Fortsetzung des befohlenen Ausharrens in Eis, Schnee und Stahlgewittern – eine Haltung, die letzten Endes auch die Kommandoebenen erfaßte, bis hinauf zu Generalfeldmarschall Paulus. In diesen Wochen, so meine ich, entstand die Erkenntnis, daß für den antifaschistischen Kampf gegen den Hitlerkrieg eine Organisationsform gefunden werden mußte, die eine sehr breite und doch feste politische Basis hatte. Es gab eine Zentrale Soldatenzeitung, nun entstanden Zeitungen auch in den einzelnen Lagern. Im Laufe der Zeit hatte sich durch Diskussionen und kulturelle Arbeit ein in nahezu allen Lagern vorhandenes antifaschistisches Aktiv herausgebildet. Es umfaßte vor allem Soldaten der Mannschaftdienstgrade, die in den Gefangenenlagern ohnehin in der Mehrheit waren, aber auch schon Unteroffiziere und Offiziere. Aus diesem Aktiv heraus entstand der Gedanke, ein Komitee mit einer offiziellen, politischen Leitung zu bilden.

Ich wurde, als ich aus dem Kursker Raum wieder nach Krasnogorsk kam, gefragt, ob ich an der Konstituierung des Komitees und auch an der Formulierung seiner programmatischen Dokumente mitwirken wollte. Natürlich half ich mit, vor allem jene Passage des vorgesehenen Gründungsmanifestes zu diskutieren und zu formulieren, die sich mit den Problemen und den Aufgaben der Jugend befaßte, und ich nahm auch am letzten vorbereitenden Schritt teil.

Anfang Juni fand eine Massenversammlung im Kriegsgefangenenlager 27 in Krasnogorsk statt. Hier unterbreitete Hans Gossens, damals und später ein guter Freund und Kampfgefährte, den Vorschlag, einen nationalen Ausschuß oder ein Komitee, wie immer man es auch nennen mochte, zu bilden und so den ersten Schritt zur Schaffung einer deutschen Friedens- und Freiheitsbewegung zu tun. Dieser Vorschlag wurde lebhaft diskutiert und gebilligt, es wurde ein »Vorbereitender Ausschuß« gebildet, dem unter dem Vorsitz von Erich Weinert vier politische Emigranten und vier Kriegsgefangene (Hadermann, von Kügelgen, Strehsow und Eschborn) angehörten. Es wurde ein Aufruf an alle deutschen Soldaten und Offiziere in den Kriegsgefangenenlagern der Sowjetunion gerichtet. Überall fanden nun Versammlungen statt, und in sehr vielen Lagern wurden Delegierte gewählt.

Auf der denkwürdigen Versammlung im Lager 27 in Krasnogorsk hatte auch ich das Wort ergriffen. Wenn ich es zitiere, dann deshalb, weil ich meine, daß in der Sprache eines jungen Menschen manches ausgedrückt wurde, was viele Soldaten inzwischen empfanden: »Hitler wird auch ohne uns geschlagen werden. Aber damit können wir deutschen Patrioten nicht zufrieden sein. Warum?

Weil wir wissen, daß diese Bande den Namen des deutschen Volkes mit Dreck besudelt hat und daß nur wir selbst uns von diesem Dreck reinwaschen können. Die Zeit ist gekommen, wo mit großen Reden und Lippenbekenntnissen nichts mehr getan ist.

Kameraden, jeder sollte sich überlegen, was der heutige Schritt bedeutet: Kämpfe wird es viele geben, leicht wird es nicht sein. Aber es steht auch dafür, denn es geht nicht um ein Butterbrot, sondern um Deutschland.«

Vielleicht wird mancher Leser des kurzen Ausschnittes aus meiner Diskussionsrede gedacht haben: welch eine einfache, grobe Sprache, welch schlichte, ja primitive Argumente. Mag sein! Dennoch glaube ich, daß es eine klare, von allen zu verstehende Sprache war und daß treffende Argumente vorgetragen wurden, die in der Auseinandersetzung mit dem Geschichtsrevisionismus nützlich sein können. Das ausdrücklich nachweisen zu müssen – daran hätte ich vor Jahren nicht mehr gedacht. Jetzt weiß ich, daß es immer noch und schon wieder unerläßlich ist.

Am 12. Juli 1943 fand im Klubhaus von Krasnogorsk, im Saal des dortigen Ortssowjets, die Gründungsversammlung der Bewegung »Freies Deutschland« statt. An ihr nahmen dreihundert Delegierte teil – es war also kein verschwiegenes Treffen von finsteren Verschwörern, es war eine Zusammenkunft von sehr selbstbewußten Männern, die alle auf weitaus größeren Versammlungen in den verschiedenen Kriegsgefangenenlagern vorgeschlagen und ordentlich gewählt worden waren.

Die Bilder von dieser Konferenz sind sicher vielen bekannt, es waren Fotografen und Kameraleute, Pressekorrespondenten und Radioberichterstatter anwesend, und da ihre Berichte in großer Ausführlichkeit veröffentlicht wurden und auch später – buchstäblich bis heute – immer wieder abgedruckt und gesendet wurden, kann jeder von der Vielfalt der Zusammensetzung der Konferenz wie von der Lebhaftigkeit der Debatten informiert sein.

Beteiligt waren – in der Minderheit – deutsche Emigranten, die seit fast zehn Jahren in der Sowjetunion lebten und arbeiteten, ehemalige Reichstagsabgeordnete, noch am 5. März 1933 in der letzten legalen Wahl in Deutschland gewählt, wenn auch sofort ihrer Mandate beraubt, Partei- und Gewerkschaftsfunktionäre und auffallend viele Schriftsteller und Publizisten. Daneben – und dies war die Mehrheit – saßen die Delegierten der Kriegsgefangenen, die sich zu diesem Schritt entschlossen und ihre antifaschistische Haltung schon mehrfach bewiesen hatten: Soldaten und Offiziere, bis zum Major. Die höheren Dienstränge wie Oberste und Generale fehlten, bis auf drei Beobachter. Offenbar herrschten in den Offizierslagern noch sehr stark die alten Hierarchien und ein nationalistisch geprägter Korpsgeist, was manche noch zögern ließ, die eigentlich schon zum Bekenntnis und zur Aktion bereit waren. Sicher mochte auch die Furcht eine Rolle spielen, von den »Roten« dominiert und vor irgendeinen Karren gespannt zu werden. Immerhin, Beobachter waren entsandt, das Interesse an der Konferenz und ihren Argumenten war vorhanden. Die Berichte vom Verlauf der Konferenz mögen dazu beigetragen haben, daß einige Wochen später in Jelabuga, nach einer Rede des Generals von Seydlitz und einer sehr überzeugenden Ansprache des Gefreiten Hans Zippel vom Nationalkomitee der »Bund Deutscher Offiziere« (BDO) gegründet wurde, der sich im September schließlich mit der Bewegung des Nationalkomitees vereinigte.

Für die Leitung der Konferenz in Krasnogorsk wurde ein Präsidium gewählt, das in seiner Zusammensetzung der Versammlung entsprach: gewählt wurden zwei Emigranten (Wilhelm Pieck und Erich Weinert), drei Offiziere (Major Hetz, Major Stösslein, Hauptmann Hadermann) und drei Mannschaftvertreter (Unteroffizier Klein, Gefreiter Zippel, Soldat Emendörfer). Und es war sicher kein Zufall, daß die Eröffnungsansprache von Major Karl Hetz gehalten wurde. Er war einer der Überlebenden des Kessels von Stalingrad und hatte die Lehren aus dieser militärischen und menschlichen Katastrophe gezogen.

Das Referat hielt Erich Weinert. Er war nicht nur einer der aktivsten und einfallsreichsten Organisatoren der Bewegung, nicht nur einer der bekanntesten proletarischen Dichter, erprobt in den politischen Kämpfen der Weimarer Republik, in der Emigration, in den internationalen Brigaden des spanischen Bürgerkrieges, er war auch ein hervorragender, mitreißender Redner. Seine Stimme war vielen von uns bekannt. Er hatte in den 20er und frühen 30er Jahren in ganz Deutschland in Riesensälen und Sportstadien seine Gedichte auf Massenkundgebungen vorgetragen, er hatte danach über Radiosender des Exils nach Deutschland hinein gesprochen. Nun entwickelte er ein Programm der direkten Aktion. Bei seiner Rede wurde ich übrigens sehr stark an jenen Abend erinnert, an dem ich vor Bobruisk an die Beresina kam – es waren fast auf den Tag genau zwei Jahre seither vergangen. Ich hatte wieder die sehr ruhigen, überlegten Worte des älteren Soldaten im Ohr, der damals von der Vernichtung der Grande armée Napoleons sprach. Jetzt zog Erich Weinert den nämlichen Vergleich, als er sagte: »Es waren der Freiherr von Stein und der deutsche Dichter Ernst

Moritz Arndt, der sich von Petersburg aus in Aufrufen und Gedichten an das deutsche Volk wenden mußte, zur selben Zeit, als deutsche Truppen gegen Moskau marschierten. Es war der große Kriegsphilosoph Clausewitz, der sogar bei den Russen Kriegsdienste nahm, um demonstrativ gegen die Haltung seines eigenen Königs zu protestieren«.

Das war natürlich nicht nur rednerische Dekoration, kein willkürlicher Vergleich – es war Ausdruck dessen, daß Weinert – wie wir alle – sehr wohl die Bedenken vieler noch abseits stehenden Soldaten und Offiziere kannte, ob der Ruf aus einem fremden Land heraus zum Widerstand gegen die eigene Regierung mitten im Krieg mit »nationaler Ehre« vereinbar sei.

In der anschließenden Diskussion sprachen neunzehn Delegierte, die nicht nur die verschiedenen politischen Gruppen, sondern auch die verschiedenen Dienstgrade (Soldaten, Unteroffiziere, Offiziere) vertraten, von unterschiedlicher sozialer Herkunft (Berufssoldaten, Lehrer, Arbeiter, Landwirte) waren und durchaus unterschiedliche Argumente vortrugen. Auch ich hatte Gelegenheit, als einer der Jüngsten, als Metallarbeiter, als einfacher Soldat, in der Diskussion zu sprechen.

Die Versammlung beschloß die Zusammensetzung der politischen Leitung der Bewegung, des Nationalkomitees, und die Gliederung und Arbeitsweise – wenn man so will – die Statuten und Regeln der bevorstehenden Kämpfe. Das Komitee bestand aus zunächst 38 Mitgliedern (erst nach dem Zusammenschluß mit dem »Bund Deutscher Offiziere« waren es 55). Von diesen 38 waren 13 Emigranten, zwölf Offiziere und 13 Mannschaftsgrade, darunter drei einfache Soldaten. Ich war einer von ihnen.

Danach wurde mit großer Einmütigkeit das Gründungsmanifest angenommen.

Dieses Manifest – sofort in Massenauflage publiziert und später in vielen Büchern und Broschüren nachgedruckt und kommentiert – sollte eigentlich bekannt sein, trotzdem wurde und wird es bis heute mannigfaltig fehlgedeutet und sogar gefälscht, so daß eine kurze Charakterisierung auch hier nötig ist, um zu zeigen, mit welchen Zielen die Bewegung damals den Kampf begann und was unser Volk gewonnen hätte, wenn diese Ziele wirklich erreicht worden wären.

Drei kurze Beispiele sollen für das Ganze stehen.

Im Manifest hieß es: »Wenn das deutsche Volk durch seine

Taten beweist, daß es ein freies Volk sein will und entschlossen ist, Deutschland von Hitler zu befreien, erobert es sich das Recht, über sein künftiges Gebiet selbst zu entscheiden und in der Welt gehört zu werden.« Weiter wurde erklärt: »Das deutsche Volk braucht und will unverzüglich den Frieden. Aber mit Hitler schließt niemand Frieden. Niemand wird auch mit ihm verhandeln. Daher ist die Bildung einer wahrhaft demokratischen Regierung die dringendste Aufgabe unseres Volkes.«

Im Manifest wurden die wichtigsten, allgemeinsten Aufgaben einer solchen demokratischen Regierung skizziert, unter anderem: »Starke demokratische Staatsmacht, Beseitigung aller auf Völkerhaß und Rassenhaß beruhenden Gesetze, Wiederherstellung der politischen Rechte und sozialen Errungenschaften der Schaffenden, Freiheit des Wortes, der Presse, der Organisationen, des Gewissens, der Religion, Freiheit der Wirtschaft, des Handels und des Gewerbes, Sicherung des Rechtes auf Arbeit und des rechtmäßig erworbenen Eigentums, sofortige Befreiung und Entschädigung aller Opfer des Hitlerregimes, gerechtes schonungsloses Gericht über die Kriegsverbrecher,«

Sehr früh schon begannen die Gegner und Kritiker der Bewegung, an der Konferenz und am Manifest herumzunörgeln und eine Kette von böswilligen Vermutungen und Behauptungen zu knüpfen. So sprach man davon – und spricht man bis heute –, daß bis zum Konferenzbeginn ernste Meinungsverschiedenheiten zwischen den Soldaten und den Emigranten über den Wortlaut des Gründungsaufrufs bestanden hätten (gewissermaßen nach altem Schema: hier die guten, bei Stalingrad zwar geschlagenen Patrioten, dort die ewig vaterlandslosen Gesellen der Kommune). Ja, man sprach sogar von einer notwendigen sowjetischen Intervention, um zu sichern, daß die Emigranten den eher national gesinnten Soldaten entgegenkamen. Als ein Indiz dafür unterstrich man, daß in dem Aufruf von den deutschen Armeen nicht gefordert wurde, die Waffen niederzulegen, sondern »unter Waffen zu bleiben und sich unter verantwortungsbewußten Führern, die eins mit euch sind, im Kampf gegen Hitler den Weg zur Heimat, zum Frieden zu bahnen«.

Dies konnte, so sagten die Kritiker des NKFD und sagen es bis heute, nur eine heimtückische Tarnung sein, um Bundesgenossen durch die Täuschung über die wirklichen Absichten in Sorglosigkeit zu wiegen und sie gefügig zu machen. Diese Behauptungen ignorierten völlig die realen Bedingungen der Zeit und vor allem eine Erkenntnis, die man Kommunisten nicht zutraute, obwohl man sie den Männern des 20. Juli selbstverständlich zugestand: So wie Hitler ohne die aktive Unterstützung der Reichswehr nicht zur Macht gekommen wäre, so wie er ohne das aktive Mitwirken der Wehrmachtsführung nie in der Lage gewesen wäre, den Krieg zu entfesseln und so barbarisch zu führen, wie er es tat – so war es jetzt, das besagten alle Erfahrungen der deutschen Widerstandbewegung, nicht möglich, sein Regime ohne Mitwirkung der Armee oder von Teilen der Armee zu stürzen. Auf dieser Erkenntnis basierten alle Planungen des 20. Juli und selbstverständlich auch die Planungen der Bewegung »Freies Deutschland«, bis sie es als Folge der Uneinsichtigkeit der Wehrmachtführung und nach dem Scheitern des 20. Juli ein Jahr später aufgeben mußte.

Da ich das auch heute noch für wichtig für die Bewertung der Geschichte halte, möchte ich auf die im vorigen Abschnitt aufgeworfenen Fragen eingehen und dabei an meine stilistisch vielleicht plumpe, dem Sinn nach aber doch klare Rede anknüpfen.

Nehmen wir nur den letzten und den ersten Satz meines Diskussionsbeitrages im Lager 27. Der letzte lautete: »Kämpfe wird es viele geben, leicht wird es nicht sein. Aber es steht auch dafür, denn es geht nicht um ein Butterbrot, sondern es geht um Deutschland!«

Das, genau das war es, was wir damals alle fühlten, und wenn heute bundesdeutsche Politiker und Journalisten immer wieder behaupten, die deutschen Kommunisten hätten schon damals nichts anderes im Sinn gehabt, als ihre eigene Diktatur anstelle der vorangegangenen Hitlerdiktatur zu etablieren, sie hätten deshalb auch von vornherein eine Spaltung des Landes in Rechnung gestellt, so ist das nichts anderes als eine bewußte Verfälschung, eine nachträglich konstruierte heimtückische Unterstellung, die durch noch so viele Wiederholungen nicht glaubhafter wird.

Damals, im Sommer 1943 wußte niemand genau, wann und wie dieser von Deutschland entfesselte Krieg zu Ende gehen würde. Deutlich war schon, daß Hitlerdeutschland nicht mehr siegen konnte – völlig ungewiß aber war, ob es Hitler und seinem Regime, und wahrscheinlich sogar mit Wissen und Unterstützung der verführten, verblendeten oder verängstigten Mehrheit der Bevölkerung, nicht letztlich doch gelingen würde, dieses Deutschland völlig zugrunde zu richten, nichts übrig zu lassen als ein riesiges Trümmerfeld. Daß die Nationalsozialisten dazu entschlossen und auch fähig waren, das bezweifelten die Kommunisten am allerwenigsten. Sie hatten diese Bedrohung ja – neben einigen realistisch denkenden Sozialdemokraten, linken Intellektuellen und Pazifisten – schon Anfang der 30er Jahre erkannt, hatten Alarm geschlagen und waren dafür als erste in die Konzentrationslager gegangen, als noch die meisten bürgerlichen Parteien, auch die Parteien, auf die sich die in Bonn Regierenden gern als ihre Vorläufer berufen, mit den Nazis liebäugelten und ihrem Ermächtigungsgesetz die Zustimmung gaben. Das einzige, was die in Fragen der praktischen Politik doch nüchtern denkenden Kommunisten für real halten konnten, war eine konsequente Einheitsfront, eine ehrliche Volksfrontpolitik, was bedeutete: die deutliche und ernstgemeinte Hervorhebung nationaler Gesichtspunkte anstelle unrealistischer, einseitiger Klassenkampfparolen.

Ich kann natürlich nicht bestreiten, daß manch alter Kommunist mit seinen spezifischen Erfahrungen aus dem Ersten Weltkrieg, aus der letztlich verratenen Novemberrevolution und aus den sozialen und politischen Kämpfen der Weimarer Republik diese Notwendigkeit immer noch nicht verstand, nicht verstehen wollte – und ich will es an einem mir persönlich sehr nahegegangenen Beispiel deutlich machen:

Als am 12. Juli 1943 die Gründungskonferenz des Nationalkomitees eröffnet wurde, zeigte sich die Präsidiumstribüne mit einem überraschenden Bild – geschmückt unter anderem mit der schwarz-weiß-roten Fahne des Reiches. Auch die Flugschriften des Komitees, die Zeitungen, die Flugblätter, überhaupt alles, was schriftlich herausgegeben wurde, war von da an schwarz-weiß-rot umrankt. Als ich 1945 zurück nach Deutschland kam und nach langer Zeit der Ungewißheit und der Besorgnis um sein Leben das erstemal meinen Vater wiedersah, lehnte er jedes Gespräch, buchstäblich jeden Wortwechsel mit mir ab. Es hat lange gedauert, bis es zu einem Gespräch zwischen uns kam – es war auf einer Veranstaltung in Aue, wo er als Gewerkschaftsfunktionär tätig war. Ich hielt das Referat, beide wurden wir ins Präsidium gewählt. Ich saß auf der linken Seite, er setzte sich demonstrativ auf die andere Seite, überhaupt nicht ansprechbar. Niemand hat das verstanden, alle redeten auf uns ein, diese unnatürliche Gegnerschaft zu lassen. Da brach es aus ihm heraus: Nie habe er es verstanden und auch künftig wolle er es nicht verstehen – man muß wissen, er war lange

Jahre eingesperrt, ins Strafbataillon 999 gezwängt, hatte in der Isolierung gelebt –, wieso ich als junger Kommunist, als junger Antifaschist unter der schwarz-weiß-roten Flagge mit Hitlergeneralen gemeinsame Sache gemacht habe. Ich versuchte, ihm den Zusammenhang und die Notwendigkeit zu erklären, und mußte daran denken, daß es auch mir, von ihm erzogen zunächst einen heftigen Stich gegeben hatte, als ich den Saal in Krasnogorsk betrat. Doch sehr bald siegte die Einsicht, siegte die Vernunft, siegten die Argumente, die das Leben diktierte.

Die Entstehung des Nationalkomitees war wirklich keine Entscheidung aus irgendeiner Trickkiste, sie war ein komplizierter Prozeß. Meinungen prallten aufeinander, weil die Zusammensetzung des Nationalkomitees sowohl sozial als auch politisch außerordentlich unterschiedlich war – und unterschiedlich sein mußte. Darum ist es durch nichts gerechtfertigt zu sagen, die Bildung des Komitees wurde von irgend jemand aus nicht durchschaubaren Gründen diktiert. Niemand hätte dies schaffen können, wenn nicht der Wille bei den Beteiligten vorhanden gewesen oder eben mit der Zeit gereift wäre, alles Trennende beiseite zu schieben und das Verbindende in den Vordergrund zu stellen. Ich war mir stets darüber im klaren, daß viele meiner Gesprächspartner im Komitee, selbst meine Kampfgefährten im Fronteinsatz wußten, daß meine Vorstellungen von Deutschlands weiterer Gestaltung anders waren als ihre – ich wußte das gleiche ja auch von ihnen. Ich zwang ihnen meine Vorstellungen nicht auf und lief nicht Gefahr, ihre übernehmen zu müssen. Dennoch war ich immer interessiert, sie kennenzulernen. Die meisten Offiziere, die in den Reihen der Bewegung aktiv wurden, taten es unter dem Druck der gleichen schweren, unmittelbaren Erfahrungen. Es waren die Erfahrungen der Katastrophe von Stalingrad, es war auch der Abscheu gegenüber dem massenhaften Mißbrauch soldatischer Tugenden für verbrecherische Ziele, es war das Ziel, Deutschland als Ganzem das Schicksal der 6. Armee zu ersparen. Einmal – es war schon einige Wochen nach der Bildung des Bundes – hatte ich, nicht einmal Gefreiter, Gelegenheit zu einem Gespräch mit Generalfeldmarschall Paulus. Er stand allein, tief in Gedanken versunken vor einer Karte Mittelrußlands, kurz nach der zusammengebrochenen Offensive im Kursker Bogen. Auf eine Frage von mir sagte er: »Ja, Keßler, damit ist der Krieg verloren.«

Der Krieg war schon Mitte 1943 verloren, er war aber noch

nicht beendet. Und man vergesse nicht: Ungeachtet der furchtbaren Verwüstungen in der Sowjetunion und in halb Europa außerhalb der deutschen Grenzen, ungeachtet auch der sich schon abzeichnenden Verwüstungen im Reich – in Deutschland waren Mitte 1943 noch die meisten Städte bewohnbar , die Wirtschaft intakt, die Kulturstätten wohl geschändet, aber noch nicht zerstört. Das galt es zu erhalten, das durchaus mögliche Inferno zu verhindern. Das hatte allererste Priorität – erst wenn die Existenz Deutschlands gesichert und die drohende Gefahr abgewendet war, konnte man darüber nachdenken, wie ein Deutschland nach Hitler aussehen sollte.

Oder nehmen wir den ersten Satz meiner erwähnten Rede: »Hitler wird auch ohne uns besiegt werden. Aber damit können wir deutsche Patrioten nicht zufrieden sein!«

Ich habe bisher vor allem die eine Seite betrachtet – die Entwicklung in den Kriegsgefangenenlagern, die allmähliche Umwälzung in den Köpfen der Soldaten und Offiziere, wenn man eine vielfach plakativ mißbrauchte, aber doch richtige Formel gebrauchen will: die »Reife des subjektiven Faktors«. Genau so wichtig, wenn nicht noch viel wichtiger war natürlich die andere Seite : die Umwälzung der objektiven Faktoren, unter denen sich der Kampf gegen Hitler und seinen Krieg entwickelte, unter denen er allein erfolgreich sein konnte.

1943 brachte den grundlegenden Umschwung im Zweiten Weltkrieg und machte deutlich, daß Hitlers Niederlage unausweichlich geworden war. An der Ostfront hatte die Rote Armee an allen Abschnitten die Offensive übernommen. Noch tobte Anfang des Jahres die Schlacht an der Wolga, da begann der sowjetische Vormarsch auch an anderen Fronten und war nicht mehr aufzuhalten. Bis zum Sommer trieb die Rote Armee die Naziwehrmacht zum Teil 700 Kilometer in Richtung Westen zurück und befreite ein Gebiet von 300.000 Quadratkilometern. Die deutsche Wehrmacht war erschöpft, sie erlitt außerordentlich hohe Verluste an Menschen und Material, die jetzt schon unwiederbringlich waren. Am 5. Juli – genau eine Woche vor der Gründung des Komitees – scheiterte der große Versuch der Wehrmacht im Kursker Bogen, ihre Offensive in Richtung Orel und Belgograd vorzutreiben. Es zeigte sich also, wie richtig die Feststellung Lenins war, von der wir in Oranki gehört hatten und die ja eine konsequente Fortsetzung hatte: »Im Krieg siegt der, der die meisten Reserven, die meisten

Kraftquellen, den größten Rückhalt in der Bevölkerung hat.« Der Umschwung der Lage blieb aber nicht auf die Ostfront beschränkt, er zeigte sich auch in Nordafrika. Im Mai 1943 war Nordafrika von deutschen Truppen gesäubert – am 10. Juli, drei Tage vor dem Treffen in Krasnogorsk, landeten alliierte Verbände in Sizilien.

Zur gleichen Zeit erlebte man, vor allem in den von den Nazis besetzten Ländern, eine deutliche Verstärkung des Widerstands, am deutlichsten in Jugoslawien, Polen, der CSR, in Frankreich und Griechenland, wo der Partisanenkampf zu einem echten Volkskampf wurde.

Schließlich veränderte sich auch allmählich die Lage in Deutschland. Zwar hatte – unter dem unmittelbaren Einfluß der Niederlage in Stalingrad – Goebbels im Berliner Sportpalast die Losung vom totalen Krieg ins Volk gepeitscht und es zur hysterischen Zustimmung getrieben, doch es gab auch ernste Veränderungen im Denken und Fühlen der Deutschen: Beklommenheit, Ernüchterung, Unruhe breiteten sich aus. Am deutlichsten war dieser Umschwung an den Reaktionen der Naziführung zu erkennen – an der Zunahme des Terrors, an der Erweiterung der Vollmachten für den Volksgerichtshof und an der extremen Verschärfung der Propaganda, die auch heute Wiederauferstehung zu feiern scheint: Entweder Sieg oder Bolschewismus!

Wenn es auch noch fast zwei Jahre dauern sollte, war doch schon Mitte 1943 allen Einsichtigen klar: Hätte der Westen den Willen, hätte er die zweite Front bereits eröffnet, könnte der Krieg schon bald, noch in diesem Jahr beendet werden – entschieden war er ohnehin. Was hätte das den Völkern an Opfern und Leiden erspart! Und zugleich wurde deutlich: Wie sehr wäre die Situation des deutschen Volkes verändert worden, wenn deutsche Kräfte an der Beendigung des Krieges, an der Befreiung Anteil gehabt hätten. Das zu erreichen, war das Ziel des Nationalkomitees.

Das Nationalkomitee war keineswegs nur ein bloßes Schattengremium, keine Zusammenkunft von Statisten – es war eine Organisation zur praktischen Arbeit mit einer straffen, sachlich orientierten Gliederung. Das Komitee setzte sich selbst das Ziel, zu allen wichtigen politischen Anlässen zusammenzukommen, mindestens aber einmal im Monat. Insgesamt fanden siebzehn Plenartagungen statt – die Protokolle der Diskussionen und der Texte der Beschlüsse wurden veröffentlicht und liegen, für jeden Historiker einsehbar, vor.

Für die Zeit zwischen den Plenartagungen wurde ein geschäftsführender Ausschuß gebildet, ein Exekutivorgan, das dem Plenum gegenüber rechenschaftspflichtig war. Zu ihm gehörten als Vorsitzender der Präsident, die Vizepräsidenten (dies waren nach dem Zusammenschluß mit dem Bund der Offiziere der Soldat Emendörfer, der Leutnant von Einsiedel, der Major Hetz und die Generale Edler von Daniels und von Seydlitz), einige weitere gewählte Mitglieder und die Chefredakteure der Zeitung und des Rundfunksenders. Für die vielen sehr praktischen, oft kurzfristig zu treffenden und dann konsequent zu kontrollierenden Entscheidungen wurde eine operative Leitung, gewissermaßen ein Sekretariat gebildet, dem Walter Ulbricht vorstand.

Daneben wurden drei Fachgruppen gebildet, die die Aufgabe hatten, sich mit bestimmten Themenkomplexen zu beschäftigen, so mit Fragen der Wirtschaft, mit Problemen der Sozialpolitik, mit dem weiten Gebiet der Bildung und Kultur. Später – im Juni 1944 – wurde auf Initiative von Geistlichen aller Konfessionen eine Fachgruppe für kirchliche Fragen gebildet, die sehr rasch aktiv wurde.

Aufgabe der Fachgruppen war es, sachkundige und doch leicht verständliche Materialien auszuarbeiten. Das bedeutete in der ersten Zeit die Erarbeitung von Schulungsmaterialien und Artikeln zur Auseinandersetzung mit den volksfeindlichen Entwicklungen im Nazireich, was schließlich auch handhabbare Argumente für die Diskussion mit neu hinzustoßenden Kriegsgefangenen erbrachte. Zu einem späteren Zeitpunkt, als der Krieg sich seinem Ende näherte, begannen die Fachgruppen auch auf ihren Gebieten Handlungsanleitungen für die Arbeit im neuen Deutschland vorzulegen.

Sachkundige werden wissen, daß so im Prinzip auch in der Bewegung des 20. Juli gearbeitet wurde, daß auch dort in kleinen Gruppen Grundsatzmaterialien und weitreichende Programme entwickelt und immer wieder ausgefeilt wurden. Die Bedingungen diktierten selbstverständlich naheliegende Unterschiede: In und bei Berlin wie auf Schloß Kreisau entstanden die Programme in strikter Konspiration, konnten gar nicht anders entstehen und waren so angelegt, daß sie erst ans Tageslicht gelangen konnten, wenn der angestrebte Tag X da war. Tragischerweise geschah dies erst in den Verhandlungen des Volksgerichtshofes. Unter den so anderen Bedingungen außerhalb des Hitlerreiches, über die

Hauptmann Hadermann schon im Mai 1942 deutlich gesprochen hatte (daß wir in der Gefangenschaft paradoxerweise mehr Freiheit besaßen als unsere Landsleute im Hitlerreich, und sie nutzen mußten!), waren die vom Nationalkomitee erarbeiteten Texte für die sofortige Veröffentlichung und die Diskussion in den Lagern bestimmt. Gäbe es nicht eine so schroffe, borniere Ablehnung vieler Historiker und Politiker gegenüber dem Nationalkomitee, so hätten sie sicherlich mit großem Nutzen die Programmatik beider Bewegungen miteinander vergleichen können. Es wäre natürlich zutage getreten, daß es ernste inhaltliche Unterschiede und Gegensätze gab, aber überraschenderweise auch sehr viel Übereinstimmung. Das wäre sicherlich für die nüchterne Beurteilung auch der Nachkriegsentwicklung von Wert gewesen.

Das oberste Prinzip der Arbeit des Nationalkomitees war nicht die Konspiration, mußte es nicht sein, sondern die Öffentlichkeit. Sie verwirklichte sich vorrangig in vier Formen:

Da gab es die Zeitung »Freies Deutschland«, die vom 21. Juli 1943 an wöchentlich einmal mit vier Seiten in einer Auflage von 50.000 Exemplaren erschien. Geleitet wurde sie von einem durch das Nationalkomitee eingesetzten Redaktionsstab aus freien und kriegsgefangenen Mitgliedern und Mitarbeitern des Komitees. Chefredakteur war Rudolf Herrnstadt. Der Kreis der Mitarbeiter war sehr groß und wurde mit der Zeit ständig größer. Die Zeitung wurde, wo es überhaupt ging, an die kämpfende deutsche Truppe gebracht, in Gefangenenlagern verteilt, in gewissem Umfang nach Deutschland geschleust und zu einem kleinen Teil in anderen Ländern vertrieben. Als später die technischen Bedingungen geschaffen waren, wurde auch eine Illustrierte Zeitung »Freies Deutschland im Bild« herausgegeben.

Da war weiter der Rundfunksender *Freies Deutschland* – er begann seine Sendungen am 20. Juli 1943 – zunächst viermal täglich 20 Minuten lang auf einer Mittelwellen- und sieben Kurzwellenfrequenzen, ab Januar 1944 sechsmal täglich auf zwei Mittelwellen- und zehn Kurzwellenfrequenzen. Die ständige Erkennungsmelodie war »Der Gott, der Eisen wachsen ließ«. Der Sender wurde speziell für das Nationalkomitee eingerichtet, war am Stadtrand von Moskau stationiert und praktisch in ganz Europa, besonders klar in Deutschland zu empfangen. Es gab aus praktischen Gründen zwei Redaktionsstäbe – einer in Moskau, der andere im Lager Ljunowo, der Zentrale des Komitees. Chefredakteur war Anton

Ackermann. Auch hier war der Kreis der Mitarbeiter, die vor den Mikrofonen auftraten und sich an die Hörer jenseits der Front und in Deutschland wandten, außerordentlich groß.

Da gab es die wachsende Zahl von größeren und kleineren Antifaschulen, an denen im Laufe der Zeit Tausende in längeren oder kürzeren Lehrgängen geschult wurden und tiefere Einsichten gewannen, und die ebenso zunehmende Zahl von antifaschistischen Lagergruppen, die Versammlungen durchführten, Zirkel der unterschiedlichsten Art einrichteten, Wandzeitungen in eigener Redaktion herausgaben und Lagerbibliotheken unterhielten.

Und schließlich gab es als eine der wichtigsten Formen der Arbeit und des Kampfes überhaupt die Frontorganisation. Am 22. August 1943 wurde die erste Gruppe in Marsch gesetzt, sie bestand aus dreizehn Mann und folgte dem Grundsatz, jeweils einen Mann an jeden Frontabschnitt zu entsenden, damit er dort zunächst die Voraussetzungen für eine erfolgreiche Tätigkeit schuf, wirksame Arbeitsstäbe bildete. Diese Frontbevollmächtigten waren Männer, die bereits in den vielen vorangegangen Auseinandersetzungen aktiv gewesen waren, dadurch Autorität besaßen und vor allem über spezielle Fähigkeiten verfügten, Menschen anzusprechen und zu überzeugen. Viele von ihnen spielten dann später auch im Nachkriegsdeutschland eine wichtige Rolle in Politik, in Wissenschaft, Presse: Hans Gossens, Matthäus Klein, Luitpold Steidle, Eberhard Charisius, Ernst Kehler, Bernt von Kügelgen, Jupp Angenfort. Ich war sehr froh, daß auch ich entsprechend meinem Wunsch als Frontbevollmächtigter vor allem an der 2. Belorussischen Front des Marschalls Rokossowski eingesetzt wurde.

Sehr bald entwickelte sich ein System, das sich rasch bewährte: Es gab je einen »Bevollmächtigten« für einen Frontabschnitt, je einen »Beauftragten« für den Abschnitt einer Armee, je einen »Helfer« für das Einsatzgebiet einer Division. Während wir Bevollmächtigten die volle Verantwortung gegenüber dem Komitee trugen und zu ihm auch die Verbindung hielten, waren Beauftragte und Helfer den Frontbevollmächtigten zugeordnet. Es bestand die Möglichkeit, selbstständig auch weitere Helfer zu gewinnen und auszubilden – so Absolventen von Antifaschulen, Beauftragte für frontnahe Gefangenenlager und technische Mitarbeiter wie Setzer, Drucker, Rundfunkmechaniker, Elektriker. So ist zu verstehen, daß – was heute in der Diskussion fast völlig unterschlagen wird – die Zahl der aktiv in der »Frontorganisation« Tätigen rasch anwuchs, Männer, die buchstäblich an vorderster Front unter Einsatz ihres Lebens politisch wirkten: Schon im September 1943 waren aus anfänglich 13 vom Komitee Beauftragten 350 bis 400 geworden. Ende 1944 waren es 1.500, zum Kriegende 1.800 bis 2.000.

Sie fanden die aktive Unterstützung der sowjetischen Kommandostellen und mußten selbstverständlich ihren Einsatz mit ihnen koordinieren. Die Anleitung ihrer Arbeit, auch den Inhalt ihrer Texte bestimmte jedoch allein das Nationalkomitee. Verständlicherweise wurde – wie für die Zeitung, wie für den Sender, so auch für die Frontorganisation – die gesamte technische Basis von der Sowjetarmee bereitgestellt. Zur Verfügung der Gruppen an den Fronten standen zentrale Aufrufe und Flugblätter des Nationalkomitees und seine Zeitungen, die in großer Auflage gedruckt werden mußten. Dazu kamen noch Frontdruckereien für eigene Flugblätter entsprechend den Bedingungen am jeweiligen Abschnitt. Genutzt werden konnten – von der Sowjetarmee zur Verfügung gestellt – Lautsprecherwagen, Funkanlagen, Megaphone und Schallplatten mit den Ansprachen führender Männer des Komitees. Bereitgestellt wurden auch die Erkenntnisse und Berichte der Aufklärungsdienste der Roten Armee, die sich hinter der deutschen Front bewegten. Der Aufklärungsdienst half auch operativ bei der Beförderng von Material und von Briefen kriegsgefangener Soldaten an ihre Angehörigen in der Heimat. Wir Frontbevollmächtigten hatten auch die Erlaubnis, wo notwenig Parlamentäre zu entsenden und auch Kriegsgefangene wieder zurückzuschicken, um die noch vorherrschende Furcht vor der Gefangennahme zu entkräften. Eine der zeitaufwendigsten, aber auch wirksamsten Arbeiten waren die vielen Gespräche mit jenen Soldaten, die in immer größerer Zahl in Gefangenschaft gerieten. So waren wir und durch uns auch das Komitee, die Zeitung, der Sender stets sehr genau über die Stimmung und die Stimmungsschwankungen auf deutscher Seite informiert, unsere Ansprachen konnten immer konkreter werden.

Natürlich gab es auch Beispiele dafür, daß vereinzelte sowjetische Kommandostellen kurzfristig nur unter Vorbehalt unsere Arbeit unterstützten. Manche Kommandeure meinten: Ihr stört uns mit Megaphonen und Lautsprechern, ihr zieht nur das gezielte Feuer auf unsere Truppen. Andere meinten erbittert und voller Zorn über den heimtückischen Überfall auf das Land und die beispiellosen Greuel der SS und der Wehrmacht gegen die Sowjetbevölkerung, Deutsche verstünden nur eine Sprache, die Sprache der Waffen! Doch mit Unterstützung der Politischen Abteilungen der Armee, mit Hilfe der Frontbefehlshaber (auch des sehr aktiven und umsichtigen Marschalls Rokossowski) und vor allem wohl dank der zunehmend sichtbar werdenden Erfolge unserer Appelle über die Front, entwickelte sich ein gutes, gedeihliches Verhältnis. Es wuchs die Erkenntnis – auch dies eine Besonderheit des Krieges in diesem Jahrhundert, der zunehmend ein Weltanschauungskrieg wurde, daß auch Worte und Ideen Waffen waren.

Man wage nur einmal den sicherlich sehr hypothetischen Gedanken, den Männern des 20. Juli hätte nur ein Bruchteil jener Mittel und Möglichkeiten zur Verfügung gestanden, sich an die ihnen unterstellten Soldaten, an die deutsche Bevölkerung zu wenden, statt – wie sie gezwungen waren – im kleinen Kreis konspirativ die günstige Gelegenheit zu einem Attentat abzuwarten. Welch anderen Gang hätte wohl die Geschichte genommen! Das ist keineswegs der Versuch, ungebührliche Vergleiche zu ziehen oder sich an eine mit großem Recht besonders geehrte Bewegung anzuschließen. Wer die Literatur des Nationalkomitees aufmerksam studiert, wird sehr schnell feststellen, daß das Nationalkomitee schon unmittelbar nach dem 20. Juli die heroische Tat inhaltlich und in aller Form gewürdigt hat. Ich selbst habe in den ersten Augusttagen 1944 aus meiner Sicht als ehemaliger Soldat der faschistischen Wehrmacht, als Arbeiterjunge, als Mitglied des Nationalkomitees, meine Meinung niedergeschrieben, sie war in allen Kriegsgefangenenlagern in der Sowjetuniom zu lesen und über die Sendestationen des Nationalkomitees in Deutschland zu hören. Ich meine aber, daß bei Anerkennung aller offensichtlichen Unterschiede und auch Gegensätze die gleiche Zielsetzung – Sturz Hitlers und Beendigung des Krieges – nicht verschwiegen, die gleiche Entschlossenheit, alles für dieses Ziel einzusetzen, nicht geleugnet und das Nationalkomitee nicht aus dem Gedächtnis unseres Volkes gestrichen werden darf. Man muß auf jeder Seite mit der gleichen Achtung und Genauigkeit prüfen, Erfolge und Mißerfolge gegeneinander aufwägen, Licht und Schatten sichtbar werden lassen.

Ohne Frage konnte die vom Nationalkomitee geführte Bewegung, je weiter die Zeit voranschritt, größere Ergebnisse verzeichnen – und das nicht nur an und hinter der Ostfront. Das rasche Anwachsen der Bewegung »Freies Deutschland« in der

Sowjetunion hing im Jahr 1944 natürlich mit dem stürmischen Verlauf der sowjetischen Offensive an allen Fronten zusammen, die bekanntlich Ende des Jahres die Grenzen des Deutschen Reiches erreichten und Anfang 1945 bereits überschritten. Noch stärker jedoch wurde diese Entwicklung beeinflußt von der rücksichtslosen, gewissenlosen »Strategie der verbrannten Erde«, von der Haltung »Nach uns die Sintflut!«, aus der heraus die Hitlerregierung mit voller Unterstützung des Oberkommandos der Wehrmacht den Krieg weiterführte, auch wenn alles in Scherben fiel. Und von außerordentlicher Wirkung waren die in der Geschichte beispiellose, ungeheure Brutalität der SS-Einsatzgruppen, die Massenmorde an sowjetischen Bürgern, die »Endlösung der Judenfrage« in Ghettos und Todesfabriken. Je weiter die Sowjetarmee nach Westen vorstieß, um so deutlicher wurden die Beweise der Greuel in Maidanek, Treblinka, in Babi Jar und Auschwitz. Sehr kurz schon nach der Befreiung dieser Stätten des Terrors konnten auch deutsche Frontbevollmächtigte der nahegelegenen Abschnitte sie besuchen und ihre eigenen Eindrücke in ihre Aufrufe einbeziehen.

Eine Folge dieser Entwicklung war das Anwachsen des Anteils der Kriegsgefangenen in den Lagern, die sich zu den Zielen des NKFD bekannten, eine weitere, daß auch die Teilnahme führender Offiziere stärker wurde. Hatten sich zum Beispiel im September 1943 bei der Gründung des »Bundes Deutscher Offiziere« nur vier deutsche Generale zur Mitwirkung im Bund bereiterklärt, so änderte sich dies 1944 entscheidend: Im Dezember 1944 konnten wir Frontbevollmächtigten über unsere Lautsprecheranlagen einen Aufruf verlesen und auf vielen Flugblättern verbreiten, der von Generalfeldmarschall Paulus und fünfzig Generalen unterzeichnet war.

Man mag einwenden, daß hierbei sicher auch das Beispiel des 20. Juli, des kühnen Staatsstreichversuches, der Mitwirkung von hohen Vertretern der Generalität an dieser Erhebung, und vor allem die unmenschliche Rache des »Volksgerichtshofes«, die Morde in Plötzensee mitgewirkt hatten. Gewiß, aber man sollte auch nicht verschweigen, daß das Nationalkomitee eine gewisse stimulierende Wirkung auf die Pläne und Aktionen des 20. Juli ausübte. Bekanntlich war vor allem die Gruppe der jüngeren Offiziere um Claus Schenk Graf von Stauffenberg bestrebt, mit dem Nationalkomitee in Kontakt zu kommen. Mit ihrer Zustimmung suchten die Sozialdemokraten Julius Leber und Adolf Reichwein das Treffen mit den Kommunisten Anton Saefkow und Franz Jacob.

Niemand konnte daran vorbeigehen – und sollte es heute schon gar nicht, daß die Tätigkeit des Nationalkomitees in der Sowjetunion ein überaus starkes Echo auch in anderen Ländern fand und zum Kern der sicher stärksten deutschen Widerstandsbewegung weltweit wurde. Zum Teil hatten Gruppen gleicher Zielstellung schon vorher existiert und gearbeitet – so die Gruppe »Freie Deutsche« in England, der »Freie Deutsche Kulturbund« in Schweden, die Bewegung »Freies Deutschland« in Lateinamerika, vor allem in Mexiko, die sich nun mit unserem Nationalkomitee solidarisierten. Weiter entstanden neue Kampfbündnisse in verschiedenen Ländern unter dem Einfluß der Arbeit des NKFD – in Dänemark, in Griechenland, in der Schweiz, in den USA und nicht zuletzt in der Höhle des Löwen, in Hitlerdeutschland selbst: Bekannt ist, daß im Frühjahr 1944 die von Saefkow, Jacob und Bästlein wieder zusammengefaßte kommunistische Widerstandsbewegung in Berlin eine sehr gründliche Erklärung »Wir Kommunisten und das Nationalkomitee Freies Deutschland« veröffentlichte und daß danach viele Gruppen, sogar unter eben diesem Namen in Leipzig, Chemnitz, Dresden, Magdeburg und an vielen anderen Orten entstanden.

Und schließlich zeigt sich der inspirierende Einfluß des Beispiels NKFD in den von den Deutschen besetzten und ausgebeuteten Ländern, in denen die dortigen nationalen Widerstandsbewegungen und Partisanengruppen Kontakte zu deutschen Soldaten aufnahmen und gemeinsam aus dem Untergrund heraus kämpften – man denke nur an die polnische Partisaneneinheit, in der der deutsche Kommunist Richard Gyptner kämpfte und fiel, dessen Vater ein aktiver Mitstreiter des Nationalkomitees war, man denke an den slowakischen Nationalaufstand, an dem unter anderem Franz Gold mit der Waffe in der Hand teilnahm. Die größte und aktivste Organisation, die außerhalb der Sowjetunion unter den gleichen Farben kämpfte, war das »Komitee Freies Deutschland für den Westen« – sie war im November 1943 auf einer illegalen Konferenz in Frankreich gegründet worden und betrachtete sich gewissermaßen als eine Filiale des NKFD. Die Organisation umfaßte etwa 2 000 politische Kämpfer, darunter viele, die in der französischen Emigration gelebt hatten, und ebenso viele, die zuvor in den Internationalen Brigaden in Spanien gekämpft hatten, nun in Frankreich lebten und sich zum Teil aus den Internierungslagern befreit hatten. Die Organisation wirkte bald in ganz Frankreich, ein großer Teil kämpfte in der französischen Untergrundarmee. Es ist bezeichnend, daß Frankreichs Staatspräsident Mitterrand im Unterschied zu Kanzler Kohl zum 50. Jahrestag der Befreiung Frankreichs auch die deutschen Kombattanten einlud und viele mit Auszeichnungen ehrte.

Die Wahrheit gebietet es aber festzustellen – und wir haben es nie verschwiegen, Erich Weinert hat es im November 1945, als das Komitee offiziell aufgelöst wurde, in aller Deutlichkeit gesagt, daß das Nationalkomitee trotz aller Leistungen das in seinem Gründungsmanifest fixierte Ziel nicht erreicht hat. Es gelang nicht, daß sich deutsche Einheiten unter ihren Kommandeuren geschlossen gegen den schon verlorenen Krieg erhoben. Es gelang nicht, eine Mehrheit der deutschen Bevölkerung zum sichtbaren Protest zu bewegen. Die Befreiung Deutschlands wurde nicht vom deutschen Volk erreicht, sie mußte von den alliierten Armeen in schweren, opferreichen Kämpfen erstritten werden. Das Nichterreichen ihrer wichtigsten Ziele war nicht etwa fehlerhaften Entscheidungen oder Aktionen des Komitees geschuldet – es ergab sich aus der Entschlossenheit Hitlers, den Krieg bis zur letzten Granate, bis zur letzten noch intakten Stadt, bis zum letzten Blutstropfen weiterzuführen und das deutsche Volk in den eigenen Untergang hineinzureißen. Es lag aber auch an dem Verhalten der Mehrheit des deutschen Volkes, die diesen Kurs des nationalen Selbstmords duldete und unterstützte. Und es lag zu einem Teil sicher auch daran, daß die Errichtung einer zweiten Front im Westen ständig verschoben wurde, wodurch die bei vielen Deutschen noch vorherrschenden Illusionen über eine mögliche wundersame Veränderung der Lage genährt und der Krieg zweifellos verlängert wurde.

Das änderte natürlich – schrittweise – die Programmatik und die Arbeitsweise der Bewegung, allerdings nicht, wie oft behauptet, auf irgendeinen »Druck der Sowjets«, sondern im Gefolge der Veränderung der objektiven Lage. Schon Ende November 1943 hatten Roosevelt, Churchill und Stalin auf der Konferenz von Teheran die starre, absolut uneinsichtige Haltung Hitlers analysiert und die sich daraus ergebenden Fragen der Kriegführung und der Nachkriegsordnung beraten und beschlossen, bis hin zur geplanten Aufteilung Deutschlands. Erste Voraussetzung jeglichen

Friedensschlusses – so erklärte die Konferenz – war nun die »bedingungslose Kapitulation« Deutschlands, wofür im Grunde Hitler verantwortlich war. Unter dem Eindruck dieser Entwicklung wurde im März 1944 nach einer sehr gründlichen Diskussion vom Nationalkomitee ein Dokument angenommen und in großen Auflagen veröffentlicht, das sicher auch heute noch nicht nur für Historiker von Interesse sein kann. Es trug den Titel »Das Nationalkomitee an Volk und Wehrmacht: 25 Artikel zur Beendigung des Krieges«. Das Dokument war ein nachdrücklicher Appell an alle Schichten des deutschen Volkes, angesichts der Tatsache, daß sich der Krieg den Grenzen Deutschlands näherte und auf deutsches Territorium übertrat, endlich zu handeln. Es gab noch einmal sehr eindringliche Argumente zu allen politischen Grundfragen der deutschen Geschichte und Politik, es legte die jetzt nicht nur möglichen, sondern dringend gebotenen Handlungen zur raschen Beendigung des Krieges dar und machte auch erste Vorschläge, wie dann – nach der Kapitulation, nach der unausweichlich gewordenen Besetzung – ein neues Deutschland aussehen könnte. Damit war – verständlicherweise – der Appell des Gründungsmanifestes zur Rückführung der deutschen Armee ins Reich und zur bewaffneten Erhebung ganzer Einheiten gegen die Diktatur aufgegeben. Er hatte sich als unrealistisch erwiesen.

Das ganze Jahr über setzte das Komitee an allen Abschnitten seiner Arbeit die Tätigkeit unter den neuen Bedingungen fort – in der Zeitung und im Rundfunk, in den Lagern und Antifaschulen, an den veschiedenen Frontabschnitten, die jetzt immer rascher vorwärtsstürmten und an denen die Zahl der neu aufzunehmenden und zu betreuenden Kriegsgefangenen immer größer wurden. Gegen Ende des Jahres, nach der Kursker Schlacht hörte meine Tätigkeit an der Front auf. Aus gesundheitlichen Gründen, ich war völlig erschöpft, wurde ich abberufen und nach Ljunowo geschickt, in das Lager, in dem die Generäle untergebracht waren. Hier traf ich Generalfeldmarschall Paulus, die Generäle Seydlitz, Lattmann und Müller. Wir hatten intensive und wichtige Gespräche. Zu dem Zeitpunkt, da die sowjetischen Truppen bis zur deutschen Grenze vorgerückt und zur letzten Offensive Richtung Berlin antraten, war ein wichtiges Ziel erreicht. Jetzt galt es, die erste Nachkriegszeit vorzubereiten.

Auch ich kehrte in die Zentrale des Komitees zurück. Zu dieser Zeit gab es – in einem verhältnismäßig engen Kreis – Lehrgänge und Diskussionsrunden mit besonders aktiven Mitgliedern der Bewegung, in denen drei verschiedene, aber miteinander verbundene Aufgaben erörtert wurden. Eine relativ kleine Gruppe wurde vorbereitet, um noch in den letzten Kriegsmonaten illegal – zum Teil sollten sie mit dem Fallschirm abspringen – nach Deutschland zurückzukehren und die Widerstandsgruppen im Lande tatkräftig zu unterstützen. Eine weitere Gruppe beschäftigte sich mit unterschiedlichen Maßnahmeplänen für eine rasche Normalisierung des Lebens, um nicht unvorbereitet und mit leeren Händen nach Deutschland zurückzukehren. Es diskutierten darüber nicht nur kommunistische Funktionäre, sondern auch ehemalige Soldaten und Offiziere der unterschiedlichsten sozialen Herkunft. Und die dritte Gruppe befaßte sich direkt mit dem wohl schwierigsten Gebiet – mit der Jugendarbeit in Deutschland. Mir war schon gesagt worden, daß dies für die nächste Zeit das Hauptfeld meiner Arbeit werden würde.

So begann im November 1944 eine Kommission die Diskussion über die Hauptthemen »Bekämpfung der faschistischen Ideologie« und über »Neugestaltung des Schulwesens«. Geleitet wurde die Kommission von General Korfes, Mitglieder waren unter anderem der Kommunist Johannes R. Becher, der Sozialdemokrat Fritz Rücker, der ehemalige Studienrat Ernst Hadermann, die Journalisten Theo Grandy und Günter Kertzscher. Ich hörte erstmals solche Begriffe wie »Konzeption einer demokratischen Schule«, »Erneuerung der Lehrerschaft«, »Neuprofilierung der Hohschulen« und »Berufswettkampf«. Noch waren es Trockenübungen, ob sie uns, einmal ins Wasser geworfen, auch mit dem Strom voranschwimmen lassen würden, war noch völlig ungewiß.

1945 – 1950

Fort mit den Trümmern
Und was Neues hingebaut!
Um uns selber müssen wir uns selber kümmern
Und heraus gegen uns, wer sich traut!
Bertolt Brecht

Unsere Gruppe, die am Morgen in Moskau von Wilhelm Pieck
mit allen guten Wünschen verabschiedet worden war, landete am
Abend des 28. Mai 1945 auf dem Flughafen Tempelhof.

Sie war die zweite Gruppe deutscher Antifaschisten, die aus der
sowjetischen Hauptstadt nach Deutschland kam. Zu ihr gehörten
kommunistische Emigranten und Kriegsgefangene, die mit ihnen
im Nationalkomitee »Freies Deutschland« zusammengearbeitet
hatten. Die Gruppe wurde – wie schon die erste Abordnung, die
bereits vier Wochen vorher, vor der Kapitulation auf deutschem
Boden eingetroffen war – in drei Untergruppen mit unterschiedlichen Einsatzgebieten aufgeteilt: eine zur Arbeit in Berlin, eine
zweite zum Einsatz im Süden mit Zentrum Dresden, eine dritte
zur Verstärkung im Norden, ihr Ziel war Schwerin. Diese Aufteilung war in Moskau erfolgt, sie wurde ohne langwierige Aussprachen mit uns vorgenommen und richtete sich nicht in erster
Linie nach unseren Heimatstädten und Herkunftsregionen, sondern nach den Erfordernissen der künftigen Arbeit und nach den
Anforderungen, die die Genossen, die schon im Lande waren,
beim Zentralkomitee angemeldet hatten. So kam es, daß zu uns,
die wir zur »Gruppe Ulbricht« stoßen und in Berlin tätig sein sollten, auch drei oder vier Männer gehörten, die ihrer Herkunft nach
und ihren eigenen Wünschen entsprechend lieber nach Sachsen
oder Thüringen gefahren wären. Einer davon war ich.

Nach der Landung fuhren wir in einem der sehr strapazierten
Kleinbusse der sowjetischen Armee zunächst nach Karlshorst, wo
die bedingungslose Kapitulation unterschrieben worden war. Dort
hatte jetzt der sowjetische Oberkommandierende in Deutschland,
Marschall Schukow, seinen Sitz. Eingerichtet hatten sich da auch

die Berliner Stadtkommandantur sowie zahlreiche andere Dienststellen. Wir wurden noch spät am Abend von Walter Ulbricht und Otto Winzer begrüßt, dann teilte man uns die Termine der nächsten Tage mit und wies uns die Adressen zu, wo wir fürs erste untergebracht werden sollten. Sie lagen alle in diesem Ortsteil Karlshorst, in dem die Kampfhandlungen aufgrund des sehr schnellen sowjetischen Vormarsches verhältnismäßig viele Häuser verschont oder nur wenig beschädigt hatten. Viele Häuser waren verlassen, andere waren von ihren Besitzern zwar bewohnt, besaßen aber doch leerstehende Zimmer. Die Einquartierungen von Amts wegen waren damals in der ganzen Stadt ein üblicher Vorgang, zu schwer waren die Verwüstungen der Hauptstadt, zu groß die Zahl der obdachlosen Berliner und der eintreffenden Flüchtlinge. Die Besitzer der Wohnungen nahmen uns – ich war mit Hans Zippel, einem sehr guten Freund aus dem National-komitee, zu einer Adresse geschickt worden – ohne Umstände auf. Sie halfen uns, unser Lager aufzuschlagen und verschonten uns mit Fragen. Wir hätten ihnen wohl auch an diesem Abend kaum ant-worten können, so stark und lähmend waren die Eindrücke der letzten Stunden.

Unser Ankunftstag war sonnig und heiß, noch am Abend blieb es recht warm und sehr lange hell. Die wenigen Bäume und Sträucher, die in den Straßen überlebt hatten, standen in voller Blüte. Um so krasser war der Kontrast zu den Bildern, die wir von den Häusern, den Betrieben, den Kirchen, den Menschen hatten, an denen wir vorüberfuhren.

Ich hatte keinerlei Erinnerung an die Hauptstadt, da ich zuvor nur ein einziges Mal in meiner Jugend, in der Vorzeit also und nur ganz kurz, auf einer Durchreise in der Stadt an der Spree gewesen war. Jede Erinnerung hätte mir auch nichts genutzt, denn was ich sah, das übertraf alle furchtbaren Erwartungen, es überstieg selbst die schlimmsten Befürchtungen. Selbstverständlich hatte man uns in Moskau mit den jüngsten Informationen aus Deutschland be-kannt gemacht, auch mit den zwar bruchstückhaften, aber doch aufregenden Eindrücken der Freunde, die schon vor uns geflogen waren. Wir waren, wie wir meinten, auf das Grauenhafteste vorbe-reitet. Sehr bald erkannten wir den Irrtum.

Wir fuhren vom Flughafen Tempelhof im Westen quer durch die Stadt nach Karlshorst im Osten – wie ich nachher feststellte, als ich Berlin besser kannte, fuhren wir durch Neukölln, Schöneberg, Kreuzberg, Mitte, Friedrichshain und Lichtenberg – also durch jene Teile der Stadt, die man früher die City nannte. Wie uns die Freunde sagten, die uns vom Flugplatz abgeholt hatten, gefährdeten Blindgänger, Minen und Munitionsberge das Leben der Menschen. Viele Straßen wurden noch durch zerstörtes Kriegsgerät versperrt. Aus den Trümmern kroch Verwesung. Die Bäume im Tiergarten waren von den Granaten förmlich zu Stümpfen zerhackt. Wir fuhren durch eine weite Steinwüste, auf der kein Haus mehr stand, überragt nur von gespenstisch zerklüfteten Ruinen, von Hausskeletten, bedeckt mit Bergen von Schutt, geborstenem Mauerwerk, verkohlten, kaum noch kenntlichen Überresten von Möbeln, Türen, Dielen und den spärlichen Bruchstücken von Öfen, Wannen und Hausrat.

Unsere Freunde machten uns mit Informationen vertraut, die sie auch erst kurz zuvor fassungslos zur Kenntnis genommen hatten. In Berlin gab es schätzungsweise siebzig Millionen Tonnen Schutt. Eine Viertelmillion Häuser war völlig zerstört oder weitgehend beschädigt, im Viertel um den Berliner Zoo und die Gedächtniskirche war nahezu die Hälfte aller Gebäude nur noch Trümmer. Von zweihundertfünfzig Brücken der Hauptstadt waren einhundertvierzig gesprengt, die meisten in den letzten Kriegstagen, sinnlos. Allenthalben sah man ausgebrannte Straßenbahnen und Busse, unterbrochene Elektroleitungen, zerrissene Rohrstränge. Wir sahen ausgeglühte Fabrikhallen, Schrott da, wo früher Maschinen standen, und besonders im Stadtzentrum, Unter den Linden und auf der Museumsinsel in Schutt und Asche zerfallene Kulturdenkmäler, Bretterbuden anstelle von Häusern. Besonders schwerwiegend war, so sagte man uns, die Zerstörung des Trinkwasserleitungsnetzes. Die Berliner lebten von nur wenigen Pumpen in den Straßen – und wir sahen die langen Menschenschlangen mit Töpfen, Eimern und Schüsseln, geduldig in der gleißenden Sonne wartend.

Natürlich bemerkten wir auch sowjetische Soldaten und Offiziere, die mit ihren staubigen, oft ramponierten Lastwagen und Jeeps durch die Straßen fuhren und den Flaggensignalen der uniformierten, meist weiblichen Verkehrslotsen durch das kaum durchschaubare Labyrinth der Trümmerwege folgten. Hier und da zeigten sich durch Armbinden ausgewiesene Streifen einer deutschen Hilfspolizei. Dominierend waren jene Männer und Frauen der Zivilbevölkerung, denen die Entbehrungen und Erschütterungen der vielen Bombennächte und der zahlreichen Verluste von den Gesichtern abzulesen waren: Die meist schlecht gekleideten Menschen suchten in den Ruinen nach brauchbaren Überresten ihrer Habe, nahmen Bretter und Latten mit, um damit ihre Notquartiere auszubessern. Sie zogen kleine Handwagen hinter sich her und transportierten die armseligen Funde in ihre neue Unterkunft. Man erkannte sofort: Das Leben dieser Berliner war ein harter Kampf um das nackte Dasein. Die Nazis hatten in den letzten Kriegstagen Lebensmittel eher verbrannt als verteilt. Die Stadt wurde nicht nur durch den Wassermangel gequält, auch der Hunger würgte sie, Seuchen drohten, und es mangelte an Medikamenten. Auf einigen Plätzen inmitten der Ruinen sammelten sich dichte Haufen von Menschen. Sie versuchten Kleidungsstücke, Geschirr, Bücher und andere Habe zu verkaufen oder gegen Lebensmittel, gegen ein Stück Brot, Speck oder ein paar Kartoffeln zu tauschen. Schon florierte der Schwarze Markt. Und einer unserer Begleiter sagte bitter: »Brecht hatte ja so recht – erst kommt das Fressen, dann kommt die Moral.« Er sagte es ohne jede Anklage gegen die Berliner.

Wir sahen aber auch, daß man an manchen Stellen der Stadt bereits an der Arbeit war. Männer mühten sich, die elektrischen Leitungen wieder instandzusetzen und aus ramponierten Hydranten Wasser zu zapfen. Doch es waren vor allem Frauen, die Steine aus den Trümmern bargen, sie mit einfachstem Werkzeug putzten und ordentlich schichteten, als sollten sie bald vermauert werden. Ihre noch geringe Zahl im Verhältnis zum Übermaß der Zerstörung machte uns noch trübsinniger und ließ uns die eine Frage immer aufs neue wiederholen: Wie sollen wir jemals mit diesem Chaos fertig werden? Wann wird Berlin wieder eine bewohnbare Stadt sein? Sicher machten andere aus unserer Gruppe – jene, die bis vor zwölf Jahren und zum Teil noch danach in Berlin gelebt oder gearbeitet hatten und die Stadt jetzt, aus unserem engen Kleinbus heraus, wiedersahen – noch andere, auch differenzierte Beobachtungen. Lotte Kühn zum Beispiel, später Lotte Ulbricht, oder Heinz Willmann, der erfahrene Zeitungsmann, auch im Exil Redakteur der legendären AIZ, oder Grete Keilson, Paul Schwenk, Gottfried Grünberg, Edwin Hoernle, Markus Wolf und seine spätere Frau Emmi Stenzer, deren Vater schon 1933 ermordet worden war – sie sahen andere Bilder oder die gleichen Bilder anders. Wir hörten es aus ihren erregten Bemerkungen, ihren Ausrufen, aus den Gesprächsfetzen, die trotz des Motorengeräuschs zu uns drangen. Sie erinnerten einander an Gebäude, Kirchen, Theater, Lokale, sogar an Gefängnisbauten, die früher einmal dort gestanden hatten, wo jetzt nur noch Trümmerreste zu erkennen waren. Sie stellten aber auch mit gleicher innerer Bewegung fest, was hier und dort mehr zufällig stehengeblieben, verschont worden war. Es war wenig genug. So empfanden sie, die Berliner unter uns, den Schmerz über die Verluste, die Schäden, das unwiederbringbar Vernichtete sicher heftiger als wir – sahen aber auch, was weiter zu nutzen war, wo der Neuaufbau anknüpfen konnte. Für uns andere aber war die Begegnung mit der uns doch unbekannten Riesenstadt, durch die unsere Fahrt nach meinem Empfinden quälende Stunden dauerte, gerade wegen der Anonymität des Grauens noch niederschmetternder.

Hätte man mir damals gesagt, daß ich von nun an die längste Zeit meines Lebens, mehr als ein halbes Jahrhundert lang, in oder nahe bei Berlin leben, wohnen, arbeiten, auch das Leben genießen, viel Freude und viel Schmerz erleben würde – ich hätte den Sprecher für einen Geistesgestörten oder für einen Betrüger gehalten. Es konnte, so meinte ich, keine Steigerung der Zerstörung geben, nichts, was brutaler zusammengeschlagen war als Berlin.

Es sollte nur Tage dauern, und ich erlebte noch Furchtbareres!

Jeder wird verstehen, daß ich schon kurz nach der Ankunft in meine engere Heimat fahren wollte. Wie alle von uns Heimkehrern bewegte auch mich vor allem die Frage, was aus meiner Familie – Mutter, Vater und Schwester – geworden war, die ich nun einige Jahre nicht mehr gesehen und von denen ich seit dem Frühjahr 1941 ebensowenig eine Nachricht erhalten hatte, wie sie von mir. Schon am Ende der ersten Zusammenkunft in Karlshorst sprach ich meine Bitte aus, man verstand mich, und als sich eine erste Gelegenheit bot, daß ein Auto der Gruppe Ulbricht nach Süden fuhr – die Kontakte zu den Antifaschisten in den verschiedenen Landesteilen waren damals nur mühselig herzustellen –, konnte ich mitfahren.

Wir fuhren zunächst nach Dresden. Die Stadt kannte ich von Kindheit an sehr gut. Das Dresden »von früher« aber gab es nicht mehr. Sicher hatten wir in Moskau wie alle Menschen in der Welt vom konzentrierten Bombenangriff Mitte Februar auf Dresden, auf »Elbflorenz«, auf die Stadt August des Starken gehört und von den Zerstörungen, den vielen Toten einer einzigen Nacht. Doch wie ich es nun sah, traf es mich wie ein Schlag. Was »barbarische Zerstörung« bedeutete, war hier schreckliche Wirklichkeit. Erst hier sah ich auf deutschem Boden wieder, was ich in der gequälten Sowjetunion so oft hatte sehen müssen. Die Zahlen, die ich vorher gehört hatte, sie waren sehr schwer faßbar. In einer einzigen Nacht – vom 13. zum 14. Februar – zerstörten 3 450 englische und amerikanische Bomber in mehreren Angriffen die bis dahin weitgehend verschont gebliebene und gerade darum von Flüchtlingen überfüllte Stadt, obwohl sowjetische Truppen nur fünfzig Kilometer vor Dresden standen und ihr Eintreffen in kürzester Zeit schon absehbar war. Mehr als 15 Quadratkilometer umfaßte die Fläche der totalen Zerstörung – so hatten wir es durch die Radiosendungen erfahren. Mehr als 18 Millionen Kubikmeter Trümmer häuften sich rechts und links der Elbe, mehr als 35.000 getötete Einwohner der Stadt in dieser einen Nacht wurden geschätzt.

Die Zahl der zu Tode gekommenen und dann wegen der Seuchengefahr verbrannten Flüchtlinge, zusammengedrängt auf den Elbwiesen, konnte man noch nicht einmal schätzen. Doch was ich jetzt sah, übertraf alle Befürchtungen. Es waren ja nicht nur die Industrie- und Wohngebiete am Stadtrand und in den Vororten getroffen worden. Die Hauptwucht der Bombenschläge hatte gerade den Innenbezirken, dem Zentrum der Stadt, der barocken Altstadt, dem legendären »Elbflorenz« gegolten und es nahezu dem Erdboden gleichgemacht.

Oft war ich mit meiner Mutter hier spazierengegangen, wenn sie in Dresden bei Parteiveranstaltungen zu tun und mich mitgenommen hatte – sie liebte diese Stadt über alle Maßen, und sie erklärte mir die Schönheit der Straßen, Plätze, Brücken und Parks. Oft war ich auch später, als junger Mann nach Dresden gekommen, mit Freunden oder allein – nie fuhr ich zurück, ohne nicht ein weiteres Bauwerk für mich erschlossen zu haben. Nun, bei dieser Gespensterfahrt, suchte ich sie alle: den Altmarkt, die Prager Straße, den Georg- und den Pirnaischen Platz, die Brühlsche Terrasse, die Kreuzkirche, den Zwinger, die Gemäldegalerie, die Hofkirche, die Oper, das Schloß, das Japanische Palais. Fast alles zerschlagen! Und einer der schönsten Bauten, die Frauenkirche, war völlig, bis auf die Grundmauern zerstört. Noch schienen die geborstenen Steine zu glühen. Beißender Rauch lag über der Ruine mit Namen Dresden. Wenig später, im provisorischen Büro der

»Gruppe Ackermann«, hörte ich – und Genugtuung lag in der Stimme unserer Genossen, daß es Antifaschisten, die sich zur Bewegung »Freies Deutschland« zählten, in den letzten Kriegstagen noch gelungen war, das »Blaue Wunder«, die berühmte Brücke über die Elbe, vor der Zerstörung durch die SS zu retten, die schon vorbereitete Sprengung zu verhindern.

Im Büro der Gruppe traf ich übrigens auch erste Bekannte – so Hermann Matern, der uns an der Antifaschule Oranki in der Geschichte der Volksfrontbewegung unterrichtet hatte, und einen mit knapp einundvierzig Jahren noch verhältnismäßig jungen Mann aus dem Chemnitzer Gebiet, der schon lange einen geradezu legendären Ruf hatte. Anfang der 20er Jahre hatte er sich als Jugendlicher in die damals noch sehr junge Sowjetrepublik durchgeschlagen und in den Jahren des Bürgerkrieges in der Reiterarmee Budjonnys mitgekämpft. Danach war er ein sehr geachteter und von uns geliebter Jugendfunktionär, lange Zeit mein Vorbild: Fritz Grosse, zuletzt Häftling des Zuchthauses Brandenburg-Görden und des Konzentrationslagers Mauthausen. Sie sprachen nicht so sehr vom Ausmaß der Zerstörungen, sie sprachen mehr von den allerersten, wenn auch noch geringen Fortschritten bei den Bemühungen, das Leben wieder in Gang zu bringen. Was aus meinen Eltern geworden war, wußten auch sie nicht.

So fuhr ich mit den drängendsten Befürchtungen weiter nach Chemnitz. Der Eindruck war wie schon zuvor in Berlin und Dresden – und in vielen größeren und kleineren Städten und Dörfern entlang unserer Fahrstrecke – erschütternd, zumal Chemnitz ja die Stadt war, in der ich von klein auf gelebt hatte. Ich wußte, daß Chemnitz drei Monate zuvor, an zwei Tagen Anfang März 1945, einem außerordentlich massiven Angriff zum Opfer gefallen war – es war dies gewissermaßen der zweite Akt in dem Drama »Dresden-Chemnitz-Plauen-Magdeburg«.

Was ich damals noch nicht wissen konnte, war, daß die Entscheidung für diese maßlos übersteigerten Vernichtungsakte gegenüber den vier Städten, gegenüber den Industriezentren wie den reinen Wohnvierteln und den historisch wie kulturell bedeutungsvollen Bauensembles vom britischen Luftmarschall Harris erst sehr spät getroffen worden war. Harris wollte in der Schlußphase des Krieges, Anfang 1945, eigentlich die Zentren der Treibstoffversorgung Hitlerdeutschlands, die Ölraffinerien und großen Chemiebetriebe lahmlegen. Er änderte jedoch die schon erteilten Befehle auf Grund einer Weisung Churchills und setzte die Ortsnamen Dresden, Chemnitz, Plauen und Magdeburg Ende Januar in die Pläne, als die entscheidende Frühjahrsoffensive der Sowjetarmee, auf alliierte Bitte zeitlich vorgezogem, stürmisch in Gang gekommen, Oberschlesien in einem raschen Handstreich fast unzerstört genommen war und das Tempo des Vormarsches auf Oder und Neiße rasant zugenommen hatte. Die offizielle Erklärung für diesen Meinungswandel, von der ich erst später hörte, besagte, daß durch die Bombenangriffe die sowjetische Offensive unterstützt, die Militärmacht der Deutschen auch hinter der Front gebrochen werden sollte – auch wenn in diesen großen Orten kaum wesentliche militärische Objekte lagen. Viele hegten damals schon den Verdacht, daß zu diesem Zeitpunkt die spätere Einteilung Deutschlands in Besatzungszonen bereits beschlossen war und irgend jemand meinte, man sollte den Russen nicht zuviele unbeschädigte Zentren überlassen. Niemand vermochte dies zu bestätigen, niemand konnte es widerlegen. Später, als der Kalte Krieg tobte, hielt sich die Vermutung noch lange. Ich jedoch – als ich damals vom Schreckensort Dresden zum Trümmerfeld Chemnitz fuhr – empfand als direkt Betroffener nur eines – nichts als grenzenlosen Haß gegen die deutschen Faschisten, die, obwohl die Niederlage schon für jeden erkennbar unausweichlich war, mit ihrer aberwitzigen Konzeption des »totalen Krieges«, mit der Strategie der verbrannten Erde die Zerstörung auch meiner Heimatstadt heraufbeschworen hatten und die volle Verantwortung trugen. Ich weigerte mich eher instinktiv, die Verantwortung den Alliierten, den doch immer noch Verbündeten zuzusprechen.

Chemnitz war, wie ich hörte, zu mehr als sechzig Prozent in den beiden Hauptangriffen am 5. und 6. März zerstört wurden, doch als ich in die Stadt einfuhr, war es nicht die Totalität der Zerstörung, die mich besonders erschütterte wie vorher in Berlin, und auch nicht die starke Zerstörung historischer Baudenkmäler im Zentrum wie in Dresden – obwohl ich sicher beides auch in Chemnitz hätte feststellen können. Hier suchten und fanden meine Blicke andere Schwerpunkte. Mich drängte vor allem zu erfahren und zu sehen, welche der Stätten zerstört oder verschont geblieben waren, die für mich in meiner Kindheit und Jugend besonders wichtig gewesen waren. Als die beiden Freunde, die mich in ihrem Auto mitgenommen hatten, zu ihren Besprechungen ins

Büro des Antifakomitees fuhren, überließen sie mir für einige Stunden den Wagen, um die Stadt nach meiner Rangfolge zu befragen.

Zuerst fuhr ich in den Osten von Chemnitz, in das Stadtviertel Sonnenberg, wo meine Familie seit 1932 wohnte, wo ich einen großen Teil meiner Kindheit und Jugend verbracht, Freundschaften geschlossen, auch die erste Liebe erfahren hatte. Fast alle Straßen dieses Viertels, vor allem die lange Sonnenstraße mit ihren vielen Abzweigungen und markanten Gebäuden waren in Trümmer geschlagen. Doch das östliche Ende der Sonnenstraße und ihre letzten Querstraßen, so auch unsere Amalienstraße, waren wie durch ein Wunder verschont geblieben, auch unser Haus stand unversehrt. Unsere Wohnung war versperrt und offensichtlich unbewohnt. Von einem der noch oder schon wieder in diesem Haus lebenden Mieter, mit denen ich sprechen konnte und die mich mit riesengroßen Augen fassungslos ansahen, erfuhr ich, daß meine Schwester Ruth noch in Chemnitz war und sich, nun einundzwanzigjährig, allein durchs Leben schlagen mußte. Sie gaben mir ihre Adresse. Noch am selben Tag traf ich sie. Als ein junges Mädchen von sechzehn, fast noch ein Kind, hatte ich sie verlassen, nun war sie eine junge, kräftige und sehr entschlossene Frau. Sie, die ursprünglich Verkäuferin war, arbeitete nun als Schaffnerin, denn – auch das gehörte zu den Überraschungen im zerstörten Chemnitz – die Straßenbahnen fuhren auf den wichtigsten Strecken wieder. Das half den Chemnitzern nicht nur praktisch sehr, es machte ihnen auch Mut.

Wo sich die Eltern im Augenblick befanden, wußte auch meine Schwester nicht genau. Mein Vater war – so berichtete sie – noch im letzten Kriegsjahr überraschend einberufen und als vielfach politisch Vorbestrafter in das berüchtigte Strafbataillon 999 eingegliedert worden. Eine letzte Nachricht hatte meine Schwester kurz vor Ende des Krieges von der sogenannten Westfront, von der französischen Grenze erreicht. Ob er noch am Leben war, wußte sie nicht.

Mein Vater, Robert Keßler, war ein Schmied und hatte zur Zeit meiner Geburt im kleinen Städtchen Lauban in Schlesien in den Eisenbahnwerkstätten gearbeitet. Kurz danach zog er mit uns nach Chemnitz, arbeitete in der Eisengießerei Krautheim, bis er – immer mal wieder verhaftet, immer mal wieder untergetaucht – ganz in der Parteiarbeit, in der Arbeit bei der Unterbezirksleitung

Chemnitz der KPD, in der Redaktion unserer Zeitung »Der Kämpfer« und in der Gewerkschaftsopposition RGO aufging. Er war ein großer kräftiger Mann, ein Schmied mit Fäusten, die zuschlagen konnten – und wenn nötig, bei Saalschlachten und Straßenkämpfen in der Endzeit von Weimar auch zuschlugen. Max Opitz, ein guter Chemnitzer Freund, sagte mir später einmal über ihn: »Er war ein guter, aber auch ein sehr komplizierter Kommunist – immer ganz links, immer sehr radikal, immer durch und durch gradlinig und der lebendige Aufruhr. Hätte es den Max Hölz nicht schon gegeben, Dein Vater hätte es werden können!«

Meine Schwester wollte einfach nicht glauben, daß er aus dem Krieg nicht zurückkommen könnte. Sie behielt recht. Wie ich kurz danach von ihr erfuhr, war mein Vater im Rheinland aus einem französischen Kriegsgefangenenlager kurzerhand geflohen, hatte sich im Trubel der ersten Nachkriegswochen von Stadt zu Stadt durchgeschlagen, hatte tagsüber in Scheunen geschlafen, war nachts auf Schleichwegen an allen Streifen und Posten vorbeigekommen und stand eines Tages wieder vor seiner Chemnitzer Wohnungstür. Man war in der Stadt sehr froh, daß dieser sehr entschlossene und tatkräftige Mann wieder zurück war und übertrug ihm sofort eine Aufgabe, die ihn selbst überraschte: Da durch die Bombenangriffe die Chemnitzer Krankenhäuser stark zerstört waren und die Bettenkapazität für die große Stadt nicht ausreichte, beschloß man, eine ehemalige Betriebskrankenstätte auszubauen und als Stadtkrankenhaus zu nutzen – mein Vater wurde für wichtige Aufgaben der Bauleitung verantwortlich gemacht, anschließend arbeitete er hier als Verwaltungsdirektor. Als dann fachlich geschulte Kräfte gefunden waren, ging er an eine andere, sehr komplizierte Aufgabe: als Gewerkschaftsfunktionär zur Wismut in Aue, dem wohl kompliziertesten Großbetrieb des Erzbergbaus.

Meine Mutter, Hedwig Keßler, war nach dem 20. Juli 1944 im Rahmen der sogenannten »Aktion Gitter« gemeinsam mit allen damals noch oder gerade mal wieder in Freiheit befindlichen ehemaligen Stadtverordneten und Gemeindevertretern der beiden großen Arbeiterparteien in Chemnitz und Umgebung verhaftet worden. Zu ihnen gehörten auch Max Müller, Albert Jentsch, Karl Winter, Albert Hähnel, Erna Saupe. Wohin man sie genau gebracht hatte, wußte meine Schwester nicht. Sie hatte nur den Namen »Ravensbrück« gehört. Um sie war meine Schwester in großer Sorge. Im Unterschied zum Vater war meine Mutter, die

Tochter einer siebenköpfigen Landarbeiterfamilie, eine kleine, zierliche Person. Sie war klug, las immer gern, hatte die Reichsparteischule der KPD in Schöneiche-Fichtenau bei Berlin besucht und war viele Jahre hindurch als Stadtverordnete in Chemnitz und als gewandte Rednerin bekannt.

Daneben war auch sie durchaus von praktischer Natur, wenn auch anders als mein Vater. Wenn Not am Mann war, verkaufte sie stundenweise auf dem Markt und half, nach den Verhaftungen der Genossen, vielen Familien, vor allem den Kindern, ohne großes Gewese, sehr resolut.

Von meiner Schwester erfuhr ich auch, wie die Nachricht von meinem Übergang auf die sowjetische Seite vor vier Jahren gewirkt hatte: Zunächst hatte man die Familie unterrichtet, daß ich vermißt sei, möglicherweise gefallen oder gefangengenommen. Dies wurde auch öffentlich verbreitet, bis zu der Zeit, da ich mich an der Front durch Lautsprecheransprachen und Flugblätter, durch viele Aufrufe und Rundfunkerklärungen des Nationalkomitees deutlich bemerkbar machte. Von da an setzte, auch in den Chemnitzer Zeitungen, eine maßlose Welle der Verleumdung ein, gekrönt von der Nachricht, daß das Reichskriegsgericht mich in Abwesenheit zum Tode verurteilt hatte. Das mochte das unverkennbare Staunen der Mitbewohner bei meinem jetzigen Wiedererscheinen erklären. Meine Mutter – so sagte meine Schwester – war durch die Gerüchte, daß ich vermißt gemeldet sei, sehr beunruhigt gewesen und befürchtete das Schlimmste. Alles, was sie nachher erfuhr, beruhigte sie und machte sie auf eine merkwürdige Art zufrieden, selbst das schlimme Urteil, das – so glaubte sie fest – nie vollstreckt würde.

Von der Amalienstraße war ich zunächst zu Fuß zum Brühl im Stadtteil Norden gelaufen, noch bevor ich dann zu meiner Schwester fuhr. Den Weg glaubte ich zu kennen wie keinen sonst in meiner Stadt. Das hatte eine besondere Bewandtnis: Wir hatten in den 20er Jahren, kurz nachdem wir aus der kleinen niederschlesischen Textilarbeiterstadt Lauban ins große, lärmerfüllte Chemnitz übergesiedelt waren, in der Elisenstraße auf dem Brühl gewohnt. Unweit von ihr wurde ich Ostern 1926 in der Brühlschule eingeschult. Als wir – da wir die steigenden Mieten nicht mehr zahlen konnten – im Sommer 1932 exmittiert werden sollten und unter großen Mühen das billigere Quartier in der Amalienstraße fanden, stand ich gerade vor dem Abschluß der sechsten Klasse.

Als Jungspartakist (links außen in Uniform) bei einer Jugendweihefeier in Chemnitz zu Beginn der 30er Jahre

Da ich nur noch zwei Jahre die Schule zu besuchen hatte, mein Vater nur selten bei uns sein konnte und auch meine Mutter viel unterwegs war, stellte sie den Antrag, daß ich diese Zeit in der Brühler Schule verbleiben durfte, in der die Lehrer mich kannten und ich alle meine Freunde hatte. Sie brauchte dazu viele Formulare und Befürwortungen, durch einige Lehrer und einen Schularzt. Als sich dann 1933 die Nationalsozialisten auch im Schulwesen breit machten, es dauerte in Chemnitz länger als anderswo, hatten sie zunächst anderes zu tun, als diese Genehmigung zu widerrufen. Und so lief ich Tag um Tag, im heißen Sommer wie im eiskalten Winter, oft in den frühen, noch dunklen Morgenstunden, oft schon spät am Nachmittag, den immer gleichen, sehr verschlungenen Weg vom Sonnenberg am Hauptbahnhof vorbei ins Gebiet nördlich vom Schloßteich und wieder zurück. Bald kannte ich jedes Haus, jeden Winkel, jeden Mauervorsprung. Jetzt aber, Anfang Juni 1945, mußte ich mich suchend umblicken, um die Spur nicht zu verlieren: Auch der Brühl, wie der Sonnenberg ein ausgeprägtes Arbeiterwohngebiet, hatte furchtbare Wunden erhalten, einige Straßen glichen einer Mondlandschaft. Doch auch hier erlebte ich ein rechtes Wunder: meine Schule war unversehrt, alt und staubig wie eh und je, als habe sie auf mich gewartet.

Mein nächstes Ziel war dann die Maschinenbaufabrik Bernhard Escher in der Wettiner Straße unweit des großen Chemnitzer Schlachthofes, in der ich zwischen 1934 und 1937 gelernt und einige Jahre, bis zu meiner Einberufung im November 1940 als Geselle, als Maschinenschlosser gearbeitet hatte. Die Fabrik gab es nicht mehr, so traf ich auch niemanden wieder, mit dem ich früher gearbeitet und diskutiert hatte.

Es gab so vieles nicht mehr, das ich gern wiedergesehen hätte – besonders das Stadtzentrum im inneren Ring, mit dem Alten Rathaus, dem mittelalterlichen Roten Turm, der romanisch-gotischen Jakobikirche aus dem zwölften Jahrhundert, dem Hauptpostamt, den Gebäuden des alten Benedektinerklosters, das den sächsischen Königen als Schloß gedient hatte – alles war zerstört.

Hier im Zentrum traf ich auch Karl Winter, einen der alten Freunde meiner Familie wieder. Er war zusammen mit meiner Mutter verhaftet und noch im April 1945 – weniger als zwei Monate vor dieser Begegnung – mit anderen wegen Hochverrats und Feindbegünstigung sowie Unterstützung von Ostarbeitern und sowjetischen Kriegsgefangenen vom Volksgerichtshof zu hohen Freiheitsstrafen verurteilt und am 6. Mai von der Roten Armee aus dem Zuchthaus Waldheim befreit worden. Jetzt steckte er schon wieder tief in der Arbeit. Er bestätigte, daß nach der Verhaftung der Stadtverordneten die Männer in das KZ Sachsenhausen, die Frauen in das Konzentrationslager Ravensbrück verbracht worden waren. Dort mußte auch meine Mutter gewesen sein, nur dort würde ich erfahren, was mit ihr geschehen war.

Natürlich fragte ich Karl Winter auch nach anderen bekannten Chemnitzer Kommunisten, Freunden auch unserer Familie – wer hat überlebt, wer hat es nicht geschafft, wer wird gesund genug sein, die jetzt nötige Arbeit anzupacken? Auf sie vor allem kam es doch an. Im Herbst 1944 waren noch einmal mehr als siebzig Widerstandskämpfer der Stadt an einem Tag verhaftet worden, die meisten wurden ermordet, auch Ernst Enge, auch Rudolf Harlass. Und es gab Familien, die uns allen bekannten »Arbeiterdynastien« von Chemnitz, in denen fast alle Männer und Frauen verhaftet und gleich mehrere hingerichtet wurden: die Heckerts, die Jankas, die Sindermanns, die Roschers, die Hähnels. Wie schwer die Verluste doch waren! Einige waren inzwischen zurückgekehrt und sofort wieder an der Arbeit: Max Müller, Paul Bertz, Hans Lauter, Erich Mückenberger, Max Opitz.

Im Spielmannzug des Jungspartakusbundes (zweiter von rechts)

Nicht nur, daß die Zeit meines Aufenthaltes in Sachsen beschränkt war und die Genossen auf die Rückfahrt drängten, ich suchte, nachdem ich soviel Schlimmes gesehen hatte, nicht mehr nach weiteren Spuren in Chemnitz. Ich wollte zurück nach Berlin, ich wollte arbeiten.

Auf der Rückfahrt war ich, wie man mir mehrmals kritisch sagte – entgegen meiner Art außerordentlich schweigsam. Ich mußte die Eindrücke des Besuchs in Chemnitz verarbeiten, es war eine schwere, schmerzhafte Pflicht, meine Gedanken zu ordnen. Zunächst glaubte ich, verständlicherweise, alle die schrecklichen Bilder noch einmal zu sehen, die auf mich im Laufe des Tages eingestürmt waren – versuchte ich doch, dieses Chemnitz vom Juni 1945 mit der Stadt zu vergleichen, an die ich in den letzten Jahren so oft gedacht hatte. Es schien eine andere Stadt in einer anderen Welt zu sein. Ihr Antlitz war auf eine so grauenhafte Weise entstellt worden, daß auch die Erinnerung weh tat.

Doch bald kreisten meine Gedanken nicht nur um die Bilder, die ich aufgenommen, nicht nur um die Menschen, die ich getroffen hatte. Sie gaben Impulse, weiter zu denken und führten vom Einzelnen zum großen Ganzen, von der Vergangenheit und Gegenwart in die bevorstehende Zukunft.

Fast zwanghaft wiederholte sich folgende Gedankenkette: Die Kommunisten wußten – schon in der Weimarer Republik, verstärkt natürlich seit 1933 und vor allem in den Kriegsjahren – um die Gefährlichkeit, um die lebensbedrohende kriminelle Energie der Hitlerbande. Sie hatten sie entlarvt und vor ihr mit größter Eindringlichkeit gewarnt. Ich konnte jetzt aber trotzdem nicht einfach sagen, auch angesichts der vielen Trümmer nicht: Seht her, wir haben recht behalten! Alle unsere Warnungen haben sich bestätigt! Ich konnte es nicht, denn dieser Gedanke war sofort mit vielen anderen verknüpft: Warum haben wir es trotz aller Bemühungen nicht geschafft, daß unsere Warnungen von der Mehrheit des Volkes aufgenommen wurden? Warum konnten wir die aus Fanatismus wie aus Angst geborene Wagenburgmentalität der letzten Kriegsjahre nicht durchbrechen? Haben wir zu wenig getan, die Wahrheit zu verbreiten? Was haben wir bloß versäumt? Was haben wir falsch gemacht? Was müssen wir lernen?

So intensiv, so bildhaft und konkret hatte ich über unsere historische Verantwortung, auch über die Frage nach Schuld und Sühne noch nie nachgedacht – nicht in der Sowjetunion, nicht während unseres Rückfluges, nicht bei unserer Fahrt durch Berlin, nicht einmal angesichts der Bilder des Dresdener Infernos. Jetzt nach dem Besuch von Chemnitz mußte ich so denken.

Chemnitz, das war eines der großen Zentren der deutschen Arbeiterbewegung von alters her, Schauplatz erbitterter Klassenkämpfe Jahrzehnte hindurch, eine traditionelle Heimstatt sozialistischer Gesinnung.

Meine Schule fiel mir wieder ein, während der Wagen fauchend und stöhnend nach Berlin rollte. Ich sah meine alte Klasse wieder, nicht so, wie ich sie jetzt, fest verriegelt und mit alten Schränken und Stühlen vollgestellt, angetroffen hatte, es gab ja noch keinen Unterricht. Ich sah sie so, wie ich sie aus meiner Schulzeit in Erinnerung hatte: mit der riesigen Wandtafel und dem Kreidestaub davor, mit dem Bild des kaiserlichen Generalfeldmarschalls und nun republikanischen Reichspräsidenten Hindenburg und der großen Landkarte des Freistaates Sachsen. Ich glaubte auch die immer etwas heisere Stimme unseres alten Klassenlehrers wieder zu hören, wie er die Sätze sprach, die er damals, fast jedes Jahr aufs neue, so oft gesprochen hatte – es kamen ja immer wieder Neuzugänge, Zugezogene aus den umliegenden Dörfern, und sie sollten wissen, wo sie jetzt waren. Er sprach langsam, fast jedes Wort betonend und mit ausholenden Gesten unterstreichend, so daß wir sie bald nachahmen konnten.

»Chemnitz liegt am natürlichen nördlichen Tor zum Erzgebirge, gebettet in das Tal zwischen den Flußläufen von Weißer Elster, Flöha und Zschopau. Es ist die letzte große Station auf dem Weg ins schöne Bergland. Chemnitz ist eine alte slawische Gründung, man erkennt es am Namen der Stadt. Er verbindet die slawischen Worte ›kamen‹ gleich Stein, und ›itz‹ gleich Fluß, was also ›Steinerner Fluß‹ bedeutet und das Wässerchen meint, das mitten durch die Stadt fließt und immer schon Voraussetzung bester Bleichen für die Leineweberei war, die wie nirgends sonst in Chemnitz zu Hause war. Chemnitz nennt man seit langem schon das sächsische Manchester, sowohl wegen der hochentwickelten Textilindustrie als auch wegen des Eisenbahn- und Maschinenbaus. Hier wurde die erste Lokomotive gebaut, hier wurden die ersten deutschen Textilmaschinen, Spinnautomaten und Webstühle gebaut. Es ist unangebracht« – hier hob der Lehrer warnend seine Stimme – »abfällig von ›Ruß-Chamnz‹, vom angeblich schmutzigen ›Ruß-Chemnitz‹ zu sprechen, denn dieser Ruß, auch dieser Schmutz sind ja mit der schweren Arbeit verbunden, Ruß und Schmutz schänden nicht. Das Umland von Chemnitz war durch die Jahrhunderte immer wieder Notstandsgebiet.«

Um welchen Notstand es sich da gehandelt hatte, sagte der Lehrer nie, er ging wohl davon aus, daß wir Jungen, an die er sich so nachdrücklich wandte, es ohnehin wußten. Er hatte recht – wir wußten natürlich alle, sicher nicht gelesen und auch nicht systematisch durchdacht, aber am eigenen Leibe erlebt, was Notstand war: Chemnitz hatte die dichteste Zusammenballung der Industrie in Sachsen, aber auch die höchste Arbeitslosigkeit in den Jahren der Krise. Es durchlitt die bitterste Wohnungsnot in den ausgedehnten Arbeitervierteln, beklagte die höchste Kindersterblichkeit in ganz Deutschland, den höchsten Anteil von Tuberkulosekranken und – das wußten wir besonders gut – eine sehr ausgedehnte Kinderarbeit, zu der auch wir aus unserer Klasse alle gezwungen waren. Vom fünften Schuljahr an trug ich regelmäßig, lange vor Unterrichtsbeginn, fast noch in der Nacht, treppauf, treppab Zeitungen aus, mehr als einhundert pro Tag. Nachmittags, nach Unterrichtsschluß fuhr ich mit meinem Rad und einem kleinen Anhänger Schokolade in schweren Paketen vom Großhändler zu den vielen Läden in den Vorstädten. Im Winter war es Aufgabe von uns Kindern, schon im Morgengrauen Schnee von den Bürgersteigen zu fegen, im Sommer kam noch etwas Ausgefalleneres hinzu: wir verdienten uns einen kleinen Teil der ohnehin wenigen

Groschen, die die Bewohner der Mietskasernen einer Gruppe von arbeitslosen ›Hofsängern‹ zuwarfen und die wir für sie aufsammelten.

Dabei kann ich nicht sagen, daß ich meine Kindheit als besonders schwer und kärglich empfand: daß wir arbeiten mußten, war uns selbstverständlich. Ich ging sehr gern in die Schule, liebte besonders Geschichte und Geographie, weniger das nüchterne Rechnen. Bis 1933 gab es an unserer Schule in Chemnitz kein Pflichtfach Religion, man konnte wählen zwischen Religion und Lebenskunde. Nach dem Machtantritt der Nazis jedoch wurde Lebenskunde abgeschafft und aus mir immer noch nicht verständlichem Grunde der Religionsunterricht obligatorisch. Zur Überraschung meiner Mutter und zum Verdruß meines Vaters hatte ich immer sehr gute Zensuren, mir gefielen die vielen Geschichten und die farbig geschilderten Gestalten der Bibel.

Ich las sehr viel, wenn auch überwiegend Abenteuergeschichten und Groschenhefte über die Detektive Rolf Torring, Tom Shark oder Frank Allan, die in der Klasse lebhaft getauscht wurden – mit zunehmendem Alter aber auch so schöne Kinderbücher wie »Ede und Unku« von Alex Wedding oder »Die Republik der Strolche« oder »Die Uhr«, Kinderbücher aus der Sowjetunion. Ich fand auch

Mit Pionierleiter Arno Gläs, ein halbes Jahrhundert später, an dessen 80. Geburtstag

genügend Zeit, Sport zu treiben, erst bei »Fichte Sport«, dann in den Kinder- und Jugend-Fußballmannschaften von FC Preußen. Das führte zum Beispiel später dazu, daß ich als Mitglied eines eingetragenen Sportvereins nicht zum Dienst in der Hitlerjugend gezwungen wurde. Ich war in meiner Klasse immer der Zweitstärkste – und es gab keine Prügelei, an der ich nicht beteiligt war. Das Wichtigste und Schönste aber war – bis 1933 – die Mitgliedschaft im Pionierverband »Jungspartakus«, dem ich seit 1926 angehörte: Es war eine in Chemnitz zahlenmäßig außerordentlich starke Organisation. Nie vergesse ich die wöchentlichen Zusammenkünfte in unserem Vereinslokal »Nordpol«, nie die Auftritte unserer Mandolinengruppe bei Veranstaltungen der Partei, bei denen ich sehr oft mit kräftiger Stimme rezitieren mußte, nie auch den Schmied Arno Gläs aus Chemnitz-Hilbersdorf, der unser Pionierleiter war und seine ganze Freizeit opferte, mit uns lange Wanderungen ins Flöhatal und entlang der Zschopau unternahm und sehr wissend viele uns noch unbekannte Schönheiten der Natur erklärte.

Nein, es war keine schlechte, es war eine erlebnisreiche Kindheit – und die harten Bedingungen des Notstandes gehörten einfach wie selbstverständlich dazu und schärften uns früh den Blick. Nun aber – so dachte ich jetzt bei mir – nun war ganz Deutschland zu einem schrecklichen Notstandsgebiet geworden. Wird das der heutigen Jugend auch die Blicke schärfen? Sie hatte ja all das nicht mehr erlebt, was wir so gut kannten.

Mir ging wieder und wieder durch den Kopf: Am Nachmittag war ich, vom Sonnenberg kommend, durch die Schillerstraße gefahren – wieviele Erinnerungen weckte hier der Anblick des schwer zerstörten Opernhauses, des städtischen Museums, des ganzen geschundenen Theaterplatzes! Ich dachte an die Theaternachmittage und Opernaufführungen und die immer farbenprächtigen Veranstaltungen in der Weihnachtszeit, die ich als Kind schon sah. Meine Mutter erhielt als Stadtverordnete eine bestimmte Anzahl von Freikarten und nahm mich fast immer mit. Obwohl sie doch eigentlich, wie es in ihrem Ausweis stand, eine ungelernte Arbeiterin – also wann immer es notwendig wurde – eine Gelegenheitsarbeiterin war, war sie auf eine unaufdringliche Weise intelligent und sehr belesen. Sie liebte Schauspiele und Opern und besuchte Museen und Galerien. In der Stadtverordnetenversammlung sprach sie oft zu Fragen der Volksbildung, der Kultur, der Rechte der Frauen. Und sie versuchte uns in ihre Gedankenwelt einzubeziehen. Ich sollte lieber ins prächtige Theater als ins enge, düstere Kino in unserem rußigen Viertel gehen.

Ich erinnerte mich auch an viele Kundgebungen und Demonstrationen, die hier auf dem Theaterplatz stattfanden und an denen ich schon als Jungpionier teilnahm. Zwei standen besonders lebendig vor meinen Augen, beide aus dem Jahr 1928.

Zu Ostern fand hier der Dritte Reichsjugendtag statt, mit Jungen und Mädchen aus ganz Deutschland, mit Fahnen und Transparenten, mit Sprechchören, Liedern und Schalmeienklängen – und einer Rede von Ernst Thälmann. Ich habe sicherlich nicht viel von dieser Rede verstanden, aber die wuchtige Figur, die weit ausholenden Gesten und die kräftige Stimme Thälmanns haben sich mir fest eingeprägt.

Wenige Monate später – im Juli – fand hier eine für die Chemnitzer Arbeiter und auch für mich, den achtjährigen Jungen, vielleicht noch mitreißendere Kundgebung statt: Max Hoelz, 1921 wegen seiner führenden Rolle in den Kämpfen gegen die Kapp-Putschisten wie gegen die Polizeiaktionen im mitteldeutschen Industriegebiet und im Mansfelder Land zu lebenslanger Haft verurteilt, war durch die Protestaktionen in ganz Deutschland und in vielen anderen Ländern endlich freigekämpft worden. Er kam in seine vogtländische Heimat, auch nach Chemnitz, und Zehntausende empfingen ihn auf dem Theaterplatz. Wie viele Reden wurden da gehalten, wie viele Hochrufe ausgebracht, sie gingen an den Ohren vorbei – dann sprach Max Hoelz. Ich erinnere mich noch an die Binde über seiner Stirn, sichtbares Zeichen einer Verletzung, die ein Polizeiknüppel ihm beigebracht hatte. Ich höre noch seine Stimme, seine ekstatischen Rufe – und ich weiß noch, daß auch wir, die Arbeiterkinder, die uns allen vertrauten Lieder über den halbanarchistischen Rebellen Max Hoelz gesungen haben.

Je näher dann das Jahr 1933 kam, um so stärker rückte dieser Theaterplatz, gesäumt von der Schillerstraße im Osten und der Bismarckstraße im Westen, in den Mittelpunkt der politischen Auseinandersetzungen der Stadt: Auf dem Platz selbst fanden traditionsgemäß die Maikundgebungen der Kommunisten und ihrer Sympathisanten statt. Die Bismarckstraße war ständiger Treffpunkt der Chemnitzer Sozialdemokratie. An der Schillerstraße aber lag das Hansagebäude, die Parteizentrale der NSDAP. Man kann sich vorstellen, wie häufig es hier zu lauten, lärmenden Zusammenstößen kam – nicht selten zu regelrechten Straßenschlachten. Die Zuspitzungen kamen allmählich, aber unverkennbar, selbst für uns Schüler deutlich spürbar. Nicht in der Schule, denn in den meisten Schulen des Chemnitzer Nordens waren die Lehrer vorwiegend Sozialdemokraten und noch keine Hitlerleute. Doch in den dichtbesiedelten Wohngebieten erlebten wir heftige Auseinandersetzungen und deren Auswirkungen im Alltag: 1930 gab es einen umfassenden Straßenbahnerstreik, der den ganzen innerstädtischen Verkehr lahmlegte. Die härtesten Streikkämpfe folgten 1932, sie erfaßten fast alle Industriezweige – am meisten sorgte der »Recenia«-Streik für Wirbel und Aufregung in der Stadt. Er brach in einer Strickwarenfabrik im Ortsteil Hartmannsdorf aus, in der fast ausschließlich Frauen arbeiteten, die gegen die Hungerlöhne und die zunehmenden Entlassungen streikten. Die Polizei ging mit unglaublicher Brutalität vor, dabei wurden Frauen erschossen, die unter großer Anteilnahme der Bevölkerung beigesetzt wurden. Im Herbst 1932 war die Stadt mit einem Meer von grell-bunten Plakaten überflutet, die von den vielen Parteien nebeneinander, oft übereinander geklebt worden waren. Bei der Reichstagswahl im November erhielt die KPD in Chemnitz ihre höchste Stimmenzahl. Obwohl die Nationalsozialisten an Stimmen verloren, war ihr Anteil immer noch sehr stark, ihre Aggressivität nahm deutlich zu. Die braunen Uniformen der SA wurden immer häufiger im Stadtbild, auch im Viertel Sonnenberg, und es waren zunehmend auch junge Arbeiter und Arbeitslose, die die Uniformen mit Hakenkreuzbinde und Schaftstiefeln trugen und »Sieg Heil!« schrien.

Noch zwei Ereignisse drängten sich während der Fahrt in mein Gedächtnis, immer wieder, immer deutlicher – eines von 1933, das andere von 1934.

Am 18. Februar 1933 – Hitler war noch keine drei Wochen an der Macht – wurde Anton Ehrhardt, ein KPD-Funktionär aus Siegmar im Westen von Chemnitz, auf offener Straße von SA-Leuten erstochen. Einen Tag später wurde der Sozialdemokrat Paul Franke, Mitglied des Reichsbanners in Erfenschlag, auf die gleiche Weise ermordet, Am 22. Februar veröffentlichte der Kämpfer auf der ersten Seite die Bilder der Toten und bewies die Schuld der Nazis. Die Zeitung wurde sofort verboten und erschien dann noch eine längere Zeit illegal. Am 23. Februar fanden die beiden Trauerkundgebungen statt, beide wurden spontan, trotz der

Ablehnung durch den sozialdemokratischen Parteivorstand zu starken Einheitskundgebungen, auf beiden sprachen Redner der KPD und der SPD. Zehntausende nahmen teil – und als Anton Ehrhardt anschließend beigesetzt wurde, legten die Belegschaften aller Siegmarer Betriebe die Arbeit nieder und folgten seinem Sarg. Nur wenige Tage später brannte der Reichstag. Unmittelbar danach machte die SA Razzien und förmliche Menschenjagden in den Arbeitervierteln der Stadt. Allein in Chemnitz wurden 1 155 Antifaschisten verhaftet, 145 von ihnen wurden im Laufe der nächsten Monate und Jahre ermordet. Und trotzdem: Am 5. März konnten bei der schon vom Terror bedrohten Reichstagswahl im Stimmbezirk Chemnitz-Zwickau die KPD 233 051 Stimmen gleich 19,0 Prozent, die SPD 260 893 Stimmen gleich 21,3 Prozent erzielen. Sie konnten nicht mehr wirksam werden.

Mein Vater war untergetaucht und blieb es auch lange Zeit, er lebte im Untergrund und wechselte oft die Grenze zur CSR. Anfang Frühjahr 1934 wurde er verhaftet und zunächst im Zellenbau des Polizeipräsidiums an der Hartmannstraße eingesperrt.

Hier konnte ich ihn – als einziger unserer Familie – einmal, im April, besuchen. Ich wurde gerade aus der Schule entlassen. Die Schulentlassung verlief sehr einfach und schmucklos, die Jugendweihe, auf die ich mich so gründlich vorbereitet hatte, fand nicht mehr statt. Mit klopfendem Herzen betrat ich das Gefängnis, ging durch die dunklen Gänge, sah beklommen die kleine Besucherzelle. Und es ist keine Floskel: Es war der eingesperrte Vater, der mir Mut machte und mir Ratschläge für die kommende Lehre gab, die ich bald danach antreten sollte. Er wurde im Frühjahr 1934 aus der Hartmannstraße in das Konzentrationslager Sachsenburg bei Frankenberg gebracht, wo er fast vier Jahre eingekerkert war. Das Gespräch mit ihm im Zellenbau – es war meine Jugendweihe.

Übrigens war ich an diesem Junitag 1945 auch über die Dresdener- und Augustusburger Straße zu jenem Platz gefahren, an dem die »Chemnitzer Industrieschule« stand, immer noch stand. Dort hatte ich drei Jahre die Berufsschule besucht. Bis 1933 hieß dieser Platz – als einer der ersten in ganz Deutschland – Karl-Marx-Platz. 1927 hatte es die kommunistische Fraktion der Stadtverordnetenversammlung, zu der auch meine Mutter gehörte, durchgesetzt, daß das Gelände des ehemaligen Johannisfriedhofes umbenannt wurde.

Daß man Chemnitz später »Karl-Marx-Stadt« nannte, war also keineswegs ein bizarrer Einfall der Partei- und Staatsführung der DDR, es war die Widerspiegelung einer historischen Entwicklung in den vorangegangenen Jahrzehnten. Und für mich waren es nicht nur angelesene Fakten, es waren selbsterlebte Wahrheiten, die mir auf der Rückfahrt nach Berlin durch den Kopf gingen, und an die ich auch jetzt, so viele Jahre später, immer wieder denken muß.

In der jüngsten Zeit, während der Vorbereitung auf den 50. Jahrestag des Endes des Zweiten Weltkrieges, las man in vielen bundesdeutschen Zeitungen in den abgedroschensten Klischees davon, daß die deutschen Kommunisten, die so kurz nach der Kapitulation aus Moskau, aus dem Exil zurückkamen, nichts anderes im Sinne hatten, als die im Frühjahr 1945 gerade erst zerschlagene Diktatur durch eine neue, ihre eigene fortzusetzen und – auf welchem Weg auch immer – die Macht an sich zu reißen. Ein Buch, in dem über die theoretischen Vorbereitungen deutscher Kommunisten auf die Nachkriegszeit, über die noch in Moskau diskutierten ersten Planungen für den Neuaufbau berichtet wurde und in dem zahlreiche, oft aus dem Zusammenhang gerissene Dokumente veröffentlicht wurden, erhielt sogar den zur Mißdeutung geradezu herausfordernden Titel: »Nach Hitler kommen wir.« Wollte man etwa auf so diffamierende Weise den deutschen Kommunisten Machthunger unterstellen, indem man diese vier Worte als die Zusammenfassung der Gedanken von Pieck oder Ulbricht ausgab?

Und selbst wenn diese Worte irgendwo, in einer Rede, in einem Gespräch, in einem Brief gefunden worden sind – wer hätte denn sonst nach Hitler kommen können als die aktiven Hitlergegner? Etwa die Hitlerfreunde, die Hitleranhänger? Etwa seine alten Steigbügelhalter und jene, die durch seinen Krieg am meisten gewonnen hatten?

Und weiter: Hatten denn nicht alle anderen Widerstandsgruppen auch ihre genauen Vorstellungen von dem Deutschland, das sie erstrebten, immer wieder erörtert und bis in die Einzelheiten formuliert – die Männer vom 20. Juli, die Nationalkonservativen um Goerdeler wie die Fortschrittlicheren um Stauffenberg, die deutschen Sozialdemokraten um Mierendorf, Haubach und Julius Leber ebenso wie die christlichen Hitlergegner des Kreisauer Kreises? Und gab es denn, bei allen Unterschieden, ja auch Gegensätzen im Detail, nicht große Übereinstimmung in vielen grundsätzlichen Zielen zwischen den Entwürfen der Hitlergegner, die durchaus zur Grundlage ernsthafter Diskussion und sachlicher Zusammenarbeit hätten werden können? Aus diesen damals selbstverständlichen geistigen Vorarbeiten für die Zukunft Schlüsse zu ziehen, wie sie in der Gegenwart in bezug auf die Kommunisten gezogen werden, ist nichts anderes als ein sehr heutiger Haß, in die Vergangenheit versetzt – wenn es nicht vielmehr eine uralter Haß ist, den man bis in die Gegenwart am Leben erhalten hat.

Heute formuliere ich meine damals nur instinktiv gefühlte Befürchtung viel schärfer, denn sehr bald danach erfuhr man, daß im letzten Jahr des Krieges auch die Herren in den Chefetagen der deutschen Industrie von der Unausweichlichkeit der deutschen Niederlage überzeugt waren und auch sie sehr intensiv Pläne, variantenreiche Modelle der Weiterführung der deutschen Wirtschaft »nach Hitler« geschmiedet hatten – mit solchen schon damals mißbrauchten Schlagworten wie »Europäischer Wirtschaftraum« oder »Internationalisierung der Konzerne« und mit solchen Wortführern und Beratern wie Pferdmenges, Abs und Ludwig Erhard. Waren denn die von allen Alliierten feierlich beschlossenen Prinzipien für die deutsche Nachkriegsentwicklung, vor allem die Bestimmungen der Potsdamer Konferenz, nicht gerade dazu geschaffen worden, um solche Pläne zu vereiteln?

Ich gehörte zu jenen, die im Mai 1945 nach Deutschland zurückkamen – und ich weiß sehr genau, spätestens seit der unendlich langen, mehrfach auf den miserablen Straßen von Chemnitz nach Berlin unterbrochenen Fahrt, daß ganz andere Gedanken uns beherrschten: Alles ist eingetreten und noch weit übertroffen worden, was wir warnend vorausgesagt haben. Warum hat man uns Hitlergegnern nicht geglaubt? Warum haben die Deutschen in ihrer Mehrheit nicht den Willen oder nicht die Kraft gehabt, sich von ihren Verderbern selbst zu befreien? Warum haben sie die vielen, wie man jetzt weiß, die meisten Menschenopfer, Zerstörungen und unmenschlichen Leiden des ganzen Krieges nicht wenigstens im letzten Jahr vermeiden können?

Wie lange wird es dauern, mit diesen Auswirkungen des Infernos fertig zu werden – wie lange, dieses Land wieder bewohnbar zu machen?

Wie kann es uns bloß gelingen, die Menschen aus ihrer Depression, ihrem Schmerz, ihrem Zorn und ihrem verständlichen

Drang, zunächst und vor allem an sich selbst und an den heutigen Tag zu denken, herauszureißen und an einen planvollen Neuaufbau heranzuführen?

Natürlich mußte zunächst das Leben wieder in Gang gebracht, mußten die Spuren der Zerstörung beseitigt, mußte eine gewisse Normalität des Lebens erzwungen werden. Aber das konnte doch nicht alles sein. Jetzt, da die ganze Welt voller Zorn, aber auch mit großen Erwartungen auf die Deutschen blickte, mußte klar gemacht werden, daß Deutschland nicht nur das Land der brutalen Faschisten und ihrer gerissenen, machthungrigen und geldgierigen Wehrwirtschaftsführer war, sondern seit vielen Jahrzehnten doch auch das Land einer erprobten Arbeiterbewegung. Auf ihr lag jetzt die Hauptlast der Verantwortung.

Übrigens: Anfang Juni erhielt ich eine aufregende Nachricht. Max Reimann, der die jahrelange Haft und die Folter in Sachsenhausen überlebt hatte und jetzt für kurze Zeit in Berlin war, bevor er ins Ruhrgebiet zurückkehrte, hatte ein Lebenszeichen von seiner Frau erhalten, die man im KZ Ravensbrück festgehalten hatte. Sie war am Leben – gemeinsam mit meiner Mutter! Beim Herannahen der Sowjetarmee hatten sich die SS-Wärterinnen in Zivilkleidung angezogen und die Häftlinge zwischen den Fronten vor sich hergetrieben, vielleicht als menschliche Schutzschilde. Die sowjetischen Truppen holten sie ein und befreiten die Gefangenen. Die Frauen waren bereits in Berlin, im Bezirk Tiergarten, in der Zwinglischule. So schnell es ging, fuhren wir hin. Meine Mutter hatte sich schon ein wenig erholt, sie wischte meine Besorgnis um ihre Gesundheit mit einer der mir sehr vertrauten Bewegungen weg und schloß mich fest in die Arme. Doch die Erlebnisse, die Qualen in Ravensbrück hatten sich tief in ihrem Gesicht eingegraben. Sie wollte nicht darüber sprechen – sie wollte von mir hören, wie es mir ergangen war und wo ich nun arbeitete.

Schon als man mir zum ersten Mal angedeutet hatte – das war vor unserem Abflug, noch in Nagornoje bei Moskau, wo wir uns zur Abreise sammelten –, daß ich nach meiner Rückkehr nach Deutschland zunächst in der antifaschistischen Jugendarbeit tätig sein sollte, war ich sehr froh. Dies entsprach meinem eigenen Wunsch, meinen Neigungen. Für solch eine Arbeit besaß ich, auch nach kritischster Selbstprüfung, gewisse Voraussetzungen. Gerade für diese Tätigkeit glaubte ich in den vergangenen Jahren bestimmte, unverzichtbare Erfahrungen gesammelt zu haben.

Als ich aus Chemnitz zurückgekehrt war, meldete ich mich wie verabredet bei Otto Winzer. Er arbeitete im Gesamtberliner Magistrat als Stadtrat für Volksbildung und Kultur. Damit war er auch verantwortlich für die außerschulische Arbeit mit der Jugend. Noch war die Gründung von demokratischen Parteien nicht beschlossen –, obwohl sie in der sowjetisch besetzten Zone und in Berlin unmittelbar bevorstand, viel früher als in allen anderen Zonen. An die Bildung einer Jugendorganisation, ganz gleich welcher Art, war vor diesem Termin gar nicht zu denken. Also mußte auf andere Art der Situation Rechnung getragen und erreicht werden, daß die jungen Menschen aus ihrer Agonie, ihrer geistigen Unsicherheit, aus ihrer Protesthaltung herausgeführt und für ihre eigenen Interessen aktiviert wurden. Gleichzeitig waren in den verschiedenen Stadtbezirken – zumeist spontan und darum verständlicherweise sehr unterschiedlich, oft wirr und phantastisch – Jugendgruppen, Jugendaktivs, Jugendclubs entstanden, die zu wenig auf die wichtigsten Aufgaben, sondern vielmehr auf sehr eigenartige Spezialinteressen gerichtet waren.

Aus all diesen Gründen war es sinnvoll, die übergreifenden, gemeinsamen Interessen junger Menschen zunächst durch die kommunalen Selbstverwaltungsorgane vertreten zu lassen und auch die organisierende, motivierende Rolle einem Organ der Selbstverwaltung zu übertragen. So entstand, zunächst noch sehr umrißhaft, die Idee der Jugendausschüsse. In Berlin, wo die Probleme verständlicherweise besonders zugespitzt waren, sollten die ersten Schritte gegangen werden. Mich hatte man vorgesehen, den »Hauptjugendausschuß beim Magistrat von Groß-Berlin« aufzubauen und rasch wirksam werden zu lassen. Es galt wieder einmal, wie schon bei der Vorbereitung des Nationalkomitees, einen Pilotversuch zu starten, aus dem andere Städte dann Erfahrungen sammeln konnten. Dies hatte Walter Ulbricht schon gleich bei unserem Eintreffen angedeutet. Jetzt ging es darum, dieses Vorhaben mit Stadtrat Winzer zu präzisieren. Am meisten erschreckte mich wieder einmal der Zeitdruck, denn schon am 20. Juni sollte der neue Berliner Magistrat einen Beschluß über die Bildung und die Arbeitsweise des Jugendausschusses fassen – aber da sollten praktisch die ersten Schritte schon getan, die ersten Erfahrungen gewonnen sein.

Worum es praktisch gehen mußte, war uns schnell klar und kein Grund für lange Diskussionen. Es gab so viele Probleme, die zu lösen waren, so viele Schwierigkeiten für junge Menschen, die gemeistert werden mußten, so viele Anforderungen, die ständig und hartnäckig an die Verwaltung gerichtet wurden und ebenso viele, die jeden Tag neu und nicht vorgesehen auftauchten – an irgendeinem Punkte mußte einfach angefangen werden. Ein Programm würde sich daraus dann schon entwickeln.

Die Punkte, die Otto Winzer vortrug, schienen mir plausibel, ich notierte sie ohne Fragezeichen in meiner Kladde, die ich mir für die nun beginnende Arbeit eingerichtet hatte:

An der Spitze stand die Aufgabe, die Jugendlichen mit einem klaren Geschichtsbild vertraut zu machen, ihnen das Wesen der Politik, der Aggression, der Verbrechen, aber auch der gesetzmäßigen Niederlage des deutschen Faschismus zu erklären.

Doch sofort danach rangierten sehr praktische Aufgaben: Es galt, Jungen und Mädchen zu gewinnen, bei der Beseitigung der Trümmer in der Stadt mitzuwirken, weil dies die Hauptvoraussetzung dafür war, Neues zu schaffen. Es war erforderlich, mit den wenigen vorhandenen und meist sehr unvollkommenen Hilfsmitteln soviel Wohnraum wie überhaupt möglich zu sichern, auszubauen, winterfest zu machen und dabei vor allem den vielen alten Menschen zu helfen, die ohne Verwandte, ohne Unterstützung waren. Weiter mußte man, um der Selbsttätigkeit junger Menschen eine solide Basis zu geben, Jugendeinrichtungen – Heime, Klubräume, Treffpunkte – schaffen, mochten sie auch noch so einfach sein. Und schließlich, keineswegs zuletzt, mußte man beginnen, die Vorbereitungen für den Herbst und den kommenden Sommer zu treffen, das erste Schuljahr nach dem Krieg und die Eröffnung der Hochschulen und Universitäten vorzubereiten.

Der Kern eines Arbeitsprogramms war damit gegeben. Wenn jetzt noch die richtige Organisationsform gefunden wurde – so dachten wir –, würde es schon gut gelingen. Wie leichtfertig dachten wir da! Sehr bald mußte ich begreifen, daß ich mir manches viel zu einfach vorgestellt hatte.

Wenn ich davon ausging, daß ich für die Aufgabe, die meinen Neigungen entsprach, auch die erforderlichen Voraussetzungen und Erfahrungen besaß, hatte ich vor allem an dreierlei gedacht. Zunächst: Ich war selber noch jung, gerade einmal fünfundzwanzig Jahre alt, und ich fühlte mich jetzt, da ich wieder in der Heimat war und die von uns lange erwartete praktische Arbeit des

Neubeginns vor uns stand, noch jünger als mein Geburtsdatum auswies. Sodann: Ich hatte die besten, immer noch sehr lebendigen Erinnerungen an die Jahre meiner eigenen Mitgliedschaft in den proletarischen Kinder- und Jugendorganisationen in Chemnitz. Ich erinnerte mich gern an die Ferienfahrten und Zeltlager, an die Wanderungen im Erzgebirge und im Vogtland, an die Liederabende am Lagerfeuer, auch an die zahlreichen Auftritte unserer Singegruppe, unseres Mandolinenchores zur Umrahmung, zur Auflockerung und stimmungsvollen Unterstützung so mancher politischen Veranstaltung der Älteren. Und ich dachte oft und gern an die Zeiten in der Pionierorganisation »Jungspartakus«, in der Turnerriege von »Fichte Sport«, im Spielmannszug der Querpfeifer und Trommler. Und schließlich: Ich hatte in den letzten Jahren – als Frontbevollmächtigter des Nationalkomitees wie auch als Propagandist in manchem Kriegsgefangenenlager – viele sehr intensive Gespräche mit jungen Landsleuten geführt, so daß ich ihre Entwicklung, ihre Gedanken, ihre Sorgen und Hoffnungen ausreichend zu kennen glaubte. Gerade deshalb hatte die Leitung des Nationalkomitees mich mehr als einmal beauftragt, in Arbeitsgruppen mitzuarbeiten, die sich mit den Problemen und Perspektiven junger Menschen beschäftigten. Sehr bald stellte es sich jedoch heraus, daß ich auch auf diesem Feld noch viel zu lernen hatte.

Obwohl die Schaffung eines Jugendausschusses beim Magistrat mit intensiver organisatorischer Arbeit, mit Gesprächen in den einzelnen Abteilungen der Stadtverwaltung und in den Berliner Stadtbezirken, mit Verhandlungen mit Hausverwaltern und Baufirmen verbunden war, hatte ich doch keineswegs die Absicht, mich in Sitzungen zu verschleißen oder in bloß organisatorischen Aufgaben verstricken und ersticken zu lassen. Schon das unbedingt Notwendige, das Unaufschiebbare war viel zu viel: Es galt, sehr rasch den Kontakt mit allen schon bestehenden Jugendgruppen herzustellen, darauf hinzuwirken, daß in allen zwanzig Berliner Stadtbezirken vergleichbare Ausschüsse entstanden und zugleich unzählige praktische Fragen der Versorgung, der Unterbringung, der beruflichen Beschäftigung junger Menschen gelöst wurden. Dazu gab es viele Umstände, die diese Arbeiten noch zusätzlich erschwerten: Die Telefonleitungen waren weitgehend unterbrochen, Autos standen kaum zur Verfügung, jeder Treff war mit mühsamen Fahrten mit dem Fahrrad oder mit langen Fußmärschen verbunden.

Zum Glück fand ich rasch wirkungsvolle Unterstützung durch junge Freunde, die zum Jugendausschuß stießen und aktiv mitarbeiteten. Ich denke besonders an Erich Ziegler, der zur Widerstandsgruppe Heinz Kapelle gehört hatte, zu lebenslanger Haft verurteilt und dann aus dem Zuchthaus Brandenburg-Görden befreit worden war. Ich denke an Freunde wie Gerd Sredzki und Willi Betsch, an die Kameraden Herbert und Heinz Fölster, an meine jüdischen Freunde Siggi Sternberg und Klaus Rosenthal, der aus der englischen Emigration nach Berlin zurückgekommen war, an Gerhard Klein, der später ein bekannter Filmregisseur wurde und durch seinen Jugendfilm »Berlin – Ecke Schönhauser« weit bekannt wurde, an die jungen Sozialdemokraten Friedel Hoffmann, Gerhard Spraffke und Ilse Reichel, sie wurde später Senatorin in Westberlin. Später stießen auch Vertreter der Religionsgemeinschaften hinzu, so der katholische Domvikar Lange und der evangelische Pfarrer Hanisch.

Und zum Glück gab es die sowjetischen Jugendoffiziere, zum großen Teil selbst noch Komsomolzen, sehr gebildete junge Männer, die meist deutsch sprachen, die deutsche Literatur gut kann-

Mit Helmut Behrend, der von 1933 bis 1945 bei den Nazis in Haft war, und (Zweite von rechts) Ilse Pottgießer, verheiratete Reichel-Koß (1925-1993), Mitbegründerin der FDJ in Berlin, von 1971 bis 1981 Senatorin für Jugend, Familie und Sport im Westberliner Senat

ten und bereitwillig in Diskussionsveranstaltungen auftraten, die wir organisierten. Sie ebneten uns viele notwendige Wege zu anderen Behörden, später auch zu den alliierten Dienststellen in Westberlin, sie stellten Lebensmittel zur Verfügung und fanden Unterkünfte, die für die Jugendarbeit geeignet waren.

So war es mir – wie den anderen auch – möglich, so oft es überhaupt ging, schon früh am Morgen oder tief in der Nacht, das Gespräch mit den Jugendlichen zu suchen, für die eine Welt zusammengebrochen und eine neue Welt noch nicht sichtbar war. Diese Gespräche waren jedoch zunächst nur schwer in Gang zu bringen, sie arteten nicht selten ins Bösartige aus. Die tatsächliche Entwicklung im Deutschland der letzten vier Jahre, in denen ich fortgewesen war, hatte ich nur indirekt, aus einer sehr weiten Entfernung und lediglich aus Verhören, Berichten, Briefen, also aus zweiter Hand erfahren. Welchen Schaden die jungen Menschen wirklich erlitten hatten, das wurde mir hier bewußt. Es gab zunächst keinen leichten, oft gar keinen Brückenschlag zu den Erlebnissen und Erinnerungen derer, die wir zu gewinnen suchten.

Zunächst erwiesen sich unsere gängigen, gewohnten Begriffe und Vorstellungen von dem, was zur »Jugend« gehörte, als ungenau und veraltet. Für uns, die wir in Krasnogorsk über die erforderlichen Jugendprogramme diskutiert hatten, war »Jugend« der Sammelbegriff für Menschen zwischen vierzehn und fünfundzwanzig Jahren. Hier in Berlin zeigte sich, daß die Unterschiede in dieser Gruppe größer waren als das Gemeinsame.

Die jungen Männer zwischen zwanzig und fünfundzwanzig Jahren waren nahezu alle Soldaten gewesen, hatten an verschiedenen Fronten gekämpft, hatten Schreckliches erlebt, so auch den Tod vieler Altersgenossen. Die jungen Frauen dieser Jahrgänge hatten fast alle in den Rüstungsfabriken gearbeitet, hatten in großer Zahl den Tod ihrer Männer oder Freunde erfahren oder die ebenso hoffnungslose Nachricht »vermißt!« erhalten. Sie alle waren rascher gealtert. Auch die Jungen und Mädchen unter zwanzig, über siebzehn, waren eine Gruppe für sich: Es waren die Jahrgänge, die man auch schon von Zuhause fortgeholt hatte – die einen an die Flakgeschütze, die anderen zu Arbeitseinsätzen in der Landwirtschaft. Diese beiden etwas älteren Gruppen der Jugend hatten die Schrecken des Krieges, der militärischen Niederlage, auch des deutlichen Versagens des Regimes und seiner brutalen Gewalt unmittelbar, am eigenen Leibe erlebt. Sie waren in bestimmtem Maße schrittweise ernüchtert worden und darum dem Nachdenken über Ursachen und Wirkungen schon zugänglicher.

Die Jungen und Mädchen aber, die unvorbereitet in die tiefste Verwirrung gestoßen worden waren, waren die noch Jüngeren zwischen zwölf und siebzehn, sie waren am meisten geschädigt, am stärksten gefährdet.

Ich denke dabei nicht nur an die materiellen Schäden, an die elementaren Gefahren – die trafen ja alle Deutschen damals in gleicher Weise. Bei den besonders gefährdeten jungen Menschen kam jedoch noch viel mehr dazu. Viele hatten ihre Eltern verloren, ob in den Bombennächten, ob in den eisigen Tagen und Nächten der Flüchtlingsströme. Hunger, Wohnungsmangel, ernste Krankheiten, Unterernährung und unzureichende Kleidung verursachten Resignation und Apathie. Im Unterschied zu den auch nur etwas älteren hatten sie nur noch eine sehr dürftige Ausbildung erfahren: die einfachste Wissensvermittlung, die bescheidenste Erziehung für ein sinnvolles Leben waren in den Schulen in den letzten Kriegsmonaten immer mehr zurückgedrängt worden und schließlich völlig zusammengebrochen. Und das Bedrohlichste: Kein Teil der deutschen Bevölkerung hatte so sehr unter dem Einfluß der faschistischen Propaganda gelitten wie sie. Von ihrer frühesten Kindheit an hatten die Losungen und Mythen der Nationalsozialisten sie geprägt – im Elternhaus, in der Schule, im »Jungvolk« und in der »Hitlerjugend«, beides waren Zwangsorganisationen. Hinzu kam die Beeinflussung durch das Radio, den Film, die verblendenden Rituale der Massenaufmärsche – und nicht zuletzt durch den wechselnden Verlauf des Krieges, erst der nicht abreißenden großen Siege, dann der nicht enden wollenden katastrophalen Niederlagen, deren Ursachen sie ja immer noch nicht durchschauten. Das Jahr 1933 hatten sie noch nicht bewußt miterlebt, heute aber waren sie schon alt genug und gezwungen, sich mit seinen Konsequenzen auseinanderzusetzen. Für sie gab es meist nicht einmal echt erkannte Probleme, sondern einfach nur Unverständlichkeiten, deren Sinn sie vielleicht erahnen, aber nicht verstehen konnten. Was ihnen da in Worten oder in Vorschlägen entgegentrat – sie kannten es nicht: Was war denn »Demokratie«, was »Sozialismus«, was »persönliche Freiheit«, was »öffentliche Kritik«? Ihnen fehlten selbst die Worte, die richtigen Fragen zu stellen.

Ein Jahr später, schon nach der Gründung der FDJ auf dem I. Parlament der Jugend in Brandenburg, worüber noch zu berichten sein wird, sprach Otto Grotewohl zu diesem Thema. Ich zitiere ihn an dieser Stelle, denn seine Worte drückten exakt jene Gedanken aus, die uns schon zu Beginn der Arbeit der Jugendausschüsse bewegten: »Wir lehnen es ab, die Jugend für irgendetwas verantwortlich zu machen, was sie nicht verantworten kann. Wir lehnen es ab, sie verantwortlich zu machen für Gedanken und Handlungen, die sie nicht veranlaßt hat. Wir lehnen auch jene hochtönenden, in den westlichen Gebieten vertretenen Parolen ab, man müßte eine politische Amnestie für die deutsche Jugend erlassen. Wir brauchen für Euch keine Amnestie, denn wir haben Euch nicht einen Tag und nicht eine Stunde verurteilt – und wir denken nicht daran, das zu tun.«

Aus den vielen Gesprächen, die ich damals führte und immer auch sorgfältig analysierte, sind mir vor allem drei Aspekte in der Erinnerung geblieben:

Deutschland, das fast schon Herr der Welt gewesen schien, war vernichtend geschlagen worden – das wußten die jungen Leute, aber sie verstanden es nicht. Sie glaubten ganz gewiß: Wenn die Pläne des »Führers« erfolgreich geblieben wären, würde es uns heute glänzend, auf jeden Fall besser gehen – warum ist es nur nicht gelungen? Nun hätte ein solcher Denkansatz durchaus fruchtbar sein können, und wir versuchten in den Gesprächen daran anzuknüpfen. Nur, in sehr vielen Fällen war diese Frage, sicher auch unter dem Einfluß der Eltern oder älterer Freunde, verbunden mit der Suche nach einer neuen Dolchstoßlegende. Eine Erscheinungsform war die längere Zeit sehr reservierte Haltung, bei vielen sogar eine ausgeprägte Feindschaft gegen alles, was mit Widerstand gegen Hitler zu tun hatte – gegen die Männer des 20. Juli, gegen das Nationalkomitee »Freies Deutschland«, gegen die neuen politischen Kräfte, die sich ja als »Nazigegner« bekannten.

Bei einem gewissen Teil dieser Altersgruppe war die Erschütterung über den inzwischen erkannten Betrug außerordentlich tief, der von den Nazis an ihnen begangen worden war. Das hatte jedoch eine eigenartige Widerborstigkeit, eine verstockte Ablehnung zur Folge: Nie mehr werden wir uns politischen Stimmungen hingeben, nie mehr wollen wir an schönklingende Losungen glauben, die jemand uns vorträgt. Auf Grund gescheiterter Illusionen breitete sich Zukunftsangst aus, mehr noch, Gleichgültigkeit gegenüber der Zukunft.

Schließlich zeigte sich bei den meisten – und dies am nachhaltigsten – eine dritte, sehr allgemeine Erscheinung: Laßt uns in Ruhe! Wir reden nur dann mit euch, wenn wir etwas davon haben, wenigstens etwas zu essen. Im Vordergrund des Denkens stand der bloße Kampf ums nackte Überleben. Der Hunger und die Abenteuerlust trieben sie auf den Schwarzen Markt oder auf Bettelfahrten in die Dörfer, die Jugendkriminalität nahm erschreckend zu.

Man mußte also außerordentlich vorsichtig operieren, um nicht selbst Scheu und Widerspruch zu provozieren, sondern den jungen Leuten das Gefühl zu geben, daß man ihnen Vertrauen entgegenbrachte und bereit war, ihnen Verantwortung zu übertragen. Angesichts dieser Umstände muß man wohl sagen, daß das allmählich sichtbar werdende Ergebnis, diese Tendenzen zu durchbrechen und schließlich zu überwinden, eine der größten Leistungen der neuen politischen Kräfte war. Es war nur möglich, indem es gelang, die Überzeugungsarbeit mit der praktischen, konkreten Meisterung von Problemen zu verbinden. Nur so konnten die Alten den Jüngsten helfen, wieder sicher zu werden.

Deutlich erinnere mich an eines der vielen Treffen, die wir damals organisierten – vielleicht ist »organisieren« das falsche Wort: wir gingen einfach dorthin, wo junge Leute sich zusammenfanden, wo sich Gruppen und Cliquen bildeten, wo sie rauchten und tranken und über die Zeitläufte schimpften. Es war im Stadtbezirk Friedrichshain, im Park unweit des Märchenbrunnens. Als wir hinkamen, wurden wir mit Skepsis empfangen. Als wir versuchten ins Gespräch zu kommen, nahm die Neugier zu, doch die Zustimmung zu unseren Argumenten war schwach, der Widerspruch dagegen stark und laut. Die Hitlerpolitik, zwar gescheitert, wurde verteidigt. Im Grunde verteidigten die jungen Leute die eigenen Illusionen, die geborstenen, abhanden gekommenen Ideale. Da wir ihnen aber geduldig zuhörten, sie nicht schroff unterbrachen, sondern auf jede ihrer Fragen antworteten, wurde die anfangs sehr aufgeheizte Kontrastimmung allmählich ruhiger, sachlicher. Schließlich einigten wir uns sogar, uns erneut zur Fortsetzung des Gespräches zu treffen und auch in einem leerstehenden, notdürftig einzurichtenden Laden einen »Jugend-Stützpunkt« zu schaffen.

Aus diesem Kreis erbitterter Streithähne, die uns mit ihren Worten ziemlich zusetzten, habe ich zwei noch gut in Erinnerung, weil ich sie auch später oft wieder traf, mit ihnen gut Freund wurde und bis heute blieb: Der eine war Gerhard Bombal, der später lange als Journalist in Rundfunk und Fernsehen der DDR arbeitete, der andere Gerhard Holtz-Baumert, der im Laufe der Jahre FDJ-Funktionär, Neulehrer, Jugendschriftsteller wurde und mit solchen Büchern wie »Die pucklige Verwandtschaft« und »Erscheinen Pflicht« viel zum besseren Verständnis der Probleme junger Menschen und seiner eigenen Entwicklung beitrug. Vor allem mit einer überaus populären literarischen Gestalt, dem Lausejungen »Alfons Zitterbacke« erreichte er in mehreren Büchern Hunderttausende Leser.

Es gab während der Vorbereitung und der allerersten Schritte eines Berliner Jugendausschusses, der ja eigentlich erst einer werden sollte, in dieser politisch unerhört schwierigen Zeit auch eine Reihe von Ereignissen, die die Arbeit allmählich erleichterten. Sie sind den historisch Interessierten bekannt, ich will sie daher nicht ausführlich schildern, sondern nur erwähnen und zeigen, warum und inwieweit sie auch für die Jugendarbeit von Bedeutung wurden.

Am 9. Juni 1945 erließ der sowjetische Oberkommandierende, Marschall Shukow, den Befehl Nr. 1: Er verfügte die Bildung der Sowjetischen Militäradministration in Deutschland (SMAD) und regelte ihre Struktur, legte ihre Aufgaben fest.

Am 10. Juni 1945, nur einen Tag später, wurde der Befehl Nr. 2 erlassen: Er ordnete an, daß ab sofort in der sowjetisch besetzten Zone und in Berlin demokratische Parteien und Gewerkschaften zugelassen werden konnten und sollten und legte die Voraussetzungen und Bedingungen fest – vor allem die, entschieden antinazistisch zu sein. Mit diesem Befehl unterstrich Shukow, daß die SMAD von Anfang an das besetzte Land nicht allein und nicht nur nach Besatzungsrecht verwalten wollte, sondern von Anbeginn an der Mitarbeit deutscher Parteien und Organisationen interessiert war, daß sie die Stärkung der noch jungen deutschen Selbstverwaltungsorgane, getragen von einer breiten Unterstützung in der Bevölkerung, wünschte. Bekanntlich wurde dieser Schritt zuerst von der sowjetischen Besatzungsmacht getan, in den anderen Zonen erfolgte die Zulassung von Parteien erst Wochen, zum Teil Monate später. Noch am Abend desselben Tages trafen sich in der Prinzenstraße in Berlin-Lichtenberg zum letzten Mal die Beauftragten des ZK der KPD, die im Mai nach Berlin gekommen waren. Walter Ulbricht gab uns eine Bewertung der bisherigen

Arbeit, erläuterte den Shukow-Befehl und kündigte an, daß die Neugründung der KPD unmittelbar bevorstünde und ein programmatischer Aufruf zu erwarten sei .

Am 11. Juni 1945 wurde dieser Aufruf veröffentlicht – in den wenigen damals erscheinenden Zeitungen, aber auch in großen Plakatanschlägen, die zum Teil an erhalten gebliebenen Litfaßsäulen, zumeist aber an Häuserwänden, Mauerresten und Straßenzäunen angebracht waren. Sie fanden ein außerordentlich starkes Interesse, es bildeten sich sehr bald Menschenansammlungen, die das inhaltsreiche Dokument lange und gründlich lasen und an Ort und Stelle diskutierten. Der Aufruf ist bekannt und wurde viele Jahre hindurch immmer wieder zitiert und kommentiert. Für mich und meine engsten Mitarbeiter war wichtig, daß in ihm auch zum ersten Mal nach Kriegsende zu Fragen der Jugend, zu ihren Rechten und Pflichten Stellung genommen wurde. Dabei war es nicht einmal das Allerwichtigste, daß wir nun mit diesem Aufruf in der Hand vor junge Menschen hintreten konnten, um mit ihnen über ihre eigenen Chancen und Aufgaben zu sprechen. Hätten wir dies so einfach und plump getan – das Echo wäre zunächst nur sehr verhalten gewesen, der Widerspruch jedoch nicht weniger schroff als vorher. Die Skepsis gegenüber Programmen jeglicher Art, gegen wortreich proklamierte Ziele, was immer sie versprachen, saß zu tief.

Das nach meiner Meinung zunächst vor allem Wichtige am Aufruf vom 11. Juni war, daß er die politisch bewußtesten Kräfte, bereit zuzupacken und zum Teil sogar mit großer Energie schon tätig, mit einem in sich schlüssigen, alle Lebensbereiche umfassenden Aktionsprogramm ausrüstete. Authentisch machte er sie mit dem Willen der Kommunistischen Partei vertraut – keineswegs sofort den Sozialismus zur Tagesaufgabe zu erklären, schon gar nicht das Sowjetsystem zu kopieren, nicht nur in dieser einen Zone allein zu arbeiten, sondern in ganz Deutschland den Nazismus auszuschalten und mit allen dazu bereiten Kräften eine antifaschistisch-demokratische Ordnung zu schaffen.

Lange Zeit hindurch, buchstäblich bis in die letzten Jahre hinein – und da sogar besonders intensiv und einfallsreich – wurde darüber geschrieben, daß es nach Kriegsende sehr viele unterschiedliche Meinungen in den Reihen der überlebenden kommunistischen Widerstandskämpfer gegeben habe – wenn schon nicht Machtkämpfe, so doch Meinungsstreit sowohl über die Erfahrungen der zurückliegenden Zeit als auch über den nun zu beschreitenden Weg. Wäre es so gewesen – und vielleicht war es in einigen Orten, in einigen Zirkeln auch so –, dann wäre es nur verständlich gewesen. Zu unterschiedlich waren die Erfahrungen, die die einzelnen gemacht hatten, zu unterschiedlich auch ihre Teilnahme an den verschiedenen klärenden Auseinandersetzungen in der Partei während der vergangenen zwölf Jahre.

Es war verständlicherweise folgenschwer, daß ein großer Teil der führenden Funktionäre der Partei von den Nazis umgebracht worden war, also nicht mehr zur Verfügung stand. Darunter waren, von Ernst Thälmann, John Schehr, Ernst Schneller, Rudolf Renner, Siegfried Rädel, Mathias Thesen und anderen ZK-Mitgliedern bis zu den vielen Parteiaktivisten in den Bezirken und Städten, viele der erfahrensten Kämpfer der Partei überhaupt, mehr als von jeder anderen politischen Partei in Deutschland. Wie sollte sich ihr Verlust nicht auf die jetzt herausgeforderten Genossen auswirken? Zu denen gehörten die jetzt buchstäblich erst vor einigen Wochen in die Freiheit und in die politische Wirksamkeit zurückgekehrten politischen Häftlinge, die zum Teil die ganzen zwölf Jahre hindurch, andere einen etwas kürzeren, in jedem Falle viel zu langen Zeitraum in faschistischen Kerkern verbracht hatten – in Zuchthäusern und Konzentrationslagern, viele in jahrelanger Einzelhaft, isoliert, von Informationen abgeschnitten, ständig vom Tode bedroht. Hinzu kamen jene, die – ohne verhaftet gewesen zu sei oder schon relativ früh entlassen – bis zum Kriegsende in Widerstandsgruppen gekämpft und unter den Bedingungen der strengen Konspiration, der Illegalität gearbeitet hatten. Allmählich trafen im Laufe der Zeit auch jene wieder ein, die in der Emigration gelebt hatten – die, die in der Sowjetunion waren, aber auch jene, die in Frankreich, in der Schweiz, in Skandinavien und England, in Mexiko, in den USA, in Shanghai Zuflucht gefunden hatten und in ihren Gastländern politisch tätig waren. Darunter waren ehemalige Interbrigadisten des spanischen Bürgerkrieges, Kombattanten des französischen Maquis, Soldaten in den alliierten Armeen. Da waren auch Genossen, die als »Umsiedler« aus Polen und der Tschechoslowakei kamen und Menschen, die sich überhaupt zum ersten Mal der Partei anschlossen. Die Lebenserfahrungen konnten gar nicht unterschiedlicher sein!

Die große Bedeutung des Aufrufes vom 11. Juni bestand vor allem darin, daß er ein durchdachtes, zeitgemäßes, von allen zu tragendes Arbeitsprogramm enthielt und dennoch Raum für eigene Initiative bot. Es war noch nicht die später oft zurecht beklagte blinde, bedingungslose Form der Parteidisziplin, die gefordert wurde, es war eine bewußte Übereinstimmung in der Bewertung dessen vorhanden, was möglich und was notwendig war.

Um es an dieser Stelle vorausgreifend schon für die nächsten zwei, drei Jahre der sowjetisch besetzten Zone zu sagen – das waren die wichtigsten Jahre des ersten Anfangs. Ich bin in dieser Zeit mit Kommunisten jeglicher Herkunft zusammengetroffen und kann mir ein zutreffendes Urteil bilden. Hinzu kam, daß ich mit dem ersten Tag der Neugründung der KPD, auf die wir lange gewartet hatten, sofort ihr Mitglied wurde und von der Bildung der neuen Berliner Bezirksleitung an diesem Gremium angehörte, also auch hier mit sehr vielen Genossen in Tuchfühlung kam. Da waren viele, die ebenso jung waren wie ich, und andere, die buchstäblich zur Parteigeschichte gehörten und schon fast legendären Ruf besaßen: Franz Dahlem (Mitglied noch des Thälmannschen Politbüros, langjähriger Emigrant in Frankreich, Vertreter der Komintern in Spanien, zuletzt Häftling im KZ Mauthausen), Gerhart Eisler (glänzender Journalist, Emigrant in den USA und dem McCarthy-Tribunal gerade entkommen), Wolfgang Langhoff (Schauspieler, Häftling im Lager Esterwegen und Emigrant in der Schweiz, Schöpfer des Liedes der Moorsoldaten), Hermann Duncker (Propagandist schon an der Seite von Liebknecht und Luxemburg, Lehrer mehrerer Generationen von Parteifunktionären und Gewerkschaftern), Heinrich Rau, Bruno Leuschner und Fritz Selbmann (alle drei viele Jahre in faschistischer Haft in den Konzentrationslagern Sachsenhausen, Mauthausen und Flossenbürg und nun die führenden Köpfe der bald gebildeten Deutschen Wirtschaftskommisssion), die beiden Brüder Bernhard und Wilhelm Koenen und viele andere. Ich nannte sie auch deswegen, weil sie alle sehr viel Zeit hergaben, um sich im Gespräch jungen Menschen zu widmen, aus ihrem Leben zu erzählen, aber mehr noch von der Zukunft zu reden. Doch zurück zum Juni 1945.

Am 12. Juni trafen sich etwa zweihundert antifaschistische Funktionäre verschiedener Richtungen im Neuen Stadthaus. Sie diskutierten die bald mögliche Bildung eines antifaschistisch-demokratischen Blocks. Am 15. Juni wurde die SPD gegründet und trat ebenfalls mit einem Aufruf an die Öffentlichkeit – es war erstaunlich, wie nahe die Programme der beiden Arbeiterparteien in den Grundpositionen einander waren. Wenig später bildeten sich noch zwei Parteien – zunächst, da nur hier in der sowjetisch besetzten Zone und in Berlin die Möglichkeit bestand – die Christlich-Demokratische Union und die Liberaldemokratische Partei.

Am 25. Juni fand die erste Funktionärskonferenz der KPD im Kino Colosseum an der Schönhauser Allee statt, an der 1.300 Funktionäre teilnahmen und auf der die nächsten Aufgaben beraten wurden. Die Konferenz unterstützte unter anderem auch die Schaffung eines Berliner Jugendausschusses und die schrittweise Vorbereitung einer einheitlichen Jugendorganisation. Am 1. Juli schließlich kehrte der Parteivorsitzende, Wilhelm Pieck, aus dem Exil nach Deutschland zurück. Ich erwähne das besonders, weil mit ihm nicht nur einer der populärsten und einflußreichsten Funktionäre der deutschen und der internationalen Arbeiterbewegung, der Mitkämpfer von Karl Liebknecht, Rosa Luxemburg und Ernst Thälmann in seine Heimat zurückkehrte, sondern auch ein Mann, der, obgleich fast siebzig, besonders viel Verständnis für die Jugend hatte. Nachdem er seinen Platz im ZK der KPD eingenommen hatte, übernahm er in der Parteiführung auch die Verantwortung für die Jugendarbeit.

Die beiden nächsten Ereignisse waren Geschehnisse von großem internationalen Gewicht. Sie bestätigten beide die Bemerkung, die ich gleich zu Beginn dieses Buches gemacht habe: Es ist leicht, mit den Erfahrungen von heute, mit den bitter erworbenen Erkenntnissen vom Gang der Geschichte Ereignisse vor einem halben Jahrhundert und die eigene Haltung zu ihnen zu beurteilen oder zu verurteilen. Schwerer, aber unerläßlich ist es, in Rechnung zu stellen, daß man damals nicht alles überschauen, nicht alles voraussehen konnte. Man konnte manches ahnen und befürchten, aber nicht wissen. Und oft wurde man durch das Leben eines Besseren belehrt. Wir hatten verständlicherweise auch keinerlei Einfluß auf die Ereignisse, wir erlebten sie wie alle Deutschen einfach als Zeitzeugen mit und mußten so gut wie möglich auf sie reagieren. Dennoch hatten sie für die politische Entwicklung in unserem Land und in Europa eine nicht zu unterschätzende, sehr lange wirkende Bedeutung – und waren auch bestimmend für unsere praktische Arbeit.

Vom 1. bis 3. Juli verließen die alliierten, genauer die amerikanischen Truppen – nachdem sie lange gezögert und damit

Unsicherheit verbreitet hatten – die von ihnen im Verlauf der letzten Kriegsmonate besetzten Gebiete Westsachsens und Thüringens, so wie es bei der Festlegung der Besatzungszonen schon im Herbst 1944 in London festgelegt worden war. Was diesen Vorgang begleitete, erfuhren wir in Berlin erst sehr verspätet. Selbst wenn wir es erfahren hätten, wir hätten es nur achselzuckend als Begleiterscheinung der Besatzungspolitik zur Kenntnis nehmen können: Bei ihrem Abzug aus Sachsen und Thüringen zwangen die amerikanischen Militärbehörden zahlreiche Wissenschaftler der Universitäten Leipzig und Jena und Konstrukteure, Ingenieure und Facharbeiter aus wichtigen Großbetrieben, ihnen zu folgen. Sicher gingen viele auch freiwillig mit. Gleichzeitig wurden zahlreiche Konstruktionsunterlagen, Patente, Wertpapiere und Spezialmaschinen mitgenommen, so aus den Carl-Zeiß-Werken und den Schott'schen Glaswerken in Jena, aus der Farbenfabrik Wolfen und den Bunawerken in Schkopau, aus dem Krupp-Gruson-Werk und der Maschinenfabrik Buckau-Wolf in Magdeburg. Desgleichen nahmen die abziehenden Truppen aus dem Mansfelder Revier alle Kupfervorräte und beträchtliche Bestände an Edelmetallen mit. Später erkannten wir natürlich, daß damit Besitz der deutschen Monopole gerettet und, so ganz nebenbei, der Neuaufbau im Osten Deutschlands erschwert werden sollte. Damals jedoch nahmen wir es eher als unabwendbar hin. Für uns war einfach wichtiger, daß auch die amerikanischen Truppen jetzt die vereinbarten Zonengrenzen und damit das fest umrissene Hoheitsgebiet der sowjetischen Besatzungsmacht respektierten. Damit war als Gegenleistung – genauso präzise vorher vereinbart – die Stationierung amerikanischer und englischer, später auch französischer Truppen in den westlichen Sektoren der Hauptstadt Berlin verknüpft. Uns erschien das – eben weil es von den Siegern einheitlich verabredet war – ebenso verständlich, vernünftig und nützlich für die gemeinsame Verwaltung Berlins und dadurch auch ganz Deutschlands zu sein. Noch ahnten wir nicht, wie sich die Entwicklung weiter vollziehen würde, wußten nicht, daß es über kurz oder lang zur Spaltung Deutschlands kommen und sich die drei Westsektoren Berlins in eine politische Insel inmitten des sowjetisch besetzten Gebietes verwandeln müßten. Eines aber verspürten wir jedoch sehr schnell: In unseren Diskussionen in den westlichen Stadtbezirken tauchten bei den jungen Leuten deutliche Irritationen auf. Offensichtlich waren Erwartungen geweckt worden, daß doch Spannungen zwischen den Besatzungsmächten aufbrechen würden und man sie irgendwann irgendwie ausschlachten könne. Zunächst ging dies wieder vorüber – schließlich wurden ja Versuche einer gemeinsamen Verwaltung der Vier-Sektoren-Stadt unternommen, und der Magistrat arbeitete für ganz Berlin, so auch unser Jugendausschuß.

Was uns damals besonders beeinflußte und uns veranlaßte, so zu denken, wie wir dachten, war das zweite, noch bedeutendere internationale Ereignis dieser Tage: Am 17. Juli begann die Potsdamer Konferenz, die bis zum 2. August dauerte und mit einem umfassenden Protokoll endete. Das Programm für die Nachkriegspolitik kam unseren eigenen Vorstellungen sehr nahe, wir sahen es – da es auch die Unterschriften der westlichen Regierungschefs trug – als gültig für eine sehr lange Zeit an.

Schon der entscheidende Satz der Präambel stimmte uns zuversichtlich: »Der deutsche Militarismus und Nazismus werden ausgerottet, und die Alliierten treffen nach gegenseitiger Vereinbarung in der Gegenwart und in der Zukunft auch andere Maßnahmen, die notwendig sind, damit Deutschland niemals mehr seine Nachbarn oder die Erhaltung des Friedens in der ganzen Welt bedrohen kann«. Das war es ja, was wir wollten.

Und auch die konkreten Maßnahmen, die in Potsdam beschlossen und feierlich besiegelt wurden, erschienen uns richtig. Wir begrüßten es, daß alle bekanntgewordenen amerikanischen und englischen Pläne der Zerstückelung Deutschlands in mehrere Staaten gescheitert waren. Wir waren zufrieden, daß der sowjetische Vorschlag akzeptiert wurde, ein einheitliches, demokratisches, friedenliebendes Deutschland zu schaffen. Und wir stimmten voller Gewißheit, daß sie notwendig waren, den weiteren konkreten Aufgaben zu: der völligen Abrüstung und Entmilitarisierung Deutschlands, der Vernichtung der Nazipartei, der Verhinderung jeder nazistischen und militaristischen Betätigung, der Umgestaltung des politischen Lebens auf demokratischer Grundlage. Und es entsprach durchaus unserer festen Überzeugung, daß es notwendig war, was in Potsdam übereinstimmend festgelegt worden war: die Vernichtung des deutschen Kriegspotentials, das Verbot jeglicher Produktion von Waffen, Kriegsausrüstungen und Kriegsmitteln – sowie die Vernichtung der bestehenden übergroßen Konzentration der deutschen Wirtschaftskraft, dargestellt durch Syndikate, Trusts und andere Monopolverbände.

Das war, wie wir sogleich verstanden, ein großer Fortschritt, der in Potsdam gegenüber vorangegangenen Konferenzen und Verträgen der Alliierten gemacht worden war: Es wurden nicht nur global die vier großen D's gefordert – Demilitarisierung, Denazifizierung, Demonopolisierung, Demokratisierung, nicht nur die Liquidierung der Überreste des Hitlerstaates und der Nazipartei, nicht nur die strengste Bestrafung aller Nazis und Kriegsverbrecher durch deutsche Gerichte. In Potsdam wurde auch von der Enteignung der Nazibonzen und Kriegsverbrecher gesprochen, von der Beschneidung der Macht der Monopole und Großgrundbesitzer, von Einschnitten in die sozialökonomische Struktur des alten Deutschland, denn nur so konnten die objektiven Wurzeln der faschistischen Politik beseitigt werden. Und es stimmt einfach nicht, daß nur die Kommunisten diese Programmpunkte begrüßten. Zahlreiche Pläne, Richtlinien und Absichtserklärungen, die aus den Lagern, aus der Emigration mitgebracht und bei den Neugründungen der Parteien diskutiert wurden, bewiesen einen sehr weitreichenden Konsens. Gerade auch die deutschen Sozialdemokraten hatten einen ganzen Katalog von Forderungen nach Demokratisierung und Neugestaltung der Eigentumsverhältnisse erarbeitet – und es war Kurt Schumacher, der an die Spitze seiner Forderungen den Satz stellte: »Aus dem Klassencharakter des Nazismus ergibt sich zu seiner Überwindung die Konsequenz: der Sozialismus«.

Natürlich war uns klar, daß einige weitere Forderungen des Potsdamer Protokolls heftige und möglicherweise auch langdauernde Diskussionen heraufbeschwören würden – so die Verpflichtung zur Leistung von Reparationen aus bestehenden Industrieanlagen und aus der laufenden Produktion, die Festlegung der deutschen Grenze an Oder und Neiße und die damit verbundene Umsiedlung der deutschstämmigen Bevölkerung aus den Gebieten östlich davon, die in polnische Verwaltung übergehen sollten. Wir wußten, daß dies nicht einfach sein würde, doch gerade wir – die wir die furchtbaren Kriegsschäden in vielen Ländern, vor allem in der Sowjetunion und in Polen aus eigener Anschauung kannten und die Germanisierungspolitik Hitlers im Osten und ihre Folgen miterlebt hatten – waren sicher, daß wir die Diskussion offen und ehrlich bestehen könnten und würden. Wir waren fest überzeugt davon, daß – wenn das Potsdamer Abkommen wirklich erfüllt sein würde – Deutschland aus seiner internationalen Isolierung herausgelöst und ein friedliches Land unter anderen friedlichen Ländern sein würde. Die Grundlage des Abkommens war positiv, es lag im Interesse aller Völker, wir konnten mit ihm offensiv und mobilisierend argumentieren, zumal die in Übereinstimmung mit Potsdam sehr schnell als erste Schritte eingeleiteten sozialen Reformen in der sowjetischen Zone deutlich positive Resultate zeitigten.

Erst allmählich – und zum Teil beträchtlich später – erkannten wir, daß die westlichen Alliierten dem Potsdamer Protokoll offensichtlich nur unter großen Vorbehalten zugestimmt hatten und bald versuchten, es zu unterlaufen. Wir erkannten es daran, daß zum Beispiel die Verpflichtung Deutschlands, Reparationen zu leisten, ungleich ausgelegt und für die westlichen Zonen abgelehnt wurde. Die Folge war, daß die Gesamtlast der Reparationen, zu liefern an das am stärksten verwüstete Land, die Sowjetunion, ausschließlich vom ärmsten Teil Deutschlands getragen werden mußte, vom wirtschaftlich immer schon schwachen, unterentwicklten Osten. Und wir spürten es auch daran, daß die Erfüllung der übernommenen Verpflichtungen, die Konzerne zu entflechten, verschleppt, ja sogar verhindert wurde und auch die Haltung zur strikten Entmilitarisierung sehr zögerlich war. Bald lagen düstere Wolken über dem gesamten Geschehen. Wie ernst sie zu nehmen waren, erfuhren wir dann immer deutlicher. Es wurde offensichtlich, daß in den Westzonen bzw. in der BRD immer mehr von den Verpflichtungen des Potsdamer Abkommens abgerückt wurde.

Ungestraft begann man es als Dokument der Spaltung zu beschimpfen. Heute wundert es mich dagegen überhaupt nicht mehr, wenn ich in den Büchern westdeutscher Historiker – geschrieben schon Ende der 40er Jahre – lese, daß die Politiker und Parteien im Westen »alle Schwierigkeiten, Probleme und Konflikte der Spaltung Deutschlands leichter in Kauf nahmen als die weitreichenden Verpflichtungen des Potsdamer Abkommens«. Daraus sprachen unverkennbar die alten, konservativen Kräfte, vor allem das Interesse der Großindustrie und die Wunschträume jener, die ihre Güter im Osten verloren hatten. Das war sicher auch eine der präsisesten Erklärungen des bekannten Adenauersatzes »Lieber das halbe Deutschland ganz als das ganze Deutschland halb«.

Doch zurück in die Sommermonate 1945, als uns sehr viele Probleme schwer belasteten, schwerer als die eben beschriebenen – und wir doch keine Zeit fanden zu klagen.

Am 19. Juli – die Potsdamer Konferenz absolvierte erst das Vorspiel ihres Programms – fand die erste öffentliche KPD-Versammlung in der Berliner Hasenheide statt, die einen außerordentlich starken Zuspruch fand. Und Ende Juli gestattete die SMAD auf einen entsprechenden Antrag, in allen Ländern der sowjetisch besetzten Zone Jugendausschüsse zu gründen – unsere Vorarbeit in Berlin war also erfolgreich. Mit dieser Erlaubnis war auch die Aussicht eröffnet, in einer verhältnismäßig kurzen Zeit eine einheitliche deutsche Jugendorganisation zu bilden.

Die kommenden Wochen und Monate waren angefüllt mit harter Arbeit und manchen unvermeidlichen Rückschlägen, und trotzdem waren sie für mich eine schöne, erfolgreiche Zeit. Der Aufbau der Jugendausschüsse sollte nach einem festen Zeitplan, nicht überhastet, sondern solide, seriös und stabil, aber auch nicht schleppend erfolgen. Beabsichtigt war, einen Zentralen Jugendausschuß für die ganze sowjetische Zone zu bilden – als Vorsitzender war Erich Honecker vorgesehen, ich sollte im Berliner Ausschuß bleiben und ihm als Vertreter im Zentralen Ausschuß zur Seite stehen. Walter Ulbricht hatte uns beide schon Ende Juni zu sich geladen und mit diesem Programm vertraut gemacht. Es gab sowohl zur Aufgabenteilung wie zu den personellen Entscheidungen völlige Übereinstimmung. Auch wenn ich ihn erst jetzt persönlich kennenlernte, war mir sein Name schon vorher vertraut: Erich Honecker – acht Jahre älter als ich – hatte schon vor 1933 im Kommunistischen Jugendverband verantwortlich gearbeitet. Als Saarländer hatte er 1934 im Wahlkampf aktiv mitgewirkt, war früh verhaftet worden und hatte viele Jahre im Zuchthaus Brandenburg verbracht. Jetzt leitete er in der neugegründeten KPD die Jugendabteilung. Wir verstanden uns sofort und wurden schnell Freunde. Nach der Mitteilung der SMAD begann er seine Arbeit zur Vorbereitung des Zentralausschusses, suchte und fand Mitarbeiter mit Erfahrung und Tatkraft, und am 10. September konnte der Ausschuß konstituiert werden.

Von September bis November, so war geplant, sollten dann die Ausschüsse in allen fünf Ländern, in den großen Städten und Regionen gebildet werden. Das bedeutete, daß wir in Berlin sehr häufig wißbegierigen Besuch erhielten – die Freunde wollten von uns, die wir schon so viel früher begonnen hatten, wissen, was wir denn wie erreicht hätten. Und es war schon eine ganze Menge. Wir verfügten dank der Unterstützung der Besatzungsorgane und der

*Der Leiter der KPD-Jugendabteilung Erich Honecker, acht Jahre
älter als Keßler, übernahm im September 1945 die Leitung des
Zentralen Hauptjugendausschusses, Keßler die des Berliners.*

örtlichen Verwaltungen bereits in allen Stadtbezirken Räume und
noch provisorische Einrichtungen: Zirkelräume, kleine Bibliothe-
ken, Bastel- und Nähstuben. Allein in Lichtenberg hatten junge
Leute in Arbeitseinsätzen 20 Jugendheime errichtet, fünf Kinder-
gärten eröffnet und mehrere Sport- und Spielplätze instandgesetzt.
Ähnliches tat sich in allen zwanzig Berliner Stadtbezirken. Bis
Dezember 1945 entstanden 92 Nähstuben, drei Tischlereien,
acht Schuhreparaturwerkstätten sowie vier Lehrwerkstätten. In
76 Bastelstuben konnten Jungen und Mädchen eine nützliche
Tätigkeit ausüben – allein in diesen Einrichtungen arbeiteten
17.000 Jugendliche. Gemeinsam mit den Gewerkschaften setzten
wir uns dafür ein, daß für arbeitende Jungen und Mädchen bis zu
16 Jahren die 42-Stunden-Woche und zwischen 16 und 18 Jahren
die 45-Woche einschließlich der Berufsschulzeit verwirklicht
wurde. Dennoch war das erst ein Anfang, es waren noch riesige
Anstrengungen notwendig, um allen Jugendlichen einen Arbeitsplatz zu sichern, um Unternehmerwillkür und Lehrlingsaus-
beutung zu beseitigen. Dem diente ein unter meiner Leitung vom
Berliner Hauptjugendausschuß gemeinsam mit dem Magistrat
und den Gewerkschaften ausgearbeitetes Jugendnotprogramm.

Besondere Unterstützung sollten die heimkehrenden jungen Kriegsgefangenen und Umsiedler erhalten. Große Aufmerksamkeit widmeten wir auch der Gewinnung ehemaliger Mitglieder und unterer »Führer« der Hitlerjugend und des BDM für die Mitarbeit in den Ausschüssen. Erfahrene Antifaschisten, Politiker, auch Wissenschaftler, Künstler und Fachleute der unterschiedlichsten Berufe hielten Vorträge vor jungen Leuten und stellten sich der freimütigen Diskussion. In einem natürlich noch keineswegs ausreichenden Maße gab es dennoch schon einige Jugend- und Ferienlager im schönen Umland Berlins – und damit den direkten Anstoß für viele Jungen und Mädchen, sich den entstehenden Jugendgruppen anzuschließen und an der Basis ähnlich zu verfahren, wie wir es für ganz Berlin taten. Von besonderer Bedeutung war die Zusammenarbeit mit dem ebenfalls noch sehr jungen, aber doch schon aktiven Kulturbund zur demokratischen Erneuerung Deutschlands, mit Schriftstellern, Musikern, bildenden Künstlern und mit den Theatern, die Vorstellungen für die Jugend organisierten – nie vergesse ich die Premiere von »Nathan der Weise« im Deutschen Theater und die anschließenden Diskussionen mit Gustav von Wangenheim, dem damaligen Intendanten der Reinhardt-Bühne. Im »Prater«, der traditionsreichen Versammlungsstätte im Berliner Osten , führten wir eine Versammlung unter der werbenden Schlagzeile »Für gute Arbeit gutes Geld!« durch. Ich sprach und begründete unsere Forderungen an die Verwaltungen und die Betriebe: Gleicher Lohn für gleiche Arbeit! Recht auf Bildung und Studium, unabhängig vom Vermögen der Eltern! Recht auf Erholung! Und aktives Wahlrecht mit achtzehn, passives Wahlrecht mit einundzwanzig! Eine Aufgabe von ganz besonderer Wichtigkeit gerade in den letzten Monaten 1945 war die praktische Sorge um die Allerjüngsten. Wir beteiligten uns mit zahlreichen Organisationen an der großen Aktion »Rettet die Kinder«. Schon von Anfang an wurde die Jugend- und Kinderbewegung als eine Einheit betrachtet. Hier ging es um die Sicherung der elementarsten Existenzbedingungen der Kinder, um die Versorgung mit notwendigen Lebensmitteln und Kleidungsstücken, auch darum, die erste Friedensweihnacht für die Kinder zu einem großen Erlebnis werden zu lassen.

Je mehr Erfahrungen wir sammelten – in jedem Stadtbezirk, in jedem der schon wieder arbeitenden Betriebe, in jeder Schule und in jedem Zirkel –, desto wichtiger wurde für uns der Erfahrungsaustausch. Es gab da keine Geheimniskrämerei, trotz eines bald lebhaften Wettbewerbs um Erfolge und auch um gesellschaftliche Anerkennung. Ich denke auch noch heute manchmal darüber nach, wie es damals möglich war, in einem doch verhältnismäßig kurzen Zeitraum eine immer größere Zahl junger Menschen aus ihrer Lethargie zu reißen, ihre anfängliche Ablehnung zu überwinden. Denn auch heute – wenn auch unter ganz anderen Bedingungen – erleben wir Erscheinungen, die an die damalige Zeit des Zusammenbruchs und des Aufbruchs, die Zeit eines Übergangs erinnern. Auch heute – sichtbar vor allem nach den Umbrüchen von 1989/90 – erleben wir, daß große Teile der Jugend Halt und Orientierung verloren haben, sich bewußt, oft demonstrativ und provozierend, aus der Welt der Erwachsenen zurückziehen. In mannigfacher Form protestieren sie gegen sie und demonstrieren eine eigene, so völlig andere Lebensweise – sei es in der Kleidung, sei es in der Haarfarbe und Frisur, sei es in den Formen des Zusammenlebens, ob als Punks, als autonome Linke, ob als randalierende Rechtsextremisten oder einfach als Straßen-

gangs, denen alles, auch das geltende Recht, auch die allgemein-gültigen Moralbegriffe gleichgültig sind. Natürlich ist es notwendig, die sozialen Voraussetzungen einer solchen Entwicklung heute zu studieren. Es kann aber auch nützlich sein zu fragen, wie man schon einmal ähnliche Tendenzen überwunden hat.

Einige Elemente der Antwort auf diese Frage habe ich bereits angedeutet – das aktive und im Kern doch auf einheitliche Ziele gerichtete politische Handeln der gesellschaftlich bewußten Kräfte, das jede Gleichgültigkeit gegenüber der jungen Generation nicht zuließ; die Veröffentlichung von Programmen, die die schwierigen Probleme der Zeit nicht verschwiegen, nicht verkleinerten, sondern hart und unmißverständlich beim Namen nannten und Wege zu ihrer Überwindung, und sei es erst in kleinen Schritten, zeigten. Doch das war natürlich nicht alles.

Das Wichtigste scheint mir im Rückblick zu sein, daß wir damals die Notwendigkeit erkannten und nach ihr handelten, den jungen, orientierungslos gewordenen Menschen das Gefühl zu geben, daß für jeden Menschen unerläßlich ist – das Gefühl, gebraucht zu werden.

In diese ersten Monate fielen, wie erwähnt, auch die ersten gesellschaftlichen Reformen in der sowjetisch besetzten Zone, zu denen das Potsdamer Akommen uns verpflichtete und welche die politische und ökonomische Situation einfach forderte.

In früheren, in der DDR veröffentlichten Darstellungen der ersten grundlegenden Reformen – so der Bodenreform, der Ausschaltung der Großbanken, der Enteignung der Naziaktivisten und Kriegverbrecher, der Industriereform, der Schulreform, der Brechung des Bildungsprivilegs – wurde deren Bedeutung vorrangig darin gesehen – oder zumindest so niedergeschrieben –, daß sie ehernen Prinzipien einer sozialistischen Weltauffassung entsprachen, Gesetzen der Geschichte zum Durchbruch verhalfen und Treue zu unserem Programm bewiesen.

Natürlich war die Bodenreform historisch gerecht, war die Ausschaltung des reaktionären Junkertums spätestens seit der 48er Revolution auch in Deutschland überfällig. Bodenreformen wurden deshalb ja auch in zahlreichen westdeutschen Ländern beschlossen – und dann von den Besatzungsmächten untersagt. Aber die Bodenreform war auch erforderlich, um die Lebensmittelversorgung der hungrigen Bevölkerung und der sowjetischen Besatzungstruppen zu sichern und den Übergang von der vormals extensiven Landwirtschaft der Gutsbesitzer, die zum Teil ihren Besitz verlassen hatten, zur intensiveren Wirtschaft der Bauern durchzuführen. Schließlich war sie auch notwendig, um das ungeheure Problem der vielen Umsiedler in den Griff zu bekommen und ihnen Grund und Boden, eine neue Heimat zu geben.

Die Enteignungen und die Industriereform waren historisch ebenfalls gerecht, denn die große Verantwortung und Mitschuld der deutschen Monopole bei der Machtübergabe an Hitler war unbestreitbar. Nur so erklärt es sich ja, daß bei dem Volksentscheid in Sachsen 77 Prozent der Wahlberechtigten für diese Maßnahme stimmten. Das ähnliche Ergebnis in Hessen ist bekannt, auch daß die Besatzungsmacht es ignorierte und seine Umsetzung verhinderte. Aber die Enteignungen waren doch auch erforderlich, um die Ostzonen-Wirtschaft möglichst zügig anzukurbeln. Sie sollten helfen, den Wiedergutmachungsforderungen der Sowjetunion, auch in Form von Reparationen, zu entsprechen. Die Erfüllung dieser Wiedergutmachungspflicht – vor der sich die westlichen Besatzungszonen weitgehend drückten – war für Antifaschisten, die wirklich einen Neuanfang wünschten, selbstverständlich.

Auch die Schulreform, die zunächst die radikale Überwindung des nazistischen Ungeistes bedeutete, danach aber auch sofort die Überwindung des Bildungsprivilegs der Reichen auf die Tagesordnung setzte, die noch sehr zahlreichen Einklassenschulen in Ostdeutschland beseitigte und die Schaffung eines einheitlichen und für alle zugänglichen Bildungssystems vom Kindergarten bis zur Universität in Angriff nahm – auch sie war historisch notwendig. Doch noch wichtiger war die unmittelbare, die praktische Bedeutung, die deutlich ablesbare Absicht, kein Talent brachliegen zu lassen und jedem den Weg zu Wissen, zu einem Beruf, zu sinnvoller Arbeit und einem angemessenen Platz im Leben zu ebnen.

Wenn wir heute, alles überschauend, feststellen, daß die Akzeptanz der Politik in der Ostzone und der späteren DDR in den ersten Jahren besonders deutlich war, dann sicher deswegen, weil viele Menschen in den Reformen nicht nur die Erfüllung historischer Pflichten erkannten. Vielmehr verspürten sie unmittelbar, daß die Reformen – so niedrig auch der Standard noch sein mochte – das tägliche Leben merklich verbesserten und Aussichten auf eine hellere Zukunft eröffneten.

Und bei all diesen eingeleiteten gesellschaftlichen Veränderungen waren junge Menschen unmittelbar beteiligt, als Mitwirkende wie als Nutznießer. Das Gebrauchtwerden, die Verantwortung, das Vertrauen – sie durchbrachen Abwehrhaltungen und aktivierten viele.

Gerade das war auch das Thema einer Zusammenkunft von mehr als fünfzig Funktionären der Jugendausschüsse aus allen Teilen Berlins, aus dem Umland und von Studentenvertretungen in der Behrenstraße in Berlin-Mitte, auf der Wilhelm Pieck zu uns sprach. Er erinnerte uns mit aller Deutlichkeit daran, daß man jungen Menschen neue Ideale, neue Wertvorstellungen nicht durch Referate allein vermitteln könne, so schön sie auch sein mögen, sondern nur dadurch, daß man ihnen Vertrauen schenkte und selbständige Aufgaben übertrug. Auch ich ergriff in der Debatte das Wort, schilderte die vielseitige, einfallsreiche, immer aktuelle und praxisbezogene Gestaltung vieler Jugendveranstaltungen, setzte mich auch mit immer noch vorhandenen antisowjetischen Tendenzen auseinander. Natürlich mußte es uns alarmieren, daß immer noch – oder schon wieder – Feinde der Sowjetunion ungeschminkt vor Jugendlichen auftraten, die Schuld Deutschlands am Kriegsausbruch und an den Verbrechen des Krieges leugneten, die Schuld an den Millionen Toten dagegen den »Iwans« anlasteten und heftig gegen die in Potsdam beschlossenen Reparationen wetterten. Eigentlich irritierte uns nicht einmal diese Tatsache an sich, denn natürlich gab es noch unverbesserliche alte Nazis. Bedrohlich war, daß die Reaktion der Besatzungsbehörden und der deutschen Verwaltungsorgane in den Sektoren unterschiedlich war, was manche Krakeler ermunterte, und daß auch von seiten der jungen Leute die Abwehr nicht immer einheitlich war. Es gab, das war unübersehbar, inzwischen neue Möglichkeiten für unsere Wirksamkeit, es gab aber auch neue Bedrohungen und Gefahren. Entscheidende Schritte reiften heran.

Am 2. und 3. Dezember trafen sich in der Schule »Anna Magdalena Bach« (der späteren Oberschule »Carl von Ossietzky«) in Pankow Vertreter der Jugendausschüsse ganz Berlins und der gesamten sowjetischen Zone zu einer Arbeitstagung. Das Hauptergebnis war – neben der Bestätigung, daß überall in der Ostzone, in allen Städten und Gemeinden arbeitsfähige und wirksame Jugendausschüsse existierten – ein einmütig angenommener Aufruf mit der Überschrift »Das Leben ruft die Jugend!« In dem Aufruf war zum ersten Mal die Forderung ausgedrückt, eine einheitliche Jugendorganisation zu schaffen.

Beim Treffen in der Anna-Magdalena-Bach-Schule in Berlin-Pankow am 2./3. Dezember 1945

Nach diesem Aufruf fanden von Dezember 1945 bis Februar 1946 in allen fünf ostdeutschen Ländern und auch in vielen Orten der westlichen Zonen Deutschlands Delegiertenversammlungen statt, die sich für diesen einheitlichen Jugendverband aussprachen.

Schon in ihren Gründungsaufrufen war zu erkennen – ohne daß es wörtlich so formuliert worden war –, daß sowohl die Kommunistische wie die Sozialdemokratische Partei gegen eine erneute Spaltung der Jugendorganisation in viele kleinere, miteinander konkurrierende Verbände oder Vereine waren. Das hieß natürlich nicht, daß jedes Mitglied dieser Parteien diese Auffassung in gleichem Maße teilte, zu stark waren die eigenen Erinnerungen an den Kommunistischen Jugendverband wie an die Organisation der Falken, die es vor Hitler jahrzehntelang gab. Besonders in Berlin wurde darüber lebhaft diskutiert, es wurde sogar eine besondere Aktivtagung der KPD zur Erörterung der Vorzüge und Nachteile beider Möglichkeiten notwendig. Positiv: bekanntlich war vor 1933 der KJVD in Berlin besonders stark gewesen, das hatte sich auch im Widerstand gegen Hitler als verbindend und lebendig erwiesen. Negativ: Man spürte gerade im jetzigen Berlin, vornehmlich in seinen westlichen Sektoren, den Widerwillen, der von seiten der Besatzungsmächte gegen eine einheitliche Organisation ausging. Auch bei den anderen Parteien und den Religionsgemeinschaften existierte, zunächst unklar formuliert, aber doch erkennbar, der Wunsch, eigene weltanschaulich oder religiös gebundene Verbände zu schaffen. Doch die Erkenntnis wurde immer stärker, vor allem bei den jungen Leuten selber, daß nach den Erschütterungen der jüngsten Vergangenheit und angesichts der gleichen Zukunftsprobleme das Trennende, das Gegensätzliche weniger wichtig war als die gemeinsamen Nöte, das gemeinsame Interesse und die verbindenden Erwartungen, die gleichen Hoffnungen. Das war natürlich nicht nur so in bezug auf die Jugend, sondern galt generell: Im Gegensatz zur Weimarer Republik und eingedenk schlimmer Erfahrungen wurden ja auch keine unterschiedlichen Gewerkschaften, hier der Arbeiter, dort der Angestellten, gegründet, sondern starke Einheitsgewerkschaften der verschiedenen Industriezweige mit einer starken Dachorganisation. Im Unterschied zu Weimar entstanden auch nicht verschiedene Frauenverbände, sondern ein einheitlicher Demokratischer Frauenbund. Und auch der Kulturbund umfaßte Kulturschaffende unterschiedlicher politischer Richtung. Kräfte jetzt nicht schon wieder zersplittern, sondern sie bündeln – das war die entscheidende Erkenntnis. Sie war auch Grundlage für die intensiven Beratungen in beiden Arbeiterparteien über ihre Vereinigung.

Der letzte entscheidende Anstoß erfolgte am 26. Februar 1946. Im Sitzungssaal des Berliner Magistrats in der Parochialstraße traf sich der Zentrale Jugendausschuß der Sowjetischen Zone mit Freunden aus Berlin.

Er beschloß, den offiziellen Antrag an die SMAD zu richten, die einheitliche Jugendorganisation zuzulassen und diskutierte das Gründungsdokument. Es wurde dann unterschrieben, unter anderen von Erich Honecker, Edith Baumann, Theo Wiechert, Rudi Mießner, Paul Verner, Gerhard Rolack, Heinz Külkens, Domvikar Lange und Pfarrer Hanisch. Auch ich setzte meine Unterschrift unter das Dokument. Es war die eigentliche Gründung der Freien Deutschen Jugend in der sowjetisch besetzten Zone, die dann am 7. März von der SMAD zugelassen wurde.

Das Echo war außerordentlich stark, die Organisation erhielt einen sehr starken Zulauf von Jungen und Mädchen unterschiedlicher Herkunft und politischer Erfahrung, der Einfluß der Jugend auf die staatlichen Verwaltungen und auch die wirtschaftlichen Belange wuchs beträchtlich an, und das neue, binnen weniger Tage entwickelte Symbol des Verbandes, der blaue Himmel mit der aufgehenden Sonne, wurde sehr schnell bekannt. Am 8. Juni 1946 kamen 633 gewählte, stimmberechtigte Delegierte und 400 Gäste aus allen Parteien am 8. Juni 1946 zum I. Parlament der FDJ nach Brandenburg. Die Delegierten vertraten bereits 240 500 Mitglieder des Verbandes. Dem Parlament – an dem sich auch der Leiter der Politischen Hauptverwaltung der SMAD, Oberst Tulpanow, mit einer ermunternden Rede beteiligte – erhielt eine Grußadresse vom Weltbund der Demokratischen Jugend, der im November 1945 in London gegründet worden war. Ich war zu dieser WBDJ-Gründungskonferenz eigentlich als offizieller deutscher Vertreter benannt, erhielt jedoch von der britischen Regierung kein Visum. So nahm als unser Delegierter der noch im englischen Exil lebende Horst Brasch unsere Interessen wahr. Um so größer war die Genugtuung des Parlaments der FDJ, von der Weltorganisation so freundschaftlich begrüßt und anerkannt zu werden.

Keßler beim Unterzeichnen des Antrages auf Zulassung der FDJ, Honecker stehend; 26. Februar 1946

Zwei Dokumente wurden – außer dem Verbandsstatut – vom Parlament beschlossen : die Grundsätze und Ziele des Verbandes und die »Grundrechte der jungen Generation«. Dies war neu – erstmals, nach dem in der Vergangenheit immer nur von Pflichten der Jugend die Rede war, wurden elementare Rechte der Jugend formuliert, für sie einzutreten zur Hauptaufgabe des Verbandes erklärt: Gleichberechtigte Teilnahme am politischen Leben, aktives Wahlrecht mit 18, passives Wahlrecht mit 21 Jahren, Recht auf Arbeit, Erholung, Bildung, Freude und Frohsinn. Die letzte Formulierung dieser Grundrechte wurden von Erich Honecker, Edith Baumann, Theo Wiechert und mir vorgenommen, doch die Wahrheit verlangt es zu sagen, daß der Hauptanstoß dafür, in den Forderungen sehr hoch zu greifen, von Wilhelm Pieck kam. Diese hier geforderten Rechte wurden später in den Jugendgesetzen der DDR und in ihrer Verfassung verankert.

Zum Vorsitzenden der FDJ wurde Erich Honecker gewählt, der in Brandenburg lange im Zuchthaus eingesperrt war, zu seiner Stellvertreterin Edith Baumann, die lange in der Sozialistischen Jugend der SPD tätig war.

Mit der Gründung der FDJ endete die Arbeit der Jugendausschüsse. Ich wurde zum Vositzenden der FDJ in Berlin gewählt und war gleichzeitig Sekretär des Zentralrates. Ernste Bewährungen und große Konflikte zeichneten sich bereits ab.

Aus den alten Geschichten der Bibel, die ich in meiner Schulzeit so gerne las, kannte ich die Gestalten der Erbauer des Tempels in Jerusalem: Während sie die Mauern errichteten und die Hallen gestalteten, hatten sie neben dem Handwerkszeug stets auch Waffen dabei. An sie mußte ich jetzt immer häufiger denken. Nicht, daß ich falsche Vergleiche zog, aber ich konnte mich in die Gedanken und Gefühle der Alten aus der Legende versetzen. Während sie Neues bauten, mußten sie stets bereit sein, es gegen Angreifer zu verteidigen.

Ich hatte jetzt, Anfang 1946, wie mancher meiner Freunde auch, eine Doppelfunktion, die nicht nur von den Aufgaben, sondern auch von der Geographie bestimmt wurde: Ich war seit dem Tag ihrer Gründung Mitglied und Sekretär des Zentralrates der Freien Deutschen Jugend und gleichzeitig – bis Ende 1948 – Vorsitzender des Jugendverbandes in Groß-Berlin. Ich kann das erweitern: Ich war schon seit Juni 1945, seit der Gründung der

Partei, Mitglied der Bezirksleitung Berlin der KPD, später dann der SED, und wurde zudem auf dem Vereinigungsparteitag im April 1946 Mitglied des Parteivorstandes, später des Zentralkomitees der SED. In der ersten Wahl zur Stadtverordnetenversammlung von Groß-Berlin im Oktober 1946 wurde ich damals deren jüngster Stadtverordneter. Als dann drei Jahre später, nach der Gründung der DDR, deren Volkskammer gewählt wurde, wurde ich ihr Mitglied und blieb es über vier Jahrzehnte lang.

Natürlich war die Politik, die ich in all diesen Funktionen gemeinsam mit meinen Freunden und Genossen vertrat, in ihren Grundzügen, in ihren großen Zielen immer gleich. Wir machten damals ja bewußt Politik für ganz Deutschland, das wir im Konsens mit anderen Parteien, unter Einsatz all unser Kraft und bestimmt von unseren Grundsätzen unbedingt als einen einheitlichen Staat gestalten wollten. Unsere Politik war aber auch in dem Sinne einheitlich, daß es ständige Wechselwirkungen zwischen der Entwicklung in der sowjetisch besetzten Zone und in der Vier-Sektoren-Stadt Berlin gab – positiv wie negativ, oft in die gleiche, oft in die entgegengesetzte Richtung weisend. Die objektiven Bedingungen jedoch, unter denen wir unsere Politik verwirklichen mußten, die Herausforderungen wie die Möglichkeiten und die ihnen entsprechenden Formen und Methoden unserer Arbeit waren unterschiedlich und mußten unterschiedlich sein. Nirgendwo waren auf deutschem Boden die Bedingungen des politischen Lebens damals so kompliziert wie in Berlin, das gespalten war, als es noch einheitlich zu sein schien.

Selbst heute noch muß ich mich, wenn ich darüber schreibe, entscheiden, welchem Schwerpunkt meiner damaligen Arbeit ich mehr Aufmerksamkeit und Raum schenken soll. Würde ich beide Seiten in gleichem Maße behandeln, müßte dies den Rahmen sprengen, der in einem solchen Bericht noch zu verantworten ist. Darum werde ich, von den vorwiegend ost-bestimmten Ereignissen bis 1950, die die Vorgeschichte der DDR und ihr erstes Jahr mitbestimmten, nur auf die wichtigsten eingehen, die ich selbst miterlebte und zum Teil auch mitgestalten konnte – später wird dies selbstverständlich anders sein.

Betrachte ich den Ost-Teil, später den DDR-Teil meiner Arbeit bis zum Ende der 40er Jahre, so scheint es sich auf den ersten Blick um die ständige Wiederholung gleichbleibender Ereignisse, immer wiederkehrende Tätigkeiten zu handeln. Man erinnert sich, wenn überhaupt, an eine sich kaum verändernde Routinebahn aus Konferenzen, Diskussionen, Betriebsbesuchen, Versammlungen, Arbeitseinsätzen auf Baustellen oder in der Landwirtschaft, eben um das, was den Tagesablauf eines politischen Funktionärs damals vor allem auszumachen schien. Selbstverständlich ist dieses Bild sehr vereinfacht und auch irreführend – schließlich ging der Neuaufbau in den ersten, sehr schweren Nachkriegsjahren ja voran, mit Erfolgen und Fehlschlägen, mit Fortschritten und ständig neuen Problemen, mit einer immer schwerer zu tragenden Verantwortung. Doch im äußeren Verlauf, in den Abläufen der verschiedenen Kampagnen – und Kampagnen waren damals beliebt – blieb sich natürlich vieles immer irgendwie ähnlich und ist darum auch leicht zu resumieren.

Darüber hinaus jedoch gab es neben dieser Abfolge von Pflichterfüllung und immer neuem Ansatz auch Ereignisse, Erlebnisse, die einen ganz eigenen emotionalen Wert besaßen und die jene, die dabei waren, nie vergessen werden.

Wie könnte ich, wie könnten sehr viele aus meiner Generation solche Ereignisse aus dem Kalender des Jahres 1946 vergessen wie: die erste Mai-Demonstration nach den zwölf Jahren der Nazidiktatur, nach den schrecklichen Erlebnissen des Krieges, eine bewegende Heerschau der Arbeiterbewegung mit fünfhunderttausend Teilnehmern allein in Berlin, mit mehreren Millionen in den fünf Ländern der sowjetisch besetzten Zone, den Volksentscheid Ende Juni in Sachsen, den neben anderen politischen Kräften auch die FDJ mit viel Energie und Überzeugungsarbeit vorbereitete und über den auch ich wiederholt in meiner Chemnitzer Heimat sprach, jener erste Volksentscheid nach dem Krieg, in dem eine Mehrheit von mehr als siebzig Prozent der Stimmberechtigten die Enteignung der Betriebe der Naziverbrecher und Kriegsgewinnler beschloß und erstmals Volkseigentum in Deutschland schuf; die Eröffnung des Lehrbetriebes der ostdeutschen Universitäten und Hochschulen, in Jena, Leipzig, Halle, Rostock und natürlich in Berlin, an denen es erstmals auch »Vorstudienanstalten«, die späteren Arbeiter- und Bauernfakultäten gab, um begabten jungen Menschen ohne Rücksicht auf den Geldbeutel der Eltern den Zugang zu den Hörsälen zu öffnen; unsere Anstrengungen zur Gewinnung von begabten und begeisterungsfähigen Jungen und Mädchen für jene früh schon eingerichteten Lehrgänge, auf denen in kurzer Zeit »Neulehrer« für die demokratische Schule vorbereitet werden sollten; die Eröffnung der Jugendhochschule der FDJ in Bogensee, nördlich von Berlin, für die ich selbst lange einen möglichen Standort gesucht hatte und endlich auf einen Gebäudekomplex stieß, der in der Nazizeit dem Propagandachef Goebbels als Sommersitz gedient hatte; unsere große Aktion »Der Sommer den Kindern« mit rasch und unter großen Anstrengungen eingerichteten Ferienlagern, mit Sportfesten und fröhlichen Spielen, die erste Kulturwoche der Jugend mit Treffen mit den bekanntesten Schriftstellern und Künstlern, mit Konzerten und Theatervorstellungen. Eine der eindrucksvollsten frühen Aufführungen des »Deutschen Theaters« war das Jugendstück »Wir heißen Euch hoffen« von Fred Denger, das im Milieu der damaligen Cliquenkämpfe der aus der Bahn geworfenen Jugendlichen in Berlin spielte und das Suchen nach einem Ausweg aus dem Chaos zeigte.

Wenn die Jahreszahl 1947 genannt wird, wie sollte man da nicht sofort an den »Friedensflug nach Osten« denken, jenen achtzehntägigen Besuch einer ersten Delegation der FDJ in der Sowjetunion. Neben Erich Honecker, Edith Baumann, Robert Menzel und Herbert Geissler gehörte auch ich zu dieser Abordnung und erlebte in Moskau, Leningrad und Stalingrad herzliche Begegnungen mit sowjetischen Jugendlichen, die natürlich noch unter dem schweren Druck der Erinnerung an beispiellose Verbrechen der deutschen Wehrmacht standen und uns dennoch als gute Freunde begrüßten.

In Stalingrad beim »Friedensflug nach Osten«, 1947. Von links nach rechts: Erich Honecker, Heinz Keßler, Edith Baumann Robert Menzel und Herbert Geissler

Oder das Jahr 1948: Obwohl es für mich, wie gleich deutlich gemacht werden soll, zwangsläufig vor allem mit den immer bedrohlicher werdenden Konflikten verbunden war, die zur Spaltung Berlins führten, so lebt es doch auch in anderen Erinnerungen weiter. Im Zentralrat der FDJ inzwischen als Sekretär für die Arbeiterjugend tätig, bereitete ich den ersten Jungarbeiterkongreß in Zeitz vor, der für die Entwicklung der späteren Jungaktivistenbewegung von entscheidender Bedeutung werden sollte. Ich erinnere mich weiter immer noch sehr lebhaft einer Veranstaltung an der Jugendhochschule Bogensee, an der einige Hundert Jugendfunktionäre teilnahmen. Der stellvertretende Vorsitzende der gerade geschaffenen Deutschen Wirtschaftskommision, der spätere Industrieminister der DDR Fritz Selbmann und erläuterte den ersten Zweijahrplan zur Wiederherstellung und Entwicklung der Friedenswirtschaft, den ersten Schritt zu einer Planwirtschaft auf deutschem Boden, der am 1. Januar 1949 begann. Alle gingen begeistert aus dieser Veranstaltung in die Orte und Betriebe zurück. Eine darauf folgende Reaktion wurde dann das mitreißende Beispiel der Aktion »Max braucht Wasser«, der im Dezember beginnende und in nur neunzig Tagen freiwilliger Arbeit von Jungarbeitern und Studenten vollendete Bau einer Wasserleitung von der Saale über eine sehr steile Erhebung bis zur Maxhütte bei Unterwellenborn. Da war in diesem Sommer auch die freiwillige Enttrümmerung eines der schönsten Plätze der Welt, der durch den Krieg jämmerlich zugerichtet war, des Berliner Gendarmenmarktes – und dann, im August auf eben diesem Platz das unvergeßliche Konzert des Alexandrow-Ensembles der Sowjetarmee, das Zehntausende begeistert miterlebten. Dazu gehörte auch die Rückkehr des Dichters Bertolt Brecht aus der Emigration nach Deutschland, nach Berlin. Das war nicht nur irgendeine der vielen Wiederbegegnungen großer Künstler mit Nachkriegsdeutschland – die meisten kamen damals ja in die sowjetische Besatzungszone: Bertolt Brecht, ein politisch stark engagierter Mensch, interessierte sich brennend für das Leben, die Pläne, die Empfindungen junger Menschen in dieser Zeit und die Nachwirkungen der schweren Schäden, die der Nazismus gerade ihnen zugefügt hatte. Er bat, an einer unserer Beratungen mit jungen Leuten teilnehmen zu können, hörte aufmerksam zu, notierte und mischte sich auch in die Debatte ein, er konnte gar nicht genug erfahren. Unter dem Eindruck dieser Zusammenkunft schrieb er dann sein Aufbaulied, das im Dezember 1948 in der *Jungen Welt* veröffentlicht wurde und das der FDJ gewidmet war – mit dem Refrain, der so treffend unsere Gefühle in jenen Tagen ausdrückte:

»Fort mit den Trümmern
und was Neues hingebaut!
Um uns selber müssen wir uns selber kümmern,
und heraus gegen uns, wer sich traut!«

Überschaue ich diesen Zeitraum als Ganzes, dann denke ich vorrangig auch an die drei »Parlamente der Freien Deutschen Jugend«. Diese Parlamente – mit ihren politischen Beratungen, ihren Manifestationen, ihren Kulturveranstaltungen und Sportwettkämpfen – sind nicht nur deshalb in Erinnerung geblieben, weil sie an wichtigen und geschichtsträchtigen Orten stattfanden, sondern auch, weil sie die Fortschritte unserer Organisation, das Wachsen des Anteils der Jugend an der Leitung das Staates, auch die Anerkennung dieser Leistung bei den Freunden im Ausland widerspiegelten: das erste, Pfingsten 1946 in Brandenburg, das die Gründung des Jugendverbandes besiegelte und sein Programm, seine Forderungen an die Gesellschaft (die »Grundrechte der jungen Generation«) und das Statut der FDJ beschloß; das zweite, Pfingsten 1947 in Meißen, auf dem vor allem die Aufgaben der Jugend bei der Entwicklung von Industrie und Landwirtschaft diskutiert wurden; das dritte, Pfingsten 1949 in Leipzig, auf dem erstmals auch über die soeben vollzogene Gründung der Bundesrepublik und über die notwendig gewordene Schaffung eines eigenen Staates im Osten Deutschlands gesprochen wurde.

Ich weiß natürlich, daß sich in der Erinnerung manches verklärt, und ich möchte nichts schönreden: Es war eine schwere Zeit, es wurden selbstverständlich auch Fehler gemacht, manches geschah, was man später gern ungeschehen gemacht hätte – doch es war eine Zeit des Aufbruchs auf einem noch nie begangenen Weg und sollte deshalb nicht vergessen werden.

Und noch etwas ist zu vermerken. Der November 1947 ist mit einem Ereignis verbunden, das für mein ganzes weiteres Leben von großer Bedeutung war und immer noch ist. Ich heiratete Ruth Schmidt, die ich schon sehr früh kennengelernt hatte. Sie – von Beruf kaufmännische Angestellte und ein immer schon sehr aktives, politisch bewußtes und entschlossenes Mädchen – arbeitete im ersten Berliner Magistrat im Bereich Volksbildung und Kultur, zu dem auch ich den ersten Kontakt hatte. Sie war dort kurze Zeit im Foto- und Filmarchiv und wechselte dann in die Personalabteilung des Bereiches. Bald wurde sie auch in die Berliner FDJ-Leitung gewählt, so kamen wir uns näher. Heute sind wir fast fünfzig Jahre verheiratet, immer verbunden durch die gleiche Lebensauffassung, die gleichen Ziele und ihre Entschlossenheit, an meiner Seite auch in den schweren Jahren meiner Haft, meines Prozesses zu bleiben. Wie so vieles, wie fast alles in der Hauptstadt stand auch dieses so private Ereignis unter den dunklen Vorzeichen der Spaltung Berlins: Ruth stammte aus Neukölln, wo auch ich dann eine kurze Zeit wohnte. Sie kam aus einer politisch immer schon aktiven Familie – ihr Vater, ein Rohrleger, war Kommunist, der in der Widerstandsgruppe von Michael Niederkirchner gegen Hitler gekämpft hatte und jetzt in seinem Stadtbezirk Funktionen innehatte, die durch den Gang der Ereignisse immer schwerer zu erfüllen waren. Und die Entwicklung, die gerade in dieser Zeit begann, führte bekanntlich zu einer Situation, in der auch wir vor der Frage standen: bleiben wir auf Jahrzehnte von den Eltern meiner Frau getrennt – oder wechselten sie, auch aus beruflichen Gründen den vertrauten Wohnbezirk in der Nähe des Hermannplatzes mit einem Quartier im Umkreis des Alex.

Es ist nicht nur nützlich, sondern auch notwendig, ausführlicher auf die Entwicklung in den ersten Nachkriegsjahren in Berlin einzugehen – nicht etwa deshalb, weil in einer großen Zahl von Veröffentlichungen bis zum heutigen Tag gerade mir, dem damaligen FDJ-Vorsitzenden in Berlin, in übertriebener Weise ein besonderer Anteil an den Eskalationen des Sommers und Herbstes 1948 zugeschrieben worden ist, so als sei ich der Störenfried Nummer Eins in der Berliner Stadtverordnetenversammlung gewesen. Solche Legenden leben lange, vor allem wohl dann, wenn sie zu einem ganz bestimmten Zweck erfunden worden sind.

Der Grund größerer Ausführlichkeit ist ein anderer: Man muß über die Berliner Nachkriegsgeschichte detaillierter sprechen, weil dort und damals nicht mehr und nicht weniger eingeleitet wurde als die Spaltung Deutschlands – und weil kaum etwas übriggeblieben ist als ein Gewirr von üblen Legenden. Das wiederum liegt nun keineswegs daran, daß schon fast fünfzig Jahre vergangen sind, ein Menschenalter also, und unmittelbare Zeitzeugen rar geworden sind. Es liegt vor allem daran, daß schon damals, als sich die

Ereignisse gerade erst begaben, von bestimmter Seite begonnen wurde, das Bild bewußt zu verwirren. Außerdem wiederholte sich wieder einmal, was ich so oft schon erlebt hatte – und auch später wieder erlebte: Zu der Zeit, als die Ereignisse vorbereitet wurden und schließlich in oft stürmischen Aktionen abliefen, überwog in unserer Beurteilung zumeist der ganz aktuelle, auf den Tag bezogene und beschränkt lokale Aspekt, der Blick auf den eigenen Umkreis. Es waren eben Ereignisse in diesem »besonderen Gebiet« Berlin, erwachsen aus den unvergleichlichen Bedingungen der Stadt, in der Truppen von vier Mächten stationiert waren und deren reine Machtinteressen des jeweiligen Tages den Blick von langfristigen politischen Zielsetzungen ablenkten. Inzwischen jedoch – und heute erst recht – ist klar geworden, daß es damals keineswegs ausschließlich oder auch nur vordergründig um die Hauptstadt Berlin ging, sondern daß hier an einem besonders »geeigneten«, besonders gefährdeten Punkt Weltpolitik, Politik für die Welt nach unterschiedlichen Vorstellungen gemacht worden ist.

Verständnis oder Mißverständnis dieses Sachverhaltes beginnt schon bei eigentlich einfachen Fragen.

War Berlin jemals eine besondere, eine fünfte Besatzungszone? Folgt ein so Befragter dem lange Zeit in der BRD vermittelten Geschichtsbild, dann mag er antworten: Ja! Folgt er aber der historischen Wahrheit, dann muß er sagen: Nein! Berlin war nie eine Besatzungszone für sich. Dies war auch in keiner internationalen Vereinbarung der Siegermächte festgelegt worden. Im Juli 1945 kamen, wie bereits erwähnt, die Truppen der Westalliierten nach Berlin, weil diese Stadt als die traditionelle deutsche Hauptstadt – mitten in der sowjetischen Besatzungszone gelegen – Sitz eines alliierten Kontrollrates werden sollte. Dieser Rat sollte die einheitlich beschlossene Deutschlandpolitik der siegreichen Anti-Hitler-Koalition verwirklichen und gerade diese Einheitlichkeit kontrollieren, sie gegen Verstöße, von welcher Seite auch immer, verteidigen. Der Kontrollrat benötigte verständlicherweise einen großen Apparat – bei jedem der beteiligten Partner gehörten Tausende Militärangehörige und Zivilisten als Offiziere, Berater, Experten der verschiedensten Verwaltungsfragen und Dolmetscher mehrerer Sprachen dazu.

Um diesen Apparat unterzubringen und seine Arbeit, die Arbeit des Kontrollrates, auch effektiv und störungsfrei sichern zu können, wurde die Stadt in vier Besatzungssektoren eingeteilt. Eine al-

*Mit Fridl Hensel-Lewin (Mitte), der ersten Vorsitzenden der
Pionierorganisation (1946-1949)*

liierte Stadtkommandantur sollte alle Probleme einvernehmlich
entscheiden.

Das hieß aber keineswegs, daß eine Zone in der Zone entstand,
was auch dadurch unterstrichen wurde, daß die Westmächte im
Sommer 1945 für den geregelten Zugang nach Berlin vom sowjetischen Oberkommando eine Autobahn, eine Eisenbahn-
verbindung und später drei Fluglinien, sogenannte »Luftkorridore«
zugewiesen bekamen, deren Kontrolle natürlich bei den sowjetischen Organen verblieb. Zur gleichen Zeit blieb unbestritten, daß
einige Gesamtberliner Einrichtungen wie die Berliner   S-Bahn
in allen Sektoren, das gesamte Fernbahnnetz mit allen Bahnhöfen
der Deutschen Reichsbahn in Ost wie in West sowie das gesamte
Berliner Wasserstraßennetz der Leitung und Kontrolle der SMAD
unterlagen, die später zu Aufgaben der DDR-Behörden wurden
und bis 1961 Bestand hatten. Jene erstgenannten Sonderrege-
lungen der Sektorenbildung hoben also die oberste Gewalt der sowjetischen Behörden keineswegs auf.

Darum ist auch jede Vermutung falsch, daß die Viermächte-
gliederung, die Konstruktion einer Viermächteverwaltung an sich
der Grund für die Berliner Spaltung gewesen sei – solange alle
Beteiligten bereit waren, das gemeinsame, in Potsdam beschlossene

Programm zu beachten und durchzusetzen. Wir sahen und akzeptierten die – wie wir damals noch glaubten – vorübergehenden Schwierigkeiten und bemühten uns, mit allen alliierten Behörden gut zusammenzuarbeiten.

Schrittweise, schon 1945, begann jedoch die Sabotage des Potsdamer Abkommens und wurde immer sichtbarer. Es zeigte sich, daß die Westmächte nicht nur eine andere Auffassung von Demokratie und Entmilitarisierung hatten als die sozialistische Sowjetunion, sondern daß sie insgeheim schon längst entschlossen waren, eine im Widerspruch zu Potsdam stehende Konzeption durchzusetzen. Nachdem – vereinfacht gesagt – ihr Hauptkonkurrent Deutschland im Krieg besiegt worden war und darüber hinaus die Volksmassen in einer Reihe von europäischen und asiatischen Ländern, vor allem im Ergebnis des Widerstandskampfes gegen Deutschland und Japan begannen, mit der Okkupation und den schweren Kriegsfolgen auch die Wurzeln von Faschismus und Krieg zu beseitigen, galt das Hauptinteresse der Westmächte wieder voll und ganz der Abwehr ihres alten Hauptfeindes, des Sozialismus und jeder revolutionären Bewegung überhaupt. Sie wollten sie unter allen Umständen aufhalten, mit allen Mitteln zurückdrängen. Das war für sie ein globales Ziel, es entsprach jedoch der Natur der Sache, daß das in Zonen gegliederte Deutschland, das in Sektoren geteilte Berlin ihre besondere Aufmerksamkeit fanden.

Zunächst erfolgte bald nach dem Einzug westlicher Besatzungstruppen die Entlassung zahlreicher Antifaschisten aus den Westberliner Bezirksämtern. Dann häuften sich Beispiele für die bewußte Verzögerung von Entnazifizierungsverfahren in der Westberliner Verwaltung und Wirtschaft. Weiter stellten die westlichen Alliierten bekannte und wichtige Konzernbetriebe – wie etwa die Lorenz AG oder Siemens – unter ihren besonderen Schutz und billigten auch die häufiger werdenden Zusammentreffen von Vertretern der verschiedenen Industriegruppen, Unternehmerverbände und Konzernleitungen. Als Gegenstück dazu – oder als Ergänzung – nahmen die amerikanische und die britische Militärregierung dem Gesamtberliner Magistrat das Recht der Beschlagnahme und der Verwaltung des Eigentums von aktiven Nazis und Kriegsverbrechern in ihren Sektoren und stellten deren Vermögen unter ihre eigene Kontrolle, ja sie beauftragten nicht selten alte Konzernvertreter mit der Verwaltung dieser Betriebe. Sicher – das soll nicht bestritten werden – standen die westlichen Verbündeten unter dem Druck ihrer eigenen Angst vor dem wachsenden Einfluß der sozialistischen Sowjetunion und hatten wohl auch Furcht, daß sich aus einer erfolgreichen antifaschistisch-demokratischen Umgestaltung schließlich zwangsläufig sozialistische Verhältnisse entwickeln könnten. Darum benutzten sie ihre Befugnisse und Machtmittel, solche Veränderungen, wenn sie es schon nicht in ganz Berlin vermochten, so doch wenigstens in den Westsektoren abzubremsen und wieder rückgängig zu machen. Es gehört jedoch zu den Wechselwirkungen von Ursache und Wirkung, zur Dialektik geschichtlicher Prozesse, daß die eben geschilderten Vorgänge ihrerseits im Ostteil Berlins dazu führten, hier nur noch entschiedener, noch energischer auf dem einmal eingeschlagenen Weg voranzugehen.

In den Westberliner Reaktionen auf die Schritte im Osten wurde dann wiederum deutlicher, wogegen sich die geschilderten Maßnahmen der westlichen Militärbehörden eigentlich richteten. Ich erfuhr es mit als erster.

Selbst wenn man uns oft den Satz entgegenstellte, es habe doch erst jüngst eine Einheitsbewegung gegeben (die »Hitlerjugend«), so hielten wir dagegen, daß sich die HJ ja gerade zur Massenorganisation, zur »Staatsjugend« entwickeln konnte, weil vor 1933 die Jugendverbände zersplittert und zerstritten waren, und daß man aus der Geschichte lernen müsse.

Selbstverständlich hatte ich darum mit ausführlicher Begründung im Namen des Vorbereitungskomitees für die Gründung der FDJ in Berlin, zu dem ja auch junge Sozialdemokraten, Liberale, Christen wie jüdische Bürger gehörten, die westalliierten Kommandanturen von unserer Absicht in Kenntnis gesetzt und förmlich die Zulassung des Jugendverbandes in ganz Berlin beantragt. Diese Zulassung wurde verweigert, und es gab mehrere Gespräche mit dem verantwortlichen amerikanischen Offizier, Major Glaser, in seiner Dienststelle in Dahlem, aber auch in unserem Berliner FDJ-Büro im Stadtbezirk Prenzlauer Berg, wohin er, damals ein ungewöhnlicher Vorgang, zu einem Treffen kam. Wir wußten, daß die amerikanischen Behörden gegenüber der politischen Arbeit mit der Jugend durchaus aufgeschlossen und aktiv waren und Geld und Zeit in sie investierten. Sie schufen eigene Einrichtungen für die Jugend, Treffpunkte und Klubs, führten eigene Veranstaltungen und Zirkelstunden durch, organisierten sogar den Ferienaufenthalt vieler Westberliner Kinder in den westlichen Zonen – sie förderten auch die Vorbereitung und Schaffung von Jugendorganisationen. Gegen einen einheitlichen Jugendverband jedoch waren sie entschieden. Glaser erklärte mir mit vielen Worten und freundlichem Gesicht, einen Kommunistischen Jugendverband würde er – ebenso wie einen sozialdemokratischen, christlichen, bürgerlich-liberalen – durchaus akzeptieren und sogar unterstützen. Eine Organisation jedoch, die bestrebt war, die verschiedenen politischen Richtungen übergreifend in sich zu vereinen, war in seinem Konzept nicht vorgesehen, schon gar nicht, wenn sie auch in der sowjetischen Besatzungszone bestand. Für uns war der Plan, eine einheitliche Jugendorganisation zu schaffen, von prinzipieller Bedeutung.

So kam es, daß die FDJ schließlich mit einer Verspätung von eineinhalb Jahren erst im Herbst 1947 im Westen der Stadt und nicht unter ihrer eigentlichen Bezeichnung, sondern nur als »Freie Deutsche Jugend von Berlin« zugelassen und sehr bald auch wieder verboten wurde. Natürlich erfuhren wir danach, daß Gleiches auch gegenüber den anderen großen Organisationen durchgesetzt wurde – gegenüber dem Kulturbund zur demokratischen Erneuerung Deutschlands, dem Demokratischen Frauenbund und den Gewerkschaften. Und bald wurde auch allgemein sichtbar, daß die Schwerpunkte der von den westlichen Alliierten vorgetragenen Attacken schon in dieser frühen Zeit gezielte Maßnahmen gegen den einheitlichen Magistrat, gegen die einheitlichen Polizei- und Justizorgane, gegen die sich für Gesamtberlin formierenden gesellschaftlichen Oraganisationen und vor allem gegen den immer stärker werdenden Gedanken einer Vereinigung der beiden Arbeiterparteien waren.

Da setzte schon im August 1945 der amerikanische Militärkommandant von Steglitz den Bezirksbürgermeister, einen Kommunisten, ab. Da mußte auf Betreiben der USA-Militärregierung der weltberühmte Chirurg Prof. Dr. Sauerbruch – der im ersten Magistrat als Leiter der Abteilung Gesundheitswesen tätig war – entlassen werden. Da wurde von der Alliierten Kommandantur mitgeteilt, daß die Tätigkeit der Gewerkschaften »überwacht« würde und daß ohne ausdrückliche Genehmigung keine Verhandlungen über Arbeiterfragen geführt werden durften. Eine schon vorbereitete Delegiertenkonferenz der Gewerkschaften im Westen Berlins wurde rundheraus verboten.

Nicht so schnell wurde offenbar, ob die Westmächte sich nur darum bemühten, die Einflüsse aus der sowjetischen Zone und aus Ostberlin vom Westteil der Stadt fernzuhalten, diesen Teil gewissermaßen zu »schützen« – oder ob sie die Tatsache, daß in Westberlin ein »Sondergebiet« entstanden war, als Ausgangspunkt eigener weiträumiger Planungen zur Verhinderung von Entwicklungen im Osten nutzen wollten. Doch das wurde ab und zu auch sichtbar – und es war ein sozialdemokratischer Politiker in den Westsektoren, Professor Klingelhöfer, der am 7. April 1946 ein später oft zitiertes Stichwort gab: »Berlin ist Brückenkopf geworden!« Wie das?

Im Herbst 1945 wurden – wie in der gesamten sowjetischen Besatzungszone und auch in vielen Regionen der westlichen Länder – in Berlin die Bestrebungen stärker, die seit dem Mai erfolgreiche Aktionseinheit von Kommunisten und Sozialdemokraten fortzusetzen und schließlich durch die Schaffung einer einheitlichen Arbeiterpartei zu krönen. Es fanden in allen Stadtbezirken und für die ganze Stadt gemeinsame Funktionärskonferenzen, Großkundgebungen und Schulungsabende von KPD und SPD statt. Im Dezember trafen sich leitende Funktionäre beider Parteien zu den berühmt gewordenen »Sechziger-Konferenzen« – auch ich nahm an diesen Beratungen teil – und beschlossen, mit den konkreten Vorbereitungen des Zusammenschlusses zu beginnen. Das rief, wie zu erwarten war, das Trommelfeuer der Gegner der Arbeitereinheit hervor. Berlin wurde zum wichtigsten Brennpunkt einer harten Auseinandersetzung. Dabei muß man in Erinnerung rufen: Es war in Berlin, wie Sozialdemokraten später selbst zugaben, wo »eine relativ kleine Minderheit in der SPD«, die, gestützt auf die westlichen Besatzungsmächte, entschlossen war, die geplante Einheitspartei mit allen Mitteln zu verhindern. Von großem Gewicht wurde dabei, daß die Westalliierten Mitte Februar 1946 den Einheitsgegnern im voraus versprachen, sie würden mit ihrer 3:1-Mehrheit im Alliierten Kontollrat durchsetzen, daß die SED, so sie zustande komme, nur dann in Berlin anerkannt würde, wenn auch die SPD in der Stadt bestehen bliebe.

Als dann im Februar und März bereits erste gemeinsame Betriebsgruppen und Wohnparteiorganisationen entstanden, noch bevor die Vereinigung offiziell vollzogen war, drängten die Einheitsgegner zur Eile. Auf einer SPD-Funktionärskonferenz am 1. März 1946 gelang es ihnen, die Zustimmung zu einer

Urabstimmung in der SPD zum Projekt der Vereinigung zu erhalten. Diese Urwahl fand am 31. März statt.

Über dieses Ereignis ist oft und ausführlich gesprochen und geschrieben worden, dennoch ist bemerkenswert, daß eine Reihe sehr konkreter Umstände in den Hintergrund gedrängt und mit der Zeit gänzlich »vergessen« wurden, so daß sie den Spätergeborenen kaum noch bewußt sein können. Die Urabstimmung stellte keineswegs die Gegensätze mit einem klaren »Ja« oder »Nein« gegenüber. Der Wahlzettel der »SPD Berlin« formulierte nicht nur eine, sondern zwei Fragen: erstens »Bist Du für den sofortigen Zusammenschluß beider Arbeiterparteien? Ja oder Nein?«, zweitens »Bist Du für ein Bündnis beider Parteien, welches gemeinsame Arbeit sichert und Bruderkampf ausschließt? Ja oder

Mit Ruth Schmidt (links), der späteren Frau Keßler

Nein?« Man kannte also die Massenstimmung in der eigenen Partei sehr gut und stellte darum der Vereinigungslosung die Forderung nach einem Bündnis, also nach gemeinsamer Arbeit, nach der Verhinderung eines Bruderkampfes gegenüber.

Ebenso verdrängt wurde mit der Zeit die Tatsache, daß noch acht Tage vor der Urabstimmung in der SPD der stellvertretende amerikanische Militärgouverneur in Deutschland, General Lucius D. Clay, nachdrücklich gegen die Vereinigung auftrat und dementsprechend die örtlichen Militärbehörden aktiv Druck auf die Parteiverbände ausübten.

Es lohnt sich durchaus, die ermittelten Zahlen der Urabstimmung in Erinnerung zu rufen. Die Berliner SPD zählte damals rund 66.300 Mitglieder, davon gehörten 39.760 den Westberliner Kreisorganisationen an. Laut Wahlprotokoll beteiligten sich an der Abstimmung nur 23.019 Mitglieder, nur etwas mehr als ein Drittel der Partei. Von diesen stimmten 18.951 gegen eine »sofortige Vereinigung« , 2.731 dafür. 14.146 stimmten für ein Bündnis mit der KPD, 5.707 dagegen. Ohne die propagandistische Wirkung der Abstimmung gering zu schätzen: Nicht die Urabstimmung konnte bei den Resultaten letztlich den Ausschlag geben, sondern die fraktionelle Spaltung der Berliner SPD, die dann auf dem sogenannten II. Parteitag am 7. April 1946 beschlossen wurde – und hier fiel auch das Wort vom »Brückenkopf«.

Die weiteren Ereignisse sind bekannt, ich erwähne sie nur, da ich an ihnen direkt Anteil hatte: Am 13. April 1946 fanden sich auf getrennten Bezirksparteitagen im Osten die ordnungsgemäß gewählten Delegierten der Berliner SPD und KPD zusammen und sprachen sich mit großer Mehrheit für die Vereinigung aus – und am Tag darauf, am 14. April, wurde auf einer gemeinsamen Sitzung beider Parteitage die Berliner SED konstituiert, in deren Vorstand auch ich gewählt wurde. Es war nämlich keineswegs so, daß im Vereinigungsprozeß zunächst zentrale Entscheidungen getroffen wurden und die Länder und Städte dann die Vereinigung nur nachvollzogen. Es war in der gesamten sowjetisch besetzten Zone so wie in Berlin: Die Vereinigung, über die sich die zentralen Parteiorgane natürlich schon durch die vorangegangenen Sechziger-Beratungen und zahlreiche andere Vorbereitungsmaßnahmen einig geworden waren, erfolgte exakt von unten nach oben. Den Abschluß bildeten dann die Parteitage der beiden Parteien, erst getrennt, dann gemeinsam, am 21. und 22. April.

In den westlichen Sektoren Berlins waren noch am 18. und 19. April vorausschauend alle Versammlungen und Bekanntmachungen der SED von der amerikanischen und britischen Militärregierung untersagt worden, die Anerkennung der neuen politischen Partei wurde wochenlang verwehrt. Sie erfolgte erst, als im Kontrollrat auf Druck der Westmächte tatsächlich entschieden war: die SED wird in den Westsektoren nur zugelassen, wenn die SPD – nun eine kleine Splittergruppe – auch im Ostsektor erhalten blieb.

Es war nur logisch, daß die aus Spaltung und Fraktionskampf hervorgegangene Berliner Rest-SPD von den Westmächten eine großzügige politische, moralische und auch materielle Unterstützunmg erhielt. Nicht überraschend war, daß sie bereits im Mai 1946 die baldige Durchführung von Kommunalwahlen in Berlin forderte, die dann auf den 20. Oktober festgelegt wurden. Bereits im Juni wurde der Wahlkampf der SPD eröffnet; auf einer Großkundgebung sprach der westzonale Parteivorsitzende Kurt Schumacher. Seine Rede stand neben heftigen, ja zügellosen Angriffen gegen die SED im Zeichen der Grundforderung nach »Freiheit und Sozialismus!«

Unter sehr komplizierten Bedingungen vollzogen sich dann im Sommer und im frühen Herbst die Kämpfe in Vorbereitung auf die ersten Nachkriegswahlen zur Stadt- und zu den Bezirksverordneten-Versammlungen. Die Komplikationen waren zum Teil objektiver Natur, zum Teil aber auch willentlich verstärkt: Der amtierende Magistrat unter Oberbürgermeister Professor Dr. Werner wurde von den westalliierten Behörden Monat für Monat stärker in der Ausübung seiner Funktionen im Westen der Stadt behindert. Gleichzeitig wurde seit August durch die großzügige Verteilung von amerikanischen Care-Lebensmittelpaketen an Privatpersonen Stimmung gemacht, wobei die östliche Besatzungsmacht in ihrem Sektor einfach nicht mithalten konnte. Im September wurde – parallel zum Demokratischen Rundfunk in der Masurenallee – der amerikanische Sender RIAS geschaffen, der bald zu einem Kernstück der gegen die SED und gegen die Sowjets gerichteten Kampagne, des ersten antikommunistischen Hetzfeldzuges der Nachkriegszeit in Deutschland wurde. Und das traf – wie schon gesagt – auf einen objektiv vorbereiteten Boden. Die Bevölkerung Berlins war – trotz aller Fortschritte unserer Arbeit – in ihrer Mehrheit durch die katastrophale Niederlage im Krieg immer noch stark deprimiert und durch die widersprüchliche Haltung und kontroverse politische Praxis der Besatzungsmächte deutlich verunsichert. Und die zunehmend angewandte Taktik, die Verantwortung für alle Lasten und Entbehrungen der Nachkriegszeit nicht dem Faschismus zuzurechnen, sondern den Antifaschisten, dem Magistrat, der SED und letztlich der sowjetischen Besatzungsmacht in die Schuhe zu schieben, blieb nicht ohne Wirkung.

Ich erfuhr das immer wieder, denn ich nahm als jüngster Kandidat für die Stadtverordnetenversammlung an unzähligen Wahlkampfveranstaltungen teil, in Betrieben, Schulen und Jugendklubs in ganz Berlin, in den Hinterzimmern kleiner Lokale oder einfach auf offener Straße oder in Parks und vertrat – die FDJ hatte keine eigene Liste erhalten – auf der Liste der SED natürlich in allen Stadtteilen unsere »Grundrechte der jungen Generation«, die wir für die jungen Leute in West wie in Ost erstrebten, obwohl wir schon spürten, daß sie nicht gleichzeitig und nicht in der gleichen Art verwirklicht werden konnten. Wir spürten es vor allem an der Gehässigkeit der Gegenangriffe, die in den Westsektoren, bekanntlich dem größeren, bevölkerungsstärkeren Teil Berlins, ihre Wirkung taten.

Das Wahlergebnis vom 20. Oktober 1946 ist bekannt. Bei einer Wahlbeteiligung von rund 92 Prozent erhielten die SPD 48 % und 63 Sitze, die CDU 22 % und 29 Sitze, die LDP etwas mehr als 9 % und 12 Sitze und die SED rund 20 % und 26 Sitze in der Stadtverordnetenversammlung. Ähnlich war die Zusammensetzung der zwanzig Bezirksverordnetenversammlungen.

Das bedeutete noch keinen sofortigen, keinen plötzlichen Erdrutsch – aber es erleichterte jenen die Arbeit, die daran interessiert waren, die Stadt in den nächsten beiden Jahren Schritt vor Schritt systematisch zu zerreißen. Nachdem der erste Magistrat unter Prof. Dr. Artur Werner zurückgetreten war, wurde der neue gebildet: Oberbürgermeister wurde der Sozialdemokrat Dr. Ostrowski. Die SPD stellte sieben von vierzehn Stadträten und den ersten stellvertretenden Oberbürgermeister, die SED einen stellvertretenden Oberbürgermeister (Waldemar Schmidt) und zwei Stadträte (Karl Maron und den bekannten Pädagogen Max Kreutziger). Noch verfügten – rein rechnerisch – SPD und SED über die Mehrheit der Stimmen und Sitze in der Stadtverordnetenversammlung, noch hätte man, wenn die in der SPD-

Urabstimmung doch positiv beantwortete Frage nach einem Bündnis beider Parteien ernst gemeint gewesen wäre, wichtige Reformen durchsetzen können. Die Bedingungen wurden jedoch immer schlechter – bald nach den Wahlen zerfiel im Rahmen Gesamtberlins der Block der antifaschistisch-demokratischen Parteien, wurden auch zahlreiche Ausschüsse beim Magistrat aufgelöst, so der Frauen-, der Sozial-, der Heimkehrerausschuß. Doch trotzdem mußte der Versuch eines nüchtern-realistischen Zusammenwirkens gewagt werden. Darum ist es auch wert, darauf hinzuweisen, daß es im Jahre 1947 noch gelang, auf Vorschlag der SED, aber auch mit vielen Stimmen der SPD drei wichtige Gesetze in der Stadtverordnetenversammlung durchzubringen: am 18. Februar ein »Gesetz zur Überführung von Konzernen und sonstigen wirtschaftlichen Unternehmen«, am 27. März eine »Verordnung zur Einziehung von Vermögenswerten der Kriegsverbrecher und Naziaktivisten« und noch im November ein demokratisches Schulgesetz, an dessen Vorbereitung ich als Jugendabgeordneter aktiv mitgearbeitet hatte.

Nun zeigte es sich prompt, daß die in den westlichen Stadtbezirken wirklich entscheidenden Kräfte etwas anderes wollten und keineswegs nur von rein Berliner Belangen ausgingen. Die Vertreter der Westmächte verweigerten die Bestätigung der Konzernenteignungsgesetze und unterstützten die neue Magistratsmehrheit bei ihren Bemühungen, Berlin schrittweise von seinem natürlichen wirtschaftlichen Hinterland loszureißen, es faktisch in die Westzonen und den dort anlaufenden Marshallplan einzureihen. Dazu gehörte auch, daß zahlreiche noch existierende Konzerne organisiert und ungehindert ganze Betriebe oder Betriebsteile, Rohstoffe und Maschinen in die Westzonen verlagerten. Gegen Jahresende 1947 wurden mit Billigung des neuen Magistrates täglich etwa einhundert Waggonladungen abtransportiert. Ein solcher Ausverkauf konnte allein im Ostteil der Stadt verhindert werden. Hier wurde unbeirrt mit der Verwirklichung der oben erwähnten, auch mit sozialdemokratischen Stimmen beschlossenen Gesetze begonnen, so durch die Bildung von mehr als dreihundert Treuhandbetrieben entsprechend dem SMAD-Befehl 124. In ihnen arbeiteten rund vierzig Prozent aller im Ostsektor beschäftigten Arbeiter.

Die Signale standen jedoch unmißverständlich auf Sturm. Um kein Mißverständnis aufkommen zu lassen: nicht wir riefen zur

Bei einer FDJ-Demonstration in der Ossietzky-Straße in Berlin-
Pankow, 1947. Rechts außen: Erich Honecker

offenen Konfrontation. Schon im Juni 1947 – nach dem Zusammenschluß der amerikanischen und britischen Zonen zur Bizone – wurden zwei Berliner Stadträte, Klingelhöfer und Friedensburg, vom Magistrat entgegen dem Sonderstatus der Hauptstadt beauftragt, Berlin in den bizonalen Wirtschaftsgremien zu vertreten. Am 28. Oktober 1947 gab der amerikanische Militärgouverneur, General Clay, auf einer Pressekonferenz den Schlachtruf aus, der später häufig zitiert wurde: »Es wird Zeit, gegenüber den Kommunisten die Glacéhandschuhe auszuziehen und eine härtere Gangart einzuschlagen.«

Angesichts solcher offenen Angriffe verstärkte die SED, unterstützt von einer breiten Öffentlichkeit in ganz Deutschland, die Bemühungen, einen »Deutschen Volkskongreß für Einheit und gerechten Frieden« einzuberufen und in allen Zonen eine starke Bewegung für seine Ziele in Gang zu setzen. Am 6. und 7. Dezember 1947 trat im Berliner Metropoltheater eine erste Tagung des Kongresses zusammen. Wir beschlossen ein politisches Programm, in dem die beiden Begriffe »Einheit« und »gerechter Friede« ausführlich erklärt und begründet wurden, und legten fest, überall entsprechende Ausschüsse zu bilden, damit das Programm umfassend diskutiert und Vorschläge zur Präzisierung gemacht werden konnten.

Am 13. Dezember wurde, auf Drängen des amerikanischen Delegierten General Marshall, die Londoner Konferenz des Rates der Außenminister der vier Alliierten abgebrochen, ohne daß ein neuer Termin vereinbart wurde. Begleitet wurde dies von der Ablehnung, über einen Friedensvertragsentwurf der Sowjetunion auch nur zu diskutieren, und von der Weigerung, Vertreter der deutschen Volkskongreßbewegung zu empfangen. Am 20. Dezember schrieb die regierungsnahe *New York Herald Tribune* nicht nur konstatierend, sondern fordernd: »Wir sind am Ende der Straße angelangt. Das Zeitalter von Jalta ist vorbei. Die Aufteilung Deutschlands wird uns freie Hand geben, Westdeutschland in ein System der Westmächte einzubauen.«

Der nächste Schritt folgte rasch. Am 23. Februar 1948 fand in London eine weitere Außenministerkonferenz statt, diesmal jedoch ohne die Sowjetunion. Die Westmächte trafen sich mit Abgesandten der Beneluxstaaten und Vertretern der deutschen Westzonen. Erstmals ging es um die Schaffung eines westdeutschen Separatstaates, das heißt diese Konferenz – ohne die Siegermacht Sowjetunion – behandelte Fragen, die ausschließlich zum Kompetenzbereich des Kontrollrates der großen Vier gehörten, und beschloß in den sogenannten»Londoner Empfehlungen« die Einbeziehung eines zu bildenden westdeutschen Staates in ein westeuropäisches Paktsystem. Das war nicht mehr und nicht weniger als ein offener Bruch des Potsdamer Abkommens. Die erste Reaktion in den Westsektoren Berlins war wie erwartet das Verbot der Volkskongreßausschüsse, die schon gebildet waren.

Die zweite Tagung des Volkskongresses fand am 17./18. März in Berlin statt und beschloß, in ganz Deutschland vom 23. Mai bis zum 13. Juni ein Volksbegehren über die Herbeiführung der deutschen Einheit und eines Friedensvertrages zu organisieren, was von den westlichen Militärgouverneuren prompt verboten wurde. Am 20. März stellte der Kontrollrat der Alliierten seine Arbeit ein – er war lahmgelegt, weil die Westmächte sich weigerten, der sowjetischen Seite Informationen über die Londoner Separatkonferenz zu geben. Auf diesen Vertrauensbruch folgte der Bruch der Zusammenarbeit in jenem Organ, für dessen Funktionieren die Sektorenbildung in Berlin überhaupt erfolgt war. Der entscheidende letzte Schlag stand unmittelbar bevor.

Natürlich wurde dieser Schlag lange vorbereitet – langfristig auch deshalb, weil sich die Vorbereitung zunächst im Verborgenen vollzog und als eine von US-Geheimdiensten abgeschirmte Aktion ablief, die bezeichnenderweise einen kuriosen Decknamen trug: »Bird dog« – »Fliegender Hund«.

Die Notwendigkeit von ernsthaften Maßnahmen zur Sicherung der Stabilität der Währung war an und für sich für alle durchaus einsehbar. Seit dem Ende des Krieges im Mai 1945 vagabundierte eine außerordentlich große, vom Dritten Reich in der Endzeit der Hitlerherrschaft inflationär in Umlauf gesetzte Geldmenge nahezu unkontrolliert in ganz Deutschland umher, was den wirtschaftlichen Neubeginn zusätzlich erschwerte. Das war ein Problem, das ganz Deutschland betraf und auch nur in diesem Rahmen gelöst werden konnte. Während aber Ende 1947 die Westmächte im Kontrollrat mit der Sowjetunion noch über eine ganz Deutschland umfassende Regelung sprachen, als sei es ihnen mit einem einheitlichen Vorgehen ernst, löschte am 25. November 1947 der amerikanische Frachter »American Farmer« bereits eine Ladung von 4800 Kisten mit einem Gesamtgewicht von 192 Tonnen. Es folgten noch weitere fünf Schiffsladungen der gleichen Art, bis Ende Mai 1948 genau 22 895 Kisten mit einem Gesamtgewicht von 915 Tonnen in streng bewachten Tiefbunkeranlagen lagerten. Nur die Eingeweihten wußten, was die Kisten enthielten: die neuen Banknoten, die -in den USA gedruckt – am geplanten Tag X, über den es noch keinerlei einvernehmliche Entscheidung gab – in den drei Westzonen ausgegeben werden sollten. Wohlgemerkt: in den Westzonen!

Natürlich stellten einige Scharfmacher sofort die Frage, wie man bei einer so geplanten Währungsreform dann in den Westsektoren Berlins verfahren sollte, die ja hunderte Kilometer von den Demarkationslinien entfernt waren. In den ersten Runden dieser sehr internen Debatten gab es sowohl bei den westlichen Militärregierungen wie bei einflußreichen und verantwortlichen westdeutschen Wirtschaftskreisen sehr gewichtige Stimmen, die deutlich sagten, daß angesichts der in Potsdam geschaffenen politisch-rechtlichen Situation und angesichts der unbestreitbaren geographischen Lage der Stadt nur eine Regelung von Bestand sein konnte: die Einbindung der Westsektoren in eine bald auch für die Sowjetzone notwendig werdende Währungsregelung. Und der damals schon wichtigste westdeutsche Wirtschaftexperte, Professor

Ludwig Erhard, sprach es sogar ganz deutlich aus: Eine Einbeziehung der Westsektoren in die Währungsreform Westdeutschlands ist nicht möglich, deshalb muß Berlin nach der Währungsreform in Westdeutschland als »Devisenausland« betrachtet werden.

Stimmen gegen diese eindeutige Rechtslage kamen vor allem aus zwei Richtungen: einmal vom amerikanischen Militärgouverneur Lucius D. Clay und seinem engsten Beraterkreis, der auf den jetzt schon weltweit sichtbaren Kurs des Kalten Kriegs von Präsident Truman eingeschworen war – und aus der Westberliner Sozialdemokratie, deren Sprecher Ernst Reuter erklärte, was sich sehr viel später noch einmal, 1990, bestätigen sollte: »Wer die Währung hat, hat die Macht!«

Eine Vorentscheidung fiel am 20. Mai 1948 im Bizonen-Wirtschaftsrat in Frankfurt am Main. Hier wiederholte Ludwig Erhard noch einmal seine schon erwähnte Meinung vom »Devisenausland«, doch es war die aus Berlin angereiste Delegation (Louise Schroeder, Ernst Reuter, Gustav Klingelhöfer und Otto Bach, alle SPD) die dagegen Sturm lief und sich durchsetzte, indem sie behauptete: die »Berliner Verwaltung« nimmt die Spaltung der Währung in Kauf und sieht sich in der Lage, alle Folgen zu meistern. Da es für den weiteren Gang der Entwicklung in Berlin, vor allem auch für die Arbeitsfähigkeit, ja für die bloße Existenz einer Gesamtberliner Stadtverwaltung von großer Bedeutung war, muß hier erwähnt werden, was später von durchaus kompetenter Seite dazu erklärt worden ist: Zu dieser Initiative waren Reuter und Klingelhöfer zwar formell durch die Zustimmung ihrer Parteifreundin Louise Schroeder gedeckt, jedoch durch keinerlei Beschluß des Magistrats autorisiert, dem ja als Minderheit auch die »Kommunisten« angehörten. Sie berichteten dem Magistrat über die Frankfurter Entscheidungen auch nachträglich mit keinem Wort. Dort konnte dieser Gedanke in Anwesenheit der »kommunistischen« Magistratsmitglieder nicht einmal öffentlich erörtert werden. – Diese Charakterisierung eines mehr als dubiosen Demokratieverständnisses stammte keineswegs aus dem *Neuen Deutschland*, sondern aus der Feder der Sozialdemokraten Willy Brandt und Richard Loewenthal in einer gemeinsamen Arbeit über Ernst Reuter.

Das Verhängnis nahm seinen Lauf: Insgeheim wurden nach der Frankfurter Zusammenkunft auch in den Westsektoren Berlins mit den technischen Vorbereitungen eines Währungsumtausches begonnen. Vertreter der westlichen Militärbehörden, der drei Parteien CDU, LDP und SPD und einiger Westberliner Konzernbetriebe trafen sich zu Absprachen im Gebäude des ehemaligen Oberkommandos der Wehrmacht am Fehrbelliner Platz. Zehn Flugzeugladungen wurden nach Berlin transportiert und brachten die für die Westzonen gedruckten Banknoten – mit einem Aufdruck »B« –, ohne daß der gesamte Magistrat oder die gewählte Stadtverordnetenversammlung auch nur informiert worden waren.

Eine erste Information über das Vorhaben, das die politische Situation Berlins grundlegend verändern sollte, erhielten wir, die gewählten Stadtverordneten wie die ganze Öffentlichkeit, erst am 18. Juni, als die westlichen Besatzungsmächte die Meldung veröffentlichten, daß für den 20. Juni (bereits zwei Tage später!) ein Währungsumtausch in den Westzonen angeordnet war.

An diesem 18. Juni noch wurde die Sowjetische Militäradministration von den Westmächten offiziell davon in Kenntnis gesetzt, daß eine »Ausdehnung auf Berlin« nicht vorgesehen sei (!). Marschall Sokolowski bestätigte das und sagte, daß eine solche Ausdehnung angesichts der geltenden Rechtslage auch nicht möglich sei und daß eine Zuwiderhandlung zwangsläufig bedeuten würde, daß der Westen Deutschlands direkten Einfluß auf das Währungssystem in der sowjetischen Zone erlangen würde.

Für jeden war also die Gefahr offenkundig, daß sofort, sogar noch vor dem Umtauschtermin, große Beträge der wertlos werdenden Reichsmark aus dem Westen in den Osten verbracht würden, wo sie ja noch im Umlauf war. Und in der Tat wurden schon in der ersten Nacht mehr als 90 Millionen Reichsmark von der Grenzpolizei beschlagnahmt. Man konnte sich also nicht allein auf die bloße Erklärung der Westmächte verlassen, es mußte vorgebaut werden.

Um größeren Schaden abzuwehren, ordnete Marschall Sokolowski an, daß noch in der Nacht zum 19. Juni der Personenzugverkehr nach Westberlin sowie der Kraftfahrzeugverkehr über die Autobahn vorübergehend eingestellt und der Fußgängerverkehr zwischen dem Ostsektor und den Westsektoren stark kontrolliert wurde. Das war noch keine Blockade – es war eine Vorsichtsmaßnahme bis zu dem Zeitpunkt, da die Gefahr der Währungsspekulation abgewehrt war.

Um dies in kurzer Zeit zu erreichen, begann eine fieberhafte Tätigkeit im Osten: Hier waren noch keine neuen Geldscheine für die Sowjetzone gedruckt worden. Deshalb wurden kleine Coupons wie Briefmarken auf die alten Scheine geklebt. Zur gleichen Zeit – wen wundert das? – kam es in vielen östlichen Stadtteilen Berlins zu Massenprotesten gegen eine separate Währungsreform in den Westzonen, die man durchaus als die Vorstufe einer endgültigen Spaltung der Stadt verstand.

Der nächste Schritt war der sogenannte SMAD-Befehl 111, »ab 24. Juni auf dem gesamten Territorium der sowjetischen Besatzungszone und auf dem Gebiet Groß-Berlins neue Banknoten einzuführen: Reichsmarkscheine mit Spezialkupons« (sie konnten erst Ende Juli durch neue Scheine ersetzt werden). Diesen Befehl überreichte in der ersten Stunde des 23. Juni der sowjetische Verbindungsoffizier zum Magistrat, Major Otschkin, dem stellvertretenden Oberbürgermeister Friedensburg mit der Maßgabe, ihn um sechs Uhr morgens zu veröffentlichen und in ganz Berlin unverzüglich in Kraft zu setzen. Noch in der Nacht alarmierte Friedensburg die führenden Politiker der drei Parteien und die westlichen Kommandanten. Von denen erhielt er – ohne Absprache mit der sowjetischen Kommandantur, ja entgegen deren Anordnung – die Anweisung, der Magistrat solle nichts unternehmen.

Die »Kuponmark« wurde im Osten vom 24. bis 28. Juni ausgegeben – im Tausch gegen 70 Reichsmark pro Person. Natürlich hatten viele Bürger auch in den Westsektoren Angst, daß Berlin nun durch die Währungsproblematik gespalten würde. Belegschaften in den Betrieben riefen sogar nach Streiks, doch da die Gewerkschaften schon gespalten waren, kam es nicht dazu. Protestkundgebungen kamen nur im Osten zustande. In den Westsektoren dagegen patrouillierten vorsorglich Militärfahrzeuge und Streifen der Militärpolizei und ließen Widerstand nicht zu.

Ich erinnere mich sehr gut der Stadtverordnetenversammlung vom 23. Juni 1948: Tausende Berliner drängten sich vor dem Neuen Stadthaus in der Parochialstraße und forderten in Sprechchören »Einheit der Stadt! Einheit der Währung!«. Viele verschafften sich sogar Zutritt zum Sitzungssaal, doch die Abgeordneten der SPD, CDU und LDP verließen sofort den Saal, weil sie nicht »unter dem Druck der Straße« verhandeln wollten, und unterbrachen die Sitzung für zwei Stunden. Nur wir, die Stadtverordneten der SED, sprachen mit den demonstrierenden Berlinern. Als die

Sitzung weiterging, erklärte die amtierende Oberbürgermeisterin Louise Schroeder, der Magistrat habe – gegen die Stimmen der drei SED-Stadträte – beschlossen, den SMAD-Befehl nicht in ganz Berlin durchführen zu lassen. Dies sollten nur die acht Ost-Stadtbezirke tun, während die zwölf westlichen Bezirke angewiesen wurden, den Weisungen ihrer Kommandanturen zu folgen. Außerdem war es unbestritten so – auch das haben wir ja bis in die jüngste Gegenwart wiederholt erlebt, daß die Mehrheit der Westberliner nach den Monaten und Jahren der Schwierigkeiten und Entbehrungen der Einführung des neuen Geldes nicht ablehnend gegenüberstanden, sondern sie begrüßten, weil sie eine höhere Kaufkraft erwarteten, erhofften. Vom 25. Juni an wurde allen Einsprüchen der Sowjetunion zum Trotz die D-Mark in den Westsektoren Berlins ausgegeben. Was in der Rede von Frau Schroeder noch wie eine salomonische Entscheidung geklungen hatte, war letztlich die Entscheidung für die Spaltung Berlins.

Die SMAD protestierte entschieden und sah sich herausgefordert, zusätzliche Maßnahmen zum Schutz der Wirtschaft ihrer Besatzungszone zu ergreifen und den Personen- und Güterzugverkehr von Helmstedt nach Berlin zu unterbrechen. Das wurde zum wohl spektakulärsten Ereignis des Jahres 1948 und – in aller Welt propagandistisch ausgewertet – zur »Berliner Blockade«. Dieses Ereignis ist auch heute noch weit bekannt, ich will es darum nicht ebenso ausführlich schildern, man kann es in allen Geschichtsbüchern nachlesen. Ich will mich nur auf jene Punkte beschränken, die mit meiner späteren Arbeit und mit meinem sich dabei durch einige Jahrzehnte hindurch entwickelnden Verständnis von meiner Verantwortung zusammenhängen.

Es konnte nicht überraschen, daß die amerikanische Regierung keinerlei Schritte tat, um einzulenken und die Lage auf dem Verhandlungsweg zu entspannen, sondern vielmehr alles unternahm, um die Situation noch zuzuspitzen. Ganz deutlich wurde, daß sie nicht daran dachte, ihre »Bastion hinter dem eisernen Vorhang« aufzugeben. Sie schürte und nutzte geradezu eine sich weltweit entwickelnde Blockadehysterie, um hinter dieser Nebelwand von »Mitgefühl« und Kommunistenhaß ihre schon lange gehegten Pläne – die Durchführung des Marshallplans, die Gründung einer atlantischen Militärallianz, die Schaffung eines westdeutschen Separatstaates – in die Tat umzusetzen. Ende Juni, Anfang Juli 1948 fand eine ganze Reihe hektischer Beratungen in

Washington statt, bei denen die Militärs eine Kette von immer gefährlicheren Vorschlägen unterbreiteten, wie der Blockade zu begegnen sei. General Clay, wie immer besonders aggressiv und anderen mehrere Schritte voraus, schlug aus seinem Hauptquartier in Berlin-Dahlem per Fernschreiber und in Telefonkonferenzen vor, durch einen »entschlossenen Vormarsch« von Konvois mit Truppenschutz über die Autobahn die sowjetischen Sperren zu durchbrechen – zu deutsch: die andere Seite zu zwingen, den ersten Schuß abzugeben. Der Journalist Wilfred G. Burchett, von 1945 bis 1949 Korrespondent des englischen *Daily Express* in Berlin schrieb in seinem Buch »Der Kalte Krieg in Deutschland«, Clay habe mehr als einmal vor seinen Vertrauten geprahlt, man könne »aus Berlin ein zweites Pearl Harbour« machen. Es muß wohl das damals herrschende internationale Kräfteverhältnis, es muß die immer noch vom gemeinsamen Sieg über Hitler geprägte öffentliche Meinung in den meisten Ländern gewesen sein, daß Präsident Truman diesen militärischen Ratschlägen nicht folgte, die sicher die Schwelle zu einem atomaren Krieg überschritten hätten. Allerdings ordnete er einige verschärfende Schritte an: Er entschied, daß unter der Losung »Gegenblockade« der bereits im Frühjahr 1948 verhängte Wirtschaftsboykott gegen alle osteuropäischen Länder jetzt auch auf das Gebiet der sowjetisch besetzten Zone in Deutschland ausgedehnt wurde. Er verfügte, daß zum Zeichen der Abschreckung sechzig Bomber vom Typ B-29 nach Westeuropa verlegt wurden – das waren jene, die für den Transport von Atomwaffen gebaut worden waren. Den letzten Schritt jedoch ging er nicht. Als Hauptweg zur »Brechung der Blockade« befahl Truman das großangelegte Luftbrücke-Unternehmen, bei dem auf dem Höhepunkt der Aktion rund 400 Flugzeuge rund um die Uhr im Einsatz waren. Natürlich reden die Fürsprecher dieses Unternehmens bis auf den heutigen Tag nur von einer großen humanitären Hilfsaktion, obwohl die SMAD gemeinsam mit der Deutschen Wirtschaftskommission damals die Sicherstellung der Lebensmittelversorgung auch Westberlins ausdrücklich garantiert hatten. Unterschlagen wurden fast vollkommen auch viele Begleiterscheinungen: daß für die Luftbrücke jene Korridore genutzt wurden, die doch ausschließlich zur Versorgung der westlichen Truppen in Westberlin bestimmt waren, daß die außerordentliche Flugdichte der Luftbrücke die Unfallgefahr wesentlich erhöhte und eine ernste Gefährdung des gesamten Luftraums nicht nur

Mit Horst Brasch, Sekretär des Zentralrats der FDJ. Der gebürtige Berliner Brasch (1922-1989) Sohn einer jüdischen Textilfabrikan-ten-Familie und Stiefsohn des Schriftstellers und Biologen Curt The-sing emigrierte 1939 nach Großbritannien, wo er am Aufbau der FDJ beteiligt und seit 1942 dort ihr Vorsitzender war. Nach seiner Rückkehr war er u. a. Chefredakteur der FDJ-Zeitung Junge Welt, *Volksbildungsminister im Land Brandenburg (1950-1952) und von 1965 bis 1969 stellvertretender Kulturminister der DDR*

Berlins, sondern der sowjetischen Besatzungszone überhaupt dar-stellte, was allein 24 Abstürze bewiesen, so bei Rathenow, Erfurt und Langensalza, aber auch über dem dichtbesiedelten Wohn-gebiet Berlin-Friedenau. Und wem wurde je die Tatsache erklärt, warum die Luftbrücke insgesamt 462 Tage dauerte und erst Ende September 1949 beendet wurde, fünf Monate später als die formelle Beendigung der »Berlinkrise«? Wem wurde in so vielen Publikationen markant mitgeteilt, daß am 30. August 1948 offizielle und bevollmächtigte Vertreter der Regierungen der vier Mächte bei einer Konferenz in Moskau eine gemeinsame Direktive an die vier Oberkommandierenden in Deutschland beschlossen? Diese Direktive sah vor, daß bei gleichzeitiger Aufhebung der wechselseitigen Verkehrssperren die Währung der sowjetischen Besatzungszone in ganz Berlin gelten sollte. Die Vertreter ihrer Regierungen erkannten also den Willen der Potsdamer Konferenz an – anders ging es auch nicht –, daß die Berliner Westsektoren Teil der sowjetischen Zone waren, und sie beauftragten ihre Oberbefehlshaber in Deutschland, die praktischen Maßnahmen auszuhandeln. Es kam nicht dazu. Im ehemaligen, nun leerstehenden Kontrollratsgebäude wurde ein Hindernis auf das andere gehäuft, bis die westlichen Militärgouverneure die »Erfolglosigkeit« der Verhandlungen verkündeten – die »Rosinenbomber« flogen weiter. Auch als eine internationale unabhängige UNO-Kommission zur Klärung des Problems eingesetzt wurde, 42 Sitzungen durchführte und zu keinem anderen Resultat kam als die Viererkonferenz von Moskau, erklärten die Westmächte Anfang 1949 dann rundheraus, die Währungsverhandlungen seien endgültig gescheitert. Da flogen die »Rosinenbomber« immer noch, da waren selbst die voraussehbaren Folgeerscheinungen schon vollzogen.

Als am 26. August die Stadtverordnetenversammlung nach mehr als einmonatiger Pause wieder zusammentrat, löste sie der Vorsitzende Dr. Suhr nach nur fünfzehn Minuten wieder auf, da vor dem Stadthaus Demonstranten protestierten. Er forderte vom sowjetischen Stadtkommandanten Kotikow sogar die Verhängung eines Bannkreises um das Haus in der Parochialstraße und das Verbot aller Versammlungen und Umzüge unter freiem Himmel an diesem Ort, was Kotikow natürlich ablehnte. Als dann zehn Tage später wiederum Tausende in der Parochialstraße standen und auf Transparenten und mit Sprechchören die Wiederherstellung der Einheit der Stadt forderten, fanden sie die Scherengitter am Portal des Stadthauses geschlossen. Trotzdem gelang es einer großen Gruppe, ins Haus zu gelangen. Sie überreichte dem Stadtverordnetenvorsteher Resolutionen von Betriebsbelegschaf-

Mit dem SED-Vorsitzenden Wilhelm Pieck und dem FDJ-Chef Erich
Honecker sowie dem Zentralrats-Sekretär Gerhard Heidenreich bei
einer Kundgebung auf dem Leipziger Karl-Marx-Platz während des
III. Parlaments der FDJ, Juni 1949

ten, viele setzten sich dann auf die Tribünen des Saales. Ich erlebte
das von meinem Abgeordnetenplatz aus mit, nicht – wie später behauptet wurde – an der Spitze der »Menschenmassen«. So sah ich
auch von meinem Platz aus, wie die sogenannte »Schwarze Garde«,
die schon am Vormittag ins Haus geschleust worden war, in den
Saal stürmte. Es war eine im amerikanischen Sektor gebildete
Organisation, die auf die Demonstranten einschlugen. Das
Präsidium war bereits leer. Dr. Suhr ließ aus seinem Arbeitszimmer
telefonisch mitteilen, daß die Sitzung geschlossen sei. Dann verließ
er das Haus, gefolgt von den anderen Stadtverordneten außer
denen der SED. Sie trafen sich alle später in der »Taberna acade-
mica«, im Studentenhaus in der Hardenbergstraße im britischen
Sektor, wo ein provisorischer Sitzungssaal schon eingerichtet war.

Daß sie das Ganze mit einem drohenden »kommunistischen
Putsch« begründeten, konnte uns schon nicht mehr überraschen,
auch nicht, daß der US-Stadtkommandant Howley dem amtierenden Oberbürgermeister Friedensburg auf die Schulter klopfte:
»Was immer Sie tun, ich werde immer hinter Ihnen stehen!«

An jenem 6. September 1948 erfolgte also der entscheidende

Auf dem 2. Jungaktivistenkongreß in Erfurt, 1949. Am Rednerpult
Walter Ulbricht, Generalsekretär des ZK der SED

Schritt zur Spaltung Berlins. Friedensburg hatte ganz deutlich erklärt, der Magistrat arbeite von nun an nurmehr für die
Weststadt. Das wurde dann am 9. September bei einer Großkundgebung vor der Reichstagsruine noch unterstrichen. Hier
hielt Ernst Reuter seine bekannte Rede – »Völker der Welt,
schaut auf diese Stadt!«, dann ging eine aufgestachelte Menge
gegen Sowjetsoldaten und Volkspolizisten vor und riß, das erste
Mal nach dem Mai 1945, die rote Fahne vom Brandenburger
Tor.

Das Folgende war natürlich gefährlich, aber doch zu erwarten: Schon am 18. Juli hatte Friedensburg den Polizeipräsidenten Markgraf für abgesetzt erklärt und einen West-Polizeipräsidenten, Dr. Stumm, eingesetzt. Eine städtische Behörde nach der anderen wurde geteilt. Als auch der SED-Stellvertreter des Oberbürgermeisters, Waldemar Schmidt, für abgesetzt erklärt wurde, es aber unter Berufung auf seine verfassungsgemäße Wahl zurückwies, verließ die Mehrheit des Magistrats das Stadthaus und verlegte ihren Sitz nach Westberlin.

Ein kommunistischer Putschversuch?

Die Behauptung war so schrill, wie sie falsch war. Uns war doch viel zu deutlich klar geworden, was manche Zeitgenossen erst später durchschauten. Bereits über die Verlegung der B-29-Bomber nach Westeuropa Ende Juni hatte der USA-Militärhistoriker Walter Millis geschrieben, was wirklich geschehen war: »Als sie über den Atlantik davondonnerten, brachten sie erstmalig die nuklearen Waffen unmittelbar in das System von Diplomatie und

Gewaltanwendung, das hinfort die Angelegenheiten der Völker bestimmen sollte.«

Daran mußten wir fortan denken: als Ende November der neue Magistrat in Ostberlin gebildet wurde, geleitet vom Sohn des ersten Reichspräsidenten der Weimarer Republik, Friedrich Ebert, als im Mai 1949 die Bundesrepublik Deutschland gegründet wurde, als fünf Monate später die DDR entstand. Immer mußten wir an die Veränderung der Weltsituation denken, die dramatisch in unserem Berlin ihren Anfang nahm – und auch an den letzten Refrain des Aufbauliedes von Bertolt Brecht dachten wir jetzt immer häufiger, das er bekanntlich der FDJ gewidmet hatte:

»Besser als gerührt sein ist sich rühren,
Denn kein Führer führt aus dem Salat!
Selber werden wir uns endlich führen:
Weg der alte, her der neue Staat.«

1950 – 1989

*Das Gedächtnis der Menschheit für erduldete Leiden
ist erstaunlich kurz. Ihre Vorstellungsgabe für kommende Leiden
ist fast noch geringer.
Laßt uns das tausendmal Gesagte immer wieder sagen,
damit es nicht einmal zuwenig gesagt wird!
Laßt uns die Warnungen erneuern,
und wenn sie schon wie Asche in unserem Munde sind!
Denn der Menschheit drohen Kriege,
gegen welche die vergangenen wie armselige Versuche sind,
und sie werden kommen ohne jeden Zweifel,
wenn denen, die sie in aller Öffentlichkeit vorbereiten,
nicht die Hände zerschlagen werden.*
Bertolt Brecht
in seinem Grußschreiben an den Völkerkongreß
für den Frieden 1952 in Wien

Von 1950 bis Ende 1989, also fast vierzig Jahre lang, diente ich in
den bewaffneten Organen der DDR: zunächst, nach einer Vorstufe
im Aeroclub, in der Kasernierten Volkspolizei; seit ihrer Gründung
1956 dann in der Nationalen Volksarmee, immer in verantwortlichen Funktionen, bis 1985 als Stellvertreter des Ministers, wenn
auch nicht immer im gleichen Verantwortungsbereich; in den letzten vier Jahren schließlich als Minister für Verteidigung.

Man erwartet, daß ich auf Grund dieser Tatsache, auf Grund
der mir sehr lange möglichen Einblicke in wichtige Entwicklungen
der deutsch-deutschen wie der internationalen Politik meine
Meinung zu einigen auch heute noch nachwirkenden Problemen
der Geschichte, insbesondere in der Endzeit der DDR, sage. Zuvor
jedoch möchte ich einige Informationen weitergeben, von denen
ich weiß, daß sie viele interessieren – während ebenso viele, wenn
nicht noch mehr, über sie reden, ohne sie genau zu kennen.

Kürzlich fand ich unter meinen Papieren auch einen Stoß von
Notizzetteln, angefertigt zu unterschiedlichen Zeiten, aber immer
zum selben Zweck: nämlich Antwort auf Fragen zu geben. Da ich

stets – gleich in welcher Dienststellung – auch Propagandist geblieben war, den Kontakt zu vielen Menschen suchte und deren Meinung erfahren wollte, nahm ich Jahr für Jahr an sehr vielen öffentlichen Versammmlungen teil, hielt Vorträge, beteiligte mich an Podiumsdiskussionen und war froh, wenn man mir Fragen vorlegte, auf die sinnvoll geantwortet werden konnte. Die kleinen Zettel, auf denen ich mir die Fragen notierte – natürlich nur die originellsten, bedenkenswertesten – hob ich auf, man konnte ja immer darauf zurückkommen. Heute, da ich sie wieder aufgefunden habe, sehe ich, daß das richtig war.

Einige dieser Fragen schreibe ich so nieder, wie ich sie damals notierte, andere – die sich im Laufe der Zeit wiederholten, entweder mit fast den gleichen Worten, oft auch variiert – habe ich zusammengefaßt.

Erste Frage: »Man mußte doch sicher damit rechnen, daß nach 1945, auch noch in den 50er Jahren, die Bereitschaft nicht sehr stark und keineswegs weit verbreitet war, so bald wieder Soldat zu werden. Hatten Sie Verständnis dafür? Und: Warum wurde dennoch, einer Massenstimmung zum Trotz, eine Armee im Osten Deutschlands geschaffen?«

Zunächst muß man sich von der Auffassung trennen, die auch heutzutage noch und immer wieder in neuer Form behauptet wird, daß die SED in Ostdeutschland von Anfang an mit der Absicht angetreten sei, so schnell als nur möglich eine Armee aufzustellen, sie auszurüsten und gegen die westlichen Zonen Deutschlands in Front zu bringen. Selbst bei noch so häufiger Wiederholung: Eine solche Behauptung ist einfach falsch. Die SED hatte anderes vor – deswegen stellte sie sich auch keineswegs die Aufgabe, Menschen so kurz nach dem Krieg davon zu überzeugen oder gar zu überreden, Uniformen anzuziehen und Waffen zu tragen. Wir wären froh gewesen, wenn die politische Entwicklung in der Welt am Ende der 40er, am Beginn der 50er Jahre anders verlaufen wäre und wenn uns die Zwänge, die sich aus dem damals beginnenden Kalten Krieg ergaben, verschont hätten.

Es wäre in der Tat ein Wunder gewesen, wenn es damals in der Bevölkerung eine ernstzunehmende Bereitschaft oder gar eine Begeisterung gegeben hätte, als Deutsche wieder, und sei es in einer neuen Armee, mit der Waffe Dienst zu tun. Die schrecklichen Folgen des Krieges, materiell wie geistig, waren immer noch allgegenwärtig. Viele junge Männer waren Brüder oder Söhne von

Kriegsopfern, von Gefallenen, Verstümmelten, Vermißten oder von Kriegsgefangenen, deren Rückkehr keineswegs immer sicher war. Es gab kaum eine deutsche Familie, die im Krieg nicht mindestens ein Menschenopfer gebracht hatte, und der Einfluß der Familien war in jener Zeit nach den schweren Jahren der Trennung und des oft sehr späten Wiederfindens, der Bombennächte, der Flucht und Vertreibung besonders stark. Hinzu kam bei vielen jungen Leuten verständlicherweise die feste Absicht, Versäumtes nun endlich nachzuholen – eine Berufsausbildung, wenn möglich ein Studium, Reisen an Orte, von denen man bisher nur gehört hatte. Viele Ehen sehr junger Männer und Frauen wurden jetzt geschlossen, wie nach jedem Krieg stiegen die Geburtenziffern wieder deutlich an. Nein, der Gedanke an eine neue Armee war keineswegs populär.

Interessanterweise waren aber sehr viele gegenüber den sich damals formierenden Polizeieinheiten keineswegs so abweisend – und auch das war nicht verwunderlich. Das Sicherheitsbedürfnis war in den Wirren der ersten Jahre nach dem Krieg besonders stark: Es gab noch Anfang 1946 vereinzelte Werwolfgruppen, die in den Wäldern kampierten und Bauernhöfe und abgelegene Dörfer überfielen. Immer noch zogen Trecks von Flüchtlingen und Vertriebenen durchs Land, begleitet von entwurzelten Menschen, die Hunger hatten und ihren Lebensunterhalt zusammenstahlen. Der oft bittere Mangel an Lebensmitteln und Kleidern und der lockende Schwarze Markt verführten manchen zu kriminellem Tun. Es gab also viel Verständnis dafür, daß in solchen Zeiten eine starke Polizei dringend notwendig war, nicht nur als Schutz für Hab und Gut, sondern als eine Garantie für eine höhere Lebensqualität. Deswegen gab es, bei aller Ablehnung einer Armee, einen starken Zulauf zur Polizei in jeglicher Form: zu den Verbänden der Schutzpolizei, zur Verkehrspolizei, zur Kriminalpolizei und sogar zu den allmählich gebildeten Polizeibereitschaften.

Übrigens muß auch gesagt werden, daß es Zurückhaltung gegenüber einer neuen Armee, Vorbehalte gegenüber jeglicher Bewaffnung auch bei vielen unserer aktiven Genossen gab – nicht überwiegend aus prinzipiellen Einwänden, sondern eher aus pragmatischen Nützlichkeitsüberlegungen, für das Land wie für das eigene Leben. In den ersten Wochen und Monaten nach dem Krieg glaubten viele, daß mit der hart erkämpften Niederlage des nationalsozialistischen Regimes der Feind der Völker für lange Zeit ausgeschaltet sei, daß sich das Bündnis der Siegermächte als erfolgreich erwiesen habe und auch noch lange halten würde. An einen so raschen Übergang zu neuen ernsten Konfrontationen, zu einem Kalten Krieg hart an der Schwelle eines heißen, glaubte zunächst kaum einer. Und selbst wenn einige eine solche Möglichkeit früher erkannten – eine mitunter zu hörende, sicher falsche, aber doch mit Überzeugung vorgetragene Meinung bei ihnen war: Wozu brauchen wir eine eigene Armee, wenn wir die sowjetischen Genossen als Verbündete haben, zumal sie sogar in unserem Lande in Bereitschaft stehen? Daneben stand gewiß eine zweite Überlegung: Der Aufbau einer Armee muß und wird so lange dauern und so kostspielig sein, daß er unser wirtschaftlich schwaches, schwer zerstörtes Land von vielen wichtigen Aufgaben abhalten muß.

Ich brauche es nicht zu verschweigen, daß auch ich damals, in den ersten Nachkriegsjahren, solchen Überlegungen zuneigte – keineswegs von einer pazifistischen Überzeugung geprägt, sonst hätte ich ja im Nationalkomitee »Freies Deutschland« keine Waffe getragen und nicht als Frontbeauftragter an Offensiven und Schlachten teilgenommen. Selbst wenn ich dann als politischer Funktionär in Berlin, an diesem Brennpunkt aller Widersprüche und Konflikte in Deutschland, etwas früher als viele Zeitgenossen von der Notwendigkeit eigener Verteidigungsmaßnahmen der DDR überzeugt werden konnte, selbst wenn ich sogar verstand, daß unter diesen Bedingungen gerade in der FDJ Umschau gehalten wurde, Kader für die Kommandoebene, Freiwillige für die

Pieck zu Besuch an der Jugendhochschule am Bogensee, 1950

Verbände einer eigenen Armee zu gewinnen – ich wollte es für mich selber lange nicht akzeptieren.

Meine Berufswünsche waren einfach andere, auch das Feld der politischen Arbeit, auf dem ich tätig sein wollte, war in meinen Plänen anders beschaffen: Ich wollte weiter mit jungen Arbeitern, mit Studenten und Schülern zu tun haben. Die Debatten in der Stadtverordnetenversammlung wie in der Volkskammer forderten mich immer wieder aufs neue heraus, ich hatte das Gefühl, hier etwas für unsere Sache erstreiten zu können. Auch in der jetzt vielseitig aufgebauten Industrie, in den sich auf neuer Grundlage entwickelnden Gewerkschaften, im völlig umgestülpten Bildungswesen hätte ich eine Aufgabe gefunden. Offizier dagegen, und gar leitender Offizier zu werden, das wollte mir nicht in den Kopf. Und ich hatte viele Gespräche zu bestehen, die mich zu überzeugen oder zumindest zu überreden versuchten. Mit mir sprachen viele »Werber« – Erich Honecker, Heinz Hoffmann, Willi Stoph, Walter Ulbricht, sogar Vertreter der SMAD wie Oberst Tulpanow – ich aber blieb lange bei meinen Einwänden, bei meinem Nein. Erst ein Gespräch mit Wilhelm Pieck brachte eine Änderung.

Daß die Einsicht im Laufe der Zeit dann doch zunahm, nicht nur bei mir, sondern bei vielen, keineswegs stürmisch, sondern allmählich – ganz ausgeprägt dann im Jahr 1950 – hatte manche subjektive, aber noch mehr objektive Gründe, die immer deutlicher und drängender zutage traten. Die Skizzierung dieser schrittweisen Entwicklung zeigt nicht nur, daß der Prozeß der Schaffung der NVA, immer im Zusammenhang mit der Entstehung der Bundeswehr in der BRD, immer im Nachvollzug, an Konkretheit und deutlichem Profil voranschritt. Sie zeigt auch auf der anderen Seite, wie lange die DDR doch zuwartete, wie lange sie versuchte, jeglicher Militarisierung in beiden deutschen Staaten entgegenzuwirken. Rückblickend kann man wohl sagen, daß auf diesem Weg drei wesentliche Stufen festzustellen sind – die erste 1948-1950, die zweite 1952-1953, die dritte 1955-1956.

Sicher hatten einige unter uns – politisch erfahrener, in jahrzehntelangen Auseinandersetzungen geschulter und auch skeptischer, mißtrauischer als wir Jungen – schon früher als 1948 den Eindruck, daß sich die politische Weltlage veränderte und daß auch auf deutschem Boden eine direkte Konfrontation der bisher Verbündeten möglich war.

Hatte nicht schon vor der Kapitulation, bereits im April 1945, Winston Churchill dem britischen Feldmarschall Montgomery die Direktive erteilt, »sorgfältig die deutschen Waffen einzusammeln und zu gemeinsamen Aktionen mit den besiegten deutschen Truppen im Falle eines weiteren russischen Vormarsches bereit zu sein«? Wurden die im Nordraum der Westfront, vornehmlich in Holland kapitulierenden Wehrmachtseinheiten etwa sofort aufgelöst, wurden sie nicht entgegen allen Vereinbarungen der Alliierten in Korpsstärke von 40.000 bis 50.000 Mann »unter Wahrung ihrer Gliederung und Befehlsverhältnisse« belassen? Gab es nicht, noch nach der Kapitulation bis tief in den Sommer 1945 hinein, etwa 1,3 Millionen Mann in sogenannten Rahmenverbänden der Hitlerwehrmacht in Norddeutschland?

So mochten die Älteren unter uns schon Mitte 1945 fragen. Dann jedoch wurde das Potsdamer Abkommen von den Alliierten unterschrieben – und die erwähnten Verbände wurden, nach heftigen sowjetischen Protesten im Alliierten Kontrollrat am 20. November 1945 und nach einem formellen Beschluß des Kontrollrates zunächst um 290 000 reduziert und schließlich bis zum 31. Januar 1946 aufgelöst. Das gab allen wieder das Gefühl der Sicherheit – das Potsdamer Abkommen schien alles in Klarheit zu richten.

Natürlich gab es danach wiederum neue Signale, die stutzen ließen – die Skeptischeren unter uns wiesen wieder darauf hin, nicht nur auf öffentliche, demonstrative Aktionen der Westmächte, sondern auch auf manche eher beiläufige, versteckte Vorgänge. War es nicht so, daß die amerikanischen und britischen Militärbehörden im Herbst 1945 mit der Aufstellung von »Arbeitsverbänden« und »Deutschen Dienstgruppen« aus alten Wehrmachtseinheiten begannen? Gab es nicht schon wieder eine deutliche und für viele unverständliche Schonung von inhaftierten Offizieren des deutschen Generalstabes, an ihrer Spitze Generaloberst Halder?

Diese Meldungen wurden immer noch nicht besonders stark zur Kenntnis genommen, gewannen aber dann auf dem Hintergrund allgemein beachteter, weil weltpolitisch wichtiger Ereignisse ihr besonderes Gewicht: Da war im August 1945 der demonstrative Abwurf zweier Atombomben auf zwei japanische Großstädte – Hiroshima und Nagasaki, von Präsident Truman faktisch in Potsdam, am Rande der Konferenz befohlen – wie man erklärte, um den Krieg im Fernen Osten abzukürzen und Japan zur Kapitulation zu zwingen – wie man damals jedoch schon vermutete, um die Sowjetunion einzuschüchtern und ihr vor Augen zu führen, wer in der Welt die modernsten Waffen besaß und darum in der Weltpolitik das Sagen habe. Da wurde weiterhin – auch das schon 1945 – die rasche und folgenschwere Einstellung der amerikanischen Lieferungen verfügt, die während des Krieges nach dem USA- Pacht- und Leihgesetz an die Sowjetunion geliefert worden waren.

Der abrupte Abbruch der vereinbarten Hilfe hinderte den Wiederaufbau des am schwersten im Krieg zerstörten Landes empfindlich und machte seine Forderungen nach deutschen Reparationen nur noch dringlicher. Dann hielt Churchill im März 1946 seine berühmte Rede im amerikanischen Fulton mit dem Vorschlag, die Vorbereitungen für ein anglo-amerikanisches Militärbündnis zum Kampf gegen den »östlichen Kommunismus« zu treffen. Es folgten die Verkündung der Trumandoktrin im März 1947, der unverhohlene Übergang der USA zu einer offen antisowjetischen, antikommunistischen Kreuzzugspolitik, und des Marschallplans im Juni 1947 – der Kalte Krieg nahm an Wucht und Gefährlichkeit zu.

Wir in Berlin hatten dafür schon einen geschärften Blick, schließlich hatten wir, wie bereits geschildert, eine rasche Eskalation von Konflikten mit besonderer Deutlichkeit und in ihrer ganzen Gefährlichkeit erlebt. In den anderen Ländern der Ostzone jedoch gewann ich damals immer wieder einen vielleicht irrigen, vielleicht nur aus der damaligen Situation heraus erklärbaren Eindruck – er gibt mir jedoch bis heute zu denken: Viele unserer Genossen und Diskussionspartner in Ostdeutschland nahmen die gegen die Fortsetzung der Anti-Hitler-Koalition gerichteten Aktivitäten der immer noch Verbündeten nicht sofort so ernst, wie sie zu nehmen waren. Manche versuchten sogar, sie zu verdrängen. Vielleicht hielten sie einen so schnellen Bruch des doch siegreich gewesenen Bündnisses immer noch nicht für möglich, für noch reparabel, für vorübergehend. Im nachhinein denke ich oft auch an die für unsere Verhältnisse doch bemerkenswerte Tatsache, daß die meisten bei der viel beachteten Wahlrede Stalins im Februar 1946 vor allem jene Passagen beachteten, bejubelten und kommentierten, in denen er die vielen Ursachen des Sieges über Hitler herausstrich, jene Passagen aber weniger beachteten und kaum kommentierten, in denen er davon sprach, daß die Gefahren eines militärischen Konfliktes, eventuell sogar eines neuen militärischen Überfalls auf die Sowjetunion noch keineswegs gebannt seien, sondern zu hoher Wachsamkeit herausforderten, und daß es noch mindestens fünfzehn Jahre dauern könne, bis bei großer Anstrengung das Verteidigungspotential geschaffen sei, daß das Land unantastbar machen sollte.

Ernster genommen wurden bei uns in Ostdeutschland, sicher auch aus den eigenen Lebenserfahrungen der letzten beiden Jahrzehnte heraus, die auf die alliierten Schritte bald folgenden Reaktionen der deutschen Politik in den westlichen Besatzungszonen, ihrer Politiker, Parteien und Verbände, zumal wenn darin ehemalige Naziaktivisten verwickelt waren. Wenn einstige Nazipolitiker oder auch nur Naziideologie unverschämt vor die Öffentlichkeit traten, dann war man alarmiert. Und dies setzte bald ein. Schon im Frühjahr 1948 – im Vorfeld der Spaltung Berlins – hatte General Lucius D. Clay dem US-Kriegsminister den Vorschlag unterbreitet, in Westdeutschland eine Armee in Stärke von 500.000 Mann aufzustellen. Und unmittelbar danach wurde, wie wir erfuhren, intern der Arbeitsstab des Generalobersten Franz Halder, der in der sogenannten *Historical Division* (der Historischen Abteilung) der US-Army in Europa tätig war und der etwa 150 ehemalige Generalstabsoffiziere der Naziwehrmacht angehörten, mit den Planungen für eine solche Armee beauftragt.

Es waren zunächst nur Planspiele. Sie gewannen dadurch Gewicht, daß die ersten Enthüllungen dieser »Halderpläne« durch den angesehenen antifaschistischen Publizisten Eugen Kogon auf einer internationalen Pressekonferenz im November 1948 erfolgten, durch den gleichen kritischen und einflußreichen Mann also, der das damals viel beachtete Buch »Der SS-Staat« veröffentlicht hatte. Dementi folgte auf Dementi – und unter dem Druck der Erregung der Weltöffentlichkeit wurde der Plan zunächst zu den Akten gelegt. Die Wachsamkeit jedoch war aufgerufen, und wie sich zeigte, keineswegs zu Unrecht. Bekannt – und darum nur zu erwähnen, kaum noch zu erklären – sind die folgenden Schritte: Die Gründung des Nordatlantikpaktes im April 1949 – und nur wenige Wochen später, im Mai 1949, die Gründung der Bundesrepublik Deutschland, die Aufstellung deutscher Dienstgruppen auch in der französischen Zone im September 1949 und die Schaffung des Amtes Blank im Oktober 1950.

Dieses Amt mit dem sehr harmlos klingenden Namen »Dienststelle des Beauftragten des Bundeskanzlers für die mit der Vermehrung und Unterbringung der alliierten Truppen zusammenhängenden Fragen« wurde in Wirklichkeit zum Kristallisationspunkt und zum Organisationszentrum der geplanten Aufstellung einer bundesdeutschen Armee: es bereitete die spätere Aufstellung der Bundeswehr politisch, organisatorisch und juristisch vor und stützte sich wesentlich auf die sogenannte »Eifel-Denkschrift«, die am 9. Oktober 1950 ein »militärischer Expertenausschuß für die Aufstellung eines Deutschen Kontingents im Rahmen einer übernationalen Streitmacht zur Verteidigung Westeuropas« vorgelegt hatte und die auch als »Himmeroder Denkschrift« bekannt wurde. Der »Expertenausschuß« bestand wesentlich aus ehemaligen Nazigenerälen. Auch innerhalb des Amtes Blank hatte die Abteilung II (die Militärische Abteilung) unter Leitung des ehemaligen Wehrmachtgenerals Adolf Heusinger ein ganz besonderes Gewicht. Zu ihr gehörten schon seit der Gründung eine ganze Reihe späterer Bundeswehrgenerale, die ihre Sporen ebenfalls in der Naziwehrmacht erworben hatten: von Baudissin, von Kielmannsegg, de Maizière und Speidel. Die Verwirklichung der Pläne verzögerte sich, da der Plan einer EVG, einer »Europäischen Verteidigungsgemeinschaft«, am Protest mehrerer westeuropäischer Länder scheiterte, die die deutsche Okkupation noch nicht vergessen hatten. Erst die Aufnahme der BRD in die NATO im Mai 1955 machte den Weg zur Gründung der Bundeswehr frei – die Marschbefehle lagen jedoch schon seit Jahren ausgearbeitet vor.

Nicht unterschätzen darf man auch, daß parallel zu diesen Ereignissen schon Ende der 40er, Anfang der 50er Jahre die gegen den Osten gerichtete Propaganda an Schärfe ständig zunahm und bald kaum noch zu überbieten war. Dabei handelte es sich keineswegs nur um die jahrzehntealten antikommunistischen Attacken, sondern schon um eine gezielte Propagierung der Wiederbewaffnung, wobei die nachträgliche Schönfärbung des deutschen Militarismus in seriösen Publikationen wie in den massenhaften Groschenheften, im Schulunterricht und in vielen Formen der psychologischen Kriegsführung der Medien eine große Rolle spielten.

Ich erfuhr deren Wirkung unmittelbar, als ich Ende 1949, noch als Sekretär des Zentralrates der FDJ, einige Wochen lang eine Reise durch die Bundesrepublik machte und den Versuch unternahm, mit westdeutschen Jugendorganisationen – den Falken, den Jungsozialisten, katholischen und protestantischen Jugendverbänden – in intensiven Gesprächen über die sich entwickelnde Lage Formen einer Aktionsgemeinschaft zustande zu bringen. Obwohl die Stimmung gegen die heraufziehende Gefahr stark war, zu Übereinstimmung kam es nicht.

Den Höhepunkt erreichte dies unzweifelhaft mit dem Ausbruch des Koreakrieges am 25. Juni 1950. Daß unsere Empörung groß war – dazu reichte schon die Tatsache allein, daß nur wenige Jahre nach dem Ende des Zweiten Weltkrieges wieder ein Krieg in Ostasien tobte, an dem millionenstarke Armeen aufeinander schlugen. Gesteigert wurde dies jedoch noch durch die begleitenden Umstände: Korea war ein zweigeteiltes Land – wie Deutschland auch. Die beiden koreanischen Staaten hatten sich ebenfalls aus ehemaligen Besatzungszonen der Nachkriegszeit entwickelt – wie Deutschland auch. Sehr nachdenklich stimmte uns, daß Ende 1948 die Sowjetunion vereinbarungsgemäß ihre Truppen aus Nordkorea abgezogen hatte, die USA dies jedoch in Südkorea unter vielerlei Vorwänden ständig verzögerten. Jetzt wurde einem jeden von uns klar, daß die von Außenminister Dulles gefundene Definition des Kalten Krieges als einer »Politik hart am Rande des Krieges« zutreffend war und rasch in eine Katastrophe umschlagen konnte. Und es schien allen keineswegs unmöglich, daß der lokal begrenzte Krieg auf der koreanischen Halbinsel sehr schnell in einen neuen Weltkrieg umschlagen konnte, der unter den gegebenen Bedingungen ein atomarer Weltkrieg sein konnte. Dies zwang einfach dazu, ernsthaft über die Schritte zu einem besseren Schutz des eigenen Landes nachzudenken.

Sicher waren auch Entwicklungen in der Sowjetunion und in den mit ihr verbundenen, sich gerade formierenden volksdemokratischen Staaten von Einfluß auf den Gang der Ereignisse im Bereich von Sicherheit und Verteidigung. Ich halte es für durchaus verständlich, daß angesichts der geschilderten Prozesse in Europa und in der Welt, über die man im Westen schon lange Zeit und erst recht heute beharrlich schweigt, die Sowjetunion daran interessiert war, daß die noch junge DDR – bei allen Vorbehalten – in das eigene Verteidigungssystem einbezogen wurde. Ich sagte Vorbehalte, nicht Mißtrauen in den neuen Staat oder Ablehnung seiner umfassenden Entwicklung, denn die Sowjetunion war an einem gesunden Aufschwung des ostdeutschen Staates auch im ei-

*VP-Generalinspekteur Heinz Keßler (links) in der Abordnung der
Hauptverwaltung der Deutschen Volkspolizei (HVdVP), die dem
DDR-Präsidenten Wilhelm Pieck zu dessen 76. Geburtstag gratuliert,
3. Januar 1952. In der Mitte der Leiter der Hauptverwaltung Ausbildung (HVA), Generalinspekteur der VP Heinz Hoffmann*

genen Interesse stark interessiert. Die Vorbehalte kamen unzweifelhaft daher, daß die Sowjetregierung immer noch eine Möglichkeit
für real hielt und keineswegs von sich aus aufgeben wollte, daß ein
einheitliches, neutralisiertes Deutschland zustande kommen könnte. Solange dies jedoch nicht geschah, verlangte ihr Realismus anzuerkennen, daß sich die Westgrenze der DDR an Elbe und Werra
objektiv und zwangsläufig zur Westgrenze zunächst des festgelegten und unter großen Opfern errungenen sowjetischen Einflußgebietes, dann zur vordersten Linie eines sich formierenden
Bündnisses entwickelte. Ohne die direkte Einbeziehung der DDR
wäre ein solches Bündnis von vornherein brüchig gewesen. Die
Stärkung der Wehrkraft, also auch der notwendigen materiellen
und finanziellen Anstrengungen in den anderen Bündnisländern,
wuchs spürbar, die Belastungen der im Krieg besonders stark zerstörten Länder wie Polen, der Tschechoslowakei, Ungarn oder
Rumänien waren beträchtlich. Die DDR aus diesen Anstren-

gungen herauszulassen und deren eventuell nötig werdende Verteidigung allein den Russen, Polen, Tschechen und anderen aufzulassen, hätte sicher zu Komplikationen geführt.

Schließlich gab es auch innere Faktoren in der DDR, die den Gedanken der Verteidigung der noch jungen Republik stärkten und die man nicht unterschätzen kann. Man sollte jetzt, am Ende des Jahrhunderts , mit dem Schlagwort vom »Unrechtsstaat DDR« die hiesigen Antifaschisten nicht scheinheilig deswegen anklagen, daß sie das Wirken eines Herrn Lübke, eines Kiesinger, eines Oberländer, Globke, Gehlen und so fort, die alle aktive Nazis waren, als Ausdruck einer noch lange nicht überwundenen Gefahr verstanden und danach handelten. Niemand sollte vergessen, daß der Kalte Krieg nicht nur eine Sache der Außenpolitik war, sondern hier wie dort alle gesellschaftlichen Einrichtungen und politischen Organisationen und ihre Zielsetzungen erfaßte. Er war begleitet von einem zum Teil bis heute nachwirkenden Mangel an zutreffenden Informationen der einen Seite von der anderen, von der Zunahme der Fehlinformationen auf beiden Seiten. Es entwickelte sich – das kann man ja nicht einfach wegwischen – eine Art Kriegsmentalität mitten im Frieden. Der Widersacher wurde zum Feind – auch und vor allem im eigenen Lager. Es entstand zunehmend ein Stimmungsdruck, es kam zu Verdächtigungen – hier wie dort und mit neuen Reaktionen auf beiden Seiten.

Es gab aber keineswegs nur negative Erscheinungen, im Gegenteil: Die Akzeptanz der neuen Republik und ihrer Regierung wuchs. Im Ergebnis der verschiedenen gesellschaftlichen, ökonomischen und sozialen Veränderungen in der DDR – als Folge der Bodenreform mit der Entstehung einer sehr breiten Schicht von Neubauern, mit der Verwandlung von ehemals landlosen oder landarmen Bauern zu Eigentümern, als Folge der Industriereform mit dem rascher werdenden Aufbau neuer Fabriken, neuer Hüttenwerke und Konstruktionsbüros mit interessanten Arbeitsplätzen, als Folge der Bildungsreform mit der Brechung des Bildungsmonopols und dem Einzug vieler Arbeiterkinder in die Universitäten und Hochschulen – erlebten wir auf der einen Seite eine rasche Entwicklung des politischen Bewußtseins, der Verbundenheit mit dem jungen Staat, aber auch auf der anderen Seite eine Verschärfung der inneren Widersprüche und Spannungen, der Konflikte mit jenen Schichten, deren frühere Privilegien gebrochen wurden und die durch die Propaganda aus der BRD deutlich Rückhalt erhielten. So kam es, natürlich mit gezielter Unterstützung durch die Arbeit der Partei und der FDJ, dazu, daß das Bekenntnis zur neuen Ordnung nicht nur ein formales Lippenbekenntnis blieb, sondern mit der Bereitschaft zu bewußter Arbeitsleistung und auch zur Verteidigung des Erreichten verbunden war.

Es ging in dieser frühen Phase noch um nichts anderes als die Verstärkung der Volkspolizei, nicht um eine getarnte Armee. Ich konnte nicht ausschließen, wollte ich kein Tagträumer sein, daß bei der weiter zunehmenden westdeutschen Remilitarisierung, angesichts der Möglichkeit, daß möglicherweise schon bald eine neue imperialistische deutsche Armee existieren würde, auch die Notwendigkeit einer eigenen Armee wuchs. Ich konnte es nicht ausschließen, ich wollte es aber wie viele andere vermeiden. Deswegen engagierten wir uns von der FDJ zusammen mit anderen Organisationen in der damals sehr starken Bewegung gegen die Remilitarisierung in der BRD und stellten unser großes »Deutschlandtreffen« in Berlin ganz in den Dienst dieser Idee. Nur: konnte man, wenn der Druck und die Bedrohung weiter zunahmen, beim Wunschdenken verharren und die Augen verschließen? Wenn man es nicht vermeiden konnte, konnte man dann sehenden Auges unvorbereitet bleiben, mußte man nicht einen gewissen Vorlauf schaffen?

Die nächste Stufe kennzeichnete das Jahr 1952, ganz bestimmt eines der aufregendsten, folgenreichsten Jahre in der Geschichte der DDR, in positiver wie in negativer, ja tragischer Weise. Es ist bedauerlich, wenn auch nicht unverständlich, daß dieses Jahr 1952 in der Publizistik und Geschichtsschreibung der Bundesrepubblik wohl das am meisten verzerrte und verfälschte Jahr geblieben ist. An dieser Stelle kann natürlich – obwohl es nötig wäre, es mit großer Ausführlichkeit darzustellen – nur angedeutet, nur benannt werden, was in diesem Jahr geschah und worüber sicher noch einmal ausführlicher geschrieben werden muß.

1952 trat der »Schuman-Plan« in Kraft, der das Ziel hatte, mit der Schaffung eines gemeinsamen westeuropäischen Marktes die westdeutsche Grundindustrie, also vor allem Kohle und Stahl, den Auflagen und Forderungen des Potsdamer Abkommens endgültig zu entziehen.

Schon im November 1951 hatte die Bundesregierung den Antrag auf das Verbot der westdeutschen Kommunistischen Partei gestellt, die ersten Begleiterscheinungen und Folgen zeigten sich 1952: Die eigens mit diesem Ziel erarbeiteten politischen Sondergesetze der BRD, die sogenannten »Blitzgesetze«, gerichtet gegen die KPD und viele andere linke Organisationen, die der Remilitarisierung natürlich Widerstand entgegensetzten, wurden veröffentlicht und angewandt. Im Februar 1952 fand die erste Wehrdebatte im Deutschen Bundestag statt, die man bisher immer vermieden hatte, die aber jetzt – nach Enthüllungen der DDR-Regierung über den Entwurf des Generalvertrages – unumgänglich wurde. Trotz starker Proteste in der Bevölkerung bevollmächtigte das Parlament den Bundeskanzler, den Beitritt zur EVG zu vollziehen – auch wenn die internationale Entwicklung und der vielsprachige Protest das Unternehmen zunächst verhinderten.

Es kam dann – vielleicht einer der wichtigsten Vorgänge der Nachkriegszeit – die Note der Sowjetunion an die Westmächte mit dem Entwurf der Grundlagen eines Friedensvertrages mit Deutschland. Es war ein Entwurf, in dem die Wiederherstellung Deutschlands als einheitlicher Staat, der Abzug aller Besatzungsmächte ein Jahr nach Abschluß eines Friedensvertrages, keinerlei Beschränkung der deutschen Friedenswirtschaft, ja sogar die Bildung deutscher Streitkräfte unter der Bedingung vorgesehen war, daß dieses Deutschland sich keinerlei Militärbündnissen oder Koalitionen anschließt, die gegen Staaten gerichtet sind, die am Krieg gegen Hitlerdeutschland teilgenommen hatten. Daran gerade jetzt zu erinnern, da deutsche Verbände im Krieg im ehemaligen Jugoslawien eingesetzt werden, ist sicher notwendig.

Dieses Dokument – heute noch als »Stalinnote« charakterisiert und diffamiert – fand in der Bundesrepublik keineswegs nur Ablehnung, es gab auch eine breite Stimmung, den Vorschlag anzunehmen oder zumindest sehr sorgfältig zu prüfen. So war es zum Beispiel vor allem der als deutlicher Gegner der DDR und des Kommunismus bekannte SPD-Vorsitzende Kurt Schumacher, der dringend forderte, nach gewissenhafter Prüfung aller Umstände unbedingt den Versuch zu wagen, die Ernsthaftigkeit der sowjetischen Angebote zu erproben. Doch – unbeeindruckt von allen Vernunftsgründen – beharrte Kanzler Adenauer auf seiner Weigerung, die Note zu akzeptieren oder auch nur gründlich zu prüfen, er beharrte auf seiner Westorientierung, auf dem Vorrang der Eingliederung der BRD in eine westliche Allianz. Auf Adenauers Drängen vor allem lehnten am 25. März 1952 die Westmächte den sowjetischen Vorschlag ab. Schon am 12. März hatte Staatssekretär Walter Hallstein in Washington eine Erklärung abgegeben, daß »das Endziel der Vereinigung Europas der Zusammenschluß des Kontinents bis zum Ural« sei, was Adenauer einen Tag später als die »Neuordnung im Osten Europas«, als das Hauptziel seiner Politik bezeichnete. Und einen Tag vor der Ablehnung der Sowjetnote durch die Westmächte gründete man in der BRD einen »Forschungsbeirat für Fragen der Wiedervereinigung Deutschlands«, wobei Minister Jakob Kaiser erstmals davon sprach, daß »der Tag X eher kommen könne als mancher denke«. Adenauer fügte hinzu, man solle nicht so sehr von »Wiedervereinigung« sprechen, sondern mehr von »Befreiung«.

Auf die Ablehnung des sowjetischen Vorschlages folgten nicht nur entschiedene Protestaktionen in der DDR, sondern auch in der Bundesrepublik selbst – und man darf nicht verschweigen, daß der erste Tote des Kalten Krieges in Deutschland nicht an der Berliner Mauer niedergestreckt wurde, sondern während einer Protestdemonstration am 11. Mai 1952 in Essen: Philipp Müller, 21 Jahre alt. Am 26. Mai 1952 wurde dann der Generalvertrag der Bundesrepublik mit den Westmächten unterzeichnet, der später zur Aufnahme der BRD in die NATO führte.

Die Folgen der Ablehnung der sowjetischen Vorschläge waren auch der Bundesregierung und den Westmächten von Anfang an bewußt, denn seit jener Zeit wird behauptet, es habe sich um ein Ablenkungs-, ein Alibiunternehmen der Sowjetregierung gehandelt, es sei nicht ernstzunehmen gewesen.

Was hatte dies mit der Vorbereitung einer Armee der DDR zu tun? Ich gebe zu, daß über einen Aspekt dieses direkten Zusammenhangs in der Propaganda und in der Geschichtsschreibung der DDR zu wenig gesprochen wurde. Heute jedoch sind zahlreiche Dokumente aus sowjetischen und deutschen Archiven vorhanden, die es möglich und notwendig machen.

Aus der Ablehnung seines Vorschlages zog Stalin den Schluß, daß die Westmächte weiterhin Kurs auf eine Konfrontation mit der Sowjetunion nahmen, daß die Schaffung eines mächtigen westeuropäischen Militärblocks unter Einschluß der Bundesrepublik kein anderes Ziel haben konnte, als die Sowjetunion unter Druck zu setzen. So erlangten auch die fortgesetzten Störaktionen der USA gegen die schon laufenden Waffenstillstandsverhandlungen in Korea in den Augen des sowjetischen Regierungschefs ein anderes Gewicht, gar nicht zu sprechen von den inzwischen vorliegenden Informationen über die bevorstehende erste Explosion einer Wasserstoffbombe. Mit all dem wurde das ernste Trauma verstärkt, das die sowjetische Führung seit 1941 beherrschte – die Furcht, wieder einmal von einer feindlichen Welt eingekreist zu werden, die Furcht vor einem irgendwann einmal möglichen neuen Überfall. Die aus einer katastrophalen Überrumpelung erwachsene Entschlossenheit der Sowjetunion, die ich schon im Juli 1941 nach meinem Frontwechsel zum ersten Mal verspürt hatte, wurde jetzt ganz deutlich als oberstes Regierungsprinzip bekräftigt: Ein 22. Juni 1941 darf sich nie wiederholen! Es ist erwiesen, daß Stalin sofort das Signal gab, die Schutz- und Sicherungsmaßnahmen in der Sowjetunion, aber auch in den verbündeten Staaten, in den Ländern seines Einflußgebietes zu verstärken, wobei er die DDR erstmals direkt einbezog. Auch wenn sich die Sowjetregierung noch eine ganze Zeit die Möglichkeit offenhielt, doch noch zu einem Friedensvertrag mit einem neutralisierten Deutschland zu kommen – jetzt gab sie doch die Zurückhaltung in Fragen der Bewaffnung auf. Sie faßte den Beschluß, die DDR völlig in das gemeinsame Staatensystem einzubeziehen und von der DDR zu verlangen, von sich aus die notwendigen wirtschaftlichen und sicherheitspolitischen Maßnahmen zu treffen. Es war ein ganzer Katalog von Forderungen, der im Frühsommer 1952 der DDR-Regierung auf den Tisch gelegt wurde – nicht umgekehrt! Die Regierung der DDR dachte sicher auch sehr intensiv über Wege zur Meisterung einer möglichen Gefahr nach, daß der überreichte Forderungskatalog aber sowjetischer Herkunft war, ist nicht nur daran erkennbar, daß er laut Protokoll vom Politbüro des ZK der KPdSU beschlossen wurde, daß er in seiner Komplexität auch jenem Muster glich, nach dem in der Sowjetunion in solchen Situationen immer gehandelt wurde, und daß er jetzt – außer der DDR – auch den anderen verbündeten osteuropäischen Ländern verordnet wurde. Er begann mit einer schrittweisen Vorbereitung eigener Streitkräfte, forderte einen wesentlich beschleunigten Aufbau einer starken Grundstoffindustrie, vor allem einer leistungsfähigen Eisen- und Stahlproduktion, verlangte eine entschiedene Straffung des Staatsaufbaus und die Zurückdrängung, ja Ausschaltung potentieller innerer Gegner.

Daraus ergaben sich dann die Schritte der DDR-Regierung – diese Reihenfolge ist immer zu beachten.

Am 26. Mai 1952 – es war der gleiche Tag, an dem Adenauer den Generalvertrag unterzeichnete – wurden von der Regierung der DDR Maßnahmen zur Veränderung des Grenzregimes an der Trennlinie zwischen der DDR und der Bundesrepublik getroffen. Auch dazu muß unbedingt eine einschränkende Bemerkung gemacht werden. Wie die Grenze schon vorher zu keinem Zeitpunkt einem Willkürakt des SED-Politbüros entsprungen, sondern als Resultat der Spaltung der Welt entstanden war, so war es auch jetzt: Niemals hatte das Politbüro oder die Regierung der DDR die Macht, in einem Alleingang das Grenzregime zwischen den Blöcken zu bestimmen, durch das die Einflußsphären der USA und der UdSSR geschieden wurden. Jetzt, nach der brüsken Zurückweisung des sowjetischen Angebotes, wurde auf direkte Weisung Stalins die »erste Grenzlinie der Sowjetunion«, so der Sprachgebrauch, von der Oder-Neiße-Linie an die Elbe-Werra-Linie verlegt. Es wurden eine Sperrzone mit Kontroll- und Schutzstreifen geschaffen, ein 5-km-Sperrgebiet und Sonderbestimmungen für den Aufenthalt im Sperrgebiet sowie für die Einreise dorthin festgelegt. Die Grenzsicherung wurde aus dem Verantwortungsbereich der Polizei herausgelöst und den Organen der Staatssicherheit unterstellt. Die Grenzorgane erhielten militärische Dienstgrade, sie wurden voll mit sowjetischen Waffen ausgerüstet. Es gab keine Maßnahmen an der Grenze zu Westberlin, und es war auch vorgesehen, daß die nunmehr getroffenen Maßnahmen im Falle einer Verständigung über gesamtdeutsche Wahlen und eine demokratische Wiedervereinigung wieder aufgehoben werden konnten. Doch sie blieben an der Westgrenze in Kraft.

Im Juli 1952 folgte dann – nach nochmaligen, sehr schwierigen Konsultationen mit der Sowjetregierung – die 2. Parteikonferenz der SED mit ihren, von Walter Ulbricht erst im zweiten Teil seines Referats, ohne ausführliche Vorbereitung unterbreiteten und für die meisten Delegierten völlig überraschenden Vorschlägen zur Schaffung der Grundlagen des Sozialismus in der DDR. Ich war in der Werner-Seelenbinder-Halle dabei – natürlich applaudierten wir lange und begeistert, war doch der Aufbau des Sozialismus immer schon unser wichtigstes Ziel für die Zukunft. Daß es jetzt um die Grundlagen ging, klang hoffnungsvoll. Doch niemand von uns konnte wohl von sich sagen, daß er die ganze Tragweite der einzelnen Maßnahmen sogleich überschaute: die rasche Vergrößerung des Anteils und des Gewichtes des sozialistischen

Sektors der Volkswirtschaft durch die Steigerung der Arbeitsproduktivität und durch die beschleunigte Rekonstruktion der Schwerindustrie, die Bildung und Förderung von Landwirtschaftlichen Produktionsgenossenschaften, die Änderung des Staatsaufbaus und der Arbeitsweise des Staatsapparates in den fünfzehn Bezirken, die anstelle der bisherigen fünf Länder geschaffen werden sollten, die Schaffung bewaffneter Streitkräfte zur Verteidigung der Heimat gegen äußere Feinde.

Natürlich applaudierten wir, weil wir dies alles, im Komplex zusammengehörend, als in sich logisch erkannten. Wir meinten, mit der Erfüllung dieses Programms, wenn wir es denn schafften, das Kräfteverhältnis in Deutschland und Europa zugunsten des Friedens verändern zu können, und wir hofften, später einmal auf den dann vorhandenen Grundlagen mit größerer Ruhe und Sicherheit auch das Gebäude des Sozialismus aufzubauen. Nur sehr wenige machten sich wohl sofort ein realistisches Bild davon, daß diese großen Zielstellungen zunächst nur in der Form von Losungen bestanden und nun erst in unzählig viele Einzelschritte, auch in sehr harte Forderungen an den Leistungswillen der Bevölkerung umgesetzt werden mußten. Noch weniger sahen – wie sollten sie auch –, daß alle diese Aufgaben direkt oder indirekt Schlußfolgerungen aus der Forderung Stalins nach einer wesentlichen Erhöhung nicht nur der ideologischen Verteidigungsbereitschaft, sondern auch der materiell-militärischen Verteidigungsfähigkeit waren. Bald aber wurde die Realität offenbar.

Noch im Juli und August 1952 wurde zunächst damit begonnen, auf der Grundlage der schon seit längerer Zeit bestehenden Polizeibereitschaften und Volkspolizeischulen die »Kasernierte Volkspolizei« zu schaffen.

Ich wiederhole es: Die Kasernierte Volkspolizei war keine getarnte Armee, sie konnte es gar nicht sein. Sie hatte keine moderne Ausrüstung, in vielen Einheiten überhaupt keine ernstzunehmende Bewaffnung. Objekte wie Kasernen, Übungsgelände, Waffen- und Munitionsdepots reichten noch lange nicht aus, die Kader waren nicht vorbereitet. Zu einem großen Teil waren es in dieser ersten Zeit Gedankenspiele, Planungen auf dem Papier, Einzelschritte und Experimente, die erst langsam Gestalt annahmen. Ich kann dies definitiv und zweifelsfrei sagen, denn der von mir geleitete Aeroclub wurde in die Kasernierte Volkspolizei eingegliedert. Die KVP gehörte zum Innenministerium. Innenminister war zu dieser Zeit Wilhelm Zaisser, Chef der KVP wurde Heinz Hoffmann, seine beiden Stellvertreter, ihm faktisch gleichgestellt, hießen Waldemar Verner und Heinz Keßler – gleichgestellt, da sie wie Hoffmann etwas Neues selbstständig schrittweise aufbauen sollten: ich die kommenden Luftstreitkräfte, Waldemar Verner die künftige Volksmarine.

Diese Entscheidung zur Schaffung der KVP wurde durch weitere Maßnahmen flankiert. Am 7. August 1952 wurde die »Gesellschaft für Sport und Technik« (GST) gegründet, eine Organisation, die Jugendliche und Erwachsene vereinigte, um sie durch Sport körperlich zu ertüchtigen und mit technischen Kenntnissen auszurüsten – sie wurde vom Innenministerium angeleitet. Gleichzeitig entstand die Organisation »Dienst an Deutschland«, bei der viele an eine Art Neuauflage des Arbeitsdienstes erinnert wurden, und die sehr bald, da Aufwand und Nutzen in keinem Verhältnis standen, wieder aufgelöst und bald ganz verschwiegen und vergessen wurde.

Doch das war ja nur das Vordergründige – um die geforderten Voraussetzungen zu schaffen, waren weit umfassendere Umgestaltungen notwendig. Man begann, und das war so relativ kurze

Mit einer FDJ-Delegation auf dem Roten Platz in Moskau

Zeit nach der Bodenreform, nach der Aufteilung des Bodens an Neubauern sehr schwierig, mit der Bildung der ersten Landwirtschaftlichen Produktionsgenossenschaften (LPG) und eines flächendeckenden Systems von Maschinen- und Traktoren-Stationen (MTS) auf dem Lande. Im Oktober begann dann nach entsprechenden, kurzfristig ausgearbeiteten Veränderungen des laufenden Volkswirtschaftsplanes ein massiver Wettbewerb der Werktätigen des Energiemaschinenbaus, der gesamten metallurgischen Industrie, der Stein- und Braunkohlenbergwerke, der Kraftwerke, der Großschmieden und der Kupferindustrie mit dem Ziel einer außerordentlichen Steigerung der Produktion. Parallel dazu wurde damit begonnen, die Leistungsnormen in Industrie und Bauwesen, eine wesentliche Grundlage der Entlohnung, wesentlich zu erhöhen.

Das alles, zusammen mit den schon erwähnten und natürlich nicht populären Maßnahmen zur Schaffung eines neuen Grenzregimes, führte – auch weil eine ganze Reihe von schweren Fehlern gemacht wurden – zu einer sehr ernsten Krise in der DDR, die sich im Frühjahr 1953 immer mehr verschärfte. Zu diesen folgenschweren Fehlentscheidungen, selbst wenn sie zum Teil durch die Kürze der vorgegebenen Zeit und durch die beschränkten finanziellen Mittel begünstigt wurden, gehörten zum Beispiel solche Tatsachen, daß die Normerhöhungen ohne ausführliche Erläuterung, sondern wesentlich administrativ durchgesetzt wurden, daß die kleinen Unternehmer und Mittelbauern bei der Vergabe von Lebensmittelkarten benachteiligt, zum Teil sogar ausgeschlossen wurden, daß es bei der Einführung eines neuen Regimes an den Grenzen zu Beschlagnahmen von Grund und Boden und zu Umsiedlungen kam und die Republikflucht wieder zunahm. Ich vergesse nie, wie der Minister für Schwerindustrie Fritz Selbmann, dessen Rede zum ersten Zweijahrplan uns in Bogensee so begeistert hatte, in den Diskussionen des Sommers 1953 sagte, daß der Beschluß, die Grundlagen des Sozialismus zu schaffen, sicher richtig – die gewählte Form der Durchsetzung und das eingeschlagene Tempo jedoch falsch seien. Man könne das Ergebnis von mehr als zwei Produktionsjahren der Grundstoffindustrie nicht plötzlich in wenigen Monaten erzwingen wollen. Eine solche Kraftanstrengung müsste schlimme Auswirkungen haben.

Bald wurden die Probleme offensichtlich und zunehmend als bedrückend empfunden, es wurde absehbar, daß alle erwähnten

Anstrengungen auf ein großes Desaster hindrängten. Im Frühjahr 1953 – Stalin war inzwischen gestorben, seine Nachfolger dachten offenkundig über einen Kurswechsel auch in der internationalen Politik nach – richtete die Parteiführung der SED die dringende Bitte um Kurskorrekturen an die sowjetische Regierung. Nach weiteren Diskussionen in Moskau wurde dann ein ganzer Korrekturkatalog vereinbart und bestätigt – es war dies die Grundlage des sogenannten »Neuen Kurses«, der am 9. Juni verkündet wurde. Wie wir wissen, war dies schon zu spät.

Als die falschen Entscheidungen in der Normenfrage nicht rechtzeitig zurückgenommen wurden, eskalierte die Unzufriedenheit in Teilen der Arbeiterschaft. Dazu verstärkten sich auch die propagandistischen Einflüsse des westberliner Rundfunks, ganz gewiß auch das Bestreben wichtiger politischer Kräfte in der Bundesrepublik und im »Brückenkopf« Westberlin, die sich einmischen und die Lage in der gehaßten DDR für eigene Ziele nutzen wollten. Sie befürchteten sicher, daß ein neuer Kurs die Chancen ihrer Einflußnahme reduzieren würde. Das Ergebnis war der 17. Juni 1953.

Ich muß gestehen, daß ich – obwohl ich ja zum Zentralkomitee, also zur Parteiführung gehörte – vom Gang der rasch eskalierenden Ereignisse regelrecht überrascht worden bin. Ich war völlig in die neuen Aufgaben der Vorbereitung der Luftstreitkräfte eingebunden und hatte nicht mehr den engen Kontakt zu den Betrieben und Wohngebieten. Meine Überlegungen, welche Faktoren denn den 17. Juni ermöglicht, vorbereitet und geprägt hatten, kamen erst später zustande. Und heute, da ich im Lichte der so viel späteren Ereignisse zum Ende der DDR auch frühere Krisenerscheinungen neu durchdenken mußte, erkannte ich, daß zu den damals weit übersteigerten Aufgaben und den aus der Situation geborenen Fehlern auch zwei Fehlhaltungen der Staatsführung hinzukamen, die sich leider in der Geschichte der DDR immer wieder zeigten.

Sicher konnte man aus vielen Erfahrungen heraus die Möglichkeit nicht falsch eingeschätzt haben, daß bei jedem krisenhaften Ereignis in der DDR die der Republik feindlichen Kräfte in Westberlin danach streben würden, sich einzumischen – mit Losungen, vom Rundfunk ausgestrahlt, mit Unterstützung der unzufriedenen Kräfte in jeglicher Art, mit Gruppen, die sich direkt auf das Gebiet der DDR begaben und aufmischten.

Fehleinschätzungen gab es aber sicher in bezug auf die Lage im eigenen Land. Da war einmal die immer vorhandene Neigung, die Entwicklung des Massenbewußtseins in der Bevölkerung zu überschätzen, ihr Verhältnis zum Staat, zur Partei, ihren Repräsentanten und ihren Ideen unrealistisch als reifer, als fester zu betrachten, als es jeweils schon sein konnte. Im festen Glauben, daß – nach dem Lehrsatz »Das Sein bestimmt das Bewußtsein« – ökonomische und soziale Veränderungen zwangsläufig auch Veränderungen im Denken, im Fühlen und in den Wertvorstellungen der Menschen hervorbrachten, unterschätzte man die Langlebigkeit vieler alter Vorstellungen und Verhaltensnormen.

Man glaubte darum geschönten Berichten eher als sachlichen, nüchternen Analysen und überschätzte den Enthusiasmus einer Vorhut, hielt sie für die Meinung der Mehrheit. Das förderte auch die Aufassung, man könne wenn nötig »jähe Wendungen« aus dem Stand vollziehen, könne das Tempo der Entwicklung willkürlich, auch ohne gründliche politische Vorbereitung beschleunigen. Man hielt auch, als sich die Anzeichen für eine Fehlentwicklung häuften, zu lange an diesem Bilde fest und wollte einfach nicht glauben, daß Arbeiter, gegen einen Arbeiterstaat protestierend, andere Forderungen erheben könnten.

Hiermit verbunden war eine zweite Fehlhaltung. Obwohl doch die Veränderungen des Charakters der Arbeit im Ergebnis der industriellen, technologischen und sozialen Entwicklungen in unserem Jahrhundert schon früh erkennbar waren, hielten wir zu lange an einer alten, vereinfachten und einschichtigen Vorstellung von der Arbeiterklasse fest, selbst da und dort, wo wir doch die zusätzlichen, unserer Einschätzung kraß entgegenwirkenden Faktoren kannten, weil wir sie selbst geschaffen hatten: In den ersten Monaten und Jahren nach dem Zusammenbruch der Nazidiktatur wurden zahlreiche belastete Nationalsozialisten aus dem öffentlichen Dienst, dem Schulwesen oder der Justiz entlassen und nach der Losung »Nazis in die Produktion« in Betrieben eingesetzt, vor allem im Uran-Bergbau der Wismut in Sachsen und Thüringen, in der chemischen Industrie, im Eisenbahnbau, im Bauwesen allgemein. Ohne es als den einzigen Faktor zu bezeichnen – das war es sicher nicht –, mußte es doch zu denken geben, das die gewaltsamen Aktionen im Zusammenhang mit dem 17. Juni, die Aggressivität der Angriffe auf den Staat in diesen Bereichen besonders deutlich zutage traten.

*Mit Honecker auf einer Konferenz der Kasernierten Volkspolizei
(KVP) in Leipzig, September 1953*

Der Verlauf der Ereignisse dieses Tages sind bekannt – auch der
Einsatz sowjetischer Truppen und die Verhängung des
Ausnahmezustandes, um zu verhindern, daß die Situation völlig
aus dem Gleis geriet. Die von den sowjetischen Behörden ange-
ordneten Maßnahmen wurden von ihrem Standpunkt aus völlig
zurecht mit der Notwendigkeit begründet, das in Potsdam festge-
legte sowjetische Einflußgebiet zu sichern, die sich erst noch stabi-
lisierende Nachkriegsordnung nicht zu gefährden und eine nicht
mehr kontrollierbare Ausweitung der Störung des öffentlichen
Lebens zu verhindern. Wir jedoch hatten auch die Pflicht, darüber
nachzudenken, daß die eigenen Kräfte, vor allem angesichts der offenen Grenze, nicht ausgereicht hätten, der Unruhen Herr zu werden, und daß sie auch in Zukunft nicht ausreichen würden, eine
mögliche Wiederholung zu verhindern.

Die sehr schwierige, auf den 17. Juni folgende Zeit, wurde vor
allem dazu genutzt, Korrekturen der zuvor gemachten Fehler vorzunehmen, ohne eine »Fehlerdiskussion« zu führen, gewisse
Verbesserungen der materiellen Lebenslage herbeizuführen und die

Bedingungen der inneren Sicherheit zu stärken, vor allem durch die Schaffung der »Kampfgruppen« in den Großbetrieben. Eine Fortsetzung der 1952 geforderten Aufstellung eigener Streitkräfte wurde nicht forciert, sondern auf das Unerläßliche beschränkt, wobei wir immer noch die Hoffnung hatten, vielleicht doch noch internationale Vereinbarungen zu erlangen, die uns dieser Pflicht enthoben. Dies trat nicht ein. Am 23. Oktober 1954 unterzeichnete Bundeskanzler Adenauer in der französischen Hauptstadt die aus einer Vielzahl von Abkommen, Protokollen, Resolutionen und Schreiben bestehenden »Pariser Verträge«, ungeachtet einer doch heftigen Protestbewegung in der westdeutschen Bevölkerung.

Vom 29. November und 2. Dezember 1954 tagte auf Einladung der sowjetischen Regierung in Moskau die I. Konferenz europäischer Staaten zur Gewährleistung des Friedens und der Sicherheit in Europa. Da die USA und die zur NATO gehörenden westeuropäischen Staaten der Einladung nicht Folge leisteten, trafen sich in Moskau die Vertreter Albaniens, Bulgariens, der CSR, Polens, Rumäniens, Ungarns, der UdSSR und der DDR sowie ein Beobachter aus der Volksrepublik China. Sie warnten nachdrücklich vor der beabsichtigten Ratifizierung der Pariser Verträge und kündigten an, im Falle eines solchen Schrittes eigene und geeignete Maßnahmen zu treffen. Die Mahnungen wurden nicht ernst genommen, in der Bundestagssitzung Ende Februar 1955 wurden die Pariser Verträge gegen die Stimmen der Sozialdemokratischen Partei ratifiziert. Am 9. Mai 1955, also genau zehn Jahre und ein Tag nach der Kapitulation Hitlerdeutschlands, erfolgte der Beitritt der Bundesrepublik zur NATO und – was angesichts des ersten schwerwiegenden Faktes viel zu wenig diskutiert wurde – die Einbeziehung der NATO-Mächte in die atomare Aufrüstung der Großmacht USA.

Drei Tage später trat am 11. Mai die II. Konferenz europäischer Staaten in Warschau zusammen und beschloß am 14. Mai den »Warschauer Vertrag«, der nach der Ratifizierung durch die Volksvertretungen der beteiligten Staaten am 4. Juni in Kraft trat. Dabei ist zu beachten, daß die DDR Mitglied des Vertrages zunächst unter einem Vorbehalt wurde – noch hatte die DDR nicht alle souveränen Rechte erhalten, dies erfolgte erst in einem Vertrag zwischen der DDR und der UdSSR Mitte September. Außerdem enthielt der Warschauer Vertrag auch eine weitere Sonderklausel, daß alle Koalitionsverpflichtungen entfallen würden, wenn doch noch ein neutralisiertes Deutschland entstünde. Am 18. Januar 1956 beschloß dann die 10. Tagung der Volkskammer das Gesetz über die Schaffung der Nationalen Volksarmee (NVA) und eines Ministeriums für Nationale Verteidigung. Zum Minister wurde Willi Stoph berufen, ich wurde einer der Stellvertreter. Die erste Einheit war 1. März aufgestellt, deshalb wurde dieses Datum danach als der Tag der Volksarmee begangen.

Zweite Frage: »Die Nationale Volksarmee der DDR war zunächst eine Freiwilligenarmee. Erst 1962 wurde per Gesetz die allgemeine Wehrpflicht eingeführt. Das legt den Schluß nahe, daß gewartet werden mußte, bis die Grenze nicht mehr offen war, sondern die Mauer stand. Fürchtete man eine Massenflucht junger Leute vor der Einberufung?«

Natürlich konnte auch uns nicht unbeeindruckt lassen, was für die DDR mit der offenen Grenze im Jahr 1960-61 alles ursächlich zusammenhing: die systematische Abwerbung von arbeitsfähigen Menschen in vielen Berufen, von Facharbeitern, Ärzten, Spezialisten auf wichtigen Fachgebieten in die wirtschaftlich ja stärkere und dadurch verlockende Bundesrepublik, die durch das bundesdeutsche Fernsehen, den Rundfunk und zahllose speziell geschaffene Organisationen systematisch geschürte Hysterie, die zu einer in der Tat bedrohlichen und bedauerlichen Abwanderung vieler Bürger nach Westen führte, die sprunghaft ansteigende Zahl von Grenzgängern, also von Menschen, die bei uns wohnten, aber in Westberlin arbeiteten, wodurch unter Ausnutzung eines willkürlich festgelegten Wechselkurses 1:4 schwere ökonomische Schäden und Verluste entstanden, gar nicht zu sprechen von der zunehmenden Gefahr von Zwischenenfällen an der Grenze, die hier, an der Nahtstelle zwischen den beiden Gesellschaftssystemen und Militärbündnissen sehr leicht zu einem militärischen Konflikt führen konnten. Man muß sich vor jeder Einseitigkeit hüten, zumal sie nach wie vor böswillig gehandhabt wird. Es ist und bleibt eine Tatsache, daß die Befestigung der Grenze – die ja niemals nur eine innerdeutsche Grenze war, sondern eine Blockgrenze, eine Systemgrenze, eine Wirtschaftsgrenze – erst sechzehn Jahre nach Kriegsende, erst zwölf Jahre nach Gründung der beiden deutschen Staaten, erst sechs Jahre nach ihrer Einordnung in gegensätzliche, ja feindliche Militärblöcke erfolgte. Sie war somit sehr lange, länger als unter den Bedingungen des Kalten Krieges überhaupt erträglich, offen und durchlässig, wodurch die durchaus reale

Möglichkeit in Kauf genommen werden mußte, daß die DDR mehrmals vor einem wirtschaftlichen Ausbluten stand und einen ökonomischen Schaden von fast zweihundert Milliarden Mark erlitt. Nicht aus einer Willkür heraus, sondern aus nackten Überlebensnotwendigkeiten erfolgte erst dann, als die Existenz des Staates und seiner Wirtschaft auf dem Spiel stand, die Schließung und Befestigung der Grenze, übrigens auf Grund eines Beschlusses des Politisch Beratenden Ausschusses des Warschauer Vertrages, von der Sowjetunion inspiriert und gedeckt und von den Westmächten, vor allem den USA, die vorher eingeweiht waren, trotz aller propagandistischen Erregung im Grunde mit Erleichterung respektiert. Mehr noch: eine wirkliche Entspannungspolitik wäre ohne eine abgesicherte Grenze in Europa und in der Welt nicht möglich gewesen.

Der Charakter des Grenzregimes war nicht das einzige und sogar nicht einmal das ausschlaggebende Motiv, die Einführung der Wehrpflicht so lange hinauszuzögern. Man sollte nicht vergessen, daß ja auch die Bundeswehr der BRD in ihrer Anfangszeit zunächst eine Freiwilligenarmee war, also etwa die gleiche Entwicklung nahm, auch wenn die Zeit bis zur Einführung der allgemeinen Wehrpflicht dort kürzer war, weil die ökonomischen und anderen Bedingungen für den Aufbau einer Armee günstiger waren: Die BRD hatte, als das wesentlich reichere der beiden deutschen Länder, welches nach dem von ganz Deutschland verschuldeten und gemeinsam verlorenen Krieg keine Reperationen zu leisten hatte, sondern große Zuschüsse aus dem Marshallplan erhielt, mehr Möglichkeiten zu investieren und zu bauen. Die BRD hatte von Anfang an eine eigene Rüstungsindustrie und baute LKW, Panzer, Flugzeuge in eigenen Werken. Die BRD hatte auf Grund ihrer sozialen Struktur und ihrer politischen Linie keine Vorbehalte gegenüber Belasteten der Vergangenheit, sie nahm alte Berufssoldaten, alte Nazis als Kommandeure und Ausbilder in der Bundeswehr auf.

In den ersten Jahren benötigte man in der DDR die allgemeine Wehrpflicht einfach nicht, da man soviele Mannschaften zunächst nicht brauchte und auch nicht wollte, weil man sie gar nicht angemessen in Kasernen mit ihren notwendigen Nebeneinrichtungen unterbringen konnte, da man sie nicht wie erforderlich ausbilden konnte, und weil es auch noch keinen politisch stabilen Kern gab, der in jedem Land als das »Rückgrat« einer Armee erforderlich ist. Die notwendige Zeit, diese Voraussetzungen erst zu schaffen, hatte man auch schon beim Beschluß über den Warschauer Vertrag einkalkuliert, als man festlegte, daß Verbände der DDR erst nach Abschluß dieser Entwicklungsphase in die Vereinten Streitkräfte einbezogen werden sollten. Ein erstes gemeinsames Manöver mit in der DDR stationierten sowjetischen Truppem gab es erst im August 1957, die Einbeziehungen der NVA in die Kommandostruktur der Vereinten Streitkräfte erfolgte erst im Mai 1958.

Das mir vertrauteste Beispiel für die Schwierigkeiten in der Anfangszeit waren verständlicherweise die Luftstreitkräfte, für deren Aufstellung ich verantwortlich war. Die erste Aufgabe mußte die »Ausbildung der Ausbilder« sein, das hieß unter anderem, eine Offiziershochschule für diesen Truppenteil zu schaffen. Es war jedoch unerhört schwer, damals überhaupt ein brauchbares Gebäude zu finden, das dafür genutzt werden konnte, ohne es mit großem Aufwand erst bauen zu müssen. Eine entsprechende Kaserne war einfach nicht vorhanden. Erst nach vielen Mühen fanden wir ein schon sehr ramponiertes Objekt in Kamenz, das kurz zuvor von der Sowjetarmee aufgegeben worden war. Es wurde allmählich ausgebaut und nutzbar gemacht.

Nicht weniger wichtig war, daß auch die subjektiven Voraussetzungen zunächst nicht ausreichten, die für den Aufbau einer Armee notwendig waren. Subjektive Voraussetzungen waren vor allem durch zwei Faktoren bestimmt: erstens durch die politische Einsicht in die Notwendigkeit einer Armee, das Bewußtsein, dem eigenen Land zu dienen und die Bereitschaft, seine ganze Kraft für die Verteidigung des Landes einzusetzen, und zweitens durch ein reiches fachliches Wissen, technisch wie militärisch.

Der Freiwilligenstatus half, diesen spürbaren Mangel wenigstens vorübergehend zu mildern und Zeit zu gewinnen. Freiwillig kamen vorwiegend politisch bewußte junge Leute, zum Beispiel in den verschiedenen FDJ-Aufgeboten, kamen Menschen, die einer Ausbildung fähig waren und sie wollten.

Natürlich ergaben sich aus dieser Situation auch Probleme und Zwänge für uns. Es ergab sich die Notwendigkeit, eine gewisse Zeit lang auch alte Offiziere einzusetzen, wobei es sich wie schon gesagt in jedem Falle um Männer handelte, die im Verlauf des Krieges, die meisten nach der Katastrophe von Stalingrad, vom Nationalsozialismus abgerückt und schrittweise zu Antifaschisten geworden waren. Ich nenne nur General Vinzenz Müller oder die Obersten Bernhardt Bechler, Lewis-Litzmann oder Gustav Schröder. Es ergab sich aber ebenso die Notwendigkeit, sich für eine gewisse Zeit mit einem negativ ins Gewicht fallenden Mißverhältnis zwischen politischem Bewußtsein und fachlicher Kompetenz der Mannschaften und Offiziere abzufinden und sie erst langsam überwinden zu können. Die schließliche Vorlage und Annahme eines Wehrdienstgesetzes 1962 in der Volkskammer wurde gewiß auch durch die inzwischen stabil gewordene Grenze unterstützt und erleichtert, hatte jedoch vor allem zwei andere Gründe: einen militärischen und einen politischen.

Erstens: Es ist für Militärs eine Selbstverständlichkeit, daß man in einer modernen Armee ein ausgewogenes Verhältnis zwischen Berufssoldaten, Längerdienenden und Wehrpflichtigen braucht. Die Gründe dafür sind vor allem der hohe Entwicklungsgrad der Waffentechnik, der Zwang zur regelmäßigen Erneuerung und Modernisierung in immer kürzeren Abständen und die immer komplizierter werdende Wartung und Anwendung der Geräte. Die doch recht begrenzte Wehrdienstzeit der Wehrpflichtigen reicht in manchen Einheiten gar nicht aus, die Anwendung und Wartung der Waffen und Geräte gründlich zu erlernen.

Ich will nicht verschweigen, daß ich – verantwortlich für die Luftstreitkräfte – in den Debatten über das Wehrgesetz dafür eintrat, in meinem Bereich, in dem der Anteil der hochentwickelten Technik – Flugzeuge, Flugabwehrrakete und elektronische Meßgeräte – besonders groß war, keine Wehrpflichtigen einzusetzen.

Es wurde lange diskutiert und dann anders entschieden, aber auf eine letztlich vernünftige Art und Weise: Die Proportionen zwischen Berufssoldaten, Längerdienenden und Rekruten wurden bei den Luftstreitkräften anders gestaffelt als etwa bei den Landstreitkräften, darüber hinaus wurde der Anteil bestimmter Berufe der Wehrpflichtigen, die zu den Luftstreitkräften eingezogen wurden, genauer festgelegt: sie erhielten in stärkerem Maße junge Menschen aus Berufen mit einer höheren technischen Qualifikation, mit Erfahrungen im Motorenbau, in der Mikroelektronik, in der Meßtechnik, oder aus Berufen und Betrieben, die nach der Entlassung der Wehrpflichtigen aus der Armee qualifiziert ausgebildete und erprobte Kräfte zurückerwarteten, so daß dem Lande ein zusätzlicher Nutzen, die intensive Förderung technisch besonders hochentwickelter Berufe.

Zweitens: Genau so unbestritten ist es, daß man, um eine Armee wirklich stabil zu machen, das Verständnis für die Notwendigkeit und die Probleme der Verteidigung zur Sache des ganzen Volkes machen muß. Das aber kann man nur, wenn die Pflicht zum Wehrdienst selbstverständlich für alle jungen Menschen, aber auch für ihre Familien wird. Gerade das war mit der Sicherung der Grenzen verstärkt worden, denn selbstverständlich blieben einige Tatsachen nicht ohne Einfluß auf die gesamte Bevölkerung.

Es mußte doch jedem zu denken geben: Ohne Mauer, bei offener Grenze war die DDR international weitgehend isoliert und ein Opfer der »Hallsteindoktrin«, die jede diplomatische Anerkennung der DDR als einen feindlichen Akt gegen die BRD deklarierte und so deren Partner schlicht einschüchterte. Mit der Mauer jedoch wurde sie – und dies sogar in großem Tempo, so als wäre eine Barriere gefallen, von nahezu allen Staaten der Welt anerkannt, wurde Mitlied der UNO und all ihrer Unterorganisationen und ein ernster Faktor des Sicherheitssystems in Europa, über kurz oder lang sogar auch von Politikern und Parteien der BRD umworben. Daß das so Errungene und Anerkannte verteidigt werden mußte, war einsichtig. Die Formierung der NVA war nach ihrer formellen Gründung ein langer und komplizierter Prozeß.

Dritte Frage: »Sie hatten im Verlauf von vierzig Jahren in der Leitung der Nationalen Volksarmee vier wichtige Funktionen: Sie waren Chef der Luftverteidigung/Luftabwehr, danach Chef des Hauptstabes, danach Chef der Politischen Hauptverwaltung und schließlich Minister für Verteidigung. Waren diese Aufgaben einander so ähnlich, daß es keine Rolle spielte, ob man Experte war oder nicht? War es gleich, wer an der Spitze stand? Reichte die politische Haltung aus, ein Kommando zu bekommen?«

Diese letzte Frage war die entscheidende in dem von mir bereits erwähnten Gespräch mit Wilhelm Pieck, das mich Ende 1950 zum Eintritt in die bewaffneten Streitkräfte bewog. Während meine vielen Gesprächspartner vorher stets versuchten, mich dadurch zu werben, daß sie mir des langen und breiten die politische Notwendigkeit erläuterten, den Reiz der künftigen Arbeit in kräftigen Farben schilderten oder mich als zögerlich und uneinsichtig kritisierten, begann Wilhelm Pieck das Gespräch völlig anders: »Ich habe gehört, daß Du nicht zu den bewaffneten Organen willst. Wen würdest Du denn vorschlagen? Wer hätte Deiner

Meinung nach das Zeug dazu, eine solche Aufgabe zu erfüllen?« Ich war überrascht, dennoch nannte ich schnell einige Namen, die möglich und unangreifbar waren. Ich nannte Heinrich Rau – er war 1937/38 Kriegskommissar, dann Stabschef und schließlich Kommandeur der XI. Internationalen Brigade im Spanischen Bürgerkrieg. Ich nannte Richard Staimer – auch er war in Spanien Kommandeur, bekannt geworden als »General Hoffmann«, dann in der Sowjetunion Mitglied des Nationalkomitees und jetzt schon seit einiger Zeit bei der Volkspolizei im Bezirk Leipzig tätig. Ich nannte Ewald Munschke – der, nach seinem Kampf in den Interbrigaden in Spanien, Teilnehmer am bewaffneten Widerstand in Holland war.

Wilhelm Pieck hörte sehr aufmerksam zu, notierte sich die Namen und sagte dann: »Gute Vorschläge, leider aber unmöglich!« Und er erklärte es mir: »Den Aufbau einer bewaffneten Truppe vorzubereiten und sie dann zu leiten – nicht etwa eine Miliz, sondern eine moderne Armee –, dazu reicht eine revolutionäre Haltung nicht aus, die bei allen genannten Genossen unbestritten ist. Gewiß haben sie auch militärische Erfahrungen – aber woher? Aus der Vorkriegszeit, aus einer Zeit auf einer grundsätzlich anderen Stufe der Bewaffnung, der Militärwissenschaft, der Truppenführung. Sicher können sie sich in die neuen Bedingungen hineinarbeiten, Erfahrungen sammeln, nützlich sein, und wir werden den einen oder anderen auch mit einer Aufgabe betrauen – vielleicht als Kaderchef oder im Rückwärtigen Dienst. Und selbstverständlich traue ich allen zu, daß sie sich mit Energie und ohne Rücksicht auf die eigene Person in die neuen Probleme einarbeiten würden, doch das verlangt Zeit, viel Zeit, und wenn diese Zeit vorbei ist, dann sind diese Genossen zu alt: Rau ist 21 Jahre älter als du, Staimer dreizehn, Muntschke 19. Wenn sie das unbedingt notwendige Wissen und Können haben, müssen sie ausscheiden. Wenn Männer deines Alters aber eingearbeitet sind, können sie mindestens noch zwanzig Jahre nützliche Arbeit leisten.«

Und Wilhelm Pieck erklärte mir seine Vorstellung von den bevorstehenden Aufgaben und von den Erwartungen, die er in mich und andere setzte. Es war, als wollte er mich zu einem großen, abenteuerlichen Experiment gewinnen, dabei ging es natürlich um sehr ernste Aufgaben. Im Unterschied zu den Entwicklungen in der Bundesrepublik, wo mit den Vorbereitungen einer Armee schon lange vorher begonnen worden war, konnten wir nicht auf

Wilhelm Pieck bei einem seiner letzten öffentlichen Auftritte, Zweiter von rechts Heinz Keßler

ausgebildete, erfahrene Militärs zurückgreifen und sie an die Spitze stellen, Generäle etwa, die bis zum letzten Kriegstag Truppen der Wehrmacht kommandiert hatten. Natürlich kamen wir nicht umhin, einige dafür zu gewinnen – aber es konnten nur Männer sein, die schon während des Krieges mit dem Regime und mit der Armee des Nazistaates gebrochen, die überzeugt und aktiv im Nationalkomitee antifaschistische Gesinnung bewiesen hatten. Und es konnte sich auch nur um eine kurze Übergangszeit handeln. Wie in anderen Bereichen auch – wie bei den Direktoren unserer Betriebe, bei den Professoren unserer Hochschulen, bei den Architekten unserer neuen Wohnviertel – mußten wir die Talente unter den jungen Menschen finden und sie selber ausbilden. Das konnte in einigen Jahren, wenn die Absolventen unserer eigenen Schulen auf die Hochschulen kamen und in den Beruf eintraten, einfacher werden. Doch wir mußten den Anfang eben jetzt wagen. Was Pieck mir entwickelte, erinnerte mich sofort an manches, was ich sowohl im Nationalkomitee wie auch im Hauptjugendausschuß von Berlin erfahren hatte und was ich schon wiederholt als »Pilotprojekt« bezeichnet habe: Männer mit politisch klaren antifaschistischen Haltungen, natürlich mit bestimmten fachlichen und Lebenserfahrungen und mit der Fähigkeit rasch zu lernen, sollten die leitenden Funktionen übernehmen, aber vom ersten Tag an jüngere, begabte Männer zur Seite gestellt bekommen, denen alle Unterstützung gegeben werden mußte, damit sie schnell

*Beim Manöver »Quartett« als Stellvertretender Minister für Natio-
nale Verteidigung und Chef der Luftstreitkräfte/Luftverteidigung
(LSK/LV), September 1963*

in eine höhere Verantwortung hineinwuchsen. Der Chef – so sagte
Pieck in seiner unnachahmbaren Art – muß also selber lernen und
sich selbst rasch ersetzbar machen. Das überzeugte mich.

Richtig ist, daß ich in der Nationalen Volksarmee sehr verschiedene Funktionen innehatte, eine jede jeweils einen doch be-
trächtlichen Zeitabschnitt lang: fast elf Jahre, von 1956 bis 1967,
war ich Chef der Luftstreitkräfte und Luftverteidigung, ebenfalls
elf Jahre, von 1967 bis 1978, Chef des Hauptstabes, sechs Jahre,
von 1979 bis 1985, Chef der Politischen Hauptverwaltung und
vier Jahre, von Ende 1985 bis Ende 1989, Minister.

Dabei war, so glaube ich, das Entscheidende gar nicht primär
der Wechsel, sondern die Kontinuität – wie man überhaupt feststellen kann, daß in den oberen Kommandostellen der Nationalen
Volksarmee – ebenso in anderen wichtigen Bereichen der DDR –
eine sehr ausgeprägte Kontinuität gewollt und erreicht wurde.
Einige Beispiele: Heinz Hoffmann, der etwa gleichzeitig mit mir in
die Leitung der Kasernierten Volkspolizei im Rahmen des
Innenministeriums eintrat, war dann von 1960 bis 1985 Minister
für Verteidigung. Horst Stechbarth war von 1972 bis 1989 Chef

der Landstreitkräfte. Und mein Mitangeklagter im Moabiter Prozeß, Fritz Streletz, diente fast vierzig Jahre – gleich mir – in der NVA, wobei natürlich Steigerungen der Verantwortungsbereiche inbegriffen waren: Streletz begann in der Bereitschaftspolizei, war dann Divisionschef, anschließend Chef des Stabes des Militärbezirkes Leipzig, von 1964 bis 1979 Chef der Abteilung Operative Fragen und dann von 1979 bis 1989 als mein Nachfolger Chef des Hauptstabes, und zur gleichen Zeit von 1971 bis 1989 Sekretär des Nationalen Verteidigungsrates.

Bei mir kam in der Tat etwas hinzu, was so selbstverständlich nicht war, daß nämlich die mir übertragenen Aufgabenbereiche in sich stark unterschiedlich waren.

Besonders schwierig war für mich der Einstieg in die Führung der Luftstreitkräfte, einmal weil es die erste Aufgabe war, die man mir übertrug, zum anderen weil es die Teilstreitkraft mit dem höchsten Anteil an modernster Technik war – sowohl hinsichtlich der eingesetzten Flugzeuge, der ersten Luftabwehrraketen und der damit verbundenen elektronischen Einrichtungen als auch der besonders hohen fachlichen Qualifikation, die hier gefordert wurde. Hier bewährte sich die von Wilhelm Pieck empfohlene Methode besonders überzeugend: Es gelang, einen der besten Militärflieger der NVA, Wolfgang Reinhold, in die Leitung einzubeziehen. Auch er kam von der Bewegung des Nationalkomitees, leitete lange Zeit die Abteilung Ausbildung, wurde mein Stellvertreter und später von 1972 bis 1989 Chef der Luftstreitkräfte.

Noch schwerer war mein Übergang in die Leitung des Hauptstabes. Die Charakteristik dieser Arbeit war mir seit meinen vielen Gesprächen mit den Wehrmachtgeneralen in Ljunowo zwar ungefähr, aber keineswegs genau bekannt. Damit war nicht sehr viel anzufangen, zu stark hatten sich die Aufgaben und Möglichkeiten der vielfältigen Planungen einer Armee verändert. Hinzu kam, daß gerade zu der Zeit, da ich die Funktion übernahm, eine wahre Revolutionierung der Waffentechnik, vor allem der Raketentechnik, einsetzte und radikales Umdenken verlangte, und daß wir mit der Einführung der Elektronischen Datenverarbeitung in die Planung und Steuerung von Prozesen begannen und Computer Einzug hielten.

Leicht fiel mir der Übergang in die Politische Hauptverwaltung – einmal, weil mein Nachfolger als Chef des Hauptstabes, Fritz Streletz, bereits seit 1964 dort gearbeitet hatte und mein

Stellvertreter war, ich also schnell ersetzbar war, zum anderen, weil die neue Arbeit meinen Intentionen am meisten entsprach: die Politische Hauptverwaltung war dem Inhalt nach zugleich die Leitung der Parteiorganisation der SED in der NVA. Politische Aufklärung und Wissensvermittlung, Erziehung und Charakterbildung waren das Feld, auf dem ich am liebsten arbeitete.

Daß ich dann, nach dem Tod von Heinz Hoffmann, Minister wurde, ehrte mich, aber überraschte mich nicht sehr – schließlich hatte ich schon fünfunddreißig Jahre in der Armeeführung hinter mir und Erfahrungen genug – zumal die herangewachsene jüngere Generation von verantwortlichen Offizieren sehr qualifiziert, gut ausgebildet und selbstständig war.

Vierte Frage: »Die Weiterbildung wurde in der Nationalen Volksarmee – wie überall in der DDR – groß geschrieben. Galt das auch auf der Ebene, auf der Sie in der Armeeführung standen?«

Selbstverständlich galt dieses Prinzip für uns genau so wie für alle leitenden Funktionäre der DDR, wobei für uns die günstige Möglichkeit gegeben war, nicht nur an den besten Bildungsstätten unseres Landes, sondern an den besten Schulen der Sozialistischen Staatengemeinschaft zu studieren. So besuchte ich 1955/56, also vor meinem Einsatz in der NVA, einen Einjahreslehrgang der Militärakademie der Luftstreitkräfte der UdSSR – und 1969 einen Lehrgang an der Generalstabsakademie der UdSSR (Höherer Akademischer Kurs). An beiden Einrichtungen konnte ich nicht nur eine Menge an Informationen und Erfahrungen in mich aufnehmen, sondern auch Bekanntschaften, ja Freundschaften mit vielen sowjetischen, polnischen, tschechoslowakischen und ungarischen Offizieren schließen, mit denen ich dann in den Organen des Warschauer Verteidigungssystemes zusammenarbeitete. Da ich natürlich auch bestrebt war, einen Abschluß zu erreichen, erarbeitete ich 1970 extern eine militärtheoretische Untersuchung an der Militärakademie »Friedrich Engels« in Dresden und erwarb den Grad eines Diplom-Militärwissenschaftlers.

Doch all das war, wie gesagt, in der DDR das nahezu Normale, das Übliche. Das eigentliche Ausbildungsabenteuer war ein anderes. Als ich das Kommando der Luftstreitkräfte übernahm, wollte ich natürlich, daß ich nicht nur wie der Blinde von der Farbe oder wie der Nichtschwimmer von der Seefahrt redete. Außerdem wollte ich keinem der mir unterstellten Offiziere die Möglichkeit lassen, mir Erklärungen zu geben, die ich nicht genau verstand.

Zunächst befand sich unser Stab auf einem historischen Gelände, dort, wo mit den Experimenten Lilienthals die Anfangskapitel der Fluggeschichte überhaupt geschrieben worden waren – in Berlin-Johannisthal, am Segelfliegerdamm. Später wurde der Stab nach Cottbus verlegt. Dort wie hier war ich bestrebt, selbst das Fliegen zu erlernen und Pilot zu werden. Ich begann mit Unterstützung erfahrener sowjetischer Fluglehrer nach einem genau berechneten Plan zu lernen und zu üben, zunächst theoretisch, dann praktisch: Starten, Landen, Fliegen unter bestimmten Bedingungen – kurze Strecken, lange Strecken, Kurven, Fliegen bei unterschiedlichen Wind- und Wetterverhältnissen. Es machte Spaß, war aber anstrengend und brachte zunächst nur mäßige Resultate. Dann vereinbarten wir, mein sowjetischer Fluglehrer und ich, eine Radikalkur: einen sechswöchigen Intensivlehrgang auf einem Flugplatz der sowjetischen Truppen bei Jüterbog. Hier konnte konzentriert geübt werden, ich machte Fortschritte und lernte sogar, wie schnell man als Pilot Fehler machen konnte und welche Folgen sie haben konnten. Einmal, als es Verständigungsschwierigkeiten mit dem Fluglehrer über die zu wählende Landepiste gab, landete ich ungenau und, nachdem sich der Propeller in den Boden gebohrt hatte, auf dem Rücken der Maschine. Ein anderes Mal landete ich – nachdem der Flug für mich unverständlich lange gedauert hatte –

Mit dem ersten Kosmonauten der Welt, Juri Gagarin, Mai 1965

auf einem Flugplatz in Polen. Natürlich gab es Gelächter und Spott, doch die Ausbildung ging weiter und wurde erfolgreich abgeschlossen.

Fünfte Frage: »Hatten Sie irgendwann auch einmal das Gefühl, das sicher viele Armeeangehörige in aller Welt einmal haben: Jetzt habe ich aber genug, jetzt möchte ich aufhören! ?«

Nicht in dem Sinne, daß ich von mir aus aufhören wollte, weil die Last der Verantwortung oder der Schwierigkeitsgrad der gestellten Aufgaben zu groß geworden wäre. Da gab es ja immer die Möglichkeit der offenherzigen Beratung der Probleme, da war die unterstützende, auch die korrigierende Kraft des Kollektivs, das einem zur Seite stand, da war das Wissen darum, daß der Aufbau einer neuen gesellschaftlichen Ordnung an allen Abschnitten, in der Wirtschaft, in den Bereichen der Kultur oder der Außenpolitik gleich kompliziert und kräftezehrend war. Es mag in manchen Situationen ein Fehler, manchmal sogar eine dem einzelnen gar nicht bewußte Gefahr gewesen sein, eine übertragene Aufgabe in jedem Falle diszipliniert bis zu Ende, bis zur Erfüllung oder bis zur Abberufung durchzuführen, auch wenn es schwerfiel. Gleichzeitig war es aber auch ein Vorzug, eine gute, selbstverständliche Haltung vieler Mitglieder unserer Partei.

Nein, vor Schwierigkeiten zu kapitulieren und darum aufhören zu wollen, das erlebte ich in meiner Tätigkeit als Armeeangehöriger nicht – bis auf ein einziges Mal im Sommer 1989, worüber noch zu sprechen sein wird, wobei die Gründe da nicht im militärischen Bereich meiner Arbeit lagen, sondern in sehr komplizierten politischen Problemen, die ich nicht verändern konnte.

Es trat aber viel früher einmal eine Situation ein, in der ich befürchten mußte, meine Aufgabe nicht bis zum Ende durchführen zu können, also ausscheiden zu müssen.

Am 4. Januar 1971 – es war in der Zeit der Vorbereitung auf den VIII. Parteitag der SED – wurde der Bezirkssekretär der Partei in der AG Wismut, leider viel zu früh verstorben, in Chemnitz beigesetzt. Da ich ihn gut kannte, er war ein langjähriger Freund und Mitarbeiter meines Vaters, nahm ich an der Beerdigung teil – und fuhr spät am Abend mit meinem Fahrer nach Berlin zurück.

Es war – vielen vielleicht noch erinnerlich – ein sehr harter Winter mit eisiger Kälte. Während der Fahrt begann ein heftiges Schneetreiben, hinzu kam ein dichter, undurchdringlicher Nebel, die Sicht auf der nahezu unbefahrenen Autobahn betrug vielleicht nur fünf, sechs Meter. Es war ein Sonnabend. Da ich am nächsten Morgen jedoch eine dienstliche Verpflichtung hatte, unterbrachen wir die Fahrt nicht. Etwa vierzig Kilometer vor der Autobahnabfahrt Königs Wusterhausen – ich wollte ja nach Strausberg – stand plötzlich, unbeleuchtet und daher von uns nicht bemerkt, ein großer LKW auf der linken Fahrbahn. Wie sich später herausstellte, war hier vor kurzem ein sowjetischer Konvoi gefahren, der – ein unbeschädigtes Fahrzeug an der Spitze, eines am Ende – reparaturbedürftige LKW aus der CSSR zur zentralen Reparaturstelle der sowjetischen Truppen in die DDR geleitete. Ein Wagen war liegengeblieben – und leider auch liegengelassen worden. Als wir ihn schließlich schemenhaft sahen, war es schon zu spät – unser Wagen fuhr mit großer Wucht auf den Koloß auf. Der Fahrer wurde hinter dem Steuerrad eingeklemmt, ich verspürte einen stechenden Schmerz in meinem linken Bein. Es gelang mir noch, meinen Fahrer aus dem Wagen auf die Straße zu ziehen – dann schwanden auch mir die Sinne.

Zufällig fuhr wenig später ein Wagen an uns vorbei, in welchem ein Offizier der Luftverteidigung nach Strausberg fuhr. Er erkannte den Wagen und mich. Mit seiner Hilfe wurden ich und mein Fahrer in ein Krankenhaus gebracht. Ich hatte, kurz bei Sinnen, verlangt, in das Zentrale Armeelazarett in Bad Saarow transportiert zu werden und verlor dann das Bewußtsein. Unser Helfer ließ sich auf meinen Wunsch gar nicht ein, er brachte mich in das nähergelegene Lazarett der sowjetischen Luftstreitkräfte in Königs Wusterhausen. Es war ein Glück, denn die sowjetischen Ärzte waren rasch zur Stelle und arbeiteten mit großer Umsicht: Ich hatte eine schwere Gehirnerschütterung, einige Rippen gebrochen, mein Knie funktionierte nicht mehr. Als ich fürs erste versorgt war, wurde ich nach einigen Tagen doch nach Bad Saarow gebracht. Hier lag ich dann neun Monate fest. Mein Fahrer, der sich etliche Rippen gebrochen hatte, kam oft zu Besuch.

Natürlich war an irgendeine Weiterarbeit nicht zu denken – ich konnte zwar Besuch empfangen und freute mich, daß nicht nur meine Mitarbeiter im Hauptstab zu mir kamen, sondern mich auch Erich Honecker, Heinz Hoffmann und andere besuchten und mir versicherten, draußen verliefe alles normal. Ich konnte nicht aufstehen, geschweige denn laufen, so daß ich auch nicht am VIII. Parteitag im Juni teilnehmen konnte und den Wechsel von Ulbricht zu Honecker nicht unmittelbar miterlebte.

Mein Denken, wie das der Ärzte, kreiste immer mehr um die Frage: Amputation oder Versteifung des Beins? An eine andere Variante, an eine Heilung, war nicht zu denken. Wir entschieden uns gegen die Amputation, für die Versteifung – Ende Oktober erst konnte ich beginnen, das steife Bein zu trainieren und allmählich wieder ans Laufen zu gewöhnen.

In diesen Monaten, fast ein ganzes Jahr hindurch, quälten mich natürlich die Sorgen, ob ich jemals wieder laufen, ob ich je wieder arbeiten werden könne. Und ich hätte es durchaus verstanden, wenn man mich von meiner Aufgabe entbunden hätte – ich dachte schon daran, in Kürze eine andere Arbeit zu übernehmen, irgendwo im Parteiapparat oder bei den Gewerkschaften. Am Ende sagten die Ärzte, alles sei in Ordnung. Ich mußte zwar seitdem einen Stock benutzen, konnte aber wieder laufen. Weiterarbeiten war möglich und wurde gewünscht. Also blieb ich im Amt.

Sechste Frage: »Die NVA bezeichnete sich als eine sozialistische Armee. War das nicht nur ein Spiel mit Worten? Ist denn heute, unter den modernen gesellschaftlichen und technischen Bedingungen des Industriezeitalters, unter den Bedingungen des weltweiten Wettrüstens, nicht eine Armee wie die andere?«

Ich will und muß die Frage von Anfang an noch mehr verwirren. Wir sagten nicht nur so einschichtig »sozialistische Armee«, wir sagten, wenn wir den Charakter der NVA definierten, immer gleich dreierlei: Die NVA war eine sozialistische Armee. Sie war eine deutsche Armee. Sie war eine Armee mit Koalitionscharakter. Und alle drei Charakteristika waren unlöslich miteinander verbunden.

Zur gleichen Zeit – im Ergebnis des völlig veränderten Kräfteverhältnisses nach dem Zweiten Weltkrieg und unter den Zwängen des Kalten Krieges in der Welt – waren 1949 auf deutschem Boden zwei Staaten entstanden. Daraus folgend gab es seit 1955-1956 auch zwei deutsche Armeen. Beide gehörten von Anbeginn unterschiedlichen Militärbündnissen an – die eine den Vereinigten Streitkräften der sozialistischen Staaten unter Führung der Sowjetunion, die andere der Militärallianz der kapitalistischen Länder Westeuropas und Nordamerikas unter der unbestrittenen Dominanz der USA. Aus dieser nicht willkürlich erzwungenen, sondern historisch gewachsenen Bestimmung, die Armee eines sozialistischen Staates zu sein, erwuchs zwangsläufig die Notwendigkeit, daß der Dienst in der Nationalen Volksarmee

– von Generalen und Offizieren wie von jedem Soldaten – zugleich als eine zutiefst patriotische und eine echt internationalistische Pflicht und Aufgabe verstanden werden mußte, nicht als ein unabänderliches Fatum, sondern so, wie sich die sozialistische Bewegung stets sowohl als eine Kraft im eigenen Land wie als Teil einer Weltbewegung verstand.

Diese dreifache Definition war nicht nur berechtigt, sie publik zu machen war auch notwendig – und das aus mehreren Gründen.

Zunächst war es erforderlich, weltweit bei Freund und Feind den eben geschilderten, von uns schrittweise miterlebten und darum für uns ganz selbstverständlichen, für Ausländer jedoch sehr komplizierten Sachverhalt völlig deutlich zu machen. Es war ja keineswegs so, daß überall in der Welt die verwirrenden Verhältnisse und Beziehungen auf deutschem Boden übersichtlich waren und sogleich durchschaut werden konnten. Jeder konnte erleben – bei Besuchen im Ausland, im Westen wie im Osten, oder bei Treffen mit ausländischen Gästen der Republik und vielen Touristen, die täglich zu uns kamen – daß viele unserer Gesprächspartner sich nur äußerst schwer ein richtiges Bild vom Leben in einem geteilten Land und in der gespaltenen Stadt Berlin machen konnten und daß für sie ein geteiltes Moskau, ein gespaltenes London nicht einmal denkbar, geschweige denn vorstellbar war. Es war also unerläßlich, lieber einmal mehr als einmal zu wenig den Kern des Problems ganz deutlich zu betonen.

Selbstverständlich aber waren die drei Attribute, die wir gebrauchten, nicht nur Inhalt eines Etiketts, nicht nur Werbeworte einer Firmentafel. Sie bezeichneten ganz reale Sachverhalte, die nie außer acht gelassen werden durften.

Es ging bei der besonderen Unterstreichung des »Deutschen« keineswegs darum, sich betont eine nationale oder gar nationalistische Kokarde an den Helm zu heften. Es ging dabei auch keineswegs vorrangig um die innere Ordnung oder die Ausbildung, um die Bewaffnung oder die Befehlsstruktur der Armee. Es ging in erster Linie um die völkerrechtliche Grundlage, auf der die NVA wirken konnte und die vollkommen eindeutig war, so eindeutig, daß wir alle diffamierenden Bezeichnungen wie »Satellitenarmee« oder »Hilfstruppen der Russen«, wie sie von den Propagandisten des Kalten Krieges gehässig gebraucht wurden, mit Recht und sehr entschieden zurückwiesen.

Aus diesem gleichen Grunde und keineswegs nur aus persönlichen Erwägungen haben wir nach dem Untergang der DDR als Angeklagte im »Honecker-Prozeß« vor dem Berliner Landgericht in Moabit die Rechtmäßigkeit dieses Prozesses wie auch aller folgenden Strafverfahren gegen Generale und Soldaten der NVA und der Grenztruppen der DDR energisch bestritten und werden auch weiterhin ihre Einstellung fordern: Alle diese Prozesse versuchen mit sehr gewagten juristischen Konstruktionen wie die gesamte DDR auch die Nationale Volksarmee nachträglich zu delegitimieren, als unrechtmäßig hinzustellen, und alle, die in ihr dienten, im nachhinein zu kriminalisieren.

Alles, was in der DDR nach der Zerschlagung des Faschismus geleistet wurde, soll auch mit Hilfe von Strafverfahren aus dem Bewußtsein der Menschen verdrängt oder zumindest mit negativen Vorzeichen versehen werden. Es ist doch offensichtlich, daß die heute Herrschenden angesichts der großen Probleme der Vereinigung nach 1990 – angesichts der radikalen Deindustrialisierung, der Massenarbeitslosigkeit, des Lehrstellenmangels und der permanenten Zukunftsangst – Furcht vor jeder positiven Erinnerung an die DDR haben, die sie fälschlicherweise Nostalgie nennen. Es ist nicht nur im Interesse der geschichtlichen Wahrheit, sondern auch des inneren Friedens im jetzt größer gewordenen Deutschland dringend geboten, die Wahrheit nicht verdrängen und entstellen zu lassen, sondern auf der Darstellung der Tatsachen zu bestehen.

Und dazu gehört: Die NVA war eine reguläre deutsche Armee. Sie bezog ihre Legitimation aus dem Völkerrechtssubjekt DDR, die ein Mitglied der UNO und einer ganzen Reihe internationaler Gremien sowie Teilnehmerin an vielen völkerrechtlichen Konventionen war. Sie war die Armee eines deutschen Staates, der mit 139 anderen normale diplomatische und völkerrechtliche Beziehungen unterhielt und ein legitimes Recht auf Verteidigung und äußere Sicherheit hatte. Man darf doch nie vergessen – oder es heute künstlich vergessen machen –, daß der Grundlagenvertrag zwischen der DDR und der BRD von 1970 die Souveränität, Unabhängigkeit und Selbständigkeit der beiden deutschen Staaten und die völkerrechtliche Art ihrer Beziehungen ausdrücklich bestätigt hat und daß noch im Mai 1985 (während ihrer Begegnung in Moskau) Helmut Kohl und Erich Honecker die »Unverletzlichkeit der Grenzen und die Achtung der territorialen Integrität und

Souveränität« als eine »grundlegende Bedingung für die Sicherung des Friedens« bekräftigten.

Die NVA erfüllte ihren Auftrag jederzeit in Übereinstimmung mit ihren Bündnisverpflichtungen als Mitglied des Warschauer Vertrages zur Gewährleistung der sicherheitspolitischen Strategie der Militärkoalition, die darauf abzielte, den Schutz und die Sicherheit aller Mitglieder der Staatengemeinschaft zu garantieren, den Status quo zu bewahren und damit den europäischen Frieden zu erhalten – aber sie erfüllte diesen Auftrag zunächst und vor allem in bewußter Übereinstimmung mit dem Verfassungsauftrag und den Gesetzen der DDR. Wenn die Vereinbarungen der Anti-Hitler-Koalition von Jalta und Potsdam Garantien verlangt hatten, daß von deutschem Boden nie wieder aggressive Handlungen oder gar ein Krieg ausgehen konnte, so konnte diese Garantie doch nicht nur von anderen Armeen, nicht nur von den Armeen der Siegerstaaten, sondern auch von den Deutschen selbst gegeben werden. Gerade damit wollte die NVA betonen, daß sie sich von den früheren deutschen Armeen grundsätzlich unterschied, die zwei Welkriege provoziert und geführt hatten.

Die Kennzeichnung der NVA als eine deutsche Armee mit Koalitionscharakter, was unter anderen Vorzeichen auch für die Bundeswehr zutraf – auch sie war nur unter der Bedingung geschaffen worden, in einen internationalen Militärblock eingebunden zu sein, – enthielt darüber hinaus natürlich noch einen weiteren Aspekt. Dieser führt zum zweiten Teil der Frage – zur Vergleichbarkeit der heutigen Armeen.

Wenn man die Betrachtung nur auf die grundsätzliche technische Ausstattung, auf die sich in einer Zeit der permanenten wissenschaftlich-technischen Revolution viel schneller als jemals zuvor verändernde Waffentechnik, auf die dadurch unerläßlich werdende militärische Ausbildung, auf die körperliche Ertüchtigung, den geregelten Tagesablauf und einige Äußerlichkeiten konzentriert, dann kann man sicher dazu kommen, die Armeen verschiedener moderner Industriestaaten miteinander zu vergleichen – und ich möchte es selbst an einigen herausgegriffenen Faktoren tun. Es verbietet sich jedoch, sie einfach gleichzusetzen.

Ein Kennzeichen der Entwicklung der Waffentechnik nach dem Zweiten Weltkrieg, vornehmlich aber in den letzten zwei Jahrzehnten, war das Tempo der Vervollkommnung, der Weiterentwicklung, ja der Schaffung völlig neuer Waffen und Geräte, wodurch die Anforderungen an die Kommandeure wie an die Soldaten ebenfalls in einem immer schnelleren Tempo wuchsen und sich nicht selten in ganz kurzer Zeit sogar grundsätzlich änderten.

Als Beispiel nehme ich jene Teilstreitkraft, die ich am längsten und am genauesten kannte – die Luftstreitkräfte/ Luftverteidigung. Als wir mit ihrem Aufbau begannen, hatten wir Flugzeuge vom Typ Jak 11 und Jak 18, die uns die Sowjetunion zur Verfügung stellte. Alle fünf, sechs Jahre – und die Fristen verkürzten sich ständig – erfolgte eine grundlegende Erneuerung, Modernisierung, Verbesserung des Bestandes, so daß wir nicht nur von einer ständigen Ergänzung, sondern von einer grundsätzlichen Erneuerung sprechen konnten. In rascher Folge wurden die wesentlich leistungsfähigeren MIG 15, 17, 19, 21, 23 und schließlich auch 27 und 29 in Dienst gestellt, die bekanntlich zu den leistungsfähigsten Jagdflugzeugen der Welt gehörten. Auch der zweite Strang der Luftverteidigung erlebte den gleichen Erneuerungsprozeß: Die ursprünglichen konventionellen Flugabwehrgeschütze (Flak) wurden rasch ergänzt und erneuert durch modernste Flugabwehrraketen. Und in beiden Teilen dieses Bereiches erfolgte die Einführung moderner elektronischer Meß-, Leit- und Steuergeräte von höchster Präzision. Ähnliches vollzog sich natürlich auch bei den Landstreitkräften und bei der Volksmarine – und ich gehe davon aus, daß ähnliche Prozesse in allen modernen Armeen vor sich gingen. Natürlich hatte dies gewaltige Konsequenzen für uns.

Viele werden sich daran erinnern, mit welchen Problemen die Einführung und Meisterung der Elektronischen Datenverarbeitung in der DDR-Wirtschaft vonstatten ging – nicht nur, weil die Herstellung eigener Rechner und Prozessoren schwierig war, sehr hohe Kosten erforderte und darum langsamer verlief als in vergleichbaren Industriestaaten, sondern auch, weil es bei einer bestimmten Generation von Planern und Leitern zunächst Unverständnis, sogar innere Vorbehalte und wohl auch Ängste vor dieser neuen Technik gab, die so weitreichende Folgen für die Organisation und Qualifikation der Arbeit mit sich brachten. So war es auch im Bereich der Armee.

Es ist keine Indiskretion, wenn ich sage, daß der erfahrene Soldat Heinz Hoffmann, der nicht nur ein legendärer Haudegen im spanischen Freiheitskampf, sondern auch ein sehr erfahrener, sachkundiger, weitschauender Militärpolitiker und ein Vierteljahrhundert lang Minister für Verteidigung war, bei aller verbalen Anerkennung des technischen Fortschritts immer Vorbehalte gegenüber Computern hatte und sich nur zögernd bemühte, auch nur die Anfangsgründe ihrer Bedienung und ihres Einsatzes zu erlernen. Natürlich hemmte eine solche Haltung gewollt oder ungewollt das doch unerläßliche Tempo der Einführung allgemein.

Nun richtet sich bei einem weltweit wirkenden Prozeß wie der Entwicklung der neuen Medien die Notwendigkeit von Veränderungen nicht nach dem Wissen oder Unwissen, dem Willen oder Unwillen einzelner leitender Männer. Selbstverständlich setzten sich die modernen Rechner auch bei uns zwangsläufig durch.

Als ich Chef des Hauptstabes wurde, stand die Entwicklung und zielgerichtete Anwendung der EDV noch ganz am Anfang, mehr als erste zögerliche Versuche gab es noch nicht. Doch immer deutlicher und drängender wuchs die Erkenntnis, daß eine moderne Waffentechnik ohne die Elektronik einfach nicht mehr denkbar war – bei der Meß- und Steuertechnik einzelner Waffen und Waffensysteme ebenso wie bei der Planung und Organisation der Truppenführung, bei der Planung strategischer und taktischer Varianten und bei der gegenseitigen Vernetzung innerhalb der Koalition. Noch zu meiner Zeit in diesem Bereich wurde der verstärkte Einsatz von Computern durchgesetzt, und sehr bald hatten wir auch die Funktion eines Stellvertreters für Automatisierung und Rechentechnik geschaffen.

Eine der weitreichenden Konsequenzen in der NVA wie in jeder anderen modernen Armee betraf die Anforderungen an die Auswahl, die Ausbildung und die Qualifikation der Kommandeure. Es ergab sich ein völlig anderer Rhythmus ihres Einsatzes und ihrer Beförderung. Übrigens hatte mir dies im Kern schon Wilhelm Pieck in dem erwähnten Gespräch, sicher ohne genau zu wissen, was alles noch kommen würde, angedeutet, als er auf meine relative Jugend gegenüber anderen Kandidaten für die Armeeführung hinwies.

Inzwischen war – schon in den 70er Jahren – völlig klar geworden, daß keiner als Regimentskommandeur eingesetzt werden konnte, wenn er über vierzig Jahre alt war, und kein Divisionskommandeur eingesetzt werden durfte, wenn er die Fünfzig überschritten hatte. Die physischen und psychischen Belastungen waren inzwischen zu hoch. Daraus folgte eine wachsende Bedeutung der Offiziershochschulen, ihres vielfachen und neuartig gefächerten Lehrplans und der Auswahl immer jüngerer, begabter Offiziere zum Studium.

Eine zweite Konsequenz ergab sich auch für die Zusammensetzung der Mannschaften der NVA – ein Problem, das sie ebenfalls mit anderen modernen Armeen im Zeitalter der technischen Revolution gemeinsam hatte. Natürlich galt das Wehrdienstgesetz, galt die allgemeine Wehrpflicht – und alle Überlegungen, die es auch in unseren Reihen gab, die Wehrpflicht abzuschaffen, wurden prinzipiell abgelehnt, aus vorrangig politischen Gründen und wegen des Anliegens, die NVA fest in der Bevölkerung zu verankern. Unbetroffen von dieser völlig richtigen Entscheidung blieb davon die Sorge um die richtige Zusammensetzung der Armee, um das notwendige Verhältnis zwischen Wehrpflichtigen, Längerdienenden und Berufssoldaten.

Dieses Verhältnis war ebenfalls direkt verbunden mit dem fortschreitenden Einzug der modernsten Technik, ihrer Beherrschung und Wartung und ihrem sinnvollsten Einsatz. Natürlich fanden wir eine gewisse Unterstützung durch Einrichtungen, die in der DDR existierten und sich immer stärker entwickelten: die allgemeine zehnklassige polytechnische Oberschule, die regelmäßigen Mathematik- und Physikolympiaden der Jugend, die jährlichen erst in den Städten und Bezirken, dann im Rahmen der Republik ausgetragenen Messen der »Meister von Morgen«, und schließlich auch die in allen Wirtschaftszweigen rege Neuererbewegung. Dies alles erleichterte, aber löste noch keineswegs unser Problem. Wir mußten Bedingungen schaffen, um die notwendige Altersstruktur durchzusetzen und dauerhaft zu sichern. Nun muß man sagen, daß jede Abkehr von der allgemeinen Wehrpflicht – wenn wir das hauptsächliche politische Argument einmal außer acht ließen – auch an unseren finanziellen Möglichkeiten gescheitert wäre: eine reine Freiwilligenarmee oder gar eine Berufsarmee wäre nicht bezahlbar gewesen.

Die von mir jedoch schon erwähnte Notwendigkeit eines bestimmten Proporzes zwang uns dennoch schon in einem bestimmten Rahmen, tiefer in die Tasche zu greifen, um denen, die die Bereitschaft zu einem längeren Dienst zeigten, auch den nötigen materiellen Anreiz zu geben. Dazu gehörte unter anderem auch, daß wir regelrechte Verträge mit dem Ministerium für das Hochschulwesen schlossen, nach denen junge Männer, die sich zu einem dreijährigen Dienst in der Armee verpflichteten, bei der nötigen Eignung bevorzugt zum Studium zugelassen wurden. Selbst wenn nach dieser bekanntgewordenen Regelung auch manche von ihr Gebrauch machten, die befürchten mußten, den bekanntermaßen sehr hohen Anforderungen an Studienbewerber nicht auf Anhieb zu genügen – am Ende bekamen wir fast immer die Bestätigung, daß die meisten, die von uns in die Hörsäle kamen, auch zu den ernsthaftesten und besten Studenten gehörten. Sie hatten nicht nur bei der Truppe viele spezielle Kenntnisse und Fähigkeiten erworben, sie hatten auch an Reife und Lebenserfahrung gewonnen. Wie gesagt, es war ein Problem aller modernen Armeen – wir lösten es, so wir es konnten, mit den Möglichkeiten, die die sozialistische Ordnung bot.

Schließlich noch eine dritte Konsequenz, so merkwürdig das in diesem Zusammenhang scheinen mag: Auch bei uns gab es das Problem der Wehrdienstverweigerung aus Gewissensgründen, ein Problem der modernen Zeit. Jeder männliche Bürger war prinzipiell zum Dienst und zu Leistungen für die Verteidigung der DDR verpflichtet. Das war keine Willkür, das entsprach der Verfassung. Da natürlich auch wir um die Komplikatioen bei der allgemeinen Durchsetzung dieses Verfassungsgebotes im Konflikt mit religiösen und weltanschaulichen Gründen wußten, hatten wir – gemäß einer Anordnung des Nationalen Verteidigungsrates von 1964 über die Aufstellung von Baueinheiten – den Einsatz in diesen Einheiten als einen Dienst eingeführt, der der Ableistung des Wehrdiensts entsprach. Wir taten es übrigens als erste Armee des Warschauer Paktes.

Bis 1982 haben wir diesen Einsatz auch – völlig entsprechend den Bestimmungen des Wehrpflichtgesetzes – als »Wehrersatzdienst« bezeichnet.

Dabei mag auch heute noch von Interesse sein, daß die Zahlen derer, die den Waffendienst ablehnten, zwar in den 70er und am Anfang der 80er Jahre eine steigende Tendenz hatten, aber seit 1983 konstant geblieben sind. Sie betrugen in jedem Jahr zwischen 9.200 und 10.000 Mann, das waren zwischen sechs und acht Prozent. Auch die Zusammensetzung blieb sich annähernd gleich. Etwa fünfzig Prozent der Verweigerer taten es aus ernster innerer Überzeugung, es waren klassische Pazifisten, etwa vierzig Prozent wollten nicht zur Armee aus politischen Gründen, aus Gegnerschaft, der Rest aus den unterschiedlichsten Gründen.

Die Anzahl der entsprechenden Baueinheiten reichte völlig aus, damit zum Beispiel künftige Theologiestudenten oder andere stark religiös motivierte Bürger so ihre Verfassungspflicht erfüllen konnten. Diese Regelung hat sich voll bewährt, das haben uns auch immer wieder die Leitungen der Kirchen bestätigt. Die Bausoldaten arbeiteten vorwiegend an volkswirtschaftlichen Schwerpunktaufgaben, so hatten sie großen Anteil beim Bau des für unsere Republik ungeheuer wichtigen Fährhafens Mukran an der Ostsee. Dort haben sie wirklich vorbildlich Aufgaben im Interesse der Gesellschaft vollbracht.

In diesem Sinne gab es natürlich noch weitere Faktoren, in denen sich die NVA von anderen Armeen nur wenig unterschied – am meisten vielleicht noch in der Art und Weise der Problemlösung, nicht in den Problemen selbst. Vergleiche waren und sind also möglich, ja naheliegend, dennoch schließt sich eine Gleichsetzung aus. Ich nehme noch einmal das mir besonders vertraute Gebiet Luftstreitkräfte /Luftverteidigung: Die NVA verfügte überwiegend über Jagdflugzeuge, die nur der Luftverteidigung dienten. Sie besaß ein einziges Jagdflieger-Bombergeschwader, das mit Maschinen des Typs Mig 17 ausgerüstet und ausschließlich zur Unterstützung der verteidigenden Verbände bestimmt war. Wir hatten jedoch keine Mittelstrecken-, keine Fernbomber, keinerlei schwere Bombenflugzeuge, die auf der anderen Seite von Anfang an in Dienst gestellt wurden.

Ergänzend muß gesagt werden, daß vor allem auf Grund des Koalitionscharakters ein direkter Vergleich wesentlich erschwert wurde. Auch Vergleiche zwischen NVA und Bundeswehr waren deshalb niemals leicht zu ziehen. Jeder weiß, daß in den NATO-Staaten mehr Menschen wohnten und ein größeres industrielles und wissenschaftlich-technisches Potential bereitstand als in den Ländern des Warschauer Paktes. Trotzdem konnte man davon ausgehen, daß in Europa insgesamt immer ein ungefähres militärstrategisches Gleichgewicht existierte, obwohl es in einzelnen Regionen wie auch bei einzelnen Waffenarten deutliche Asymmetrien gab. Das galt vor allem für Zentraleuropa, wo die Armeen des Warschauer Vertrages mehr Panzer, die Armeen der NATO mehr Bomben und Jagdbombenflugzeuge hätten zum Einsatz bringen können. Nicht unerwähnt soll auch bleiben, daß im mitteleuropäischen Raum die NATO über weit überlegene Marinekräfte verfügte, die alle Mittel besaßen, um ihre operierenden Luft- und Landstreitkräfte zu begleiten und zu unterstützen.

Die Streitkräfte des Warschauer Vertrages und der NATO wa-

Mit Egon Krenz, 1974 Nachfolger Honeckers im Amt des FDJ-
Vorsitzenden, 1989 auch als Staats- und Parteichef

ren außerordentlich vielgestaltig zusammengesetzt, ihre Strukturen
und ihre Ausrüstungen waren unterschiedlich. Folglich war zu
jeder Zeit ein komplexes Herangehen erforderlich, um ein objekti-
ves Bild zu vermitteln. Dazu mußten die realen Möglichkeiten beider Systeme genau analysiert werden. Es half nichts, einzelne
Waffenarten herauszugreifen. Was hätte denn ein so vereinfachter
Vergleich erbringen können?

Die Bundeswehr hatte eindeutig mehr Soldaten, mehr Geld
sowie mehr Waffen aus eigener Produktion als wir, die wir weder
Flugzeuge noch anderes Großgerät selbst produzierten. Die NVA
war dennoch, dank der engen Bindung an unseren Hauptlie-
feranten Sowjetunion, zum Teil im Bereich der konventionellen
Bewaffnung überlegen. Wie schon gesagt, besaß sie jedoch keine
Mittelstrecken- und Fernbombenflugzeuge, sondern war in diesem
Bereich entsprechend ihrer Doktrin stärker auf die Luftverteidigung, die Luftabwehr eingestellt. Doch sagte dieser Vergleich
noch nichts über das reale Verhältnis zwischen beiden Blöcken.
Wie wichtig ein komplexes Herangehen ist, zeigte sich vor allem in

jener Zeit, da ernste Abrüstungsverhandlungen geführt wurden und auch Abrüstungsquoten festgelegt werden sollten. Das war auch der Grund dafür, warum die Staaten des Warschauer Vertrages immer wieder den gemeinsamen Datenaustausch mit der NATO vorschlugen und wollten, daß dies mit Kontrollen und Inspektionen vor Ort verbunden wurde, um das bestehende Kräfteverhältnis wirklich objektiv bewerten zu können.

Es ging deswegen auch nicht an, plump System mit System vergleichen zu wollen, weil die beiden Bündnisse und Militärblöcke sehr große und kaum vergleichbare Räume umfaßten. Der Warschauer Pakt hatte als Hauptmacht die Sowjetunion, die sich auch über den riesigen asiatischen Raum erstreckte. Die NATO wurde dominiert von einer außereuropäischen Großmacht, den USA, und umfaßte auch Kanada, das heißt, sie war auf dem amerikanischen Kontinent präsent und besaß ein ganzes Stützpunktsystem in aller Welt. Aus diesem Grunde mußten für den Vergleich erst eigene Vergleichsgrößen geschaffen werden, und man einigte sich auf eine Formel, die – wäre sie laut propagiert worden – die Öffentlichkeit aller Länder schockiert hätte: Man gebrauchte bei den Verhandlungen wie selbstverständlich den Begriff der »potentiellen Kriegsschauplätze« im Westen und im Osten.

Natürlich versuchte man trotz all dieser erschwerenden Bedingungen im Laufe der Jahrzehnte immer wieder aufs neue, gesondert die NVA der DDR mit der Bundeswehr der BRD zu vergleichen, Gemeinsamkeiten und Gegensätze festzustellen. Man konnte sogar, wenn man die vielen darauf abzielenden Publikationen las, einen ganzen Katalog von Urteilen zusammenstellen, in denen die Autoren angeblich Gemeinsamkeiten erkennen wollten. So las man unter anderem: »Beide Streitkräfte verstehen sich als Instrumente der Sicherheitspolitik ihrer Staaten.«

»Beide erfüllen ihre Aufgaben in dem Glauben, damit dem Frieden zu dienen.«

»In beiden Armeen dominiert die bewußte Anerkennung des Primats der politischen Führung, das heißt der Führung durch die Politik.«

»Beide Armeen sind in multinationale Bündnisse mit einer bündnisumfassenden Streitkräfte- und Organisationsplanung und mit einer das gesamte Bündnis erfassenden Kriegsbefehlsstruktur eingebunden. Aus diesem Grunde kann man in beiden Staaten, in beiden Armeen von einer eingeschränkten Souveränität ausgehen.«

Soweit es sich hierbei nicht um Binsenweisheiten handelte, die nichts wesentlich Neues beinhalteten, bewiesen diese Aussagen nur, daß man eine so komplexe Erscheinung wie eine Armee nicht politisch wertfrei beurteilen kann.

Sicher: Bei beiden Armeen konnte man wegen ihrer Einbindung in multinationale Bündnisse von einer »eingeschränkten Souveränität« sprechen – doch die entscheidende Frage war, wie sie sich zu dieser Tatsache verhielten. Die DDR, ihre Regierung und ihre Armeeführung haben sie nie negativ gewertet, sie standen immer vorbehaltlos zu den im Bündnis gemeinsam gefaßten Beschlüssen und haben nie nach mehr Einfluß, nach mehr Macht, nach mehr Positionen in der Führung des Bündnisses gestrebt, sie verstanden sich immer als Gleiche unter Gleichen. Die BRD jedoch, ihre Regierung und ihre Armeeführung empfanden die eigene Stellung in der NATO sehr lange als zu eingeengt und drängten fortgesetzt nach einem immer größeren Anteil an den politischen und militärischen Führungsaufgaben.

Sicher: In beiden Fällen verstanden sich die Armeen als »Instrumente der staatlichen Sicherheitspolitik«, in beiden Fällen konnte man vom eindeutigen »Primat der Politik gegenüber der Armee« ausgehen – doch die entscheidende Frage war doch »welcher Politik?« Diese Politik äußerte sich ja nicht nur in verbalen Erklärungen und Beteuerungen, sondern in den unterschiedlichen Militärdoktrinen, in den offen zutage tretenden strategischen Konzeptionen. Unbestritten war, auch wenn man es heute im nachhinein bestreiten will, daß die NATO durchaus offensiv orientierte Konzeptionen besaß – die Konzeption der »tiefen Schläge«, die Konzeption der »Luft-Land-Schlachten«, die Konzeption des Angriffes auf die zweiten Staffeln und Reserven des Warschauer Vertrages. Und besonders beunruhigend war, daß die NATO stets auch an der Konzeption des »Erstschlages«, also der Abschreckung, einschließlich eines Ersteinsatzes von Kernwaffen festgehalten hatte und selbst nach dem Beginn erster Abrüstungsmaßnahmen sofort dazu überging, diese rasch zu kompensieren und »Nachfolgesysteme« zu entwickeln, so etwa für die Mittelstreckenraketen »Lance« eine Rakete mit einer Reichweite sehr knapp unter der soeben vereinbarten 500-Kilometer-Grenze.

Natürlich beobachteten wir – schon angesichts unserer geographischen Lage – sehr genau die Herbstmanöverserien der NATO auf dem Territorium der BRD, die auch unsere Bevölkerung sehr besorgt werden ließen. Dabei wurden in unmittelbarer Nähe unserer Staatsgrenze großräumige Manöver unter Beteiligung mehrerer Korps und Divisionen durchgeführt, aus denen es durchaus möglich gewesen wäre, ohne längere Vorbereitungen zu realen, noch dazu überraschenden militärischen Handlungen überzugehen. Da ich überzeugt bin, daß auch die Stäbe der BRD unsere Übungen und Manöver genau beobachtet haben, bin ich sicher, daß sie festgestellt haben, daß wir nie von gleichen Konzeptionen »erster Schläge« ausgegangen sind, sondern immer von einer defensiven Position aus operierten. Als langjähriger Chef des Hauptstabes der NVA kann ich mit Gewißheit sagen, daß wir alle mit großer Genauigkeit an die Planung eines jeden Manöverprogramms herangegangen sind. Jeder Militär weiß, daß die Übung von Verteidigungskämpfen wesentlich komplizierter ist als Angriffsübungen, da der Faktor »Ungewißheit« eine viel größere Rolle spielt. Und es gab nicht wenige Genossen, sogar in der Parteiführung, die mich mehr als einmal fragten, warum denn alle Manövervorgaben davon ausgingen, erst dann einzugreifen, wenn der angenommene »Gegner« 70 bis 80 Kilometer in unser Territorium eingedrungen war. Doch das war Prinzip – und auch die sowjetischen Kommandeure im Gemeinsamen Kommando haben darauf bestanden, daß Präventivschläge nicht vorgesehen wurden. Schließlich ist auch zu erwähnen, daß gerade die DDR in den 80er Jahren eine besonders aktive Rolle spielte, damit sich der Warschauer Vertrag auf eine neue Militärdoktrin festlegte.

Wenn man alle vorliegenden Dokumente aus den langwierigen Abrüstungsbemühungen überprüft – und die Historiker sollten das gewissenhaft tun –, dann wird man feststellen, mit welch großer Energie die Länder des Warschauer Vertrages und darunter besonders die DDR das Ziel angestrebt haben, die militärischen Potentiale beider Bündnisse radikal zu reduzieren und einen Zustand herbeizuführen, bei dem die Länder beider Blöcke Kräfte und Mittel behielten, die zur Verteidigung erforderlich waren, jedoch für einen Überraschungsangriff und für Angriffsoperationen nicht ausreichten.

Außerdem ist es angesichts der gerade im Zusammenhang mit den stattfindenden Prozessen vorgetragenen Beschuldigungen wichtig, darauf hinzuweisen, daß es schlichtweg falsch ist zu behaupten, bei uns wäre jeder Bundeswehrsoldat als Feind betrachtet und schon das Schulkind zum Haß »auf den Westen« erzogen worden. Wir wußten sehr wohl – und sagten es auf vielfältige Weise in der Presse, in der Schule, in der Literatur und natürlich auch in der politischen Arbeit innerhalb der Armee –, daß in den kapitalistischen Ländern Millionen von Arbeitern und Bauern, von Geistes- und Kulturschaffenden, Hunderttausende von Sozialisten, Sozialdemokraten und Kommunisten für Frieden und Fortschritt eintraten. Warum sollten wir – auch aus diesem Grunde nannten wir uns ja eine sozialistische Armee – unsere Klassen- und Gesinnungsgenossen hassen? Als »Feind« betrachteten wir nur den, der unsere Staats- und Gesellschaftsordnung angriff oder einen solchen Angriff einkalkulierte und vorbereitete – zum Beispiel durch Hetze und Verleumdung anderer Länder und Völker, durch die Erzeugung von Haß gegen andere Rassen. Der Kalte Krieg lieferte viele Beispiele dafür. Andererseits verschwiegen wir auch nie, daß im Laufe der 70er und 80er Jahre dank der Anstrengungen aller Beteiligten bereits ein Zustand erreicht werden konnte, der im Vergleich mit früheren Zeiten Tendenzen einer echten Verminderung der Gefahren sichtbar werden ließ. Dabei wiesen wir natürlich darauf hin, daß es noch außerordentlich viele Krisenherde und Konfliktmöglichkeiten in der Welt gab, die sehr rasch zu einer explosiven Gefahr führen konnten. In sie hätten sämtliche Armeen verwickelt werden können. Bei allen Veränderungen in der Welt seit den Jahren 1989/90 – diese Einschätzung gilt heute genauso wie damals, ja, die Gefahr ist vielleicht noch größer geworden.

Um den Gedanken der Vergleichbarkeit moderner Armeen in verschiedenen Ländern zu erhärten, versucht manch einer jetzt sogar die Tatsache heranzuziehen, daß nach dem Untergang der DDR einige zahlenmäßig geringe Formationen der NVA in der Bundeswehr aufgegangen sind und sich dort, wie man hörte, als gut ausgebildet, als auf dem geforderten Niveau einer modernen Streitmacht stehend und als voll einsatzbereit erwiesen haben. Nun muß man wissen, daß es sich dabei nicht um geschlossene Formationen, sondern um ausgewählte Soldaten handelte – um noch dienende Wehrpflichtige, Berufsunteroffiziere und junge Offiziere, kein Dienstgrad über Major. Weiter muß gesagt werden, daß es sich um etwa 11.000 Mann handelte, also um etwa sechs bis sieben Prozent des NVA-Bestandes. Wenn der damalige BRD-Verteidigungsminister Rühe dies mit gespieltem Stolz auch noch so oft als eines der »wenigen Musterbeispiele des geglückten Zusammenwachsens von Ost und West« herausstellt – den Kern trifft es einfach nicht. Die Soldaten, die man ausgewählt hat, haben alles preisgegeben, was das Besondere der NVA gewesen ist, sie haben alles aufgenommen, was den Charakter der Bundeswehr von Anfang an prägte. Ich spreche damit kein Urteil, schon gar keine Verurteilung aus – weder im Hinblick auf die neuen Kommandeure und Hausherren unserer alten Kasernen noch die Soldaten, die einen zweiten Fahneneid geleistet haben. Ich stelle

Bei Genossenschaftsbauern in Priborn, Oktober 1987

nur eine Tatsache fest. Es war eine allgemeine Erscheinung nach dem Beitritt der DDR zur BRD, geradezu ein Kennzeichen des »Vereinigungsprozesses«: Während die DDR veranlaßt, ja faktisch gezwungen wurde, alles preiszugeben, was sie einmal ausmachte, denkt man in der Altbundesrepublik bis heute nicht daran, daß sich auch dort einiges ändern müßte, um die Lehren aus fünf Jahrzehnten zu ziehen und den Erfordernissen am Ende des Jahrhunderts zu entsprechen. Und gewiß werden künftige Historiker auch die zweite Seite des Vereinigungsprozesses auf der Ebene der Armeen deutlich herausstellen.

Für die Bundeswehr stand, was die NVA betrifft, etwas anderes viel krasser im Vordergrund als die Verbrüderung mit den Soldaten der ehemaligen NVA. Die Bundeswehr unterschied sich da überhaupt nicht von vielen anderen Einrichtungen der Bundesrepublik, von vielen Konzernen ebenso wie Verwaltungen und der Treuhand. Sie übernahm alle Immobilien, Gebäude, Fahrzeuge, Flugzeuge, Waffensysteme der NVA, die ja alle große Leistungen der Volkswirtschaft der DDR erfordert und einen nicht geringen Teil des Volksvermögens der DDR gekostet haben. Zu einem Teil nutzt die Bundeswehr sie selbst, zu einem anderen Teil verkaufte sie die Ausrüstungen – sogar unter Umgehung des Waffenexportverbots – gewinnbringend in alle Welt, vor allem in die Krisenländer Afrikas und Asiens, zum dritten schließlich ließ sie sie verschrotten. Selbst wenn das nach dem von den Herren Schäuble und Krause ausgehandelten Einigungsvertrag rechtens sein sollte, halten viele eines dennoch für ein unredliches Verfahren, nämlich sowohl die nach der Auflösung der NVA möglich gewordene Verschrottung veralteter Waffensysteme, wie die zum Teil nur geänderte Nutzung noch voll einsatzfähiger Waffen und Geräte und schon gar den Export in andere Länder als einen wesentlichen Abrüstungsbeitrag der Bundesrepublik zu deklarieren und – obwohl sich in den Beständen der Bundeswehr wenig änderte – als einen Beweis der deutschen Friedensliebe auszugeben.

Siebente Frage: »Sie sagten: Die Nationale Volksarmee war eine deutsche Armee. Viele Beobachter sagten sogar: Geht man vom Erscheinungsbild aus, dann war sie sogar die ›deutschere‹ der beiden Armeen, dann bestand sie aus den ›Roten Preußen‹. War das so, wollten Sie das?«

Diese Bemerkungen gingen zum allergrößten Teil von einigen bloßen Äußerlichkeiten aus, die ich gar nicht bestreiten will und auch nicht verschweigen muß. Sehr viele Menschen gehen bekanntlich auch beim Anblick anderer Realitäten des Lebens vom bloßen äußeren Schein aus und kümmern sich wenig um die Gründe, Zusammenhänge und geschichtlichen Wurzeln der Dinge. Dies mag für jemanden, dessen Anforderungen an Gewicht und Gründlichkeit seines Urteils anspruchslos sind und der sich mit einigen Witzeleien über ein Erscheinungsbild begnügt, sicherlich möglich sein, trifft aber nicht den Kern.

Mit Akribie hat man aufgezählt, daß die Farbe der Uniformen »feldgrau« war wie die des früheren deutschen Heeres, daß es die

Mit Armeegeneral Michail M. Saizew, Oberkommandierenden der Sowjetischen Streitkräfte in Deutschland (GSSD) von 1980 bis 1985, und Erich Honecker in der sowjetischen Botschaft in Berlin

»preußischen« Gardelitzen an den Kragenspiegeln und die Generalsdistinktionen gab. Man vermerkte sogar, daß die Farben der einzelnen Waffengattungen denen früherer deutscher Verbände entsprachen, daß die Stiefel die mit Nägeln beschlagenen »Knobelbecher« waren, daß man wieder Kochgeschirr, Brotbeutel und Feldflasche trug wie auch die gerollte Zeltbahn und daß nur die Stahlhelme anders geformt, moderner und sinnvoller, sicherer waren – wobei ganz Gewitzte hinzufügten, daß auch diese Stahlhelme schon in der Zeit des letzten Krieges erprobt und getestet worden sind. Und natürlich folgte immer wieder der Hinweis darauf, daß die NVA anstelle des alten deutschen Parademarsches den preußischen Stechschritt einführte und zum Präsentiermarsch den berühmten »Yorckschen Marsch« erwählte.

Das alles waren Äußerlichkeiten, die man natürlich erwähnen konnte und zu denen ich zur Erklärung auch noch etwas sagen werde, die jedoch nicht das Wesentliche betrafen. Bedenklich wurde es dann, wenn man diese Äußerlichkeiten als Beweis dafür verwenden wollte, daß die DDR ein solches Erscheinungsbild nur wählte, um die inneren Vorbehalte, um die Ablehnung einer neuen Armee in der Bevölkerung mit dem Appell an nationale und nationalistische Gefühle zu unterlaufen. Das ist schlicht erfunden. Bekanntlich hat die DDR viel zu spät eine richtige Position zur

Nation und zu nationalen Traditionen gefunden und viel zu spät erkannt, daß in der Bevölkerung, auch in der Arbeiterschaft nationale Gefühle noch sehr stark vorhanden waren.

Natürlich haben zahlreiche Touristen, die Berlin besuchten, mit Staunen die Fotoapparate gezückt und mit Wohlgefallen oder Unwillen an »Preußens Gloria« gedacht, wenn sie die Ablösung der Ehrenposten ausgerechnet an Schinkels »Neuer Wache« sahen. Aber diese Ablösung erfolgte ja an jenem Mahnmal Unter den Linden, das den Millionen Opfern zweier Weltkriege gewidmet war, jenen unzähligen Deutschen, die als Soldaten oder Zuchthäusler, als Bombenopfer oder KZ-Häftlinge ihr Leben infolge der Aggressionspolitik des deutschen Imperialismus und Militarismus lassen mußten. Noch war dieses Mahnmal nicht, wie es nach dem Willen von Bundeskanzler Kohl nach der Wende geschah, neu bestimmt und pauschal allen Gefallenen, also Tätern wie Opfern in gleichem Maße gewidmet worden, den gemordeten Antifaschisten ebenso wie den gefallenen Parteigängern Hitlers. Noch war die Widmung der Zeremonie klar bestimmt – für das »andere Deutschland« und gegen jene historischen Vergehen, die vom Kaiserheer, von der Reichswehr und von der Wehrmacht auf militärischem Gebiet vollbracht wurden. Als die NVA gegründet wurde, gingen wir ganz bewußt davon aus, daß in der DDR die Beschlüsse der Potsdamer Konferenz verwirklicht, die Lehren aus zwei Weltkriegen gezogen und die gesellschaftlichen Wurzeln beseitigt worden waren, die zu diesen Aggressionskriegen geführt hatten. Wir stellten ebenso in Rechnung, daß diese Armee ganz bewußt (und ich hatte viele Jahre als Chef der Politischen Hauptverwaltung der Armee aktiven Anteil daran) im Geiste der Kämpfer gegen den preußisch-deutschen Militarismus erzogen und von aktiven Antifaschisten geführt wurde.

Ich weiß, auch Namen, die eine Tradition bezeichnen sollen, können Äußerlichkeiten bleiben – wenn sie aber mit dem Geist einer Einrichtung übereinstimmen, die sie bezeichnen, muß man sie schon ernst nehmen. Nicht in der NVA, sondern in der Bundeswehr wurden Regimenter und Geschwader, Kasernen und Kampfschiffe mit Namen von militärischen Größen des Dritten Reiches bedacht und damit doch nicht ohne Absicht, sondern ganz bewußt oder sträflich leichtsinnig an die Traditionen der faschistischen Wehrmacht angeknüpft. Sogar noch sechs Jahre nach der Wende gab es Kasernen mit den Namen der Hitlergenerale Dietl und Kübler, was den Protest eines Teils der Bevölkerung hervorrief, keineswegs aller Menschen in der BRD. Auch in der DDR trugen Truppenteile, Schiffe und Kasernen Traditionsnamen – die Namen von antifaschistischen Widerstandskämpfern, von Teilnehmern am Spanischen Befreiungskrieg, von Persönlichkeiten der internationalen und deutschen Arbeiterbewegung, aber natürlich auch von Persönlichkeiten der deutschen Geschichte, denen wir uns verbunden fühlten, seien es nun Thomas Müntzer und Florian Geyer, Arndt, Lützow, Gneisenau und Schill, die Matrosen der Novemberrevolution Köbis und Reichpietsch, die Kommunisten Liebknecht und Luxemburg oder die Sozialdemokraten Bebel, Breitscheid und Buchwitz.

Und den Touristen sagten wir manchmal, daß der eigentliche Titel des »Yorckschen Marsches« bei Beethoven »Marsch des Yorck'schen Korps 1813« hieß, obwohl es 1808 als »Marsch für die böhmische Landwehr« komponiert worden sei. Ursprünglich dem Erzherzog Anton gewidmet, wurde er 1813 nach Johann David Ludwig Graf Yorck von Wartenburg, der 1812 für Preußen die Konvention von Tauroggen (heute Litauen) unterzeichnet hatte, benannt. Dieser Akt gilt als Beginn der Befreiungskriege der deutschen Staaten gegen Napoleon und als Beginn einer deutsch-russischen Waffenbrüderschaft.

Und so hatte auch die Wahl von Uniformen und Farben einen Sinn und ihre Berechtigung, sie erfolgte nach deutschem, nicht nach sowjetischem und nicht nach amerikanischem Modell.

Noch eine kurze Nachbemerkung zum Thema Uniformen: Die wenigsten wissen vielleicht, daß zunächst von den beauftragten Spezialisten andere Entwürfe vorgestellt wurden, die den Uniformen der Sowjetarmee und der Armeen der anderen Verbündeten ähnelten. Sie wurden einem kleinen Kreis verantwortlicher Politiker und Militärs vorgeführt – und sofort und sehr entschieden abgelehnt. Besonders konsequent war die Ablehnung durch den zu Rate gezogenen Marschall Shukow. Eines seiner Argumente, nicht das wichtigste, aber doch bedenkenswert – es war noch in den 50er Jahren: man wisse doch um die deutlich antisowjetischen Tendenzen der Bundeswehr, wolle man DDR-Soldaten bewußt dem Risiko einer »Verwechslung« aussetzen?

Juni 1989 – April 1990

Da mag dein Anstreicher streichen
Den Riß streicht er uns nicht zu!
Einer bleibt und einer muß weichen
Entweder ich oder du.
Und was immer ich auch noch lerne
Das bleibt das Einmaleins:
Nichts habe ich jemals gemeinsam
mit der Sache des Klassenfeinds.
Das Wort wird nicht gefunden
Das uns beide jemals vereint:
Der Regen fließt von oben nach unten
Und du bist mein Klassenfeind.
Bertolt Brecht,
Das Lied vom Klassenfeind, 1933

Als ich den nachstehenden Satz, die Bemerkung eines bedeutenden Politikers des vergangenen Jahrhunderts, zum ersten Male las, sträubte sich alles in mir : »Mit Fakten kann man alles, auch jede Halbwahrheit und jede Lüge, glaubhaft machen«.

Hat denn nicht schon der deutsche Historiker Leopold von Ranke es als die wichtigste Aufgabe der Geschichtsschreibung bezeichnet, zu zeigen, »wie es denn wirklich gewesen ist«? Und was könnte die Wirklichkeit besser wiedergeben als die Darstellung der Fakten? Heute weiß ich, daß viel Erfahrung in dem zitierten Ausspruch steckt.

Seit dem Herbst 1989 sind bereits Hunderttausende Zeitungsartikel, Zeitschriftenessays, Chroniken, Dokumentationen und ganze Sammelbände über die Vorgänge veröffentlicht worden, die zum Untergang der DDR, zum Zusammenbruch der sozialistischen Staatengemeinschaft, zur Wende in der Weltpolitik geführt haben – und alle häuften Fakten auf Fakten. Da die meisten aber nicht in ihren richtigen Zusammenhang gestellt wurden, da die Wertung meist einseitig, subjektiv und sogar willkürlich erfolgte und vieles zum Verständnis Notwendige ausgelassen wurde, ist das

Bild oft unvollständig, in besonders wichtigen Punkten sogar extrem falsch.

Darum will ich meine Kenntnis vom Geschehen, mein Wissen von den Fakten wiedergeben – sicherlich auch durch eine subjektive Sicht geprägt, aber eben doch mit den Augen eines unmittelbar Beteiligten gesehen.

Dieses Schlußkapitel beginnt für mich am 7. Juli 1989, auf der Tagung des Politisch Beratenden Ausschusses des Warschauer Paktes in Bukarest – doch scheint es angebracht zu sein, zwei davor liegende Begebenheiten ebenso darzustellen, die zum Zeitpunkt des Geschehens vielen routinemäßig und wenig bedeutungsvoll erschienen, im nachhinein jedoch ein eigenes Gewicht erhielten.

Am 22. und 23. Juni 1989 fand die 8. Tagung des Zentralkomitees der SED statt. Es folgten noch vier Plenartagungen des ZK, dem ich seit seiner Bildung auf dem III. Parteitag der SED 1950 angehörte. Es waren die kompliziertesten Tagungen überhaupt. An ihrer Abfolge in immer kürzeren Abständen (8. Tagung Juni 1989; 9. Tagung Oktober 1989; 10. Tagung November 1989; 11. Tagung November 1989; 12. Tagung Dezember 1989) kann man die Etappen des Niedergangs und Zusammenbruchs und zugleich auch einige Ursachen festmachen.

Das 8. Plenum war, wie manche damals dachten, gewissermaßen noch normal – heute weiß ich, daß gerade diese Normalität unnormal war. Es hörte und diskutierte, wie es für jede ZK-Tagung zur Regel gehörte, zunächst einen Tätigkeitsbericht des Politbüros, diesmal erstattet von dem für Agitation, Propaganda und auch für die Massenmedien verantwortlichen Sekretär des ZK, Joachim Herrmann.

Wie vor jeder ZK-Tagung waren auch diesmal schriftliche Informationen ausgegeben worden, diesmal sogar besonders viele und umfangreiche – mehr als vierhundert Seiten, sehr viele beidseitig bedruckt. Sie enthielten vor allem Berichte über Treffen mit ausländischen Delegationen und besonders wichtigen Besuchern seit dem Beginn des Jahres. So waren ausführliche Informationen – mit Rede und Gegenrede – über die Treffen Erich Honeckers mit namhaften westdeutschen Politikern zu lesen: mit Björn Engholm, Lothar Späth, Henning Voscherau, Johannes Rau, Ernst Albrecht, Hans-Jochen Vogel und Walter Momper. Wie erinnerlich, gaben sich in den beiden Jahren seit dem Bonn-Besuch Honeckers 1987 bundesdeutsche Minister, Landesministerpräsidenten und Wirtschaftsführer förmlich die Klinke in die Hand. Wie kaum noch erinnerlich, weil von den Akteuren inzwischen bewußt verschwiegen oder verdrängt, ist die Tatsache, daß sie alle der DDR Anerkennung zollten und ihr Interesse an deren Bestand und Wohlergehen bekundeten. Im gedruckten Material fanden sich auch drei Berichte über Gespräche mit Persönlichkeiten aus verbündeten Ländern, die schon aufschlußreicher waren – mit einer CSSR-Delegation mit Gustav Husak und Milos Jakes, mit dem polnischen Ersten Sekretär Wojciech Jaruzelski und dem sowjetischen Außenminister Eduard Schewardnadse. Hier gab es nicht nur die bereits gewohnten Formulierungen. Wenn man das Material heute noch einmal liest, stößt man auf Passagen, die jeden hätten hellwach machen sollen. So bekannte sich Gustav Husak geradezu demonstrativ noch einmal zum Marxismus-Leninismus und fügte sogar hinzu: »Wenn dies heute konservativ sein soll, dann gehören wir – CSSR und DDR – eben zum konservativen Lager.«

Honecker stimmte zu. Interessant jedoch war auch die Bemerkung des neugewählten Generalsekretärs Milos Jakes, der offensichtlich unter Hinweis auf die Erfahrungen von 1968 daran erinnerte, daß »eine in schnelle Bewegung geratene Gesellschaft tatsächlich schwer unter Kontrolle zu halten ist«. Besonders aufschlußreich und mit ernsten Hinweisen auf das Herannahen einer gesellschaftlichen Systemkrise im sozialistischen Bündnis war der Bericht über das Treffen mit Schewardnadse zwei Wochen vor diesem Plenum. Er sprach offen darüber, daß sich die Sowjetunion in einem »krisenhaften Zustand« befand und daß die Situation in Polen und Ungarn bereits außerordentlich angespannt war. Gleichzeitig ließ seine Information über die bevorstehende BRD-Reise Gorbatschows mit deutlichen und eigentlich schockierenden Bemerkungen erkennen, daß die Sowjetregierung Veränderungen in den internatiomalen Beziehungen anstrebte.

Obwohl alle diese Berichte gelesen hatten, spielten sie während der Tagung keine Rolle. Sie verlief so wie immer. Das Plenum beriet und beschloß im zweiten Teil die turnusmäßig erforderliche Einberufung des XII. Parteitages, der für das Frühjahr 1990 geplant war und legte die Einzelheiten der Parteiwahlen fest, die – wie vor jedem Parteitag – von unten nach oben, von der Basis bis zur Spitze vorgeschrieben waren. An der Aussprache beteiligten sich – anders als sonst – nur zwölf Diskussionsredner, sie entsprach, mit einem Wort gesagt, nicht den historischen Notwendigkeiten

und wurde schon am zweiten Tag, früher als vorgesehen, beendet, ohne daß Honecker ein Schlußwort hielt.

Zu diesem Zeitpunkt wußte die Mehrheit der ZK-Mitglieder also mit Gewißheit schon, die meisten aus ihrem eigenen, meist sehr umfangreichen Wirkungs- und Verantwortungsbereich, daß sich in der DDR eine schwere politische Krise entwickelte – in der Volkswirtschaft, in der Versorgung mit lebensnotwendigen Rohstoffen und Konsumgütern, in der Zahlungsbilanz der Republik, in der sich rapide verschlechternden Stimmung großer Teile der Bevölkerung, besonders bei der Jugend. Auch lagen bereits erste Meldungen vor, daß mehr als einhundert Urlaubsreisende aus der DDR in Ungarn sich in die Botschaft der BRD begeben hatten und eine Ausreise auf diesem Weg erzwingen wollten. Da die Haupturlaubszeit erst begann und Ungarn stets das Ziel von Hunderttausenden war, mußte mit der ansteckenden Wirkung dieses Beispiels und so mit einer raschen Eskalation des Problems gerechnet werden. All dies wurde, wenn man zwischen den Zeilen zu lesen verstand, im Bericht Joachim Herrmanns auch irgendwie berührt, vage angedeutet, zaghaft sichtbar gemacht – doch die

Dinge wurden keineswegs beim Namen genannt. Sie wurden nicht gründlich analysiert, ja nicht einmal zur Diskussion gestellt.

So kam es, daß die Debatte im Plenum in der bisherigen routinierten Form verlief, sich auf Teilprobleme beschränkte und keine Vorschläge für einen grundlegenden Wandel erbrachte. Mit den häufig wiederholten Formeln »Gegnerische Kräfte versuchen«, »Gewisse Kreise haben die Absicht.«, »Wir lassen uns von niemandem in die Enge drängen.«, die ja eine gewisse Berechtigung hatten, wurde jedoch im Bericht und auch in der Diskussion einer lange schon vorhandenen Auffassung neue Nahrung gegeben, die man mit einigen Redensarten zu kennzeichnen pflegte: »Fehlerdiskussionen helfen nur dem Gegner!«, »Veränderungen erringt man nur im Vormarsch!«, »Besser als Selbstkritik ist die Propagierung des guten Beispiels!« Damit wurde jene Methode noch einmal bestätigt, die in beachtlichen Teilen der Bevölkerung und selbst in der Partei kaum noch Unterstützung fand und als ein Beweis von Unentschlossenheit und Ratlosigkeit empfunden wurde, sie zeigte einige grundfalsche, aber fest eingeschliffene Haltungen, die sich in der gesamten Partei schon längere Zeit eingenistet hatten und jetzt verhängnisvoll werden sollten.

Diesmal kam nämlich noch mehr hinzu, was jedes Zögern noch gefährlicher werden ließ, auch wenn es nicht offen ausgesprochen wurde, vielleicht gerade deshalb:

Ein Kreis von Genossen vor allem der älteren Generation stand den Ideen Gorbatschows von Glasnost und Perestroika schon seit längerer Zeit äußerst skeptisch, ja in bestimmten Punkten direkt ablehnend gegenüber. Selbst wenn sie sie für die Sowjetunion als möglicherweise richtig, vielleicht sogar als notwendig akzeptierten, für das westlichste Land des sozialistischen Lagers – mit den besonderen Bedingungen eines geteilten Landes, mit der unmittelbaren Nachbarschaft zum industriell stärksten Staat in Europa, auch mit der immer schon starken, jetzt noch zunehmenden Einwirkung der uns fremden Ideologien – betrachteten sie jegliche Experimente mit ungesichertem Ausgang als ungeeignet und gefährlich. Wohl mit am frühesten und schärfsten war Erich Honecker zu dieser Erkenntnis gelangt, er ließ auch keinen Zweifel daran. Ich erinnere mich gut, was er mir schon sehr früh einmal in einem Gespräch unter vier Augen, aus Anlaß einer der vielen spektakulären Reden des neuen sowjetischen Generalsekretärs, sagte: »Entweder dieser Mann hat keine Ahnung von Politik – oder er besorgt die Geschäfte anderer, wer auch immer dies sein mag.« Damals teilte ich Honeckers Meinung zu Gorbatschow noch keineswegs, obwohl auch ich zunehmend ein ungutes Gefühl hatte. Ich erinnerte mich an eine ganze Reihe eigener Begegnungen mit Gorbatschow, vor allem daran, daß er mich bei einer Tagung in Moskau einmal beiseite nahm und mir, dem Verteidigungsminister des eng befreundeten Landes, mit Nachdruck sagte: »Wir müssen alles tun, damit die DDR nicht angetastet wird, denn sonst kommt das ganze sozialistische Lager in Gefahr.« Es nahm mich für ihn ein, damit war die Bedeutung wie die Verantwortung unserer Republik klar bezeichnet. Als Gorbatschow im Herbst 1988 auf der UNO-Vollversammlung jedoch seine weltweit beachtete Rede hielt und sagte, es gehe heutzutage bereits nicht mehr um Kapitalismus oder Sozialismus, sondern um die allgemeinmenschlichen Interessen, um Liberalismus und Demokratie der allgemeinsten Art – da verstärkte sich auch mein Widerspruch und ließ sich nicht wieder beruhigen, zumal gerade diese Rede in der ganzen Welt, am meisten in vielen kapitalistischen Ländern wie in der BRD, lauten Beifall und viel Lob erhielt. Mehr noch als die Rhetorik Gorbatschows ließ mich der Beifall aufhorchen und bestärkte mein Gefühl: Glasnost und Perestroika waren keine Alternative für uns.

Doch gleichzeitig bestärkte es meine Sorgen: Ohne die Sowjetunion mit ihrem politischen, ökonomischen und auch militärischen Potential konnte unsere Position nicht gehalten werden.

Daneben konnte es auch nicht wundernehmen, daß ein anderer Kreis in den höchsten Führungsgremien der Partei und des Staates gegenüber den verschiedenen und immer mit sehr schönen Worten verkündeten Visionen und Utopien des sowjetischen Generalsekretärs durchaus aufgeschlossen war und sie auch für unser Land für anwendbar hielt, gar nicht zu reden vom Einfluß der Gorbatschow-Thesen in beachtlichen Teilen der Gesamtpartei, insbesondere in der Jugend. Bei dem besonderen Gewicht der Beziehungen zur Sowjetunion wollte man diese unterschiedlichen Auffassungen nicht in aller Öffentlichkeit diskutieren, selbst jetzt noch nicht, da doch eine grundsätzliche Klärung und die Entwicklung eigener Konzepte unumgänglich geworden waren. D e r in den letzten Jahren gerade von den Politikern der Bundesrepublik (die von den späteren Ereignissen bekanntlich genau so überrascht, ja überrollt worden sind wie alle anderen auch) unablässig zitierte

Satz Gorbatschows »Wer zu spät kommt, den bestraft das Leben« hat sicher schon seine Berechtigung, aber nicht so sehr – wie viele glaubten – in bezug auf eine versäumte oder verhinderte Kopie der sowjetischen Perestroika in der DDR. Die Strafe erhielten wir vielmehr für die ständige Verschleppung einer echten Diskussion der vielen eigenen Probleme, für die viel zu lange vorherrschende Unentschlossenheit, sich rechtzeitig für einen selbständigen Weg der Weiterentwicklung sozialistischer Politik zu entscheiden. Und es hilft da auch nicht festzustellen, daß diese Art des Herangehens auch von vielen Parteimitgliedern, die offene Worte und entschlossene Taten eigentlich für dringend notwendig hielten, doch – wenn auch mit innerem Widerspruch – noch einmal aus Disziplin akzeptiert wurde, da ja ein Parteitag bevorstand, und daß sie – wie schon früher so oft – der Meinung waren: Dieser Parteitag wird, gründlich vorbereitet, schon die richtigen Schritte zur Überwindung aller Schwierigkeiten festlegen. Es genügt auch nicht, jetzt erklärend festzustellen, daß – bedauerlicherweise – der Parteitag ja durch den Gang der Ereignisse nicht mehr stattfinden konnte. Die Wahrheit ist umgekehrt: Der Parteitag konnte nicht mehr stattfinden, weil wir es unterlassen haben, rechtzeitig auf die sich anbahnenden Entscheidungssituationen zu reagieren und initiativ zu werden. Diese 8. Tagung des Zentralkomitees war eine vertane Chance, der weitere Gang der Ereignisse vollzog sich mit unerbittlicher Konsequenz.

Die nächste ungenutzte Gelegenheit ergab sich gleich wenige Tage später. Am 27. Juni fuhr Erich Honecker zu einem »Arbeitsbesuch« in die Sowjetunion. Der Hauptzweck der Reise war seine Teilnahme an einem Traditionstreffen im Metallurgischen Kombinat Magnitogorsk, bei dessen Aufbau Anfang der 30er Jahre der junge Kommunist Erich Honecker aus dem Saarland in freiwilliger Arbeit mitgewirkt hatte. Er folgte der Einladung mit Genugtuung und genoß sichtlich die vielen Worte des Dankes und der Freundschaft, die aus diesem Anlaß an ihn gerichtet wurden. Er dankte dafür mit ebenso vielen Worten des Lobes für das inzwischen in der Sowjetunion Erreichte und für die großen Veränderungen im Leben des Sowjetvolkes nach dem Sieg über den Faschismus. Und das zu einer Zeit, da bekanntlich die wirtschaftlichen Schwierigkeiten in der Sowjetunion schon ganz offensichtlich geworden waren, da ihre Handelsbilanz bereits ein gewaltiges Defizit aufwies, die normale Versorgung der Bevölkerung selbst mit Grundnahrungsmitteln nicht durchgehend gesichert war und mehrere hunderttausend Bergarbeiter in den traditionsreichen Kohlerevieren Rußlands und der Ukraine in einem wochenlangen Streik standen. Konnte man dies wirklich bloß als vorübergehende Begleiterscheinungen einer an sich richtigen Reorganisation der Gesellschaft betrachten? Die Film- und Fernsehberichte von den Feierlichkeiten in Magnitogorsk – die Wort- und Fotoberichte in unserer Presse wurden noch viele Tage fortgesetzt – spiegelten sicher Fakten wider, und doch kaschierten sie die wahre Situation in der Sowjetunion..

In Moskau traf sich Honecker natürlich mit Michail Gorbatschow – die Berichte von diesem Treffen sagten nichts davon, daß etwa eine kritische Analyse der gemeinsamen Probleme oder gar der unterschiedlichen Standpunkte stattgefunden hätte. Was gemeldet wurde, war die Anerkennung Gorbatschows für die Festigkeit und das internationale Gewicht der DDR, die jede Unterstützung in aller Zukunft verdiene – und die Worte Honeckers über die große Sympathie und die volle Unterstützung der Perestroika von seiten der DDR. Von beiden Seiten: Floskeln. Fanden die eigentlich notwendigen Gespräche zu den Kernproblemen etwa im kleinsten Kreise statt? Hatte man Geheimhaltung vereinbart? Auch in dem ausführlichen Bericht, den Honecker im Politbüro über seine Reise gab, war nichts von einem Streit mit Gorbatschow, dagegen sehr viel vom Treffen in Magnitogorsk und den wieder einmal wachgerufenen Gedanken an die große Zeit vor sechzig Jahren zu hören, an die sich Erich Honecker besonders gern erinnern ließ. War es Zeitmangel, der mehr verhinderte? War es die Hoffnung, auf dem bevorstehenden Gipfel der sozialistischen Staatengemeinschaft im größeren Kreis zur Sache zu kommen?

Am 7. Juli 1989, einem drückend heißen Tag, begann in Bukarest die turnusmäßige Tagung des Politisch Beratenden Ausschusses, des höchsten und wichtigsten gemeinsamen Organs des Warschauer Paktes. Unsere Abordnung reiste in der gewohnten, seit Jahren beständig gebliebenen Zusammensetzung in die rumänische Hauptstadt: Leiter der Delegation war Erich Honecker, sein Stellvertreter wie immer der Vorsitzende des Ministerrates Willi Stoph. Zur Delegation gehörten, ebenfalls wie immer, der Verteidigungsminister (Heinz Keßler), der Außenminister (Oskar Fischer) sowie die drei Sekretäre des Zentralkomitees für Sicherheitsfragen (Egon Krenz), für Wirtschaftspolitik (Günter Mittag) und für Internationale Verbindungen (Hermann Axen).

In der Zusammensetzung der anderen Delegationen gab es einige Veränderungen, die uns allen zunächst logisch und normal erschienen – in der Folge jedoch schon als Zeichen beginnender Kursänderungen gewertet werden mußten. Die Leiter waren Todor Shiwkow (Bulgarien), Rezsö Nyers (Ungarn), Wojciech Jaruzelski (Polen), Nicolae Ceausescu (Rumänien), Michail Gorbatschow (UdSSR) und Milos Jakes (CSSR) – außerdem nahmen offiziell der Oberkommandierende der Vereinten Streitkräfte, Armeegeneral Luschew, und der Stabschef des Vereinten Kommandos, Armeegeneral Lobow, teil.

Rezsö Nyers, der international bisher nur wenig in Erscheinung getretene ungarische Staatspräsident, hatte die Leitung der Delegation seines Landes übernommen, da Janos Kadar einige Tage zuvor verstorben war (er wurde kurz nach dieser Konferenz in Budapest beigesetzt).

Wojciech Jaruzelsi war schon wiederholt dabeigewesen, als langjähriger Verteidigungsminister, dann als Erster Sekretär der PVAP. Doch es war bereits bekannt geworden, daß er schon wenige Wochen nach dieser Tagung zum Staatspräsidenten Polens gewählt werden sollte und daß der ebenfalls anwesende polnische Ministerpräsident, Mieczyslaw Rakowski, für die Funktion des Ersten Sekretärs der Polnischen Arbeiterpartei vorgesehen war, ein politisch noch nicht sehr bekannter Mann, dessen Profil als designierter Parteiführer angesichts der permanenten inneren Spannungen in der Volksrepublik Polen nicht deutlich genug war.

Auch Milos Jakes stand erst seit kurzer Zeit an der Spitze der KPC, Nachfolger von Gustav Husak, der jetzt als Präsident seines Landes zur Delegation gehörte.

Innerhalb der Abordnungen der Länder hatte es gleich eine ganze Reihe von Veränderungen gegeben – am deutlichsten in der ungarischen Delegation, in der der Außenminister Gyula Horn eine besondere Position einnahm. Er war bereits mehrfach mit Erklärungen, so über einen geplanten Abbau des »Eisernen Vorhangs« gegenüber Österreich, hervorgetreten, die bei uns auf Erstaunen und Widerspruch gestoßen waren.

So gesehen verkörperte unsere Delegation ohne Zweifel noch am eindeutigsten die Geschlossenheit und Verläßlichkeit der SED und der Regierung der DDR in sich – und auch im Bündnis. Nach außen – wie sich in der Folge zeigen sollte – nur nach außen! Für jemanden, der wie ich schon sehr oft an den Beratungen dieses Gremiums teilgenommen hatte – als Verteidigungsminister, aber auch vorher schon in meiner Eigenschaft als Chef des Hauptstabes der NVA und als Chef der Politischen Hauptverwaltung – war diese Konferenz anders als früher, undurchsichtig, beängstigend anders. Ursache waren nicht die Reden, die gehalten und offiziell zu Protokoll gegeben wurden. Sie waren wie immer und vermerkten kaum große Probleme, sie beschworen die Freundschaft und Zusammenarbeit und hielten sich an die vorher schon von Gorbatschow ausgegebene Parole: Jede Partei ist für sich und ihr Land eigenverantwortlich. Sie konzentrierten sich also auf einige, sehr allgemein gehaltene Einschätzungen des erreichten Standes und der künftigen Aufgaben des Bündnisses, schwiegen sich über wirkliche oder drohende Krisenerscheinungen im eigenen Lande aus und ließen erkennen, daß sich auch niemand aus den Bruderländern zur Entwicklung beim Freund und Bruder äußern wollte und sollte.

Auch hier kam es zu keiner ernsthaften gemeinsamen Bestandsaufnahme und damit auch zu keiner politisch wirklich gründlichen Auseinandersetzung. Die bereits vorbereitete Erklärung der Konferenz – ein Appell an die Völker und Regierungen der Welt – enthielt zu inneren Problemen des Warschauer Bündnisses kein Wort. Sie war mit ihrem schon in der Überschrift ausgedrückten Grundgedanken sicher in voller Übereinstimmung mit allen Teilnehmern: »Für ein stabiles und sicheres Europa, frei von nuklearen und chemischen Waffen, für eine wesentliche Reduzierung der Streitkräfte, Rüstungen und Militärausgaben«. Nur waren die Erwartungen in den beteiligten Ländern und in der Welt sicherlich viel weiter gespannt. Von dieser Tagung wurde außer dieser »Erklärung«, einem »Kommunique« (im wesentlichen eine Aufzählung vieler Namen und einige dürre Worte über die gute Atmosphäre im Konferenzsaal) und den beiden Tischreden von Gorbatschow und Ceausescu nichts in der Presse veröffentlicht, keine Rede der Delegationsleiter, auch kein Wörtchen von Streit. Lediglich ein Kurzbericht von einer abschließenden Pressekonferenz wurde publiziert, in dem eine einzige kurze Passage von dieser Regel abwich, aber eigentlich noch mehr verbarg als enthüllte. Constantin Oancea von der gastgebenden rumänischen Delegation sagte nach dieser Meldung den Journalisten, »daß die

Tagungsteilnehmer einander über die innere Lage in ihren Ländern informiert haben. Es sei bekräftigt worden, daß der Aufbau einer neuen Gesellschaftsordnung ein schöpferischer Prozeß ist, der sich in jedem Land entsprechend dessen Bedingungen, Traditionen und Erfordernissen entwickelt. Es sei die Zuversicht geäußert worden, daß die sozialistischen Staaten in der Lage sind, die in der gegenwärtigen Entwicklungsetappe auftretenden Probleme zu lösen.«

Allgemeiner ging es nun gar nicht mehr. Und es war ja auch nicht einmal die Unwahrheit. Niemand hatte über die – wie wir meinten – offensichtlichen »Kungeleien« Ungarns in den Fragen der Grenzsicherung gesprochen. Niemand hatte detaillierte Auskunft über die Ergebnisse der Wahlen gefordert, die kurz vor dieser Tagung in Polen stattgefunden hatten – bekanntlich hatte die Liste der oppositionellen »Solidarnosc« fast alle Sitze des Sejm gewonnen – kommende Gewitterstürme standen ins polnische Haus. Niemand hatte auch Michail Gorbatschow nach dem Sinn seiner jüngsten Äußerungen gefragt, es ginge schon nicht mehr vorrangig um den Sozialismus als System, sondern um die höheren Prinzipien des Liberalismus und der Menschlichkeit.

Wurde dadurch – durch diese Zurückhaltung und gegenseitige Rücksichtnahme – die Atmosphäre auf dieser Tagung etwa besser, herzlicher? Im Gegenteil: Für mich hatte diese Tagung etwas Schizophrenes, etwas von einer Gespensterversammlung.

Daneben jedoch, in den Tagungspausen, bei Tische, auf den Korridoren und nach Sitzungsschluß wurde lebhaft diskutiert, wurde getuschelt, wurden die Köpfe zusammengesteckt, zeigten sich bei selbstverständlicher Wahrung der notwendigen Höflichkeit aller zu allen besondere Partnerschaften: Honecker, Shiwkow und Ceausescu sah man besonders oft beisammen, heftig redeten sie aufeinander ein – obwohl doch noch vor kurzem die Beziehungen zu Rumänien wegen seiner nationalistisch überbetonten Positionen gerade im Rahmen des Bündnisses stark beeinträchtigt waren. Gorbatschow sah man besonders häufig und intensiv mit den Ungarn und den Polen sprechen.

Traditionsgemäß folgte immer am Tag nach der offiziellen Sitzung des Politisch Beratenden Ausschusses noch eine Beratung der Generalsekretäre der hier vertretenen Parteien im kleinsten Kreis. Hier wurden in der Regel auch Differenzen oder drängende Zweifel an der Richtigkeit dieser oder jener Entscheidung erörtert. Mir war bekannt, daß Erich Honecker die Absicht hegte, auf dieser Sitzung jene Fragen zur Sprache zu bringen, die uns bedrückten. Er hatte sich, wie er mir gegenüber angedeutet hatte, auch schon vorbereitet. Ich erwartete viel.

Mitten in der Nacht weckte mich das Telefon. Willi Stoph forderte mich auf, gleich in sein Zimmer zu kommen, er müsse die Delegation sofort über einen wichtigen Vorgang informieren. In wenigen Minuten waren wir beisammen – nur Honecker und Krenz fehlten. Mit sehr ernstem Gesicht teilte Stoph mit, daß Erich Honecker eine außerordentlich schwere Gallenkolik erlitten habe und an der Konferenz nicht mehr teilnehmen könne. Im Augenblick befand er sich in einem Bukarester Krankenhaus, Egon Krenz war bei ihm, und – wie soeben mitgeteilt worden war – war nach einer Beratung zwischen rumänischen und deutschen Ärzten entschieden worden, daß eine Überführung des Kranken nach Berlin möglich und wünschenswert sei. Das sollte in Kürze geschehen, Krenz würde auch auf eigenen Wunsch Honecker nach Berlin begleiten. Es war ja möglich, daß er in der nächsten Zeit – wie lange, wußte keiner – Honecker im Amt vertreten mußte.

Wir waren zunächst wie erstarrt. Dann fragte ich, wer an der bevorstehenden Beratung der Generalsekretäre teilnehmen würde. Willi Stoph sollte zur Sitzung gehen. Auf meine Frage, was er dort tun wolle, zuckte er nur die Achseln: »Zunächst mal nur zuhören«. Meine Rückfrage, ob Honecker Willi Stoph von seinen eigenen Absichten in der Sitzung mit den Generalsekretären unterrichtet habe, wurde verneint, auch eine Rededisposition oder Notizen waren nicht übergeben worden. Honecker war, so mußten wir meinen, doch nicht mehr dazu gekommen, seine Stichpunkte zu Papier zu bringen. So verlief die Sitzung der Generalsekretäre ebenfalls ohne eine gründliche Debatte der gemeinsamen, sehr komplizierten Probleme. Sie war nur kurz und endete abrupt. Anders als sonst erfolgte die Abreise der Delegationen rasch, ja nahezu überstürzt. Begründung: Die Aufgaben in den einzelnen Ländern drängten. Ebenfalls anders als sonst flog die sowjetische Delegation sogar als erste ab.

Das war die letzte Tagung des Politisch Beratenden Ausschusses des Warschauer Vertrages, bei der ich zugegen war. Was für uns aber noch schwerwiegender war: Von diesem Tag an hat der schwerkranke Generalsekretär unserer Partei, Erich Honecker, nie mehr richtig und mit voller Konzentration die Arbeit der Partei geführt und die schwierigen Staatsgeschäfte geleitet.

Zunächst hatte es sich herausgestellt, daß eine Operation nicht sofort durchgeführt werden mußte. Nach einer kurzen stationären Behandlung wurde er am 10. Juli wieder aus dem Krankenhaus entlassen. Er trat seinen planmäßigen Jahresurlaub an, seine Vertretung übernahm wie gewohnt Egon Krenz.

Nach wenigen Wochen kehrte Erich Honecker an seinen Arbeitsplatz zurück, jedoch schon kurz danach erlitt er wieder einen, diesmal wesentlich heftigeren Anfall seines Gallenleidens. Am 21. August wurde die Nachricht veröffentlicht, daß er operiert worden sei, am 2. September, daß er das Krankenhaus verlassen und einen Erholungsaufenthalt (nördlich von Berlin) angetreten habe. Ich erwähne hier die veröffentlichten Meldungen, weil ich zu dieser Zeit selbst nicht in Berlin war, sondern ebenfalls, wie von langer Hand schon vorgesehen und im Zeitplan des Politbüros festgelegt, meinen Jahresurlaub genommen hatte und zahlreiche Fahrten ins Land unternahm. Eine Besonderheit schlußfolgerte ich mehr aus bruchstückhaften Beobachtungen, als daß man sie mir erklärt hätte: Als Erich Honecker nach seinem ersten Krankenhausaufenthalt und dem Urlaub wieder ins Haus des Zentralkomitees zurückgekehrt war, mußte es einen ernsten Zwischenfall zwischen ihm und seinem amtierenden Vertreter Egon Krenz gegeben haben.

Honecker – noch in der Gewißheit, wieder ununterbrochen arbeiten zu können – schickte Krenz überraschend und demonstrativ in den Urlaub und legte fest, daß er im Falle besonderer Bedingungen und unvorhergesehener Vorkommnisse von Günter Mittag vertreten werden sollte. (Egon Krenz erklärte viel später, er habe für Erich Honecker in dessen Abwesenheit ein umfangreiches und detailliertes Material über die ständig anwachsende Ausreisewelle von DDR-Bürgern über Budapest, Prag und Warschau und über die deutliche Zunahme von Ausreiseanträgen im Lande angefertigt, die ja in großer Zahl auch genehmigt wurden. Dabei habe er, Krenz, mit Unterstützung von Wolfgang Herger, dem Abteilungsleiter für Sicherheitsfragen, sehr viele bisher nicht veröffentlichte, ja streng geheim gehaltene Daten verwendet und analysiert und sie dem Generalsekretär sofort nach seiner Rückkehr übergeben. Honecker, der zu diesem Zeitpunkt gegen eine umfassende öffentliche Diskussion dieser Problematik war, habe das Material sehr aufgebracht, als habe man ihn hintergangen, und es in seinem Safe verschlossen.)

Selbstverständlich war ich besorgt über den Tatbestand, daß der erste Mann in der Führung von Partei und Staat in einem so schwierigen, auch von Gefahren geprägten Zeitraum arbeitsunfähig war und damit viele Entscheidungen verschoben wurden. Ebenso beunruhigt war ich aber auch davon, daß diesmal als sein Vertreter der für Wirtschaftsfragen zuständige, ansonsten aber keineswegs mit allen außenpolitischen, innenpolitischen oder gar kulturpolitischen Problemen vertraute, dagegen sehr autoritär entscheidende, von sich immer sehr überzeugte und überdies schwerkranke Günter Mittag eingesetzt worden war. Ich sah darin eine schwere zusätzliche Belastung.

In meinem Urlaub nutzte ich viele Tage, um mir ein eigenes Bild zu verschaffen. Ich wollte mich an Ort und Stelle vom Gang der Ereignisse überzeugen und mit vielen alten Freunden und Genossen sprechen, mit denen ich mich, meist ja an mein Ministerium in Strausberg gebunden, längere Zeit nicht mehr getroffen hatte. So war ich im Cottbuser Raum, wo ich in meiner Zeit als Chef der Luftstreitkräfte eine Zeitlang gewohnt hatte – nahe der polnischen Grenze. Ich fuhr auch in meine Chemnitzer Heimat, ins Zentrum der sächsischen Industrie, wo ich sehr viele Freunde besaß, die mich besorgt über den Stand der Arbeit informierten. Am meisten besorgt waren sie darüber, daß sie bei dem Ernst der Lage zu wenige, fast gar keine Informationen oder Erläuterungen von der Parteiführung bekämen.

Als ich – etwas früher als geplant – meinen Urlaub beendete und an der nächsten Dienstagssitzung des Politbüros teilnahm, es war Anfang September, nahm meine Besorgnis deutlich zu: Die Sitzung des Politbüros verlief ruhig und routiniert. Ohne grundsätzliche inhaltliche Auseinandersetzungen wurden die wie immer unendlich vielen Tagesordnungspunkte abgehakt, von Günter Mittag besonders straff geleitet. Ich hatte zwangsläufig den Eindruck, daß es im Kollektiv des Politbüros zwar grundsätzliche Meinungsverschiedenheiten gab, Günter Mittag aber nicht wollte, daß sie in Abwesenheit Honeckers offen ausbrachen. Gleichzeitig spürte ich, daß die anderen sich zurückhielten, weil sie die Folgen eines offenen Streites nicht übersahen.

Zum Schluß der Tagesordnung kam die routinemäßige Frage Mittags, ob jemand noch etwas unter dem Stichwort »Verschiedenes« anzumerken habe. Zunächst Schweigen, dann sagte ich ein lautes Ja.

Zur Erklärung eine kurze Abschweifung: Ich hatte – schon in Chemnitz, aber auch hier im Sitzungssaal – unwillkürlich an ein sehr lange zurückliegendes Gespräch mit einem ungarischen Genossen denken müssen. Ihn hatte ich Anfang der 60er Jahre einmal gefragt, warum während der tragischen Herbstereignisse 1956 die doch sehr starke Budapester Parteiorganisation so überaus inaktiv geblieben sei. Nach unserem Eindruck hatte sie nicht nur unentschieden gezögert, offenbar nicht wissend, welche Argumente die richtigen waren, denen man folgen sollte. Darüber hinaus schien sie wie gelähmt und völlig ratlos auch alle gewalttätigen Angriffe auf die Parteilokale und die aktiven Genossen nur zu beobachten, ohne sich dagegen zu wehren – bis zu dem Zeitpunkt, da sowjetische Einheiten eingegriffen.

Seine Antwort war ebenso einfach wie überraschend für mich: Die ungarische Parteiführung habe nach dem XX. Parteitag der KPdSU, also lange vor dem November, durchaus richtig beschlossen, vorangegangene Fehler aus der Zeit des Personenkults und der Stalinschen Repressalien offen einzugestehen und zu korrigieren. Unter anderem habe sie den Beschluß gefaßt, den 1950 hingerichteten Lazslo Rajk zu rehabilitieren und seine sterblichen Überreste feierlich auf dem Friedhof nahe dem Heldenplatz beizusetzen. Da zu befürchten war, daß die verspätete Beisetzung Rajks von parteifeindlichen Kräften zum Anlaß genommen werden konnte, Unruhe zu stiften und Zusammenstöße zu provozieren, legte man fest, daß die gesamte Parteiorganisation der Hauptstadt an dieser Zeremonie teilnehmen solle. Was man unterließ, war, diese Maßnahme politisch ausreichend zu erklären und die ganze Schändlichkeit der früheren Prozesse ohne Wenn und Aber zu brandmarken. Diszipliniert folgten die Budapester Parteimitglieder dem Trauerzug, ohne von der unmittelbaren Notwendigkeit völlig überzeugt zu sein. Sie fühlten sich ein weiteres Mal zu einem bloßen Instrument der Politik gemacht. Und als dann im Herbst die massiven Angriffe auf die gesamte Parteipolitik begannen, waren die Budapester Parteimitglieder einfach nicht mehr bereit, sich wieder instrumentalisieren zu lassen. Sie waren auch nicht mehr in der Lage, Richtiges und Falsches zu unterscheiden.

Man wird verstehen, daß mir gerade dieses Gespräch jetzt einfiel – nur: 1989 war nicht mehr 1956. Die Lage war nicht einfacher, sie war in vielem komplizierter geworden. Die DDR an der westlichen Grenze des sozialistischen Lagers zum Gebiet der

NATO war mit Ungarn nicht einfach zu vergleichen. Ja, selbst die Sowjetunion hatte sich sehr geändert – konnte man denn sicher sein, sie würde, wenn sich die Lage bei uns dramatisch zuspitzte, in letzter Stunde aktiv eingreifen? Konnte das denn überhaupt jemand wünschen? Nicht eine Stunde länger durfte man sich in Schweigen hüllen und die Genossen an der Basis alleine lassen.

Ich hatte in den Tagen meiner Abwesenheit ein doch sehr detailliertes Bild von der Lage in der Republik, von der Unzufriedenheit von Teilen der Bevölkerung und der zunehmenden Ratlosigkeit in der Partei erhalten und eigentlich erwartet, daß das Politbüro – entsprechende Berichte mußten ja vorliegen – diese Situation beraten würde. Ich schilderte eine Reihe meiner hauptsächlichen Eindrücke und Erfahrungen und sagte, daß nach meiner Einschätzung sofort etwas geschehen, daß die Parteiführung unbedingt ein Signal geben müsse.

Noch wenige Tage zuvor hatte zwar ein offizieller Sprecher der ungarischen Regierung die Erklärung abgegeben, daß man nicht daran denke, den zahlreichen Aufforderungen der deutschen Bundesregierung nachzugeben und die DDR-Bürger ausreisen zu lassen, da dies den Verträgen Ungarns mit der DDR nicht entspräche – doch war das noch ernst gemeint, konnte man so sicher sein? Und wie würde es wirken, wenn doch das Gegenteil eintrat?

Nein, ich hatte kein komplettes Aktionsprogramm, kein Rezept für die Meisterung der Probleme. Ich schlug lediglich einige Sofortmaßnahmen vor, um deutliche, publizierbare Zeichen zu setzen und die gefährliche Sprachlosigkeit der Führung zu durchbrechen. So deutete ich an – mehr war aus dem Stand heraus kaum möglich –, womit man beginnen könne: In wenigen Stunden eine exakte Einschätzung der Situation erarbeiten, die man veröffentlichen konnte. Alle Mitglieder des Politbüros in die Bezirke entsenden und dort in öffentlichen Veranstaltungen auftreten lassen, um eine schlüssige Orientierung zu geben. Danach ein zentrales Parteiaktiv einberufen und ein Sofortprogramm, als Beginn notwendiger besonderer Maßnahmen vorlegen. Sofort in ausführliche Beratungen mit den sowjetischen Genossen eintreten.

Natürlich war ich mir damals keineswegs sicher, ob diese Schritte die Probleme noch hätten lösen können, ich bin mir auch heute keineswegs sicher – nur in einem hatte ich bestimmt recht: wir hätten die Unsicherheit und die Lähmung des Parteiaktivs durchbrechen, es vielleicht sogar zu einer wichtigen Kraft der

Erneuerung der DDR machen können und hätten in den Wochen danach nicht so schmählich mit dem Rücken an der Wand gestanden.

Die Reaktionen im Politbüro überraschten mich: ich glaubte bei vielen Teilnehmern der Sitzung ein Aufatmen zu verspüren, daß endlich jemand einen Vorschlag gemacht hatte – doch der Leiter der Beratung, Günter Mittag, brach die Sitzung ab, bevor eine Diskussion überhaupt begonnen hatte. Er pochte auf die Ordnung solcher Sitzungen: man hätte einen formulierten Tagesordnungspunkt vorher anmelden müssen, man hätte eine schriftliche Vorlage einbringen sollen, man könne nicht erwarten, daß die Genossen, die doch sehr viel Arbeit zu bewältigen hätten, jetzt unvorbereitet zu meinem Vorschlag Stellung nehmen. Und bevor es noch zu einer Reaktion der Sitzungsteilnehmer kommen konnte, unternahm er einen geschickten Schachzug. Er schlug vor, daß man – da man ja die Probleme durchdenken müsse – die Anregung von Keßler an das Sekretariat verweisen solle, das am folgenden Tage, wie immer mittwochs, zusammenkam.

Nun gehörte es schon immer zur Regel, daß das Sekretariat Beschlüsse des Politbüros vorbereitete oder auf deren Grundlage die Endfassungen redigierte. So war ich es zufrieden, auch wenn ich nicht Mitglied des Sekretariats war, daß so entschieden wurde.

Am nächsten Tag, ich war schon wieder in Strausberg, rief mich Wolfgang Herger an, der in Vertretung des sich im Urlaub befindlichen Egon Krenz an der Sitzung des Sekretariats teilgenommen hatte. Er sagte mir, meine Initiative sei völlig richtig gewesen dennoch könne ich sie in den Wind schreiben: Günter Mittag hatte den Vorschlag nicht zur Diskussion gestellt. Er wollte ihn zunächst mit Erich Honecker beraten.

Ich übertreibe sicher nicht, wenn ich sage, daß dies die schlimmste Situation in meiner ganzen bisherigen politischen Arbeit war, daß ich keinen Ausweg aus einer Lage wußte, die ich für äußerst gefährlich für unsere Republik ansah. Ich wandte mich an Margot Honecker und fragte sie, ob ihr Mann nach der Operation wieder so weit hergestellt sei, daß man ihn aufsuchen und mit ihm wichtige Probleme besprechen könne, mehr als eine halbe Stunde sei sicher nicht nötig. Sie bejahte meine Frage, konnte aber nicht selbst entscheiden und wollte die Frage an ihn weitergeben. Schon am folgenden Tag bekam ich auf offiziellen Wege die Bestätigung: Honecker erwartete mich für den Tag darauf.

Draußen, im Haus am Döllnsee, kam er mir schon entgegen. Er wollte demonstrativ zeigen, daß er schon auf dem Wege der Genesung, ja eigentlich topfit sei, obwohl klar wurde, daß er mindestens noch zwei Wochen außerhalb Berlins bleiben mußte. Er forderte mich auf, mein Anliegen vorzutragen, und hörte, wie fast immer, sehr aufmerksam zu. Dann stand er auf, verließ kurz den Raum und kam mit seinem Notizbuch wieder, das ich ja sehr gut kannte: Es war ein kleines ledergebundenes Ringbuch, in dem er – die Seiten gewissenhaft umwendend – seine Notizen suchte. Es waren die Notizen, die er sich für die Ratstagung in Bukarest angefertigt hatte, seine Disposition für das Treffen der Generalsekretäre.

In einigen Punkten stimmten seine Erwartungen mit den jetzt eingetretenen Tatsachen überein, in vielen jedoch gingen sie weit darüber hinaus: Er hatte in Bukarest keineswegs nur das sagen wollen, was der rumänische Genosse der Presse als Kernstück der Beratung mitgeteilt hatte, daß der Aufbau der neuen Gesellschaftsordnung ein schöpferischer Prozeß sei, der in jedem Lande unterschiedlich verlaufe – das war ja das ABC. Er hatte auch nicht nur die doch sehr vage Überzeugung ausdrücken wollen, daß die sozialistischen Staaten schon die Kraft hätten, mit den aktuellen Problemen selbständig, jeder für sich fertig zu werden.

Aus den Notizen war ersichtlich, daß Honecker die Absicht hatte, über den sich verschärfenden internationalen Klassenkampf zu sprechen, darüber, worin die strategischen und taktischen Absichten der imperialistischen Staaten im Sommer 1989 bestanden, wie das Verhältnis zwischen den sozialistischen Staaten derzeit beschaffen war, welche Gefahren daraus erwuchsen. Sicher war alles nur angedeutet und noch nicht ausgearbeitet – aber schon die Kernsätze ließen in ihrer Tendenz erkennen, daß die Möglichkeiten des Kapitalismus weiterhin unterschätzt würden und wir zugleich in der uns eigenen Selbstüberschätzung verharrten.

Ich weiß nicht, ob Honeckers Ausführungen, wenn sie gemacht worden wären, wirklich Wesentliches bewirkt hätten. Eine Auseinandersetzung hätten sie zweifellos ausgelöst und die Partner im Warschauer Pakt veranlaßt, sich zur weiteren Entwicklung der Staatengemeinschaft zu äußern.

Vielleicht hätten sie zumindest die Entscheidung der ungarischen Regierung erschwert, vielleicht sogar hinausgezögert, wenn nicht verhindert, die schon wenige Tage nach unserem Gespräch veröffentlicht wurde: Am 11. September, kurz nach Mitternacht, öffnete Ungarn die Schlagbäume an der Grenze zu Österreich – die ungarische Regierung hatte zuvor die Bestimmungen des Reiseabkommens mit der DDR außer Kraft gesetzt, die doch nach dem Prinzip der Gegenseitigkeit untersagten, Bürger des anderen Landes in westliche Länder ausreisen zu lassen. Indem sie diese noch bindenden Absprachen einseitig strich, mit einem Federstrich tilgte, gestattete sie mit einem Schlag den mittlerweile 7.000 ausreisewilligen DDR-Bürgern die Fahrt in die Bundesrepublik. Ich verkenne keineswegs, daß die Entwicklung der letzten Wochen die ungarischen Verbündeten in der Tat vor sehr schwierige Probleme gestellt und in tiefe Konflikte gestürzt und daß wir durch unsere zögerliche Haltung dazu beigetragen hatten. Doch nun nahmen die Dinge ihren eigenen Lauf: Natürlich reagierte die DDR-Führung über ihre diplomatischen Kanäle wie über die Medien mit großer Schärfe, sie sprach von »organisiertem Menschenhandel«, von einer »illegalen Nacht-und Nebel-Aktion«, von den »D-Mark-Krediten, die die Maßnahme honorierten« und warf der ungarischen Regierung vor, die Souveränität der DDR verletzt und völkerrechtlich gültige Verträge gebrochen zu haben. Formalrechtlich und nach den Buchstaben der Verträge, auch politisch hatten diese Klagen und Verurteilungen sicher ihre Berechtigung. Doch sie hätten vielleicht verhindert werden können, wenn man rechtzeitig im höchsten Gremium des Staatenbündnisses diskutiert und gehandelt, nach gemeinsamen Schritten gesucht hätte. Die Wirkung der offiziellen Anklagen blieb weit hinter der Wirkung der Berichte und Appelle der BRD-Medien zurück: Sobald die Nachricht verbreitet war, kamen neue Touristen über die CSSR nach Budapest und suchten den freigemachten Weg. Und es konnte auch nichts nützen, daß wir mit völligem Recht darauf hinwiesen, daß mehr als eine Million DDR-Urlauber aus den Nachbarländern selbstverständlich wie in jedem Jahr in ihre Heimat zurückkehrten – die 15.000, die jetzt im Verlaufe von drei Tagen den Weg über Österreich in die BRD nahmen, wogen in der öffentlichen Meinung schwerer.

Mich überraschte in Dölln keineswegs, daß Honeckers Ansichten, die er in seinen Notizen in Bukarest festgehalten hatte, in vielem mit meinen Erfahrungen übereinstimmten – es stimmte mich aber sehr nachdenklich, daß er seine Disposition im Juli, als sie noch von Nutzen hätte sein können, weder an Egon Krenz noch an Willi Stoph weitergegeben hatte. War wirklich nur die schmerzhafte Kolik schuld? Hatte er Zweifel, daß die Genossen nach dieser Dispositon auch gesprochen hätten?

Erich Honecker deutete an, daß er diese Notizen jetzt nach unserem Gespräch an Günter Mittag weitergeben wolle, damit auf ihrer Grundlage im Politbüro beraten werden könne. In der Folge jedoch geschah nichts. Als er Mitte September wieder in Berlin war, ließ er wissen, nun wolle er doch zunächst alles auf die Vorbereitung des bevorstehenden 40. Jahrestages der DDR konzentrieren, zu dem Gäste aus vielen Ländern eingeladen wurden und der neben dem Rückblick auf die Vergangenheit auch die Zukunft der Republik vielfältig ins Bewußtsein der eigenen Bevölkerung und des Auslandes rücken sollte. Nach den Feierlichkeiten würde man dann mit aller Kraft den XII. Parteitag vorbereiten und neue Wege suchen.

Ich kannte Erich Honecker inzwischen fast vier Jahrzehnte aus der direkten Zusammenarbeit, erst im Jugendverband, dann in der Partei – und ich kannte ihn als einen gründlichen und gewissenhaften Mann mit Entschlußkraft und Standfestigkeit. Er war jetzt wie verändert. Ich habe inzwischen immer wieder darüber nachgedacht, warum seine Haltung in diesen extrem komplizierten Wochen derart abwartend, ja verhängnisvoll unentschlossen geworden war.

Es gab in der Hektik der nun beginnenden Zeit keine Gelegenheit mehr zu einem ausführlichen klärenden Gespräch – so bin ich auf meine eigenen Vermutungen angewiesen: Ohne Zweifel spielte die schwere Krankheit eine große Rolle, die ihn nicht nur für einige Wochen – in der heranreifenden Entscheidungssituation schon eine sehr lange Zeit! – aus seiner Arbeit riß, sondern auch kräftezehrend und lähmend war. Die Operation hatte ihn geschwächt, er stand unter dem Einfluß schwerer, niederdrückender Medikamente. Sicher beschäftigten ihn schon jetzt und von Tag zu Tag intensiver Fragen nach der weiteren Zukunft der Partei und nach der unerläßlichen Verjüngung der Parteiführung, die dringend geboten war. Er selbst war, wie ich wußte, als schwerkranker 77jähriger entschlossen, beim XII. Parteitag nicht mehr zur Wahl anzutreten und die Führung der Partei einem Jüngeren zu überlassen. Aber wem? Er war offensichtlich mit all diesen Problemen und mit sich selbst nicht im reinen – vielleicht ließ ihn das so verhängnisvoll zögern.

Doch das reicht zur Erklärung sicher nicht aus. Es ist bekannt, daß Honecker schon sehr früh mit den eingeleiteten politischen Veränderungen in der Sowjetunion, die mit den Begriffen »Glasnost« und »Perestroika« in die Welt getreten waren, innerlich nicht übereinstimmte, ohne daß er öffentlich dagegen auftrat. Bekannt ist der schroffe Widerspruch zwischen seiner im Verbot des Magazins »Sputnik« zutage getretenen Überreaktion auf der einen und den gleichzeitigen öffentlichen Sympathieerklärungen in Richtung Moskau auf der anderen Seite. Selbst wenn er die eingeleiteten Veränderungen für die UdSSR, deren Gesamtbilanz er ja auch nicht in ganzem Umfang kannte, noch für angebracht und möglich halten mußte, für die immer politisch gefährdete DDR hielt er sie für nicht anwendbar und wollte sie nicht akzeptieren. Da er aber andererseits genau wußte, wie stark die politische, militärische und ökonomische Vernetzung der DDR mit der Sowjetunion, wie stark die Abhängigkeit unserer Republik vom großen Bruder, von unserer Schutz- und Sicherheitsmacht, unserem Hauptrohstofflieferanten und Hauptpartner aller unser Handelsverträge war, scheute er die offene Konfrontation – zumindest solange nicht ein Parteitag sein Wort gesprochen hatte. Dabei war sicherlich auch die Tatsache von großem Gewicht, daß die Gorbatschow-Politik – alle Informationen besagten das – in großen Teilen unserer Bevölkerung, auch in den Reihen der Partei viele Anhänger hatte, die sich eine Weiterentwicklung, eine Reform der sozialistischen Gesellschaft und damit eine »bessere DDR« erhofften. Und es konnte Honecker nicht verborgen geblieben sein, daß auch in den Führungsgremien der Partei, selbst am Tisch des Politbüros Befürworter von Gorbatschows Thesen saßen.

Je mehr ich jetzt darüber nachdenke, umso mehr komme ich zu dem Schluß, daß auch dies nicht alles gewesen sein kann. Wieder zeigte sich – nicht nur bei ihm, aber auch bei ihm – ein alter Grundfehler, der im Laufe der Jahre immer stärker in der Partei geworden war und vieles deformierte – die Neigung, sich die jeweilige Lage schönzureden, schönzudenken, selbst bedrohlich wirkende Signale aus der Gesellschaft zu verdrängen und, den eigenen Wünschen entsprechend, die »positive Haltung der Mehrheit der Bevölkerung« überzubewerten. Wieder einmal zeigte sich das aus einer Selbstsuggestion erwachsende Nichterkennen, daß von einem gewissen Zeitpunkt an, vor allem im Zeitalter des Masseneinflusses elektronischer Medien, die Entwicklung der gesellschaftlichen Ereignisse außer Kontrolle geraten kann und nicht mehr zu bremsen, ja nicht einmal mehr zu steuern ist.

Schließlich kam wohl auch noch ein Faktor hinzu, der bei einem doch so langjährigen politischen Funktionär wie Honecker besonders unverständlich war: Wie ich aus mehreren Diskussionen, auch im kleinsten Kreis, wußte, war Erich Honecker fest davon überzeugt, daß die vielen Gesprächspartner in der Bundesrepublik und in anderen westlichen Ländern wirklich ernsthaft an der Stabilität der Lage in Europa interessiert seien und deshalb

auch die Stabilität der DDR aus eigenem Interesse unterstützen würden – diplomatisch, politisch, ökonomisch, finanziell.

Er glaubte der Aufrichtigkeit der vielen Worte, der schönen Reden, der doch offenkundigen Herzlichkeit bei den vielen Begegnungen mit dem Bundeskanzler, mit vielen Bundesministern, mit Politikern aller Parteien und so vielen prominenten Wirtschaftsbossen. Nach seinem Besuch 1987 in der Bundesrepublik, der ja auf einer sehr hohen Stufe des diplomatischen Protokolls und mit allen staatspolitischen Ehrungen stattfand – und nach den vielen Treffen mit fast allen führenden Männern der BRD schien sein Vertrauen in deren wortreiche Erklärungen und schöne Gesten unerschütterlich zu sein. Hatte er die Worte denn vergessen, die er selbst so oft in seinen Reden gebraucht hatte, daß Kapitalismus und Sozialismus so unvereinbar waren wie Feuer und Wasser? Und meinte er wirklich, die Politiker der anderen Seite dächten plötzlich anders?

Wie dem auch war, das Geschehen nahm seinen Lauf.

Von da an konzentrierte sich in der Tat fast alles in der Arbeit der Parteiführung auf die Vorbereitung des 40. Jahrestages der Gründung der DDR. Diese Jubiläen waren in jedem Jahr von großer Bedeutung: als Tage des bilanzierenden Rückblickes, als Tage der vielfältigen Auszeichnungen verdienter Bürger für Leistungen im zurückliegenden Jahr, als Tage der unterschiedlichsten Feste – ob in Betrieben, Schulen, Klubs oder Kommunen, als Tage der Paraden, Kulturveranstaltungen und Massendemonstrationen der Jugend, aber auch als Tage des demonstrativen Zusammentreffens mit ausländischen Gästen, mit Vertretern nicht nur der befreundeten Parteien, sondern auch der verbündeten Staaten, sowie der längeren oder kürzeren, immer aber wichtigen und vielbeachteten Glückwünsche aller Regierungen der Welt. Um wieviel mehr Gewicht hatte da ein »runder« Jahrestag, der »Vierzigste«! Und dazu noch in einer so komplizierten Situation!

Mag es auch einem Außenstehenden paradox, ja ohne Sinn erscheinen: bei vielen führenden Funktionären war die Besorgnis, daß die aktuellen Konflikte und Gefahren den Ablauf der Jubiläumsfeiern stören könnten, alles in allem geringer als ihre Erwartung, daß der ungestörte Ablauf der Jahrestagsfeiern in der Republik stabilisierend wirken und den engeren Zusammenschluß der Mehrheit der Bevölkerung um die Regierung fördern würde.

Der Gedanke, angesichts der unbestreitbaren Probleme die Feiern hintanzustellen oder auch nur zu reduzieren, schien den meisten unannehmbar zu sein. Er verbot sich von selbst, weil man das in der Welt, vor allem aber in der Republik selbst als ein Zeichen aufnehmen würde, die Führung der DDR sei bereit, die Segel zu streichen und die Fahnen einzuholen. Man war sich sicher, daß das Festhalten an diesem Tag der Republik in der immer schon gewohnten Art – und eher noch etwas glänzender, schöner, prächtiger – neue Kraft geben und die Zuversicht stärken könne, daß der bevorstehende Parteitag neue Wege weisen würde.

So ergab sich die wirklich widersprüchliche Situation, daß die offizielle DDR mit großen Anstrengungen den Feiertag vorbereitete, und die Konflikte sich währenddessen ununterbrochen fortsetzten und verschärften. Natürlich nahmen sich die einzelnen Bereiche der Politik und der Verwaltung auch dieser Konflikte an und suchten sie auf ihrem Gebiet zu entschärfen – so in einzelnen Wirtschaftszweigen, in einzelnen Bezirken, im Bereich der Kultur und sogar der Medien. Da das Bemühen darum, die Probleme der Gesellschaft zu erkennen und zu meistern, nicht so öffentlich gemacht wurde, wie es richtig gewesen wäre und wie man es erwarten konnte, und da die parallele Vorbereitung des Jahrestages nach hergebrachtem, schon gewohnt gewordenem Muster verlief, komplizierte sich vieles um so mehr.

Es begann damit, daß zum Auftakt der »Parteitags-Kampagne« im *Neuen Deutschland* ein Vorabdruck eines Artikels des immer noch nicht genesenen Erich Honecker erschien, der für das September/Oktober-Heft der Zeitschrift *Einheit* gedacht war. Er war, für die theoretische Zeitschrift vorgesehen, wieder einmal viel zu lang, viel zu abstrakt, viel zu allgemein – so daß er fast ausschließlich von den Mitgliedern der Partei, nicht aber von der Mehrheit der Bevölkerung gelesen wurde. Sollte er etwa die ohnehin überzeugten Genossen darin bekräftigen, daß sich – wie zu lesen war – »die DDR als ein Staat mit einem funktionierenden sozialistischen Gesellschaftssystem mit den von ihm verwirklichten Menschenrechten auch in den Herausforderungen der 90er Jahre bewähren wird«? So allgemeine Thesen konnten die kritischen und zweifelnden, die verunsicherten und auch zum Teil böse gewordenen Bürger nicht erreichen.

Es konnte nicht ausbleiben, daß sich die verschiedenen Tendenzen in der Gesellschaft kreuzten und immer wieder sogar schmerzlich zusammenstießen. Ich greife nur einen Strang der Ereignisse heraus, der für mich an einem ganz besonderen Tag Anfang Oktober von besonderer Bedeutung werden sollte.

Am 27. September hatte am Rande der Vollversammlung der Vereinten Nationen in New York der BRD-Außenminister Hans-Dietrich Genscher Gespräche mit unserem Außenminister Oskar Fischer und dem ČSSR-Außenminister Jaromir Johanes gesucht. Er wollte erreichen, daß eine Ausreise jener Bürger unserer Republik gestattet wurde, die sich, von ihrem Urlaub nicht zurückgekehrt oder extra nach Prag gefahren, in der dortigen BRD-Botschaft aufhielten – vielleicht hofften sie auch auf eine Öffnung der tschechischen Grenze nach ungarischem Muster. Oskar Fischer informierte Berlin von dem Gespräch. Das Politbüro beschloß – Erich Honecker hatte seine Arbeit wieder aufgenommen –, einer einmaligen »Massenausreise« von 3000 »Botschaftsflüchtlingen« zuzustimmen, um die politische Lage vor dem Feiertag der DDR zu entlasten und es nicht zu spektakulären Störungen der international wichtigen Treffen aus diesem Anlaß kommen zu lassen. Zur Bedingung wurde gemacht, daß die Ausreisenden mit Zügen der DDR-Reichsbahn durch das Gebiet der DDR fuhren. Am 30. September teilte Genscher dies in Prag – unter großer Beteiligung der elektronischen Medien der BRD und auf Effekt bedacht – den dort zusammengedrängten Menschen und damit zugleich der internationalen Öffentlichkeit mit – wissend, daß es für ihn eine Siegesmeldung war, die ihre weltweite Wirkung erzielen und bei der Aufheizung der Anti-DDR-Stimmung eine große Rolle spielen würde.

Am 1. Oktober begann die Aktion – früh um 6 Uhr traf der erste Zug in Hof in Bayern ein. Insgesamt sollten 3.000 Menschen transportiert werden. Es versteht sich, daß dieses Ereignis das beherrschende Gespräch dieses Tages war. Und dabei hatten die Veranstaltungen zum Republiksjubiläum schon begonnen und beschäftigten uns in wachsendem Maße.

Am 2. Oktober wurden Generale befördert und ernannt, wurden bereits vielerlei Auszeichnungen und Medaillen überreicht, fuhren fast alle Politbüromitglieder in die fünfzehn Bezirke, um an Städte und Betriebe Ehrenbanner zu übergeben. Am selben Tag – welch ein Kontrast – löste die Volkspolizei in Leipzig eine Demonstration von annähernd 25.000 Menschen auf, die dringend Reformen verlangten, wobei die Polizei erstmals von Einheiten der Betriebskampfgruppen unterstützt wurden. Mit der Demonstration in Leipzig – es war wieder ein Montag – etablierte sich die später weithin bekanntgewordene »Montagsdemonstration«. Erstmals hörte man dabei auch, daß eine gewisse Verschiebung der Hauptlosungen eingetreten war. Statt bisher »Wir wollen raus!« hieß es nun immer stärker »Wir sind das Volk!« – ein solcher Wechsel kam sicherlich nicht ungesteuert und spontan. Es hätte uns alle viel stärker alarmieren müssen.

Stattdessen wurde an eben diesem 2. Oktober jener Satz geschrieben und gesprochen, der sich in der Geschichte der DDR als besonders verhängnisvoll erweisen sollte. Die Nachrichtenagentur ADN legte den Entwurf einer Pressemeldung über die Ausreisen aus Prag in die Bundesrepublik vor, die im wesentlichen sehr ernst, aber zugleich auch sachlich-informativ war. In diesen Text, der wie bei solchen Veröffentlichungen üblich, auf den Tischen der obersten Parteiführung landeten, war mit einem Bleitstift der Satz – in bezug auf die Ausreisewilligen – eingefügt: »Wir weinen ihnen keine Träne nach.« Ob dieser Gedanke von Erich Honecker formuliert wurde oder von Joachim Herrmann oder von beiden – auf jeden Fall führte er zu einer weiteren Eskalation der kritischen Stimmung im Land, als er in allen Zeitungen veröffentlicht und in Rundfunk und Fernsehen verlesen wurde. Eine Reihe von Genossen der Parteiführung, darunter auch ich, kritisierten diesen Satz zwar scharf – man mochte die Ereignisse politisch bewerten, wie immer man wollte, der Weggang so vieler vorwiegend junger Menschen konnte uns nicht gleichgültig lassen –, aber er war veröffentlicht und nicht mehr zurückzunehmen.

Am 3. Oktober trafen sich im Hause des Zentralkomitees etwa tausend Parteiveteranen – ehemalige Widerstandskämpfer gegen das faschistische Regime, Mitglieder der Bewegung »Freies Deutschland«, »Aktivisten der ersten Stunde«, die schon 1945 dabei waren, die Folgen des Krieges zu überwinden und einen anderen, einen neuen Weg zu gehen, dazu Spezialisten der verschiedensten Professionen, Wissenschaftler, Künstler und natürlich auch viele verdiente ältere Offiziere der Armee. Reden wurden gehalten, Toasts wurden ausgebracht, die alten Lieder wurden wieder einmal gesungen – und doch spürte jeder, der Augen zum Sehen und Ohren zum Hören hatte, welche Sorgen die Anwesenden eigentlich bewegten. Bis zu diesem Tag, eben dem 3. Oktober, war die Zahl der Ausreisewilligen in und vor der Botschaft in Prag wiederum auf mehr als 7.500 angestiegen. Die Bemühungen der tschechoslowakischen Behörden, das weitere Anwachsen zu verhindern, waren gescheitert. Deshalb erklärte sich der Ministerrat der DDR an diesem 3. Oktober bereit, noch eine zweite Ausreise aus Prag zu gestatten, wiederum unter der Bedingung, daß die Züge der Reichsbahn über das Gebiet der DDR geleitet würden, diesmal nicht auf direktem Wege, sondern aus verkehrstechnischen Gründen über Dresden und den Süden der DDR. Gleichzeitig wurde, um ein weiteres Ansteigen der Menge ausreisewilliger DDR-Bürger zu verhindern, in Abstimmung mit der tschechoslowakischen Regierung der paß-und visafreie Reiseverkehr vorübergehend ausgesetzt – eine sehr schmerzliche, erzwungene Rücknahme einer positiven Regelung, an die sich alle DDR-Bürger gewöhnt hatten.

Natürlich wußten das die Teilnehmer des Treffens im Hause des Zentralkomitees, denn sie hörten ja die Nachrichten und Reportagen, die über viele Kanäle ins Land kamen. Sie waren durchweg politisch erfahrene Männer und Frauen, die viele Kämpfe durchstanden hatten. Einer erinnerte mich in einer Pause mit bitteren, ärgerlichen Worten an die Zeit zum Winterausgang 1933: Die Partei war damals nach dem Reichstagsbrand bereits verboten, die Leitungen fast durchweg schon in der Illegalität – und doch, so sagte der Genosse, wußte er damals dennoch immer, was die Partei dachte und wollte. Die Verbindung zu seiner Dreiergruppe riß an keinem Tage ab, das Netz der vielen illegalen Gruppen zur Leitung wurde niemals vollkommen zerstört, die Einschätzungen der Lage und die neuen Aufgabenstellungen erreichten jeden. Jetzt aber – wo man im eigenen Land das Heranwachsen einer großen Gefahr sehen konnte – erfuhr man von der Parteiführung außer allgemeinen, schon bekannten Erklärungen nichts. Auf meinen Hinweis »Warte nur das Jubiläum ab, danach wird es Klarheit geben«, hörte er schweigend an. Sein Zutrauen war sichtlich nur schwach.

Noch schlimmer empfand ich die Gleichzeitigkeit von erzwungener Normalität und anwachsendem Chaos am folgenden Tag, dem 4. Oktober. Die Transporte der »zweiten Massenausreise« aus Prag begannen mit einem Tag Verspätung, weil, angefeuert durch die ständigen dramatisch aufgemachten Rundfunk- und Fernsehberichte der BRD, bei vielen Menschen in der Republik eine wahre Hysterie erzeugt worden war – und ja auch erzeugt werden sollte. Bahnhöfe und Gleise der bekanntgewordenen Strecken wurden förmlich belagert, man wollte die Züge während der Fahrt zum Halten zwingen und sie unberechtigt besteigen. Es war schon im Interesse der Sicherheit der gestatteten und vereinbarten Transporte nötig, die Strecken frei zu machen.

Am Abend fand – im Rahmen der Jubiläumsfeiern – am Mahnmal Unter den Linden der Große Zapfenstreich statt, eine wie immer eindrucksvolle Zeremonie mit vielen Zuschauern, und alle wußten, daß an anderem Ort im Süden der Republik die erzwungenen Durchreisen im Gange waren. Für die Nachtstunden war – ebenfalls wie in jedem Jahr – die Generalprobe der Truppenparade zum 40. Jahrestag festgesetzt, eine letzte Überprüfung der Vorbereitung und des reibungslosen Ablaufs des Vorbeimarsches der Ehrenformationen und Waffen, der von unzähligen Faktoren abhing. Es versteht sich, daß wir alle an einem besonders eindrucksvollem Ablauf der Parade gerade jetzt interessiert waren.

Als ich, geraume Zeit vor dem Beginn der Parade, auf der Tribüne eintraf, meldete man mir, daß Hans Modrow, der 1. Sekretär der Partei im Bezirk Dresden, schon mehrmals eine Verbindung mit mir gesucht habe. Ich begab mich sofort zu den geschalteten Telefonen der Regierungsleitung. Wie zu befürchten war – worüber man sich aber offensichtlich nicht ausreichend Gedanken gemacht hatte – bahnten sich in der Großstadt Dresden im Gebiet des Hauptbahnhofs gewalttätige Auseinandersetzungen an, die nicht nur Signal- und Gleisanlagen der Bahn gefährdeten, sondern auch Menschenleben bedrohten. Ähnliches zeigte sich auch an anderen Stellen, auch wenn die Züge jetzt verriegelt fuhren, um ein lebensgefährliches Aufspringen zu verhindern.

Schon jetzt sei in Dresden im Bahnhofsbereich »der Teufel los«, teilte mir Hans Modrow mit, und er ersuchte mich, unterstützende Kräfte zur Verfügung zu stellen, um die Ordnung aufrechtzuerhalten, Menschenleben zu schützen, ernste Zerstörungen und damit ein wahres Verkehrschaos für viele Tage zu verhindern.

Nach kurzer Rücksprache mit den Mitgliedern des Kollegiums, die zur Generalprobe der Parade anwesend waren, traf ich meine Entscheidung und teilte sie Modrow mit. Ja, es werden Kräfte der Nationalen Volksarmee für diese Aufgaben zur Verfügung gestellt – jedoch nur unter ganz strengen Auflagen: Es würden Personen bereitgestellt, aber keine Waffen. Der Befehl gehe an die Studierenden der Militärakademie »Friedrich Engels« und die Absolventen der Offiziershochschule Kamenz. Wenn unsere Männer jedoch zum Einsatz kämen, dann gewissermaßen nur als Verstärkung der örtlichen Ordnungskräfte mit dem Ziel, Ruhe und Sicherheit zu bewahren und jede künstlich hochgepeitschte Eskalation zu verhindern, darum strikt unbewaffnet. Es mußte dabei bleiben: Die Armee wird in keinerlei Form gegen die Bevölkerung eingesetzt!

Nachdem ich das Modrow zugesagt hatte, sprach ich mit dem Chef der Militärakademie, der in Berlin war, um an der Spitze seines Marschblocks die Parade zu eröffnen, und übertrug ihm die Leitung des Einsatzes. Er flog mit dem Hubschrauber nach Dresden, noch im Laufe der Nacht erhielt ich den Bericht, daß der Einsatz erfolgreich war. Zwar kam es zu tätlichen Auseinandersetzungen, zwar griffen die erregten Gruppen vornehmlich jugendlicher Randalierer die Polizeisperren an, auch mit Steinen und Stöcken, zwar wurden Demonstranten, aber auch Polizisten dabei verletzt, es gelang aber doch, noch schwerere Zusammenstöße zu verhindern. Natürlich zwang ich mich, wie es meine Aufgabe war, zur größten Aufmerksamkeit, damit die Parade vorschriftsgemäß und so erfolgreich verlief, wie man es erwarten konnte – doch meine Gedanken waren ständig auch in Dresden: Hoffentlich geht alles gut! Den Gipfel des schlimmen Zusammentreffens von zunehmenden Konflikten und demonstrierter Gelassenheit erlebten wir am 6. und 7. Oktober selbst.

Die Hauptereignisse am 6. Oktober waren ihrem Inhalt und ihrem Gewicht nach wie in jedem Jahre, nur mit noch größerer Beteiligung, und mit wesentlich größerer Nervosität. Am Vormittag wurden die höchsten Orden der Republik verliehen und an Wissenschaftler, Techniker und Künstler die Nationalpreise überreicht. Im Laufe des ganzen Tages trafen Delegationen aus vielen Ländern ein – Vertreter der Staaten, mit denen die DDR diplomatische Beziehungen unterhielt und Abgesandte internationaler Organisationen und befreundeter Parteien, die hier ihre Glückwünsche überbringen wollten. Es waren mehr als in vorangegangenen Jahren und die Namen der entsandten Persönlichkeiten hatten ein besonderes Gewicht. Am späten Nachmittag fand im Palast der Republik die Festveranstaltung statt, auf der Erich Honecker und Michael Gorbatschow sprachen. Der sowjetische Gast war zuvor bei seinem Eintreffen in Berlin mit großer Sympathie von den Berlinern begrüßt worden. Von den Reden der beiden wurde sehr viel erwartet. Im Anschluß, in den Abendstunden, stand dann der Fackelzug der FDJ auf dem Programm, an dem 100.000 Jungen und Mädchen teilnehmen sollten. Es war ein beeindruckendes Programm – und doch erreichten uns ständig auch Meldungen, daß vielfältige, zwar kleinere, aber doch sehr entschlossene Aktionen oppositioneller Gruppen stattfanden, die den Feiertag störten und ihn für ihre Ziele nutzen wollten.

Dabei waren es meinem Eindruck nach nicht diese Gegenaktionen, die die Ereignisse prägten und eine so widersprüchliche Wirkung des Tages bewirkten – und auch negative Auswirkungen auf Erich Honecker hatten, stärker als man erwarten konnte. Es war vielmehr der Abblauf der offiziellen Programmpunkte selbst.

Die Festveranstaltung war feierlich – vielleicht feierlicher als in dieser Stunde vertretbar. Die Reden sparten viele Probleme aus – sicher mehr, als noch zu entschuldigen war. Nach der Rede Erich Honeckers, die keine Überraschung brachte, sondern sich auf einen großen historischen Rückblick und auf Gedanken zur Vorbereitung des erwarteten Parteitages beschränkte, sprach Michail Gorbatschow voller Sympathie und mit voller Unterstützung für die Politik der DDR und erläuterte natürlich mit sehr sorgfältig gewählten Worten sein Konzept von Glasnost und Perestroika. Selbstverständlich bewahrte jeder die erforderliche Höflichkeit, doch auf vielen Gesichtern, auch auf dem Gesicht Honeckers, las man den zunehmenden Ernst und den inneren Widerspruch. Mir wurde dies besonders an einer Stelle bewußt.

Gegen Ende seiner Ansprache führte Gorbatschow ein literarisches Zitat an, das umso überraschender war, da es keiner kannte, obwohl es doch eigentlich ein historisches Beispiel für deutschrussische Politik der Vergangenheit beschwor. Gorbatschow sagte:

»Im vorigen Jahrhundert hat an der russischen Gesandtschaft in Bayern viele Jahre hindurch ein bekannter Dichter, Fjodor Tjutschew, gearbeitet. Das Programm Bismarcks kennzeichnete er in folgender Weise:

Zur Einheit – wie der Große prophezeite,
wird man mit Eisen nur und Blut gelangen.
Doch wir versuchen es mit Liebe –
wer recht hat, wird die Zukunft dann entscheiden.

Unter Liebe verstehen wir heute: Übereinstimmung, Zusammenarbeit, Zusammenwirken, menschliche Kommunikation.«

Das war, nur mit anderen Worten, der gleiche Gedanke, den er schon in seiner Rede vor der UNO-Vollversammlung ausgesprochen hatte, daß es gar nicht mehr um Kapitalismus oder Sozialismus ginge, sondern um die allgemeine Menschlichkeit. Bedenklich war nicht nur in dieser sehr ernsten Situation, da sich die Attacken der Bundesrepublik gegen die DDR ungeheuer verschärft hatten und jede Stunde neue Konfrontationen brachte, als Hauptmittel

zur Selbstbehauptung in den Stürmen der Zeit die klassenübergrei-
fende Liebe zu preisen – noch bedenklicher war es, daß niemand
übersehen und überhören konnte, daß der Beifall der Anwesenden
im Palast der Republik nicht nur freundlich, sondern sehr stark und
zustimmend war. Noch konnte und wollte ich nicht glauben, was
andere Freunde bereits aussprachen, daß die Sowjetunion die DDR
preisgeben, fallenlassen könnte, zumal von Gorbatschow auch an
diesem Tag noch Gedanken zu hören waren, die er mir vor Jahren
in Moskau gesagte hatte – daß man nicht zulassen dürfe, daß die
DDR geschwächt oder angeschlagen würde, da sonst das ganze sozialistische Lager in Gefahr geriete. Nein, ich konnte und wollte
nicht glauben, daß der erste Mann unserer Staatengemeinschaft
auch nur an eine Preisgabe des Sozialismus als Ganzes denken könnte. Doch seit dieser Rede konnte mich auch die schlechteste
Wendung der Entwicklungen nicht mehr völlig überraschen.

Nach der Festveranstaltung trat das Präsidium hinaus auf den
Platz vor dem Palast – Honecker und Gorbatschow an der Spitze –
und begab sich zu den Tribünen für den angekündigten Fackelzug
der FDJ. Er fand an der gleichen Stelle statt, wo vor vierzig Jahren,
im Oktober 1949, ein gleicher Fackelzug der Jugend die Gründung
der DDR begrüßt hatte. Man sollte solche Erinnerungen nicht unterschätzen und als sentimental abtun – Honecker hatte 1949 diesen Fackelzug organisiert und geleitet, es war dies ein besonderer
Höhepunkt in seiner Biografie, und ich empfand es ebenso. Und
jetzt sah ich, wie sich sein Gesicht förmlich versteinerte, auch wenn
er selbstverständlich, wie von ihm erwartet, den jungen Leuten
zurückwinkte und ihnen ermunternde Worte zurief. Es traf ihn
schwer, daß die Aufmerksamkeit und die geradezu jubelnde Zustimmung der jungen Leute in dieser Stunde nicht ihm, sondern
dem Mann an seiner Seite galt – und daß das bestimmende
Element dieser Demonstration nicht so sehr die flackernden
Fackeln, sondern die sich ständig steigernden »Gorbi! Gorbi!«-
Rufe waren. Möglicherweise glaubte Honecker, daß Krenz – vor
wenigen Jahren noch 1. Sekretär der FDJ – diesen Fackelzug als
ein Bekenntnis zur Politik Gorbatschows und Affront gegen
Honecker organisiert hatte.

In der gleichen Zeit, in der dieser Fackelzug über die Straße
Unter den Linden zog und Gorbatschow zuwinkte, trafen sich in
einer Berliner Kirche etwa 2.500 Personen und nahmen eine ge-
meiname Erklärung regimekritischer Gruppen an.

Vielleicht hätte dieser Abend, hätte dieser Fackelzug der späteste Zeitpunkt sein müssen, die ganze unmittelbar bevorstehende Gefahr für die DDR voll zu erkennen und sofort wirkende Maßnahmen in Gang zu setzen, um sie abzuwehren. Vor vierzig Jahren war es auch ein Fackelzug zu Ehren der Republik, der deutlich machte, wieviel Hoffnung es gab – die Sowjetregierung begrüßte damals das Ereignis mit jenem Telegramm, in dem die Republiksgründung als ein Wendepunkt in der Geschichte Europas bezeichnet wurde. Jetzt war eine andere Wende greifbar nahe geworden, eine krasse Wende zurück – und wieder war Hoffnung spürbar – Hoffnung, die sich in den Gorbi-Rufen äußerte, eine Hoffnung, die trog. Ein ernstes Nachdenken über Ursachen und Gründe der Gefahr, auch schärfste Selbstkritik waren jetzt vonnöten. Doch der erste Mann der Republik glaubte an nicht mehr als an ein Intrigenspiel.

Am Vormittag des 7. Oktober verlief der Vorbeimarsch der Ehrenformationen reibungslos und eindrucksvoll wie immer – es war die letzte große Parade der Nationalen Volksarmee überhaupt. Danach kam es noch zu einem Treffen der Parteiführung mit Michail Gorbatschow in Berlin-Niederschönhausen und zu einer Pressekonferenz des sowjetischen Gastes. Sein Satz – ich habe ihn selber nicht gehört – »Wer zu spät kommt, den bestraft das Leben« konnte in dieser Situation von oppositionellen Kräften nur als ein Appell, als ein Aufbruchssignal verstanden werden. Der Abend des Feiertages – parallel zum großen Galaempfang im Palast der Republik und zu den vielen Volksfesten auf Straßen und Plätzen – wurde schon mitbestimmt von einer Reihe ernster Zusammenstöße der Polizei mit oppositionellen Gruppen, die in deutlichem Zusammenspiel mit westlichen Medienvertretern auftraten.

Der 7. Oktober fiel in diesem Jahr auf einen Sonnabend. Der Sonntag war angefüllt von Treffen mit vielen ausländischen Gästen und den ersten Verabschiedungen der Delegationen, die eilig nach Hause wollten. Schon der Montag der nun beginnenden Woche zeigte, daß die Durchführung der Feierlichkeiten – weder die verschiedenen Zeremonien, noch die Volksfeste, noch die überaus zahlreiche Beteiligung ausländischer Gäste aus Ost wie West – nichts an der Lage im Lande entschärft hatte, eher im Gegenteil. Hinzugekommen war die Diskussion über die bekanntgewordenen Zusammenstöße zwischen demonstrierenden Oppositionellen und der Polizei am 6. und 7. Oktober.

In Leipzig kam es wiederum an diesem 9. Oktober zu einer Montagsdemonstration, und es kündigten sich ernsthafte Zusammenstöße mit der Staatsmacht an, die nur durch das persönliche Engagement führender Genossen der Bezirksleitung gemeinsam mit Geistlichen, Wissenschaftlern und Künstlern verhindert werden konnten.

Und noch etwas geschah an diesem 9. Oktober, das inzwischen in Vergessenheit geraten ist. Erstmals meldete sich – übrigens an jeder Kontrolle durch Joachim Herrmann vorbei – ein führendes Mitglied unserer Partei, ein Mitglied des ZK, zu Wort. Der Präsident des Schriftstellerverbandes Hermann Kant beschäftigte sich in der Zeitung der Freien Deutschen Jugend *Junge Welt* sehr kritisch mit den gerade zurückliegenden Feierlichkeiten und forderte für Gegenwart und Zukunft einen anderen politischen Stil – «kritisch und selbstkritisch, offen, nicht wehleidig, unter Verzicht auf Pomp und Gepränge und diese elende Selbstgefälligkeit».

Das war neu – sicher sprach er großen Teilen der Partei aus dem Herzen.

Am 10. und 11. Oktober fand dann erstmals nach einer vorher vereinbarten Tagesordnung sowohl im Politbüro wie im Sekretariat eine Diskussion über die herangereiften Probleme statt. Im Ergebnis dieser Diskussion, die natürlich noch keineswegs allumfassend und bestimmt nicht gründlich genug war und auch noch nicht einmal ansatzweise die inneren Widersprüche in beiden Gremien zutage brachte, kam es am folgenden 13. Oktober zu zwei wichtigen politischen Schritten der Führung.

Erich Honecker unterschrieb angesichts der Ereignisse der letzten Wochen, vor allem angesichts der mühsam abgewendeten Gefahr gewalttätiger Auseinandersetzungen in Leipzig, in seiner Eigenschaft als Vorsitzender des Nationalen Verteidigungsrates einen Befehl, den Egon Krenz und Fritz Streletz vorbereitet und als dringend gefordert hatten. Er verbot generell bei allen Kundgebungen und Demonstrationen den Einsatz von Schußwaffen. Diese Entscheidung war auch die Grundlage aller späteren Einzelentscheidungen, durch die bewaffnete Zusammenstöße an der hochsensiblen Trennlinie von Kapitalismus und Sozialismus verhindert wurden.

Am selben 13. Oktober wurden die Einladungen zur nächsten ZK-Tagung den gewählten Mitgliedern und Kandidaten zugestellt. Das Plenum war vom 15. bis zum 17. November geplant.

Für die Tagesordnung waren zwei Punkte vorgeschlagen: »Die Aufgaben der Partei in Vorbereitung auf den XII. Parteitag« und » Thesen zur Gesellschaftsstrategie«. Mit der Ausarbeitung dieser Thesen waren führende Gesellschaftswissenschaftler beauftragt worden.

Die Einladung hatte nur wenige Tage Bestand. Schon am 17. Oktober erging eine neue Einladung, auch sie war noch von Erich Honecker unterschrieben. Sie sagte lakonisch: »Auf Beschluß des Politbüros findet die 9. Tagung des Zentralkomitees am 18. Oktober, 14 Uhr, im Hause des ZK statt. Tagesordnung: Zur politischen Lage«.

Die erste Einladung hatte ich noch vor meinem Abflug in die Karibik erhalten. Die zweite bekam ich in die Hand gedrückt, als ich zurückkam. Das will erklärt sein.

Während des Empfangs am Abend des Staatsfeiertages sprach mich ein sehr lieber und wichtiger Gast an: Daniel Ortega, der Staatschef des befreundeten Nikaragua. Er wußte, daß ich einige Tage später zu einem Besuch Kubas nach Havanna fliegen sollte – der Besuch war lange schon vorgesehen und mit einem interessanten Programm und wichtigen zu treffenden Vereinbarungen genau festgelegt. Ortega hielt mir – halb lachend, halb ernsthaft – vor, daß ich noch nie in Nikaragua war, und lud mich ein, einige Tage eher zu fliegen und bei ihm vorbeizukommen.

Das wollte ich zunächst nur als einen Scherz werten, doch er wiederholte es mehrmals. Ich mußte es, sobald der Trubel des Feiertages vorbei war, Erich Honecker mitteilen, im festen Bewußtsein, daß er einen solchen nicht vorgesehenen Abstecher ablehnen mußte. Doch zu meiner großen Überraschung sagte er nach kurzer Überlegung: »Gut, wenn du ohnehin in der Karibik bist, kannst du die wenigen Tage zugeben – es kann unserem Ansehen in der Region nur nützlich sein.«

Ich glaubte meinen Ohren nicht zu trauen – fühlte Honecker sich so sicher, glaubte er in der kommenden Entscheidungszeit auch allein stark genug zu sein, krank wie er doch war? Ich wandte mich an Egon Krenz – doch auch dieser riet mir zu: »Fahre, wir dürfen jetzt keine Gelegenheit verpassen, unsere Freundschaften zu festigen.« Sollte er nicht alle Informationen aus der Republik kennen?

Ich sprach mit dem Minister für Staatssicherheit, Erich Mielke – er wußte alles, wußte sogar schon von Ortegas Einladung und ermunterte mich geradezu, sie anzunehmen: »Aber natürlich, du kannst nicht absagen.«

Eine letzte Möglichkeit sah ich noch in einem Gespräch mit Willi Stoph – schließlich war ich Minister und er der Vorsitzende des Ministerrates. Doch auch er nickte nur und meinte: »Guten Flug – und schöne Tage in Managua.«

Der Beschluß war inzwischen schon gefaßt, also flog ich. Kurz zuvor war noch eine Erklärung des Politbüros mit einem Aufruf zum Parteitag veröffentlicht worden, alles schien seinen Gang zu nehmen. Dennoch war ich noch nie so unzufrieden mit einer so weiten Reise. Es gab in Managua gute, freundschaftliche Treffen mit Ortega und anderen Freunden und am zweiten Tag des Aufenthaltes einen rasch organisierten Besuch bei einer Einheit der Sandinistischen Armee. Bei meiner Rückkehr kam unser Botschafter mit ernstem Gesicht zu mir. Es war ein dringendes Telegramm aus Berlin eingetroffen, fast hatte ich es erwartet. Der Text war kurz: »Komme sofort zurück, es sind wichtige Entscheidungen zu treffen.«

Ich flog über Havanna – nicht nur weil es der Flugplan erforderte, auch um ein Minimum an Höflichkeit zu wahren und den kubanischen Freunden zu sagen, wie eng unsere Verbundenheit ist und bleibt. Ich wußte, sie waren von der Veränderung meines Reiseplanes bereits unterrichtet. Dennoch war meine Überraschung groß: Als ich in Havanna eintraf, stand an der Gangway nicht nur mein direkter Partner, der Verteidigungsminister Raoul Castro, der mich eingeladen hatte, sondern – entgegen den Regeln des Protokolls – der Partei- und Staatschef selbst, Fidel Castro. Er bedauerte sehr, daß ich gleich weiterfliegen mußte, und fragte, ob ich nicht wenigstens noch eine Stunde warten könne, um ein Gespräch mit ihm zu führen. Wir gingen in einen vorbereiteten Raum im Flughafengbäude.

Castro wollte wissen, was bei uns zu Hause vorginge und was von den alarmierenden Meldungen zu halten sei, die alle Agenturen brachten. Ich informierte ihn, so gut ich es konnte, und teilte ihm auch meine eigene ernste Besorgnis mit. Nie vergesse ich seine Worte und den tiefen Ernst, mit dem er sie aussprach: »Was immer Ihr auch tun werdet, was immer Ihr auch tun müßt – vergeßt eines nicht: Wer auch nur ein wenig, nur ein Stück der Macht aus der Hand gibt, ist im internationalen Klassenkampf verloren. Und es ist Klassenkampf.«

Ich stimmte ihm zu und versuchte natürlich, ihn zu beruhigen. Ich verwies darauf, daß wir ja langjährige Erfahrungen im Kampf um die Behauptung und Nutzung der Macht besaßen – und ich erläuterte ihm Honeckers Pläne für den bevorstehenden Parteitag, im gerade veröffentlichten Aufruf dargelegt. Dabei war ich doch voller Besorgnis, auch um unsere Freunde in Nicaragua und Kuba – jede Schwächung der sozialistischen Staatengemeinschaft mußte auch für sie die ernstesten Folgen haben.

Dann flog ich zurück. Als ich am 17. Oktober in Berlin landete, war wie üblich eine Reihe von Offizieren des Ministeriums erschienen. Kaum betrat ich den Boden des Flugplatzes, bat mich mein Stellvertreter Fritz Streletz, einige Schritte abseits zu gehen, er müsse mich gleich informieren, und sagte: Am Vormittag habe das Politbüro einen Beschluß gefaßt, darin werde Erich Honecker aufgefordert, alle seine Funktionen aufzugeben und dem sofort einberufenen Zentralkomitee seinen Rücktritt zu erklären. Dann drückte mir Streletz die Einladung in die Hand.

Ich fragte mich, ob Honecker wirklich freiwillig zum Rücktritt entschlossen war. Ich wußte zwar, er hatte es mir mehr als einmal gesagt, daß er seine Ämter nur noch bis zum Frühjahr, nur noch bis zum Parteitag ausüben wollte, vielleicht hoffte er, als Ehrenvorsitzender sogar noch gewissen Einfluß haben zu können. Daß er aber bereits jetzt zurückgetreten war, mußte einen anderen Grund haben.

In diesen Tagen gab es keine Gelegenheit mehr, mit Honecker selbst zu sprechen. Ich wandte mich also an Inge Lange, die Leiterin der Frauenkommission und Kandidatin des Politbüros, mit der ich seit den gemeinsamen Zeiten in der FDJ ein besonders gutes Verhältnis hatte. Sie berichtete mir vom Ablauf der dem ZK-Plenum vorausgehenden Ereignisse. Ich kann mich also nur an ihre Schilderung halten, die inzwischen jedoch in den Grundzügen auch von anderen bestätigt wurde.

Am 17. Oktober vormittags – es war ein Dienstag – trat um zehn Uhr wie in jeder Woche das Politbüro zusammen. Als Honecker den Raum betrat und die Versammelten wie gewöhnlich begrüßte, meldete sich zu allgemeiner Überraschung sofort Willi Stoph zu Wort. Er hatte ein vorbereitetes Papier zur Hand und erklärte ohne Umschweife, daß eine Reihe von Mitgliedern sich darauf verständigt habe vorzuschlagen, die Abberufung Erich Honeckers von seinen Funktionen als einen Antrag des Politbüros zu beschließen und ihn dem Plenum des Zentralkomitees vorzulegen, das man unverzüglich einberufen müsse. Stoph begründete diesen Schritt mit der außerordentlich schweren Lage in der Republik, die ja auch mit der bisherigen Amtsführung des Generalsekretärs zusammenhing, nannte jedoch keine einzelnen konkreten Fehler Honeckers, auf die die Genossen sich im besonderen stützten. Er erwähnte dann noch bestärkend den schwer angeschlagenen Gesundheitszustand Honeckers, der ihm eine Veränderung des Arbeitsstils und den Übergang zu neuen Wegen erschweren müsse.

Honecker – so sagte mir Inge Lange – war völlig unvorbereitet und hörte den Antrag mit steinerner Miene an. Der Reihe nach sprachen Siegfried Lorenz, Egon Krenz, Günter Schabowski, Harry Tisch, mit besonderer Schärfe und Aggessivität auch Erich Mielke und Werner Krolikowski. Dann ergriff – und Inge empfand das als besondere Sensation – Günter Mittag das Wort, der Mann, dem Honecker immer fast blind vertraut, dem er nahezu unbeschränkte Vollmachten auf dem Gebiet der Wirtschaftsführung gewährt hatte. Mittag trug sogar mit besonderer Verve vor, daß die Lage diesen Schritt erzwinge, Honecker solle das einsehen. Diese kurze Rede, die Honecker sicher am wenigsten erwartet hatte, muß ihn besonders getroffen haben. Stoph hatte von »einer Reihe von Mitgliedern des Politbüros« gesprochen – also zählten nicht alle Mitglieder dazu, doch niemand sprach sich in dieser Sitzung gegen den Antrag aus, niemand unterstützte Honecker. Dieser, bleich wie die Wand, zeigte sich einverstanden und verließ den Raum. Danach soll es noch zu einem Gespräch im kleinen Kreis gekommen sein, in dem er bat, entsprechend dem Beschluß des Politbüros den Antrag selbst dem ZK vortragen zu können, ihn als seinen eigenen Entschluß zu begründen und sich anständig von der Parteiarbeit, die sein ganzes Leben bestimmt hatte, zu verabschieden. Ob dies noch mit bestimmten Forderungen an den gestürzten Generalsekretär verbunden war, wußte Inge Lange nicht zu sagen.

So geschah es dann auch. Als am Nachmittag des 18. Oktober das Plenum zusammentrat, erklärte Honecker mit einer kurzen Rede seinen Rücktritt von den Ämtern des Generalsekretärs, des Vorsitzenden des Staatsrates und des Vorsitzenden des Nationalen Verteidigungsrates. Gleichzeitig dankte er allen für die langjährige Zusammenarbeit und wünschte der Partei Erfolg bei den schwierigen Aufgaben. Weiter las er von dem einen Blatt, das seine

Erklärung enthielt, seinen Vorschlag vor, Egon Krenz zu wählen. Das mußte das Ergebnis der Beratung im kleinen Kreis gewesen sein. Inzwischen hat die Einsicht in die Akten sichtbar gemacht, daß der Maschinentext der vorbereiteten Erklärung von Hand an zwei Stellen schriftlich verändert worden ist. Statt wie in Maschinenschrift »dem ZK sollte ein Genosse vorgeschlagen werden, so hieß es nun: »sollte Genosse Egon Krenz vorgeschlagen werden«. Honecker muß wohl überzeugt gewesen sein, daß ein anderer als Krenz, gegen den er voller Widerspruch war, zu dieser Zeit im ZK nicht gewählt werden würde.

Willi Stoph ließ abstimmen – da Honecker selbst seinen Rücktritt erklärt und mit seiner stark angegriffenen Gesundheit begründet hatte, gab es keine Diskussion dazu. Es gab eine Gegenstimme (der Genossin Hanna Wolf), sonst stimmten alle dafür.

Stoph bat um Verständnis dafür, daß Honecker nicht weiter an der Tagung teilnehmen würde und dankte ihm für seine Arbeit in so vielen Jahren. Starker Beifall begleitete Honecker, als er schweigend den Saal verließ. Ich wußte nicht genau, bei wem dieser Beifall Mitgefühl und Bedauern, bei wem Genugtuung und Erleichterung zur Ursache hatte.

Danach wurde Krenz einstimmig gewählt und der Beschluß des Politbüros bestätigt, mit dem Joachim Herrmann und Günter Mittag abgelöst wurden.

Egon Krenz hielt in der Sitzung des Zentralkomitees eine bereits vorbereitete Rede und erklärte darin, die SED habe eine Wende eingeleitet. Die Partei – so Krenz – habe in den vergangenen Monaten die Entwicklung nicht real genug eingeschätzt und nicht rechtzeitig die richtigen Schlußfolgerungen gezogen, das Vertrauensverhältnis mit dem Volk sei dadurch beeinträchtigt. Die entstandenen Probleme, so Krenz, seien jedoch politisch lösbar, die Partei habe dazu die Tür weit geöffnet und sei zu einem ernst gemeinten Dialog bereit. Das Zentralkomitee, unvorbereitet und überrascht, führte ebenfalls keine umfassende Diskussion. Drei Diskussionsredner versuchten in der Aussprache, die kritischen Akzente in der Rede von Krenz zu verstärken und die Probleme wesentlich schärfer herauszustellen – es waren Hans Modrow, Moritz Mebel und Manfred Ewald. Drei andere sprachen sich dagegen aus, solches ohne eine gründliche Analyse zu tun – es waren Kurt Hager, Manfred Banaschak und Hans-Joachim Hoffmann. Dann wurde zur Eile gedrängt und die Tagung um 15.30 Uhr, also nach noch nicht einmal zwei Stunden abgebrochen, damit Egon Krenz rechtzeitig ins Fernsehstudio Adlershof kam, wo er seine Rede öffentlich vortragen sollte.

Nicht nur, daß die vorbereitete, relativ lange Rede der Erklärung von einem freiwilligen Rücktritt Honeckers im Grunde widersprach, es zeigte auch die ungenügende Erfahrung des neuen Generalsekretärs in einer so dramatischen Situation, daß er im Fernsehen wörtlich dieselbe Rede verlas, die er vor dem Zentralkomitee gehalten hatte, und daß er sogar dieselbe Anrede an das Staatsvolk gebrauchte: »Liebe Genossinnen und Genossen!« Er konnte doch jetzt keine Gleichsetzung von Partei und Volk mehr meinen, noch weniger konnte er eine Rede nur für die Mitglieder der Partei über Rundfunk und Fernsehen halten wollen. Ein plausibler und glaubhafter Aufruf zu einem ernstgemeinten und vorurteilsfreien Dialog konnte so nicht vermittelt werden, er wurde so auch nicht mehr verstanden.

Damit ging eine Aera zu Ende, ein neuer, sehr schwerer Zeitabschnitt begann. Die Erkenntnis, daß sich ja eigentlich nur bestätigt hatte, was ich schon Monate lang befürchtet hatte, nutzte jetzt gar nichts, auch nicht, daß meine damaligen Vorschläge im September gescheitert waren, obwohl sie doch so wesentlich weniger radikal gewesen waren. Die Zeit hatte unsere Parteiführung, der ich doch so lange angehörte, aufs ernsteste herausgefordert, sie hat diese Herausforderung nicht rechtzeitig verstanden und dann zu spät, viel zu spät gehandelt – unüberlegt und eigentlich überrumpelt.

Noch während ich das schreibe, denke ich immer wieder neu darüber nach, welche Faktoren diese komplizierten Entwicklungen vor allem bestimmt hatten. Ich behaupte nicht, daß ich damals schon ebenso dachte, doch inzwischen hatten wir Zeit, die damaligen Prozesse immer wieder, und diesmal von ihren Resultaten, von ihrem Fiasko her ernsthaft zu überprüfen: Waren es nur die unausgetragenen Meinungsverschiedenheiten mit der politischen Führung der Sowjetunion in der Aera Gorbatschow? Waren es nur die zunehmenden ökonomischen Probleme der DDR, die wachsenden Schwierigkeiten in der Versorgung und im Export, war es die unausgeglichene Zahlungsbilanz unserer Republik?

Alle diese Faktoren spielten sicher eine wichtige Rolle, aber bestimmt kamen mindestens noch zwei weitere dazu, die schon in der Mitte und zum Ende der 70er Jahre zu wirken begannen und gerade in der jetzt zu beschreibenden Zeit, Ende der 80er Jahre, direkt miteinander verbunden, deutlich zutage traten.

In der Mitte der 70er Jahre hatte eine beachtliche, von uns nicht rechtzeitig vorausgesehene und dann auch lange nicht ernst genommene politisch-kulturelle Differenzierung in der Bevölkerung der DDR eingesetzt, die vorrangig aus einer sich mehr und mehr verändernden Sicht der jüngeren Generation auf die Realitäten des Lebens erwuchs. Es war eine Veränderung der Werteskala und der moralischen Normen, des sozialen Verhaltens und der Lebenserwartungen. Es mag sein, daß ich als langjähriger Jugendfunktionär, erfahren im Umgang mit heranwachsenden Jungen und Mädchen, diese Entwicklung besonders deutlich verspürte, und ich bedaure, daß ich meine Empfindungen damals nicht klarer ausgesprochen habe. Natürlich begegneten wir dieser Veränderung von Jahr zu Jahr spürbarer auch in der Armee, bei den jeweils neuen Jahrgängen der Wehrpflichtigen. Innerhalb unserer Einheiten jedoch zeigte sich ihr Erscheinungsbild vielleicht nicht so stark, nicht so aggressiv wie außerhalb, auch konnten wir sie leichter als im viel unübersichtlicheren Alltag jenseits unserer Unterkünfte beeinflussen. Darum glaubten wir wohl zu lange, daß es sich um vorübergehende Prozesse handelte, die junge Leute immer wieder zu durchleben hatten.

Worum aber ging es? Obwohl in der DDR nach wie vor an dem Satz festgehalten wurde, daß es im Sozialismus prinzipiell keinen »Generationskonflikt« gab, wurde das Gegenteil offenbar. Es wurde sichtbar, daß viele junge Menschen – die bereits in der DDR geboren und aufgewachsen waren, die hier, kaum dem Kindergarten entwachsen, die gesamte Schul-, Hochschul- und Berufsausbildung durchlebt hatten und für die der Sozialismus mit all seinen Vorteilen und Schwierigkeiten, mit seinen sozialen Chancen wie mit den Auswirkungen der »Mauer« nichts Neues, sondern eben das Gewohnte, das Herkömmliche, das »Normale« war – an diese ihre Gesellschaft sehr selbstbewußt andere Ansprüche stellten als ihre Eltern und Großeltern, als die Vorkriegs- und Kriegsgeneration, die ja den Unterschied zur Vorzeit kannten und sich darum auch immer leichter mit dem bisher Erreichten zufrieden gegeben hatten. Die Impulse für das, was manche Ältere, auch viele Parteifunktionäre jetzt als Widerborstigkeit, als Aufsässigkeit betrachteten, wurden in Wirklichkeit von Veränderungen in der Sozialstruktur gefördert, die mit der Entwicklung neuer Technologien auch in der DDR, mit neuen Berufsanforderungen und vor allem mit dem wachsenden Einfluß der elektronischen Massenmedien zusammenhingen. Viele neue Themen beschäftigten jetzt die jungen Leute intensiver als die älteren: die zunehmende Naturzerstörung durch die Industrie; eine bewußter angestrebte umweltgerechte Lebensweise; eine zunehmende Kritik des vordergründigen und von Partei und Regierung aus sehr verständlichen Gründen immer stärker propagierten und geforderten Leistungsgedankens; die zunehmende Ablehnung einer vor allem technisch orientierten Vernunft; ja, auch eine deutlicher motivierte Ablehnung der geforderten Disziplinierung in Beruf und Alltag und – was uns Offiziere natürlich besonders bewegte – eine spürbar werdende Abneigung gegen militärische und paramilitärische Veranstaltungen.

All das zeigte sich nicht nur in den Gesprächen mit und zwischen den jungen Leuten, nicht nur in ihren Vorlieben für eine bestimmte Musik, für immer neue Tänze, für eine besonders auffallende Kleidung und für unkonventionelle Frisuren. Es zeigte sich auch in einer wachsenden Entschlossenheit, nicht immer weiter ungeprüft den von den Älteren vertretenen Idealen zu vertrauen, nicht wie diese den ihnen übermittelten Parolen und Lehrsätzen einfach zu glauben. Und man spürte es auch in der anwachsenden Tendenz, sich gegen gewisse Rechtsunsicherheiten bei der Regelung von Ausreisen zu wenden, einmal um selber reisen zu können, aber auch um bestimmte Undurchsichtigkeiten im Genehmigungswesen nicht einfach hinzunehmen. Diese jungen Menschen waren am Ende der 80er Jahre sicher mit die Hauptträger der Unzufriedenheit. Wie wir inzwischen auch sehen konnten, waren es später, nach der Wende, wiederum viele jüngere Menschen, die sehr bald, und oftmals eher als ihre Eltern, die zeitweilige Euphorie der Vereinigung überwanden und ernüchtert einsahen, daß ihre Hoffnungen wieder enttäuscht worden waren.

Diesem unbestreitbaren Meinungswandel, dem man – früher durchschaut und ernster genommen als es wirklich geschah – vielleicht die Sprengkraft hätte nehmen und ihn auf sinnvolle, nützliche Aufgaben orientieren können, stand jene zweite, von mir erwähnte Tatsache gegenüber, daß Partei und Staat auf die vielen neuen Fragen offenbar noch keine plausiblen Antworten hatten und im letzten Jahrzehnt auch zu wenig Anstrengungen machten, sich von den alten Rezepten zu trennen, daß sie sich statt dessen viel zu lange über die Ernsthaftigkeit neuer Forderungen und Erwartungen hinwegsetzten.

Nun gab es viele und gibt sie auch heute noch, die das mangelnde Verständnis gegenüber diesen gesellschaftlichen Erscheinungen – über die die Jugend-Meinungsforscher ja mehrmals informiert hatten, ohne ausreichend beachtet zu werden – vor allem als das Ergebnis der Fehleinschätzungen und des Fehlverhaltens von Erich Honecker in den letzten Jahren ansahen. Sie sprachen und sprechen von Engherzigkeit und Altersstarrsinn, von Lebensfremdheit und Selbstgerechtigkeit des ersten Mannes in Staat und Partei und führen als Beweis an, daß auf seinen Vorschlag hin und unter seiner aktiven Teilnahme noch im Mai des Krisenjahres 1989 ein« Pfingsttreffen der Jugend« in Berlin mit allen Ritualen, allen Aufmärschen, allen Großkundgebungen der Vergangenheit durchgeführt wurde, die zwar Jahrzehnte lang geübt worden waren, inzwischen aber für viele junge Leute kaum einen Reiz mehr hatten. Ich meine, wer so spricht, macht es sich zu einfach.

Ich kannte Erich Honecker mehr als vierzig Jahre aus der gemeinsamen Arbeit und aus einer guten, zuverlässigen Freundschaft, ich kannte ihn vielleicht besser als viele andere und wußte, daß – auch wenn man selbst sein hohes Alter und seine schwere Krankheit in Rechnung stellte – diese Urteile falsch waren. Gewiß, er hing unbeirrbar an den Prinzipien, denen er sein ganzes Leben gefolgt war; gewiß, er tat sich immer sehr schwer, seine Einsichten und Überzeugungen zu ändern; gewiß, er war nicht so vielseitig, daß er alle Gebiete der Politik, der Staatsführung, der Wirtschaft und Kultur in gleichem Maße überschaute, vielmehr verließ er sich zu oft und zu sehr auf den wirklichen oder vorgeblichen Sachverstand anderer, denen er vertraute und denen er dann auch die Entscheidungen auf bestimmten Gebieten weitgehend überließ. Besonders verhängnisvoll war dies ganz bestimmt in bezug auf den Bereich der Wirtschaftspolitik und auf Günter Mittag. Dennoch war Honecker ein erfahrener und tatkräftiger Politiker. Das Problem war nur – das glaube ich heute zu wissen –, daß er seit der Mitte der 70er Jahre mit zwei seiner stabilsten Grundüberzeugungen angesichts tiefgreifender Veränderungen im gesellschaftlichen Leben, angesichts übermächtiger objektiver Tatsachen in eine zunehmende Bedrängnis gekommen war und keine Möglichkeit sah, sie offen zur Diskussion zu stellen. Ich will wenigstens andeuten, was ich meine.

Erich Honecker war ein fest überzeugter – und in dieser Überzeugung auch nicht zu erschütternder – Freund der Sowjetunion und hielt diese Freundschaft für einen der Grundpfeiler jeder guten Politik. Als er Generalsekretär wurde und die Nachfolge Walter Ulbrichts antrat, war diese enge Beziehung zur Sowjetunion eines der wichtigsten Elemente des von ihm formulierten politischen Kurses. Dies war nicht nur so, weil er von Kindheit an in diesem Geiste erzogen worden war, weil er als junger Mann in der Aufbruchszeit des ersten Fünfjahrplanes der Sowjetunion beim Aufbau des Industriezentrums Magnitogorsk mitgearbeitet hatte, weil er von einer nie schwindenden Hochachtung gegenüber dem Heldentum der Roten Armee im Kampf gegen den Hitlerfaschismus erfüllt war und selber nach langer Haft von sowjetischen Truppen aus dem Zuchthaus Brandenburg-Görden befreit worden war – Honecker hielt die Freundschaft zur sozialistischen Sowjetunion auch deshalb für ein Grundelement unserer Politik, weil sie und ihre politische und ökonomische Macht die Grundgarantie für die Existenz und die Entwicklung der DDR immer war und blieb. Nur von einem bestimmten Zeitpunkt an – eben seit der Mitte der 70er Jahre, als Leonid Breshnew immer mehr unter seiner schweren Krankheit litt, als er im Grunde arbeitsunfähig wurde, aber aus innenpolitischen Gründen nicht durch einen jüngeren, gesünderen Politiker ersetzt wurde, als er nicht mehr durch seine Tätigkeit, sondern allein durch seine Anwesenheit nach außen Kontinuität demonstrierte –, in dieser bedauerlichen Phase der »Stagnation« gingen sowjetische Organe dazu über, offensichtlich an Breshnew vorbei und allein den eigenen Erfordernissen folgend, übernommene und besiegelte Verpflichtungen nicht mehr einzuhalten. Fest vereinbarte Lieferungen an die DDR wurden nicht nur einmal, sondern mehrmals reduziert – es betraf vor allem Erdöl, Erdgas, Roherze, Halbzeuge für unsere metallverarbeitende Industrie, Chemikalien – Lieferungen, die wir in gleicher Menge und unter den gleichen Bedingungen nirgendwo bekommen konnten, zumal der Hauptanteil unseres gesamten Außenhandels mit der Sowjetunion vereinbart war und die von uns übernommenen Verpflichtungen natürlich gewissenhaft verwirklicht werden mußten. Honecker war sogar bereit, gewisse innere ökonomische Schwierigkeiten der Sowjetunion anzuerkennen, doch das enthob ihn doch nicht der Notwendigkeit, im Auge zu haben, was die sowjetischen Restriktionen an ernsten Schwierigkeiten für die DDR zur Folge haben mußten. Ich erlebte, wie sich bei ihm eine gewisse Trotzreaktion entwickelte.

Ohne daß er das je öffentlich artikuliert hätte – schon weil er keine offene Auseinandersetzung mit dem Hauptverbündeten, keine zusätzlichen Probleme im Rat für gegenseitige Wirtschaftshilfe (RGW) wollte – meinte er doch: Wenn unsere Freunde nicht liefern können oder nicht liefern wollen, dann müssen wir uns das Notwendige eben auf dem Weltmarkt beschaffen, wo immer wir es können, selbst zu schlechteren Konditionen, zu höheren Preisen, unter erschwerenden Auflagen durch die noch nicht überall beendete Embargopolitik gegen die DDR. Und bekanntlich begann seit dieser Zeit eine manchmal abenteuerliche Außenhandelspolitik, wo immer es ging, eine verwegene Strategie der Devisenbeschaffung.

Da wurden erforderliche Einkäufe ganz kurzfristig vereinbart, wo sich eine Gelegenheit gerade bot. Da wurden Lieferungen in das Ausland getätigt, die von den Abnehmern oft unter ihrem wirklichen Wert, selbst unterhalb unserer Selbstkosten bezahlt wurden. Da nahmen wir wiederholt hohe Kredite auf, die mit hohen Zinsen zurückgezahlt werden mußten: die jährlichen Zinszahlungen beliefen sich auf etwa 4,5 Milliarden US-Dollar, das entsprach etwa 60 Prozent des gesamten Exporterlöses. Da stiegen die Auslandsschulden beträchtlich an. Es schnürte sich ein immer schwerer werdendes Paket an Belastungen und Verpflichtungen, nicht mehr verkraftbar durch unser kleines Land. Gewiß wäre es geraten gewesen, möglichst zeitig gewisse Veränderungen der Subventionspolitik im Inneren einzuleiten. Im Jahr 1970 hatten die jährlichen Subventionszahlungen rund acht Milliarden Mark betragen, Ende der 80er Jahre waren sie auf 58 Milliarden Mark angestiegen. Diese Summe hätte nur bei einem jährlichen Wachstum der Produktion um sieben Prozent annähernd aufgebracht werden können, doch die Wachstumsrate war auf drei Prozent zurückgegangen. Sicher war das, von heute aus gesehen, ein Fehler – aber am sozialen Gefüge, der Grundlage jeder inneren Stabilität, konnte und wollte Honecker nichts ändern. Als Werner Lamberz kurz vor seinem tragischen Tod solche Maßnahmen in einem Artikel für die theoretische Zeitschrift *Einheit* zur Sprache brachte, wurde er scharf kritisiert. Honecker unterwarf sich lieber den harten Bedingungen des kapitalistischen Weltmarktes, auf dem wir in immer größerem Umfang agieren mußten.

Und das führte zu Komplikationen zwischen der zweiten, von mir angedeuteten Grundüberzeugung des Kommunisten Erich Honecker und der uns aufgezwungenen Realität.

Honecker hatte, als er Generalsekretär wurde, auch den Gedanken der ideologischen Abgrenzung gegenüber der kapitalistischen Bundesrepublik mit besonderer Energie und Deutlichkeit betont. Sehr oft wurde sein Satz zitiert, daß Sozialismus und Kapitalismus unvereinbar seien wie Feuer und Wasser. Doch in zunehmendem Maße waren wir gezwungen, Zugeständnisse zu machen und Zugeständnisse der anderen Seite zu erbitten. Dies entwickelte sich bald mit einer eigenen Dynamik, die kaum noch zu steuern war. Mit der Zunahme der ökonomischen Verbindungen und auch mit den erforderlichen Maßnahmen der Entspannungspolitik wuchsen die Einflüsse einer uns fremden Ideologie, ohne daß man sie unterbinden konnte, wollte man nicht schlimme ökonomische Folgen in Kauf nehmen. Das führte auf der einen Seite zu manchem, früher so nicht gekannten Streit mit der sowjetischen Führung, die in unserer Außenpolitik zuviele Eigenmächtigkeiten vermutete und sogar mögliche Eigenwege der Deutschen befürchtete. Es ist nicht unbemerkt geblieben, daß es schon sehr früh unterschiedliche Standpunkte in der Frage gab, wie man auf die forcierte Raketenstationierung in Mitteleuropa reagieren sollte, und daß sich da die Sowjetunion durchsetzte. Erst sehr viel später konnte Honeckers Konzept des vereinbarten Raketenabbaus (»Das Teufelszeug muß weg!«) seinen Weg nehmen. Es ist sicher auch nicht unbekannt, daß noch im Jahre 1984 eine Reise Honeckers in die Bundesrepublik nach dem massiven Einspruch der Sowjetführung abgesagt wurde und erst 1987 stattfinden konnte, obwohl auch diese Reise von sowjetischem Mißtrauen begleitet war.

Auf der anderen Seite führten diese Zwänge und neuen Gewohnheiten im Umgang mit der uns doch feindlich gegenüberstehenden Welt zu manchen Illusionen, zur Überbetonung des Erreichten und zur Überschätzung des eigenen Gewichts – die Anerkennung der DDR durch fast alle Staaten der Welt, die nicht mehr zu zählenden Staatsbesuche in der DDR und die spektakulären Reisen Erich Honeckers in fast alle großen Staaten, wo er mit allen Ehren empfangen wurde, hoben unsere Akzeptanz, förderten auch manche Überschätzung und manchen Kompromiß, der besser vermieden worden wäre. Sie vermehrten die Verstrickungen und Abhängigkeiten, die für eine trügerische Ruhe bis in das Jahr 1989 hinein sorgten. Daß die Brandtsche Ostpolitik, die später – nur wenig abgewandelt – auch von der Regierung Kohl fortgesetzt wurde, unter dem Motto »Wandel durch Annäherung« stand, wurde bewußt aufgegriffen. Die Gefahr wurde dabei jedoch mitunter übersehen, daß sich der Sozialismus weitgehend wandelte – man denke nur an Glasnost und Perestroika –, der Kapitalismus aber in allen seinen Grundpositionen gleich blieb.

Nun war also Erich Honecker entthront worden. Damit war aber eigentlich keines der objektiven Probleme wirklich entschärft.

»Eine Reihe von Genossen hatten sich verständigt«, so hatte Willi Stoph in der Politbürositzung, die dem 9. ZK-Plenum vorausging, formuliert. Ich ging noch einmal die Namen derer durch, die mir damals geraten hatten, doch unbesorgt nach Nikaragua zu fliegen, sie waren alle dabei. Hätte ich aber überhaupt etwas bewirken können, wenn ich in Berlin geblieben wäre? War die Zeit nicht schon lange vorbei gewesen, noch ungezwungen eigene Entscheidungen zu treffen? Ich weiß es nicht. Es ist wohl so, daß dieses Schlußkapitel nicht erst mit dem Sommer 1989 begann, sondern schon sehr viel früher.

So ernst auch vorher bereits die Lage im Lande eingeschätzt werden mußte, der Rücktritt – oder wie viele ohnehin schon vermuteten – die Amtsenthebung Erich Honeckers von allen seinen Funktionen kam für die meisten Mitglieder der Partei, für die meisten Bürger der Republik, selbst wenn sich manche heute auch anders erinnern wollen, doch unerwartet und war schwer zu deuten.

Viele erinnerten sich noch daran, wie Honecker achtzehn Jahre vorher Walter Ulbricht abgelöst hatte. Manches schien auf den ersten Blick ähnlich zu sein. Der damalige Generationswechsel an der Spitze des Staates und der Partei war mit aktiver Teilnahme der sowjetischen Partei und Regierung und ganz persönlich Leonid Breshnews zustande gekommen. Er hatte einen Hauptgrund ohne Zweifel in ernsten Differenzen beider Parteien zu verschiedenen Fragen der internationalen Politik und der ökonomischen Entwicklung, auch im Hinblick auf das »Neue Ökonomische System« (NÖS) der DDR. War der Wechsel jetzt denn nicht ebenso mit Differenzen zwischen beiden Parteien verbunden? Der Übergang vom 78jährigen Ulbricht auf den 59jährigen Honecker war damals naheliegend gewesen: Honecker war viele Jahre Mitglied des Politbüros, trug über einen langen Zeitraum die Verantwortung für so zentrale Bereiche der Parteiarbeit wie Sicherheit und Verteidigung und wurde immer schon als möglicher Nachfolger des ersten Mannes betrachtet. War es denn jetzt beim Wechsel vom 77jährigen Honecker auf den 52jährigen Krenz, ebenfalls verantwortlich für Sicherheit und Verteidigung, nicht ebenso? Doch damit endeten schon die Parallelen.

Eine Ära war damals zu Ende gegangen, eine neue begann, und es hatte zu Beginn der 70er Jahre eine Welle der Hoffnung gegeben. Der VIII. Parteitag war in der Tat mit einem ausführlichen, in sich schlüssigen und in vielen Punkten neuen Programm vor die Partei und die Bevölkerung getreten, und einige Jahre hatte man das Gefühl, vielleicht sogar die Gewißheit, daß große Veränderungen eingeleitet würden. Und es folgten in den ersten Jahren wirklich eine Reihe von Neuerungen, die diesen Erwartungen entsprachen. Es gab wichtige Entspannungsschritte in Deutschland und Mitteleuropa: das Viermächteabkommen über Berlin, das mit gewissen Verbesserungen im Reise- und Besucherverkehr verbunden war, den Grundlagenvertrag zwischen der DDR und der BRD, der zu einer größeren Normalisierung der Beziehungen führte, die Aufnahme beider deutscher Staaten in die Organisation der Vereinten Nationen. Und es gab Anzeichen, daß auch in der Innenpolitik, in der Wirtschaftsentwicklung und in der Kulturpolitik Veränderungen zum Guten möglich waren: die Formulierung der Hauptaufgabe mit dem Ziel, die Befriedigung der materiellen und geistigen Bedürfnisse der Bevölkerung besser zu sichern, das umfangreiche und aufwendige Wohnungsbauprogramm, ja selbst der oft zitierte Satz, daß es für den, der fest auf dem Boden des Sozialismus stehe, keine Tabus zu geben brauche. All das versprach neue Inhalte und einen neuen Stil der Politik.

Inzwischen waren diese Hoffnungen offensichtlich bei einem Teil der Bevölkerung wieder geschwunden. Unter dem Zwang der bereits geschilderten realen Tatsachen – der Auswirkungen der Weltwirtschaftskrise auch auf die DDR, der Weiterführung des Wettrüstens mit seinen gewaltigen Kosten, unter denen ein kleines Land mehr zu leiden hatte als ein großes, reiches, der Zunahme der politischen Konfrontation und des gleichzeitigen Masseneinflusses einer uns fremden Ideologie über viele Kanäle – waren die guten Ansätze wieder in den Hintergrund getreten. Dagegen waren jedoch Erwartungen und Forderungen weiter sehr rasch in die Höhe geschnellt und prallten immer stärker auf das Unvermögen

– wie manche glaubten –, auch auf die mangelnde Bereitschaft der Führung der DDR zu ernsten Veränderungen. Der letzte, der XI. Parteitag 1986, hatte keine neuen, der Lage angemessenen und weit in die Zukunft weisenden neuen Zielsetzungen erkennen lassen – die Hoffnungen auf den angekündigten XII. Parteitag waren bei vielen gedämpft.

Viele in unserem aufgewühlten Land dachten, nun ist es wieder zu einem Wechsel an der Spitze gekommen, doch man sah zunächst nicht mehr als die Änderung einiger Namen. Es gab nicht mehr die gleiche Hoffnung, die es Anfang der 70er Jahre gegeben hatte. War der Wechsel damals trotz allem auch als ein Zeichen einer eigenen Kraftanstrengung im Interesse eines Neuanfangs, im Dienste eines neuen Konzeptes verstanden worden, so erschien der Wechsel jetzt bei Teilen der Bevölkerung nur als ein Ausdruck von Schwäche, von Orientierungslosigkeit. Und der Nachfolger Honeckers – wer immer das war – mußte schnell und sehr überzeugend beweisen, daß er eine andere, eine realistischere Sicht auf die Lage in Deutschland und Europa hatte und die Kraft besaß, Visionen zu entwerfen und neue Ziele zu stecken. Gelang das nicht und gelang es nicht in kürzester Zeit und auf überzeugende Weise, mußten die schönsten Absichten zerschellen.

Die Zeichen standen bereits auf Sturm.

Die Wochen, die auf den erzwungenen Rücktritt Honeckers folgten – ich meine die Zeit bis zum 9. November, an dem die Grenze geöffnet wurde, waren widersprüchlich und wirr wie die vorangegangenen auch, nur daß sie jetzt ständig zunehmend noch undurchsichtiger wurden. Es wurde immer schwerer durchschaubar, was wirklich wichtig und zukunftsträchtig war, was im Hintergrund, hinter den Kulissen geschah, welche Kräfte auch immer am Werke waren und zusammenwirkten.

Es war seit dem Tag der Republik, seit dem Gorbatschow-Besuch und der Ablösung von Erich Honecker zu fast regelmäßigen Demonstrationen in vielen Städten unter Teilnahme vieler Menschen gekommen – so auch am 21. Oktober mitten im Zentrum von Berlin, in der Karl-Liebknecht-Straße, wo der Parteisekretär der Hauptstadt Günter Schabowski Rede und Antwort stehen mußte. Am gleichen Tag, zur gleichen Zeit gab es aber auch die erste Großkundgebung der Bundesregierung zum brandaktuellen Thema DDR: In Bonn sprach Bundeskanzler Kohl erstmals wieder von der sogenannten »Obhutspflicht« der westdeutschen

Bundesrepublik gegenüber der DDR, was von den Rundfunkhörern und Fernsehzuschauern bei uns teils wie ein Anspruch, teils wie ein Versprechen verstanden werden mußte, vorausgesetzt – so setzte Kohl fort – es würden wirklich »tiefgreifende Veränderungen in der DDR durchgeführt«. Was hieß in dieser Situation »tiefgreifend«?

Wie schon so oft in der Vergangenheit ergab sich wieder einmal die Situation, daß sich Vorgänge auf mehreren Ebenen und keineswegs nur in der gleichen Richtung, sondern meist gegeneinander und sich durchkreuzend vollzogen. Auf der einen Seite wurden die Aktionen in der Republik und in Berlin immer hektischer, auf der anderen Seite zögerten sich wirklich dringende Entscheidungen immer weiter hinaus, obwohl die Menschen im Land auf sie drängten und auch die verantwortlichen Parteifunktionäre immer häufiger von ihnen sprachen.

Endlich traten nämlich die Mitglieder der Parteiführung auf öffentlichen Kundgebungen auf. Den Anfang hatte schon am frühen Morgen des 19. Oktober der neugewählte Generalsekretär Egon Krenz gemacht, als er zu den Arbeitern des Werkes »7. Oktober« ging. Am selben Tag folgten ihm andere Mitglieder des Politbüros und der Regierung, die in großen Betrieben, an Hochschulen, in Kultureinrichtungen und Einwohnerversammlungen die Beschlüsse des Zentralkomitees erklärten – und so ging es jetzt Tag für Tag. Bekanntlich hatte ich – wie andere auch – solche öffentlichen Auftritte schon Anfang September vorgeschlagen, um Zeichen zu setzen und die Initiative nicht anderen zu überlassen, jetzt aber, derart verspätet, mußten sie verständlicherweise als durch Druck von unten erzwungen erscheinen. So konnten sie die notwendige Wirkung kaum noch haben, zumal es eine ausgearbeitete Konzeption der künftigen Entwicklung immer noch nicht gab. Das spürte man auch in vielen anderen Versammlungen dieser Tage, die in den Bezirken, Kreisen und Städten, in den Gewerkschaften wie in den Künstlerverbänden stattfanden. Alle forderten Veränderungen, doch niemand wußte genau, wo und wie zu beginnen.

Für den 24. Oktober war vorgesehen, daß Egon Krenz, vorgeschlagen von der ZK-Tagung, in der Volkskammer auch zum Vorsitzenden des Staatsrates und zum Vorsitzenden des Nationalen Verteidigungsrates gewählt würde. Wie zuvor sollten die drei wichtigsten Ämter der Republik vereinigt bleiben. Am Abend davor jedoch nahmen – nach ungefähren Schätzungen – in Leipzig rund dreihunderttausend Menschen an Demonstrationen teil und riefen Losungen, die genau vorausgedacht, beziehungsweise vorgegeben waren: »Für freie Wahlen!« und »Gegen eine neue Machtkonzentration!« Ähnliche Demonstrationen gab es auch in anderen Städten. Egon Krenz wurde in der Volkskammer zwar mit sechsundzwanzig Gegenstimmen und einigen Stimmenthaltungen gewählt, doch an manchem Ort gab es Demonstrationen aus Protest gegen diese Wahl.

Die nächste Sitzung des Politbüros fand, wie immer turnusgemäß am Dienstag, kurz nach der Wahl von Egon Krenz in der Volkskammer statt. Das Gremium beschloß, daß die 10. Plenartagung des Zentralkomitees in fünfzehn Tagen, vom 8. bis 10. November, zusammentreten sollte. Sie sollte die weiteren Schritte zum XII. Parteitag, die weiteren Maßnahmen zum Beginn grundlegender Reformen diskutieren und entscheiden. Des weiteren beauftragte das Politbüro den Innenminister, den Entwurf eines neuen Reisegesetzes auszuarbeiten, nach dem die Antragstellung und Bewilligung wesentlich erweitert werden sollten. Obwohl noch keine Einzelheit dieses vorgesehenen Gesetzentwurfes fixiert und auf ihre Konsequenzen hin überprüft worden war, sprach sich das Politbüro dafür aus, daß es im Prinzip allen DDR-Bürgern ermöglicht werden sollte, ungehindert zu reisen. Was einer Beruhigung der im Lande herrschenden Erregung dienen sollte, verstärkte jedoch durch die weiter bestehende Unklarheit über die Modalitäten des Reisegesetzes den Druck nur weiter.

Am 26. Oktober kamen in Dresden etwa 100.000 Menschen zusammen, um sich vom Bezirkssekretär Hans Modrow und vom Dresdener Oberbürgermeister Wolfgang Berghofer über den Verlauf der Stadtverordnetenversammlung unterrichten zu lassen. Dabei gebrauchte Hans Modrow die Worte, daß das jetzt Begonnene »einen revolutionären Wandel auslösen« werde. Hatte sich unser Begriff »Revolution« schon so sehr gewandelt? Zu eben dieser Zeit führte Egon Krenz ein mehr als zwanzigminütiges Telefongespräch mit Bundeskanzler Kohl über die selbstverständliche und zielstrebige (!) Fortführung der Zusammenarbeit zwischen den beiden deutschen Staaten.

Die Widersprüchlichkeit der verschiedenen Handlungsstränge wurde immer größer, man glaubte bald, daß auf einer gemeinsamen Bühne gleich mehrere Stücke gespielt wurden, und niemand durchschaute, wieviele Regisseure am Werk waren. Daneben gab es natürlich auch Maßnahmen, die lange vorbereitet oder sogar schon in Gang waren und nur fortgesetzt wurden – das Leben der Republik folgte ja auch weiterhin einem bereits vorgegebenen Rhythmus. Unter den veränderten Bedingungen war es verständlich, daß auch die schon lange auf den Weg gebrachten Entscheidungen jetzt ein verändertes Gewicht erhielten.

Um allein in meinem Arbeitsbereich zu bleiben: Wir setzten am 24. Oktober die Auflösung von sechs Panzerregimentern fort und schlossen damit eine Aktion ab, die schon im Frühjahr 1989 im Rahmen unserer Abrüstungsverpflichtungen eingeleitet worden war. Wir hatten uns entschieden, die NVA um 50.000 Mann zu reduzieren. Am 25. Oktober folgte die Auflösung des Jagdfliegergeschwaders in Drewitz. Was zu jeder anderen Zeit als eine positive Maßnahme, als eine beispielgebende Vorleistung der DDR verstanden worden wäre, konnte jetzt leicht als eine Auflösungserscheinung mißdeutet werden. Am gleichen Tag begann wie in anderen Ministerien auch im Ministerium für Nationale Verteidigung eine Parteiaktivtagung zur Beratung der neuen Lage und der neuen Aufgaben. Natürlich ergriff auch ich das Wort und sprach aus, wovon ich zu diesem Zeitpunkt noch fest überzeugt war, daß – was immer auch geschehen möge – der Sozialismus nicht wegreformiert werden könne und die DDR als selbständiger Staat erhalten bliebe. Die meisten stimmten zu, doch alle wollten Konkretes von den geplanten Maßnahmen wissen. Die Diskussion wurde sehr heftig und kritisch, die Versammlung konnte nicht am selben Tag beendet werden und ging mit der Festlegung auseinander, sie acht Tage später fortzusetzen. Am 30. Oktober – auch das gehörte zu den lange voraus festgelegten Terminen – wurden die Absolventen der Militärakademie »Friedrich Engels« verabschiedet – die Rede hielt Egon Krenz, jetzt als Vorsitzender des Nationalen Verteidigungsrates. Natürlich ging er auf die Ereignisse dieser Tage ein und sagte, daß jetzt viele Selbstbewußte mit dem Ruf »Wir sind das Volk!« auf die Straße gingen. Dann fuhr er fort: »Aber das Volk sind wir alle – alle, die Verantwortung tragen, daß an der Trennlinie zwischen Sozialismus und Kapitalismus in jeder Minute Normalität herrsche.« Welche Normalität war gemeint?

Es war dringend nötig, daß das ZK-Plenum bald zusammentrat und – zumindest für die Partei und die vielen ernsthaft besorgten Bürger eine klare Orientierung gab. Die Tage bis zur ZK-

Tagung – es blieben immer noch acht – waren Stationen eines raschen Sturzes in ein kaum noch zu durchschauendes Geschehen.

Als das Plenum dann zusammentrat, lag wiederum eine Anzahl schriftlicher Informationen an die ZK-Mitglieder vor, wie es immer üblich war – diesmal jedoch waren es nicht mehr Protokolle aus der Amtsperiode Honeckers, sondern schon aus der des neuen Generalsekretärs. In dem Bündel bedruckten Papiers gab es den Bericht vom Treffen mit dem Vorsitzenden der Konferenz der Evangelischen Kirchen, Bischof Leich (19. Oktober), von einem langen Telefongespräch mit Helmut Kohl (26. Oktober), vom Treffen mit Michail Gorbatschow in Moskau (1. November) und mit den polnischen Spitzenpolitikern in Warschau (2. Oktober). Außerdem war eine ausführliche Zusammenfassung und Analyse der Eingabenstelle beim Politbüro beigelegt, in dem die inzwischen aus der ganzen Republik eingegangenen Forderungen von Parteimitgliedern wie aus allen Teilen der Bevölkerung dargestellt wurden. Die Forderungen und Vorschläge umfaßten nahezu alle Bereiche des Lebens der Gesellschaft. Sie betrafen ein notwendiges neues Programm und Statut der SED, eine Wirtschaftsreform, einen Subventionsabbau, Verringerung des Verwaltungsapparates, die Veränderung der Informations- und Medienpolitik und natürlich die Erweiterung der Reisemöglichkeiten für alle DDR-Bürger. Daraus war ablesbar, welcher Entscheidungsdruck auf der bevorstehenden Tagung lastete. Doch inzwischen waren weitere Ereignisse eingetreten, so daß es dem ZK schwerfiel, die vorgelegten schriftlichen Materialien überhaupt so gründlich zu erörtern, wie sie es verdient hätten. Welche Ereignisse waren meiner Meinung nach die wichtigsten?

Am 1. November traf sich Egon Krenz in Moskau mit Michail Gorbatschow – es war die erste Begegnung seit der Wahl von Krenz zum Generalsekretär. Nachdem er Gorbatschow die politische und wirtschaftliche Lage der DDR ausführlich und mit aller Offenheit erläutert hatte, bat er Gorbatschow, ebenfalls mit aller Offenheit und Gründlichkeit darzulegen, »welchen Platz die Sowjetunion der Bundesrepublik Deutschland und der Deutschen Demokratischen Republik im gesamteuropäischen Haus einräumte« – dies waren ja vom sowjetischen Generalsekretär wie vom Bonner Kanzler besonders gern gebrauchte Worte. Die DDR – so fügte Krenz hinzu – sei ein Kind der Sowjetunion, diese müsse ihre »Vaterschaft« anerkennen. Es war im erwähnten schriftlichen

Bericht nachzulesen, daß Gorbatschow seinen Gast zu beruhigen versuchte, in dem er seine Meinung formulierte und hinzufügte, er teile sie mit Mitterrand, Thatcher, Andreotti und anderen Politikern, mit denen er konferiert hatte. Er sagte, daß »die Frage der Einheit Deutschlands äußerst explosiv sei« und nicht zur Diskussion stünde. Daraufhin war es Krenz, der die nächsten notwendigen Schritte der Entwicklung der Beziehungen zur Bundesrepublik fixierte: Auf jeden Fall in dieser Situation keinen Schußwaffengebrauch an der Grenze zuzulassen, bis spätestens Weihnachten ein neues Reisegesetz zu verabschieden, die akute Valutaknappheit auch in bezug auf die Reisemöglichkeiten offen darzulegen. Von einer Grenzöffnung fiel kein einziges Wort, keiner der beiden Gesprächspartner hielt dies für notwendig.

Je länger ich über dieses Gesprächsprotokoll nachgedacht habe, um so mehr verstärkte sich mein damals eher unterschwelliges Gefühl zu einer immer festeren Gewißheit: Auch in diesem Gespräch wurden wir enttäuscht, auch in diesem Gespräch letzten Endes getäuscht.

Am 2. November gab eine Reihe von DDR-Politikern, die eine gesellschaftlich besonders wichtige Funktion innehatten, ihre Ämter auf, was weit über ihren Arbeitsbereich hinaus Signalwirkung haben mußte: Die Ministerin für Volksbildung, Margot Honecker, trat zurück. Es gab kaum eine Familie in der DDR, die nicht direkt oder indirekt mit der Schule, mit dem einheitlichen Bildungssystem der DDR verbunden war und darum gerade diese Entscheidung lebhaft und kontrovers diskutierte. Der Vorsitzende des Freien Deutschen Gewerkschaftsbundes Harry Tisch trat zurück. Mit mehr als sieben Millionen Mitgliedern war der FDGB die stärkste Massenorganisation überhaupt, existierte in allen Betrieben und Einrichtungen und hatte einen viel größeren Einfluß auf alle sozialen Belange, auf Arbeit und Urlaub, das Gesundheitswesen und die Kultureinrichtungen in Stadt und Land als alle staatlichen Stellen. Tischs Rücktritt mußte sehr viele – so oder so – bewegen. Ebenso traten die Vorsitzenden von zwei Blockparteien zurück – Gerald Götting (CDU) und Heinrich Homann (NDPD) – die Blockpolitik, bekanntlich ein Pfeiler der DDR-Entwicklung von Anfang an, zeigte Risse.

Am 3. November hielt es Egon Krenz angesichts der sich immer schneller und bedrohlicher verschlechternden Stimmung in der Republik für notwendig, eine weitere Rundfunk- und Fernsehansprache zu halten und dabei zwei Dinge in den Mittelpunkt zu stellen. Zum ersten sprach er davon, daß das Politbüro die Grundzüge des Aktionsprogramms zur »Erneuerung in Politik, Wirtschaft und Gesellschaft« verabschiedet habe, und nannte – ohne daß er alle Elemente in ihrem Zusammenhang erläutern konnte – einige Vorschläge, von denen er glaubte, daß sie in besonderem Maße erwartet würden, so die Errichtung eines Verfassungsgerichtshofes und eines Verwaltungsgerichtes, die Einführung eines zivilen Wehrersatzdienstes und pauschal grundsätzliche Reformen der Wirtschafts- und Bildungspolitik. Zum zweiten teilte er mit, daß einige weitere Politbüromitglieder darum ersucht hätten, sie von ihren Funktionen zu entbinden, um jüngeren Kräften Platz zu machen. Schließlich appellierte er an die Bevölkerung: »Vertrauen Sie unserer Politik der Erneuerung!«

Am 4. November demonstrierten Hunderttausende – manche sprechen von einer Million – in Berlin am Palast der Republik vorbei über den Marx-Engels-Platz zum Alexanderplatz. Es war eine der größten Kundgebungen, die Berlin jemals sah – und sicherlich hatten manche für Ruhe und Sicherheit in der Hauptstadt verantwortlichen Organe auch Befürchtungen vor der Riesenzahl der Menschen, vor der Vielfalt der hier vertretenen Organisationen und Gruppen, vor dem Zusammenprall der schon weit auseinander klaffenden Meinungen und Forderungen, zumal die Kundgebung von unserem Rundfunk und Fernsehen direkt übertragen wurde. Doch im Rückblick betrachtet will mir scheinen, daß das Hauptelement dieser Kundgebung immer noch in der Forderung nach grundlegenden Veränderungen und einer weitgehenden Erneuerung bestand, aber dabei vom weiteren Erhalt der Republik, von einer besseren DDR ausgegangen wurde. Die Kundgebung war von den Künstlerverbänden, den Organisationen der Kultur- und Kunstschaffenden initiiert worden, deren prominenteste Vertreter in den ersten Reihen gingen. Die Organisatoren sorgten auch in Übereinstimmung und Partnerschaft mit der Volkspolizei für einen friedlichen Ablauf der Veranstaltung. So waren 600 Künstler als Ordnungskräfte eingesetzt und trugen grün-gelbe Schärpen mit der Aufschrift »Keine Gewalt!« – eine Forderung, die auch beachtet wurde. Außerdem nahm mit Gewißheit ein großer Teil der Berliner Parteiorganisation und der Freien Deutschen Jugend an dieser Kundgebung teil. In der Liste der eingeladenen bzw. aufgeforderten Redner, die vierunddreißig Namen enthielt, gab es neben zahlreichen Vertretern der neuen oppositionellen Gruppierungen und der Kirchen, neben Künstlern wie Christa Wolf, Stefan Heym, Christoph Hein, Heiner Müller, Steffi Spira und Käthe Reichel auch die von Markus Wolf, vom Mitglied des Politbüros Günter Schabowski und vom LDPD-Vorsitzenden Manfred Gerlach. Die Reaktionen – wie konnte es anders sein – waren unterschiedlich. Sie reichten von Zustimmung bis zu wütenden Pfeifkonzerten. Doch die Ernsthaftigkeit des Bestrebens der Mehrheit war erkennbar, man spürte, daß sie an einer besseren DDR interessiert waren – und daß die latente Bereitschaft, aus Enttäuschung andere Forderungen zu stellen, noch nicht übermächtig geworden war.

Am 5. November, im Rahmen einer Diskussionsveranstaltung in Leipzig, wurde vom Kulturminister Hans-Joachim Hoffmann, einem Leipziger, erstmals der Vorschlag öffentlich ausgesprochen, das ganze Politbüro möge zurücktreten, »um Krenz eine Chance freien Handelns zu geben«, außerdem sei eine neue Regierung vonnöten.

Am 6. November wurde der Entwurf für ein neues Reisegesetz in der Presse veröffentlicht und zur Diskussion gestellt. Jeder DDR-Bürger sollte das Recht erhalten, für maximal 30 Tage im Jahr ins Ausland zu reisen und dazu einen Reisepaß zu erwerben. Dienst- wie Privatreisen sollten innerhalb von dreißig Tagen genehmigt werden, in besonders dringenden Fällen innerhalb von drei Tagen. Entscheidungen über ständige Ausreisen sollten spätestens nach sechs Monaten erfolgen. Es hätte – sowohl was den Text als die genannten Zeiträume anbetraf – kaum ein fragwürdigeres Zeichen gesetzt werden können, denn der kompliziert und unübersichtlich, bürokratisch formulierte Entwurf enthielt alles andere als das, was erwartet wurde.

Am 7. November trat die DDR-Regierung unter Willi Stoph geschlossen zurück und ließ durch den neuen Regierungssprecher Wolfgang Meyer erklären, sie werde bis zur Wahl einer neuen Regierung im Amt bleiben.

Endlich, am 8. November, wurde die 10. Tagung des Zentralkomitees, die für drei Tage vorgesehen war, eröffnet. Es war die erste Tagung ohne Honecker. Sie hätte der Auftakt einer positiven Entwicklung werden können. Sie wurde der Anfang vom Ende.

Die Tagung begann – völlig ungewöhnlich, aber sicher nicht vermeidbar – mit einer Änderung der Tagesordnung. Das war, wie sich bald zeigen sollte, nicht die einzige Unterbrechung und Veränderung des ursprünglich geplanten Ablaufes. Es war sogar noch jene Änderung, für die Egon Krenz die ausführlichste Begründung gab.

Er teilte zunächst mit, daß das Politbüro sich entschlossen habe – wie von Minister Hoffmann angeregt – geschlossen zurückzutreten. Mit dem Rücktritt des gesamten Gremiums sollte deutlich gemacht werden, daß die Verantwortung für die entstandene kritische Lage in der DDR vor allem »jene Genossen« trügen, die »ihren Subjektivismus in der Betrachtung der Entwicklung unseres Landes und in der Entscheidung über wichtige Fragen der gesellschaftlichen Entwicklung als die Meinung der Parteimitglieder ausgegeben und durchgesetzt haben«. Das gewählte Politische Büro als Ganzes habe nicht die Kraft gefunden, das zu verhindern und eine Atmosphäre kritischer Diskussionen und mutiger Entscheidungen zu schaffen. Das Politbüro übernahm also die politische Verantwortung für die offensichtlichen Fehlentwicklungen und war bereit, Platz für eine neue Führungsmannschaft zu machen, die sich in dieser angespannten Situation auf das Vertrauen des Zentralkomitees und der Partei stützen konnte. Das ZK bestätigte diesen Rücktritt.

Krenz schloß die Wahl des neuen Politbüros sofort an, weil – so begründete er es – eine so komplizierte und gefährliche Lage entstanden sei, daß man auch nicht für eine Stunde ohne eine gewählte Parteiführung bleiben könne. Das wurde vom Zentralkomitee akzeptiert, aber da es ja vorher noch keine Konsultationen über die vorzuschlagenden Persönlichkeiten gegeben hatte, kam es zwangsläufig doch zu lebhaften Debatten, die zum Teil sehr heftig und widersprüchlich wurden. Wiederholt wurden auch Anträge auf eine Pause gestellt, um nachdenken und abwägen zu können. Diese Anträge wurden jedoch mit der Formel »Nicht eine Stunde ohne Politbüro!« abgelehnt. So kam es, daß manche Vorschläge auf schroffen Widerspruch stießen, einige schon am nächsten Tag, also noch in derselben ZK-Tagung, korrigiert werden mußten und sich der Eindruck von Konzeptionslosigkeit und mangelnder Kenntnis der Lage an der Parteibasis weiter verstärkte.

Egon Krenz trug seinen Vorschlag für die Mitglieder und Kandidaten des neuen Politbüros in alphabetischer Reihenfolge vor. Zu ihm gehörten Genossen, die schon dem bisherigen Politbüro angehört hatten, solche also, die – folgte man seiner Logik –

nicht durch einen besonders ausgeprägten Subjektivismus schuldig geworden waren. Sie wurden vorgeschlagen, damit erreicht wurde, daß bestimmte unverzichtbare Sachkenntnisse und Erfahrungen vergangener Monate und Jahre nicht unbeachtet blieben und nicht jede Kontinuität vor die Hunde ging. Unter diesem Aspekt wurden vorgeschlagen: Egon Krenz, Hans-Joachim Böhme, Horst Dohlus, Werner Eberlein, Werner Jarowinsky, Heinz Keßler, Günter Kleiber, Siegfried Lorenz, Günter Schabowski und Gerhard Schürer als Mitglieder, Inge Lange, Margarete Müller und Werner Walde als Kandidaten. Daneben nannte Krenz weiter einige ZK-Mitglieder, die neu ins Politbüro gewählt werden sollten, so Wolfgang Herger, Wolfgang Rauchfuß und Hans Modrow als Mitglieder, Gerhard Müller, Günter Sieber und Jochen Willerding als Kandidaten. Da die Verantwortung für die Bereiche Kultur und Wissenschaft Klaus Höpcke und Gregor Schirmer übertragen werden sollte, diese aber keine ZK-Mitglieder waren und nach dem Statut zur Zeit nicht kooptiert werden konnten, wurden sie zur Wahl als Leiter der entsprechenden Kommissionen vorgeschlagen.

Bei all diesen Vorschlägen, so erklärte Krenz, wurde noch zwei weiteren Besonderheiten Rechnung getragen. Einige Genossen wurden gleichzeitig für andere Funktionen vorgesehen und sollten gerade in dieser Eigenschaft im Politbüro vertreten sein: Werner Jarowinsky sollte gleichzeitig zur Wahl als Stellvertreter des Volkskammerpräsidenten vorgeschlagen werden, Hans Modrow als Ministerpräsident und Horst Dohlus als Vorsitzender der Zentralen Parteikontrollkommission. Und zweitens waren alle Ersten Bezirkssekretäre, die bereits vorher im Politbüro vertreten waren, wieder vorgeschlagen worden, weil – wie Krenz erklärte – ihr Einfluß in diesem Gremium nie sonderlich groß war, sie in ihren Bezirken aber vom Politbüro ebenso stark abhängig waren wie alle anderen auch. Damit war weiterer Sprengstoff gelegt – das zeigte sich schon bei der beginnenden Wahl. Sie wurde, auch das war neu, einzeln vorgenommen, nicht en bloc. Krenz wurde einstimmig als Generalsekretär bestätigt, doch schon beim zweiten Namen, Hans-Joachim Böhme – er war zugleich Bezirkssekretär in Halle – teilten sich die Meinungen schroff, da mitgeteilt wurde, Böhme habe in seinem Bezirk keinen Rückhalt mehr. Bei der Wahl bekam Böhme 91 Ja- und 66 Gegenstimmen, wurde also gewählt. Es war aber eine Wahl für sehr kurze Zeit.

Eine ganze Reihe der vorgeschlagenen Persönlichkeiten wurden einstimmig oder mit nur sehr wenigen Gegenstimmen gewählt – ich erhielt zwei Gegenstimmen. Als am Tag zuvor Krenz mit mir gesprochen hatte, hatte ich zugesagt, noch einmal zu kandidieren: Ich war zu jenem Zeitpunkt immer noch der Meinung, daß es durchaus möglich sei, die DDR zu erhalten und sie weiterzuentwickeln, zu verbessern. Außerdem war mir bewußt, daß besonders die langjährigen Erfahrungen auf dem Gebiet der Verteidigung und der Zusammenarbeit im Warschauer Vertragssystem bewahrt und weiter eingebracht werden mußten. Ich sah mit großem Unwillen, wie schon zu dieser Zeit bei vielen Parteileitungen auf unterschiedlichen Ebenen die Neigung zunahm, auf Funktionen zu verzichten, Mandate zurückzugeben und sich aus der Verantwortung zu stehlen. Ich aber wollte nicht kneifen.

Einige andere Bewerber wurden jedoch nicht gewählt, darunter Günter Kleiber und Gerhard Müller.

Besonders heftig wurde in der Debatte die Frage gestellt, warum Horst Dohlus, der doch viele Jahre die Abteilung Parteiorgane geleitet hatte, in den schwierigsten Situationen nichts zur Aktivierung der Parteiorganisationen, nichts dafür getan habe, die Partei in den politischen Kampf zu führen? Er wurde nicht gewählt. Da Dohlus aber gleichzeitig vorgeschlagen worden war, Vorsitzender der Zentralen Parteikontrollkommission zu werden – die sich ja mit allen zutage tretenden Fehlern und Versäumnissen der Vergangenheit auseinanderzusetzen hatte –, mußte sofort ein neuer Vorschlag eingebracht werden. Aufgestellt zur Wahl wurde Werner Eberlein, Sohn des in der Sowjetunion umgekommenen Mitbegründers der KPD Hugo Eberlein. Dieser Vorschlag wurde akzeptiert, da Werner Eberlein als integer bekannt war und hohe Autorität genoß.

Auch Werner Walde wurde nicht gewählt, da sein Rückhalt in der Cottbuser Parteiorganisation nicht mehr ausreichte. Nun sollte er aber gewählt werden, um verantwortlich für die Landwirtschaft zu sein – auch hier mußte sofort gehandelt werden: Hans Modrow schlug deswegen Johannes Chemnitzer vor, der die Partei im Landwirtschaftsbezirk Neubrandenburg geleitet hatte und selbst ausgebildeter Landwirt war. Er wurde gewählt.

Erst nach mehr als zwei Stunden ging die Wahl zu Ende. Die Gemüter waren schon erhitzt und die Stimmung angesichts des offenbaren Wirrwarrs gereizt. Dann hielt nach einer kurzen Pause Egon Krenz sein Referat zum eigentlichen Thema: Zum Entwurf des Aktionsprogramms. Es ist zu bezweifeln, daß – nach dieser Auseinandersetzung um Funktionen und Verantwortlichkeiten unter Zeitdruck – die Aufmerksamkeit beim Anhören des Referats noch ausreichend war. Darum war es gut, daß der Beginn der Aussprache für den nächsten Morgen festgelegt werden mußte: Nach der Mittagspause bereits hatte sich vor dem ZK-Gebäude eine große Zahl von Parteimitgliedern versammelt, die vor allem einem Aufruf der Organisation der Akademie der Wissenschaften gefolgt waren. Schabowski wurde entsandt, sie über den Verlauf der Beratungen zu unterrichten. Als Krenz sein Referat beendet hatte, mußte auch er aus dem Saal und zu den Kundgebungsteilnehmern sprechen. Die dort immer wieder erhobene Forderung nach einem Sonderparteitag griff er dabei nicht auf.

Die 10. Tagung des Zentralkomitees hatte nicht nur ein außerordentlich umfangreiches, sondern auch ein über alle Maßen wichtiges und kompliziertes Programm und mußte – geplant oder nicht geplant, vorbereitet oder nicht vorbereitet – eine große Fülle von höchst brisanten Fragen behandeln und entscheiden. Selbst wenn die Tagung in einer ruhigeren Atmosphäre, wohlgeordnet und diszipliniert stattgefunden hätte, wäre es eine schwierige Beratung des höchsten Parteiorgans zwischen den Parteitagen gewesen.

Doch es gab keine ruhige Atmosphäre, nichts verlief wohlgeordnet, die Disziplin konnte keineswegs durchgängig aufrechterhalten werden. Das war zum Teil die Widerspiegelung der aufgeheizten, unruhigen und von einer baldigen politischen Explosion in der Republik gekennzeichneten Lage, zum anderen aber auch ein Spiegelbild der sich beschleunigenden Veränderungen im beratenden Gremium selbst. Einige wenige Tatsachen können das deutlich machen: Das Aktionsprogramm, das am zweiten Tag diskutiert und am dritten beschlossen wurde, war, wie jeder spürte, zwiespältig. Auf der einen Seite war es vom gesamten Grundansatz her ein thematisch richtiges Herangehen an die Probleme mit dem Ziel, die DDR zu erhalten, sie nicht preiszugeben, sondern sie zu verändern oder – wie es wörtlich hieß – »dem Sozialismus in der DDR mit mehr Demokratie neue Dynamik zu verleihen«. Das Aktionsprogramm war nach den wichtigsten Aufgaben in den verschiedenen gesellschaftlichen Bereichen gegliedert.

So wurde zur Reform des politischen Systems ein Wahlrecht für notwendig erklärt, das eine freie, allgemeine, demokratische und geheime Wahl gewährleistete und die öffentliche Kontrolle der

Wahl in jeder Phase garantierte. Gleichzeit erklärte das ZK folgende neue Gesetze für erforderlich: über die Vereinigungsfreiheit, die Versammlungsfreiheit, die Veränderung des Strafrechts. Es sprach sich aus für ein umfassendes Informationswesen, eine tiefgreifende Wirtschaftsreform, für einen realen Volkswirtschaftsplan 1990, die uneingeschränkte Entwicklung der LPG und Volkseigenen Güter (VEG), für die großzügige Förderung des Handwerks, für Freiheit und Verantwortung in Kultur und Kunst, für Förderung und Achtung der Wissenschaft, eine Reform des Bildungswesens, für freie und unabhängige Gewerkschaften und grundsätzlich für eine Konzeption des modernen Sozialismus. Auf dem für mich besonders wichtigen Gebiet, auf dem ich auch für das Programm zugearbeitet hatte, wurde vorgeschlagen: eine gründliche Diskussion um die Militärdoktrin, radikale Abrüstung, eine weitere Reduzierung der Mannschaftsstärke der NVA, wenn die Wiener Abrüstungsgespäche erfolgreich verliefen, die Senkung der Verteidigungsausgaben, die Einführung eines Zivilersatzdienstes und die Überprüfung aller Regelungen für die Grenzgebiete.

Da es sich um ein Programm der Veränderung, aber auch der Erhaltung der DDR handelte, haben alle, auch ich, zugestimmt. Doch gleichzeitig – und das begründete den Zwiespalt – waren die meisten geforderten und versprochenen Reformen und Gesetze noch nicht weiter gediehen, es gab noch keine oder noch keine genaueren Aussagen über den konkreten Inhalt und die einzuschlagenden Wege. Deswegen wurde bei der Beschlußfassung auch aufgefordert, weiter zu arbeiten, weitere Vorschläge einzureichen und sie bis zur angekündigten Parteikonferenz in das Dokument einzuarbeiten.

In der Diskussion über dieses Programm bildete sich als ein, vielleicht als der Schwerpunkt überhaupt die Frage der Zahlungsbilanz und der Wirtschaftspolitik heraus, da erstmals Zahlen umfassend vorgelegt wurden, die so den meisten nicht bekannt waren. Auch mir ging es so. In den fünf Jahren, in denen ich seit Ende 1984 dem Politbüro angehörte, hatte ich in regelmäßigen Abständen Bilanztabellen erhalten. Die Inlandsbilanz der Planerfüllung und des Staatshaushaltes erarbeitete stets das Büro Mittag, die Außenhandelsbilanz das Büro Stoph. In den dazu gehaltenen Vorträgen wurde zwar auf den Ernst der Lage hingewiesen und betont, wo und wie zu sparen sei, es wurde jedoch auch immer hinzugefügt, daß es noch nicht extrem bedrohlich, schon gar nicht katastrophal sei, sondern daß es möglich sei, die Probleme in den Griff zu bekommen. Da ich dem ökonomischen Sachverstand der Verantwortlichen vertraute, sah ich niemals so große Gefahren, wie sie jetzt geballt zutage traten. Rund 49 Milliarden Valutamark Auslandsschulden standen jetzt zur Diskussion, denen natürlich auch Guthaben der DDR im Ausland entgegenstanden, womit wir Nichtökonomen uns stets beruhigen ließen. Jetzt wurde das eigentliche Dilemma deutlich und führte zu dramatischen Zornesausbrüchen im Plenum: Die Guthaben hatten wir gegenüber den kleinen und armen Ländern, die wir unterstützt hatten – Vietnam, Nikaragua, Angola, Äthiopien und so fort, die ihre Schulden einfach nicht zurückzahlen konnten. Unsere Schulden jedoch hatten wir gegenüber den reichen und starken Ländern, den kapitalistischen Industriestaaten, die sie auf Heller und Pfenning mit Zins und Zinseszins zurückverlangten oder uns noch weitere Schulden machen ließen. Der Teufelskreis trat jetzt erst richtig zutage.

Diese ganze widersprüchliche Situation prägte natürlich die Diskussion. Nicht nur, daß erstmals heftige Wortgefechte ausgetragen wurden und krasse Meinungsverschiedenheiten hart aufeinander prallten – so zwischen dem Schriftsteller Hermann Kant und Generaloberst Brünner, meinem Nachfolger als Chef der Politischen Hauptverwaltung der NVA, über den Einsatz von Sicherheitskräften Anfang Oktober in Berlin und Leipzig. Es zeigte sich auch daran, daß – auf Beschluß des Plenums – eine Reihe von Diskussionsbeiträgen nicht veröffentlicht werden sollten. Im Kommunique wurden 25 mündlich gehaltene Diskussionsreden und 68 schriftlich eingereichte erwähnt. Doch die vielleicht wichtigsten und brisantesten wurden nicht veröffentlicht, um nicht noch mehr Zündstoff in die öffentliche Auseinandersetzung zu bringen – so die von Günter Schabowski zur Medienpolitik, von Otto Reinhold zur Krise in der DDR, von Hans-Joachim Hoffmann zur Kulturpolitik, von Gerhard Schürer und Werner Jarowinsky zur Wirtschaftspolitik und zur Zahlungsbilanz.

Sicher wäre dies unter anderen Bedingungen über kurz oder lang doch in die Öffentlichkeit gedrungen und hätte dann für eine Fülle von Fragen und Spekulationen gesorgt. Es geschah nicht, denn es war etwas eingetreten, was die gesamte Situation von Grund auf veränderte. Ein in den Tagungsplan der ZK-Sitzung eingeschobener und hektisch behandelter Beratungsgegenstand verdrängte alle anderen, ja er ließ alle anderen sogar bedeutungslos und unwirksam erscheinen. Wenn später von diesem 10. Plenum – dem drittletzten überhaupt – gesprochen wurde, gab es überhaupt nur ein einziges Thema, das zunächst gar nicht auf der Tagesordnung gestanden hatte. Das spricht für sich.

Um es noch einmal zu sagen: Schon der erste Tag der ZK-Sitzung hatte gezeigt, was alles an Erwartungen und Herausforderungen mit dem zweiten Tag verbunden sein würde. Die Hauptaufgabe an diesem Tage konnte nur sein, den von Egon Krenz im Namen des Politbüros vorgelegten Entwurf des Aktionsprogrammes, der ja noch skizzenhaft und unvollständig war, zu diskutieren und ihm Geschlossenheit und Kraft zu geben, wenn er Massen ansprechen und mobilisieren sollte. Sicher hatten inzwischen alle auch den »Bericht zur Lage der Nation« gelesen und durchdacht, den Bundeskanzler Kohl am Vortag, gleichzeitig zum Referat von Egon Krenz, vor dem Bundestag abgegeben hatte: Darin sprach Kohl – wie es schien ganz sachlich und zurückhaltend – von einer möglichen »neuen Dimension eines wirtschaftlichen Beistandes für die DDR« und forderte als Voraussetzung und Gegenleistung die »Beendigung des Machtmonopols der SED«, die »Zulassung unabhängiger Parteien« und die »Zusicherung freier Wahlen«. Es ging inzwischen wirklich ums Ganze.

Doch der zweite Tag der Plenarsitzung begann, wie der erste geendet hatte: aufgeregt. hektisch, chaotisch. Er verlief in allem anders als geplant und endete mit einem selbstverschuldeten Desaster, an das am Morgen noch niemand zu denken gewagt hätte, und alle sollten froh sein, daß es nicht noch schlimmer gekommen ist.

Gegen 15.30 Uhr – ein Diskussionsredner, der Generaldirektor des Werkzeugmaschinenbaukombinates in Karl-Marx-Stadt, Rudi Winter, hatte gerade geendet – unterbrach Egon Krenz wieder einmal die Diskussion und korrigierte erneut die Tagesordnung. Nachdem das drei Tage zuvor in der Presse veröffentlichte Reisegesetz heftige Kritik bei der Bevölkerung ausgelöst hatte, war der Vorsitzende des Ministerrates, Willi Stoph, beauftragt worden, eine neue Reiseverordnung auszuarbeiten. Der Entwurf lag jetzt vor – Außenminister Oskar Fischer hatte ihn mit dem sowjetischen Botschafter Kotschemassow besprochen und diesen gebeten, ihn mit Moskau abzustimmen. Nun begründete Egon Krenz den Entwurf vor dem Plenum, wobei er einleitend sagte, daß diese

Verordnung von so weitreichender Bedeutung sei, daß ein Politbürobeschluß allein nicht ausreiche und die Zustimmung des ZK unerläßlich sei. Er las den Text des geplanten Beschlusses vor und versuchte, ihn auch in seinen eigentlichen Zusammenhang zu stellen. Doch keiner hatte – außer den Politbüromitgliedern – die schriftliche Fassung in der Hand. So war es schwer, alle Details des Dokuments sofort zu erfassen, zumal der Text keineswegs leichtverständlich formuliert war.

Von einer generellen Öffnung der Grenze war keine Rede. Ausgangspunkt waren die Beschwerden der tschechoslowakischen Regierung, die die Ausreisen von DDR-Bürgern über die CSSR und alle damit verbundenen Komplikationen als eine schwere Belastung empfand, wie zuvor schon die ungarische Regierung auch. Bezeichnenderweise trug der Entwurf der Verordnung auch die Überschrift »Beschluß zur Veränderung der Situation der ständigen Ausreise von DDR-Bürgern nach der BRD über die CSSR«. Was in dieser Situation auch gemacht wurde – so sagte Krenz – könne nur falsch sein: Schlösse man die Grenze zur CSSR endgültig, bestrafte man die Mehrheit der DDR-Bürger, die dann nicht mehr ins befreundete sozialistische Ausland reisen könnten; ließe man die Grenze offen, wären die Konflikte mit dem Nachbarland nicht mehr zu beheben …

Natürlich hatte diese Verordnung das Ziel, die Reisebeschränkungen zu beseitigen und Reisen ins Ausland für alle zu ermöglichen, aber sie wollte es auf keinen Fall ungeregelt. Deswegen die genaue Kennzeichnung, worin die Erleichterungen im Genehmigungswesen und in der Visaerteilung bestehen sollten. Deswegen auch vor allem die Festlegung, daß diese Verordnung erst am nächsten Morgen, am 10. November, veröffentlicht werden sollte, weil ja in der Nacht noch alle beteiligten und verantwortlich gemachten Behörden genau informiert und neue Grenzübergangsstellen eröffnet werden konnten. Schalck-Golodkowski war bereits beauftragt, mit Dienststellen der BRD und Westberlins die detaillierten Absprachen zu führen. Auch ich hatte für den Abend die Mitglieder des Kollegiums und andere leitende Offiziere des Ministeriums nach Strausberg bestellt, um die Auswertung des Plenums vorzunehmen.

Die Diskussion zu diesem Vorschlag war kurz, trotzdem wirr und unübersichtlich, aber außerordentlich folgenschwer. Es wurde nicht mehr über das »Ob« eines solchen Beschlusses diskutiert, nicht über seine Nützlichkeit und seine möglichen Gefahren und Folgen, auch nicht mehr über die Fragen der Finanzierbarkeit, die sich bei einer solchen Ausweitung des Besucherverkehrs zwangsläufig stellen mußten. Die Frage, die mehrmals gestellt wurde und im Mittelpunkt stand, war an ein Wort aus dem vorgelesenen Text geknüpft: ob das Wort »zeitweilig« sinnvoll sei. Es wurde zu bedenken gegeben, daß dieses »zeitweilig« so mißdeutet werden könne, daß man die Regelung bald wieder zurücknehmen wolle. Das könne weiteren Druck auslösen, weil viele Menschen im Lande, wie sie jetzt gestimmt seien, keine Zeit mehr verlieren wollten.

Nachdem der Wortwechsel dazu beendet war, faßte Egon Krenz zusammen: »Ich würde vorschlagen, daß das der Regierungssprecher macht. Wir vermeiden also sowohl ›zeitweilig‹ als auch ›Übergangsregelung‹ und sagen: bis zum Inkrafttreten des Reisegesetzes, das von der Volkskammer zu beschließen ist, wird das und das angeordnet. Einverstanden? – Danke schön!«

Auf diese Weise nahm das ZK die nun wirklich historisch gewordene Entscheidung an, ohne daß die Mehrheit seiner Mitglieder den genauen Inhalt, die wirkliche Bedeutung und alle möglichen Konsequenzen erfassen konnte.

Dann erhielt der nächste Redner das Wort, der Potsdamer Bezirkssekretär Günter Jahn. Es ging jetzt wieder um Aktionsprogramm und Zahlungsbilanz – von der Grenzverordnung wurde nicht mehr gesprochen.

Den Hinweis auf den »Regierungssprecher« hatte Krenz nach einem kurzen Wortwechsel mit dem amtierenden Innenminister Dickel gegeben. Ursprünglich sollte die Verordnung von der Pressestelle des für das Paß- und Meldewesen zuständigen Innenministeriums veröffentlicht werden, doch Dickel meinte, die Bedeutung des Beschlusses ginge weit über die Vollmacht seines Ressorts hinaus – er solle vom Presseamt des Vorsitzenden des Ministerrates herausgegeben werden. So konnte es geschehen, daß – etwa eine Stunde später – Egon Krenz nur noch mitteilte, daß nun Günter Schabowski und drei weitere Genossen zur internationalen Pressekonferenz aufbrechen müßten, um dort über den zweiten Tag des Plenums zu berichten. Auch bei dieser kurzen Ankündigung war von der verabschiedeten Ausreiseregelung nicht die Rede. Krenz forderte Schabowski lediglich auf, den ebenfalls gefaßten Beschluß zur Einberufung der 4. Parteikonferenz vom 15. bis zum 17. Dezember zu erläutern und nötigenfalls auch zu verteidigen, da sich inzwischen Telegramme, Fernschreiben und Anrufe häuften, die einen Sonderparteitag mit allen Beschlußvollmachten und der Möglichkeit, die gesamte Parteiführung neu zu wählen, forderten. Ich sah noch, daß Krenz den Text der Reiseverordnung – gewissermaßen für alle Fälle – Schabowski beim Weggehen in die Hand drückte. Ich kann mich nicht genau erinnern, ob Schabowski während der Entscheidung über ihre Endfassung im Saal anwesend war oder nicht.

So kam es, daß am frühen Abend nicht der Pressechef des Innenministeriums, nicht der Regierungssprecher, sondern ein Mitglied des Politbüros vor den laufenden Kameras vieler Stationen (live im Fernsehen der DDR) den Beschluß vortrug, der inzwischen Geschichte geworden ist – ohne seinen endgültigen Wortlaut exakt zu kennen, so daß er, auf die dringenden Fragen der Journalisten hin, mehrmals das Papier mit den wenigen Zahlen befragen mußte und mit den offenbar erstaunt gemurmelten, aber doch verständlichen Worten: »Dann haben sie das also doch geändert,« auf die Frage nach dem Zeitpunkt mit »Sofort!« und nach den Übergangsstellen mit »An allen Übergangsstellen – zu Westberlin und zur BRD« antwortete.

Der Stein kam ins Rollen, er war nicht mehr aufzuhalten.

Um 20.45 Uhr wurde die Verhandlung des zweiten Tages des Plenums beendet und die Sitzung, ohne weitere Bemerkungen, auf den kommenden Morgen vertagt. Noch wußten wir nicht, was inzwischen geschehen war. Ich setzte mich in meinen Wagen und fuhr nach Strausberg, Mielke fuhr in sein Ministerium in der Normannenstraße, Krenz ging in sein Büro im zweiten Stock des ZK-Gebäudes, mehrmals aufgehalten und mit Fragen unterschiedlicher Art bestürmt.

Ich befand mich – ahnungslos – noch auf der Strecke nordöstlich Berlins nach Strausberg. Währenddessen bewegten sich Menschenmassen von beiden Seiten auf die Grenze zu, die Schabowskis Worte »Sofort!« und »An allen Übergangsstellen!« prüfen und verwirklichen wollten. Die telefonischen Kommunikationsmöglichkeiten waren noch nicht so entwickelt, daß man mich noch während der Fahrt hätte anrufen und informieren können – das Funksystem war zu langsam und zu kompliziert. Darum erfuhr ich von der unerwartet und kurzfristig zu treffenden, schwierigsten und folgenschwersten Entscheidung dieses Abends erst, als sie schon ausgesprochen war.

Mielke hatte, gerade erst in der Normannenstraße eingetroffen, Krenz angerufen und mitgeteilt, was sich auf die Grenze zubewegte. Wenige Minuten später rief er nochmals an, die Nachrichten seien jetzt schon genauer, vielfältiger, bedrohlicher; eine rasche Entscheidung war unaufschiebbar – selbst wenn man alle, die eigentlich Verantwortung trugen, nicht zu Rate ziehen und nicht einmal unterrichten konnte, selbst wenn man sogar die sowjetischen Organe nicht mehr konsultieren und ihre Zustimmung einholen konnte. Auf Mielkes Frage, was nun geschehen solle, sagte – wie ich später erfuhr – Egon Krenz: »Auf keinen Fall kann es darum gehen, mit bewaffneter Gewalt vorzugehen und so möglicherweise eine Katastrophe heraufzubeschwören. Wir hatten doch ohnehin die Absicht, die faktische Freigabe der Ausreise am Morgen des kommenden Tages bekanntzugeben und durchzuführen, sollen wir jetzt wegen weniger Stunden Zusammenstöße in Kauf nehmen? Was wir tun können, ist zu sichern, daß alles so reibungslos wie möglich, ohne Provokationen und ohne jegliche Gewalt geschieht.« Und so wurde entschieden.

Als ich in Strausberg eintraf und mit der Auswertung des Plenums – wie immer genau und chronologisch – beginnen wollte, starrten mich die Genossen des Kollegiums fassungslos an und unterbrachen mich mit Fragen und mit Forderungen nach konkreten, jetzt erforderlichen Befehlen. Da erst erfuhr ich vom Verlauf und den Ergebnissen der Pressekonferenz von Günter Schabowski. Minuten danach klingelte das Telefon: Egon Krenz informierte mich über die Vorgänge und die von ihm getroffene Grundsatzentscheidung, für die wir nun die Folgemaßnahmen festlegen und die notwendigen Befehle erteilen mußten. Ich rief sofort – wie schon oft in den letzten Tagen – den Oberkommandierenden der sowjetischen Truppen in der DDR, Armeegeneral Snetkow, an und erfuhr von ihm, daß sie einen dringenden Befehl erhalten hatten, in den Kasernen zu verbleiben und nicht aktiv zu werden.

In den Abendstunden des 9. November und in den ersten Stunden der Nacht passierten etwa 60.000 Bürger der DDR die Grenze nach Westberlin, mehr als 45.000 kehrten noch in der Nacht zurück. Westberliner versuchten zu Tausenden, am Brandenburger Tor, am Potsdamer Platz und an anderen Stellen auf die Grenzbefestigungen zu klettern. Zum Teil besetzten sie förmlich die Mauer – die Fernsehbilder gingen damals um die Welt und wurden danach Hunderte Male wiederholt.

Am Vormittag des 10. November erteilte ich gegen 11.30 Uhr im Hause des ZK (die Tagung ging ja weiter) dem Chef des Hauptstabes, Generaloberst Streletz, dem Chef der Landstreitkräfte zu befehlen, die 1. Motorisierte Schützendivision (1. MSD) sich bereitzuhalten, bei Bedarf mit Teilen ihres Personalbestandes, aber ohne Panzer, Artillerie und schwere Technik, die Grenztruppen bei der Aufrechterhaltung von Ordnung und Sicherheit an der Staatsgrenze zu Westberlin zu unterstützen. Ich untersagte den Einsatz von Schußwaffen ausdrücklich. Wir hätten verantwortungslos gehandelt, wenn wir keine Vorsorge getroffen hätten. Einen Einsatzbefehl gab es jedoch nicht.

Gegen 11 Uhr hatte Egon Krenz ein Telegramm an Michail Gorbatschow gerichtet, in dem er über die notwendig gewordene Entscheidung des vorangegangenen Abends informierte und auch erklärte, warum unter dem Zeitdruck am Abend eine nochmalige Konsultation mit Moskau nicht möglich gewesen war. Dann bat er Gorbatschow, den sowjetischen Botschafter in der DDR zu beauftragen, mit den Vertretern der Westmächte Verbindung aufzunehmen, um zu gewährleisten, daß auch sie die Ordnung aufrechterhalten und mögliche Provokationen verhindern. Das erfolgte.

Niemand kann auf den geradezu irrsinnigen Gedanken kommen, die DDR-Führung hätte diese Bitte um 11 Uhr an Gorbatschow richten und eine halbe Stunde später einen völlig entgegengesetzten Befehl erteilen können – und das bei der Anwesenheit von 350.000 Soldaten der Sowjetarmee im Lande.

Bereits gegen 10 Uhr hatte Staatssekretär Schalck-Golodkowski dem inzwischen geschaffenen zentralen Führungsstab Dokumente darüber vorgelegt, wo kurzfristig neue Grenzübergangsstellen geschaffen werden könnten. Die verantwortlichen Kommandeure der Grenztruppen erhielten daraufhin den Auftrag, sofort auf dieser Grundlage Maßnahmen auszuarbeiten, welche dieser Möglichkeiten als erste genutzt werden sollten, um innerhalb eines Zeitraumes von einem bis zu fünf Tagen fünf bis zehn neue Übergangsstellen zu eröffnen.

So kam es unter großer Kraftanstrengung dazu, daß noch am 10. November und in der Nacht vom 10. zum 11. sieben neue Übergangsstellen entstanden, die die bisherigen entlasteten. Und schon am folgenden Tag, dem 12., konnten die beiden Berliner Bürgermeister, Momper und Krack, weitere acht neue Übergangsstellen eröffnen.

Weiterhin wandten sich auf unsere Bitte der Oberkommandierende der sowjetischen Westgruppe, Armeegeneral Boris Snetkow, die sowjetische Botschaft in Berlin und der Berliner Magistrat an ihre Partner in Westberlin mit der Bitte, bei der Aufrechterhaltung der Ordnung behilflich zu sein. Offiziere unserer Grenztruppen nahmen auf unseren Befehl hin direkte Gespräche mit der Westberliner Polizei auf, um die gleiche Bitte vorzubringen und ihr erstmalig zuzusichern, daß sie das Recht habe, das westliche Vorfeld der Mauer, das noch Territorium der DDR war, zu betreten, um Provokationen zu verhindern. Es muß gesagt werden, daß die Westberliner Polizisten große Anstrengungen unternahmen, um irgendwelche Zusammenstöße zu verhindern. Hätten wir die Grenze schließen wollen, hätten wir doch nicht die Westberliner Polizei um Hilfe gebeten.

Vom 9. bis zum 12. November, 13 Uhr – also an den ersten vier Tagen – wurden 4.298.375 Visa für Privatreisen in die Bundesrepublik und nach Westberlin erteilt sowie 10.144 Visa für ständige Ausreisen.

Von einem geordneten Abschluß der 10. ZK-Tagung konnte nicht mehr die Rede sein. Das lag nicht nur daran, daß zu Beginn nicht etwa die Erlebnisse der letzten Nacht im Mittelpunkt der Tagung standen, sondern erneut Kaderfragen – die erst kurz vorher gewählten Mitglieder und Kandidaten des Politbüros Böhme, Chemnitzer, Lange und Walde schieden endgültig wieder aus. Daß über die grundlegende Veränderung, die in der Nacht eingetreten war, nur wenig gesagt wurde, hing wohl damit zusammen, daß sie noch niemand voll verarbeitet hatte – einige waren sicher zutiefst geschockt, andere waren vielleicht froh, daß die Grenzöffnung ohne Zusammenstöße erfolgt war. Über die möglichen Konsequenzen gab es noch keine Vorstellungen.

Es lag auch nicht daran, daß es kaum noch wesentliche Ergänzungen des Aktionsprogramms gab, sondern die Probleme der Zahlungsbilanz und der Schulden der DDR diskutiert wurden. Vor allem lag es daran, daß – wie schon im Zusammenhang mit unseren Verpflichtungen als Militärs und als Verantwortliche für die Sicherheit erwähnt – viele ZK-Mitglieder zeitweilig abwesend waren, einige nur sporadisch an der Sitzung teilnahmen, zahlreiche Kommissionen und Arbeitsgruppen gesondert berieten und die Sitzung durch das Präsidium im Grunde nicht mehr steuerbar blieb. Um 13 Uhr wurde die Tagung beendet.

Kurz danach begann im Lustgarten eine Kundgebung von 150.000 Menschen, vor allem Parteimitgliedern und Sympathisanten. Es war eine heftige Kundgebung, die deutlich machte, daß die Basis die Ergebnisse der ZK-Tagung schon jetzt nicht mehr für ausreichend hielt und verlangte, eine radikale Erneuerung des Sozialismus herbeizuführen. Laut gefordert wurde ein Sonderparteitag, ein Neubeginn.

Fast gleichzeitig fand aus Anlaß der Grenzöffnung vor dem Schöneberger Rathaus ebenfalls eine Kundgebung statt, auf der Helmut Kohl, Hans-Dietrich Genscher, Walter Momper und Willy Brandt sprachen und den Druck in Richtung viel weiter gehender Veränderungen verstärkten, um letztlich so bei Bürgern unseres Landes das System der Bundesrepublik als Alternative erscheinen zu lassen.

Gewiß: Michail Gorbatschow hatte nach seinem Gespräch mit Egon Krenz am Vormittag des 10. November eine Botschaft an Bundeskanzler Kohl gerichtet und ihn aufgefordert, angesichts der von der DDR verfügten Öffnung der Grenze alles zu tun, damit die Lage nicht weiter angeheizt, nicht weiter verschärft wurde. Gewiß: auch Egon Krenz telefonierte am 11. November mit Helmut Kohl und erhielt von diesem die Versicherung, daß die BRD nichts tun wolle, um die DDR weiter zu destabilisieren, auch wurde eine Begegnung beider Politiker vereinbart. All das ging jedoch im Taumel dieser Tage unter. Und es häuften sich auch die immer ungeduldiger werdenden Fragen der Parteimitglieder und der Parteileitungen im Lande, die in Versammlungen mit großer Unruhe und Erbitterung ausgesprochen und in zahllosen Briefen an des ZK geschrieben wurden: Wie geht es nun weiter? Ein Konzentrationspunkt in diesen Meinungsäußerungen war nun die Forderung, energische und rasche Maßnahmen durchzusetzen, um den begonnenen Zerfallsprozeß der Partei wenigstens einzugrenzen – die meisten erklärten, eine Parteikonferenz sei dazu nicht ausreichend, es müsse ein Sonderparteitag mit allen statuarischen Vollmachten einberufen werden, um umfassende und auch tief einschneidende Beschlüsse zu fassen und eine völlig neue Leitung zu wählen.

Am 12. November wurde im Politbüro ein entsprechender Beschluß vorbereitet und das ZK zum 13. November erneut einberufen. Dabei mußte Egon Krenz die Umwandlung des Beschlusses begründen, der gerade einmal achtzig Stunden vorher gefaßt worden war. Da die Einberufung einer Parteikonferenz den Erwartungen und Forderungen breiter Teile der Parteibasis nicht entsprach und schon Stimmen laut geworden waren, einen »Parteitag von unten« zu initiieren, konnte es nur noch einen Entscheid geben: Ein Sonderparteitag sollte Mitte Dezember die aktuelle Lage erörtern und Neuwahlen durchführen. Es folgte eine sehr hektische und geradezu chaotische Debatte, die auch bestimmt war von den zunehmenden persönlichen Angriffen gegen Funktionäre der Partei im Lande.

Nun war gerade kurz vor dieser Sitzung, die um 20.30 Uhr begann, Hans Modrow in einer stürmischen Tagung der Volkskammer zum Ministerpräsidenten gewählt und mit der Regierungsbildung beauftragt worden. Jetzt – im ZK-Plenum – beschwor er alle Genossen, die in Gang gekommene Preisgabe aller Funktionen und Mandate sofort zu stoppen. Jetzt müsse vor allem die weitere Regierbarkeit der Republik gewährleistet werden. Dafür brauche die neue Regierung jede Unterstützung – auch gehörte eine umfassende Rechenschaftslegung des alten ZK auf dem Sonderparteitag dazu, Vertrauen zurückzugewinnen. Der Sonderparteitag wurde dementsprechend einberufen – andere Beschlüsse gab es bei dieser 11., der vorletzten Tagung des ZK nicht. Das hieß, daß alles andere wieder an die Basis verlagert wurde.

Es hatte in Vorbereitung auf diesen 13. November auch den Vorschlag gegeben – man hatte ihn mir direkt erläutert –, daß ich auch in der Regierung Modrow als Minister für Verteidigung mitwirken sollte. Nach sehr gründlicher Überlegung kam ich zu der Meinung, daß es besser war, gleich einen neuen, wesentlich jüngeren Minister zu berufen. Ich schlug dafür Admiral Theodor Hoffmann vor, erklärte mich aber bereit, für eine bestimmte Zeit – solange es nötig erschien – als Berater dem neuen Minister zur Seite zu stehen und meine Erfahrungen auch im Rahmen der internationalen Verpflichtungen weiterzugeben. Am 17. November stellte Hans Modrow seine Regierung vor und gab seine Regierungserklärung ab. Am selben Tag wurde ich von meiner Funktion als Minister entbunden und in aller Form verabschiedet.

Diese Entscheidung war zweifellos richtig, auch wenn sie schmerzhaft war. In seiner Regierungserklärung hatte Hans Modrow die zu dieser Zeit noch möglichen praktischen Aufgaben skizziert, die nicht so umfassend waren wie die, die das Aktionsprogramm angedeutet hatte, dafür aber konkreter, faßbarer, weniger utopisch. Er sprach von der Absicht, den Lebensstandard zumindest zu halten, eine Wirtschaft-, Bildungs- und Verwaltungsreform durchzuführen, die notwendig, aber auch möglich war, und auch die deutsch-deutschen wie die außenpolitischen Beziehungen neu zu gestalten. Modrow sprach über die Möglichkeit des Ausbaus der Kontakte zur Europäischen Gemeinschaft und darüber, daß beide deutsche Staaten ein Beispiel »kooperativer Koexistenz« geben und die ohnehin bestehende »Verantwortungsgemeinschaft« in eine »Vertragsgemeinschaft« umwandeln könnten. Ob das zu diesem Zeitpunkt überhaupt noch möglich war, ist ungeklärt. Selbst wenn Kanzler Kohl noch am 28. November in seinem »Zehn-Punkte-Programm zur Überwindung der Teilung Deutschlands und Europas« auf Modrows Voschläge einging und als Ziel eine Föderation, eine »bundesstaatliche Ordnung in ganz Deutschland« nannte – die Richtung war deutlich angezeigt, die schon kurz danach auch formuliert wurde, als die Parole »Wir sind das Volk« über Nacht und gewiß nicht spontan in »Wir sind ein Volk« geändert wurde.

Doch da spielte die Parteiführung der SED schon kaum eine Rolle mehr. Die Regierung Modrow begann sich – zwangsläufig und unter dem Druck, mehr und mehr auch oppositionelle Gruppen und Persönlichkeiten in ihre Arbeit einzubeziehen und schließlich in ihre Kabinettsliste aufzunehmen – rasch von der Abstimmung mit der Parteiführung zu lösen. Auch die internationalen Beziehungen wurden von Modrow selbst und Außenminister Fischer, ohne die bisher üblichen Konsultationen, allein verantwortet. Zum Zehn-Punkte-Plan Kohls nahm nur noch die Regierung Stellung und lehnte ihn sehr schnell und schroff ab, das Politbüro äußerte sich schon nicht mehr. Es war nur noch ein Schritt, daß die Volkskammer am 1. Dezember aus Artikel 1 der Verfassung der DDR den Halbsatz strich, in dem »von der Führung der Arbeiterklasse und ihrer marxistisch-leninistischen Partei« gesprochen wurde. Die gleichzeitigen Entwicklungen in uns befreundeten Ländern wie Bulgarien und der CSSR verstärkten den Druck auf die SED.

Am 2. Dezember traten viele Kreisdelegiertenkonferenzen zusammen und forderten den Rücktritt des ZK und die Einsetzung eines Arbeitssekretariats zur Vorbereitung und Durchführung des Sonderparteitages. Und am 3. Dezember gegen 13 Uhr trat das 12. Plenum, die letzte Tagung des ZK überhaupt, zusammen, sie dauerte nicht einmal zwei Stunden. Zuvor gab es am Vormittag eine Beratung mit den 1. Bezirkssekretären – es waren fast alles neu gewählte –, die dramatische Berichte vom Zerfall der Partei an der Basis gaben und mit ihren Vorgängern hart ins Gericht gingen. In der ZK-Tagung traten das Politbüro und das Zentralkomitee in ihrer Gesamtheit zurück, auf Vorschlag der 1. Bezirkssekretäre wurde unter Leitung von Herbert Kroker aus Erfurt ein aus 29 Genossen bestehender Arbeitsausschuß gewählt.

Als am 8./9. und am 16./17. Dezember der Sonderparteitag zusammentrat, saßen wir zwar als Gäste noch im Saal, doch als dann der aus 101 Mitgliedern bestehende Parteivorstand der SED-PDS unter Vorsitz von Gregor Gysi gewählt wurde, gehörten nur noch vier ehemalige ZK-Mitglieder diesem Vorstand an: Hans Modrow, der ehemalige Botschafter in der UdSSR, Gerd König, ein international hochgeachteter Wirtschaftskapitän, der Generaldirektor des Gaskombinates »Fritz Selbmann« in Schwarze Pumpe, Herbert Richter, und Hans-Jochen Willerding.

Ich habe keineswegs die Absicht, Verantwortung oder gar Schuld irgendeiner der beteiligten Personen zuzuweisen. Wenn ich von politischer Verantwortung und Mitschuld spreche, dann nur von meiner eigenen und von der kollektiven Verantwortung der Führungsgremien, denen ich angehörte, und die wir alle dafür trugen und tragen, daß unsere Partei, die auf eine kämpferische Tradition mehrerer Generationen zurückblicken konnte, so endete. Als ich mit anderen auf dem Sonderparteitag saß, den Debatten folgte und miterlebte, wie man sich bemühte, einen Neuanfang zu finden, dachte ich verständlicherweise vor allem über das Geschick der Partei nach – nicht über alle innen- und außenpolitischen, wirtschaftlichen und kulturpolitischen Probleme. Ich bin kein Historiker, alle Einzelheiten der Geschichte der DDR muß letztlich die historische Forschung ergründen und als Lehren nutzbar machen. Ich dachte über die Erfahrungen und auch über die hauptsächlichen Fehler der Partei nach, der ich mein ganzes Leben mit aller Kraft gedient habe – selbst wenn dies in diesem großen Umwälzungsprozeß, der mit den Gorbatschowschen Experimenten begann und mit dem Zusammenbruch der Sowjetunion endete, sicher nicht das Hauptmoment gewesen ist.

Folgendes ging mir, sicher noch unvollkommen und vielleicht auch noch ungenau, durch den Kopf, was bei jedem Neuanfang einer linken, emanzipatorischen Bewegung unbedingt verändert werden muß: Der rasche Zerfall der SED in so wenigen Wochen Ende 1989 scheint mir bestätigt zu haben, daß die Partei, die sich doch als eine Partei neuen Typus verstand, einfach zu groß war – mehr als 2,2 Millionen Mitglieder, fast 15 Prozent der Gesamtbevölkerung. Das kam zwar dem oft laut verkündeten Gedanken »Wo ein Genosse ist, ist die Partei« insofern nahe, daß fast in allen Bereichen, allen Betrieben, allen Einrichtungen eine vergleichbare Prozentzahl Parteimitglieder vorhanden war, die Aktivierung parteiloser Sympathisanten jedoch behindert und die Inaktivität vieler Genossen billigend in Kauf genommen wurde. Es zeugte letztendlich wohl von einem ungenügenden Vertrauen in die parteilose Mehrheit, ihre Fähigkeiten, ihre Tatkraft und schuf einen aufgeblähten, sich oft mit sich selbst beschäftigenden Apparat. Auch die politisch-ideologische Bildung einer so großen Partei wurde schwierig, die Anforderungen an Aktivität und Einsatzbereitschaft mußte sinken – dafür wurde Mitläufertum, Anpassung und Denken gefördert.

Ein Fehler, der vielleicht noch schwerer wog, war es, die Leitungsverantwortung in der Gesellschaft und im Staat gewissermaßen auf allen Ebenen zu verdoppeln. Jedes Ministerium wurde von einer entsprechenden Abteilung des ZK-Apparates angeleitet und kontrolliert – mehr noch: Die Entscheidungen wurden zunehmend auf der Ebene der Partei getroffen und dann von den Organen der Regierung nur durchgesetzt, schließlich wurden Parteibeschlüsse wortgetreu in Regierungserlasse umgesetzt. Das führte dazu – es mußte dazu führen –, daß hochqualifizierte Kräfte verschlissen und dennoch nicht effektiv genug eingesetzt wurden und die persönliche Verantwortung herabgesetzt wurde.

Der vielleicht größte Fehler bestand darin, daß – fußend auf diesen beiden Faktoren, die Verantwortung im Laufe der Zeit immer mehr von der Basis nach oben verlagert wurde. Wie die Lehre vom demokratischen Zentralismus und von der notwendigen Parteidisziplin gegenüber den zentral gefaßten Beschlüssen von uns gehandhabt wurde, führte letztlich dazu, daß die wirklich entscheidenden Festlegungen von einem immer kleineren Kreis gefaßt wurden, vom Politbüro – und auf besonders brisanten Feldern sogar nur von wenigen aus diesem Gremium. Anders ist die ehrliche Überraschung auf den letzten ZK-Tagungen über zum Teil nun zum ersten Mal zur Kenntnis genommene Tatsachen nicht zu erklären.

Es gab Meinungen, daß ein zu strenges Festhalten an den Prinzipien des Marxismus-Leninismus die Unbeweglichkeit unserer Riesenpartei bewirkt hätte. Ich halte das für falsch – es war so, daß sich die bloße Wiederholung einmal formal gelernter Lehrsätze rächte, daß unser Verständnis vom Marxismus-Leninismus nicht genügend vertieft, schöpferisch erweitert und bei jedem großen Ereignis in Politik, Wirtschaft oder Wissenschaft überprüft und den neuen Bedingungen angepaßt wurde, wie Marx es gefordert hatte, sondern zu einer Art Glaubensfrage, zum bloßen Ritual erstarrte. Ich glaube, wir hatten kein Zuviel an Treue zu unserer Weltanschauung, sondern zuwenig Mut, sie immer wieder neu auf die Probe zu stellen und im Kampf nicht nur zu verteidigen, sondern auch lebendig weiterzuentwickeln. »An allem ist zu zweifeln!« – diese Antwort von Karl Marx auf die Frage nach seinem eigentlichen Lebensmotto wurde von uns zwar oft zitiert, aber nicht angewandt. Zweifel war verpönt und die Suche nach neuen Wahrheiten, die aus dem Zweifel entspringen, auch.

Am 21. Januar 1990 erlebte ich die schwersten, schmerzhaftesten Stunden meines ganzen Lebens. Die neugebildete Schiedskommission schloß Egon Krenz und dreizehn weitere Mitglieder und Kandidaten des erst im November gewählten Politbüros aus der Partei aus. Ich gehörte zu ihnen. Auch wenn ich erst im Juni 1945, mit der Zulassung der Kommunistischen Partei Deutschlands als erste politische Partei nach dem Sieg über Hitlerdeutschland, ihr Mitglied geworden war und seit den denkwürdigen Apriltagen 1946 der Sozialistischen Einheitspartei Deutschlands angehörte, so hatte ich doch schon viel früher eine enge Bindung zur Arbeiterbewegung gehabt. Schon seit meiner Kindheit besaß das Wort »Partei« einen besonderen Klang für mich, wie »Elternhaus«, wie »Heimat«, wie »Solidarität« – da Vater und Mutter in und für die Kommunistische Partei lebten und arbeiteten. Es setzte sich fort in den Jahren des Nationalkomitees »Freies Deutschland« in der Sowjetunion, wo die besten Gefährten und Berater für mich die Partei und ihre Traditionen vertraten. Jetzt also wollte man diese feste Bindung, die für mich überhaupt denkbar war, schroff durchschlagen.

Den mir genannten Grund meines Ausschlusses verstand ich nicht, ich glaubte falsch gehört, falsch gelesen zu haben. Der Leiter der Schiedskommmission, Günter Wieland, hatte mir eine Begründung zugestellt, die in dieser Situation merkwürdiger und unglaubwürdiger kaum sein konnte. Man wollte mich aus der Partei entfernen, da ich »eine ungenügende Verbundenheit und mangelhaftes Vertrauen zur Sowjetunion« bewiesen hätte.

Erst in den letzten Tagen hatte ich einen Brief des Chefs des Stabes des Vereinten Kommandos, Armeegenaral Lobow, erhalten, der sich bei mir für die Haltung zur Sowjetunion bedankt hatte. Ich ließ eine Kopie dieses Briefes anfertigen und schickte sie gemeinsam mit der unverständlichen, nicht zu akzeptierenden Beschuldigung an die Schiedskommission zurück.

Am 21. Januar wurde ich gemeinsam mit dreizehn anderen Genossen zur abschließenden Verhandlung in das Gästehaus des Zentralkomitees, in das sogenannte »Haus an der Spree«, geladen. Gekommen waren wir gemeinsam, gesprochen wurde mit jedem einzeln. Es war ein Schnellverfahren. Jetzt erst verstand ich bei den Worten Wielands, was eigentlich mit meinem »ungenügenden Vertrauen zur Sowjetunion« gemeint war. Man warf mir vor, daß ich nicht bedingungslos der Politik Michail Gorbatschows zugestimmt, Vorbehalte, ja Einwände gegen Glasnost und Perestroika gehabt und damit gegen das Gebot der deutsch-sowjetischen Freundschaft verstoßen hatte. »Gerade wegen meiner Verbundenheit mit der Sowjetunion war und bin ich gegen diese Politik«, sagte ich.

Als ich nach meinem Ausschluß den Raum verließ, forderte eine Sekretärin, die ich seit vielen Jahren von ihrer Arbeit im Hause des Zentralkomitees kannte, mein Parteidokument, dies sei die Vorschrift. Ich verweigerte die Herausgabe.

Am 24. Januar 1990 – drei Tage nach dem Parteiausschluß, zwei Tage vor meinem 70. Geburtstag – wurde ich zum ersten Mal verhaftet. Am 18. Januar hatte der neue Minister für Verteidigung, der von mir vorgeschlagene Admiral Theodor Hoffmann, eine kurze Pressemitteilung darüber veröffentlicht, daß auch gegen mich ein Ermittlungsverfahren eingeleitet worden sei.

In der Tat hatte mich Militäroberstaatsanwalt Gehrke aufgesucht und mir mitgeteilt, daß er »leider« gezwungen sei, ein solches Ermittlungsverfahren gegen mich durchzuführen. Auf meine erstaunte Frage, was man mir denn vorwerfe, sprach er von dem Verdacht des Amtsmißbrauchs und der Korruption. Kurz danach tauchten vier weitere Militärstaatsanwälte bei mir auf und durchsuchten meine Wohnung mit besonderer Gründlichkeit. Als sie fertig waren, teilten sie mir mit, daß sie bereits einen Haftbefehl hatten, ich mußte mich in anziehen und mitgehen. Am selben Tag wurde auch der Minister für Bauwesen, Wolfgang Junker, verhaftet. Er wurde fast zum gleichen Zeitpunkt im Zellenbau des Polizeipräsidiums in der Keibelstraße, unmittelbar neben dem Alexanderplatz, eingeliefert, in dem sich bereits Günter Kleiber befand – unter einer ebenso unbestimmten Beschuldigung.

Die Bedingungen dieser Haft waren außerordentlich hart und deprimierend, einmal, weil es Organe der DDR waren, Beauftragte des Generalstaatsanwaltes der Republik, die die Verhaftung veranlaßt hatten, zum anderen, weil Militärstaatsanwälte mich verhaften ließen, die ich gut kannte und die auch mich besser kannten, als sie jetzt vorgaben, und drittens, weil man es förmlich darauf anlegte, uns zu erniedrigen und zu demütigen. Die Zellen in der Keibelstraße waren eng und dunkel –, und wir mußten, wenn wir aus der Zelle geholt wurden, Handschellen tragen, obwohl es keinerlei Beweise für unsere »Vergehen« gab und auch keine Fluchtgefahr bestand. Vielleicht wollte jemand so kurz nach der Wende gegenüber der neuen Obrigkeit besonders diensteifrig erscheinen.

Die Haftgründe, die man uns schließlich mit Verzögerung mitteilte, konnten die Beweggründe für diese miserable Behandlung nicht sein. Man hatte mich gleich dreifach im Verdacht. Zum ersten warf man mir vor, daß ich einige Male – einmal? zweimal? noch öfter? –, das blieb ungenannt, bei Flügen mit Maschinen der Regierungsstaffel Dienstliches und Privates miteinander verknüpft habe, einen offiziellen Besuch im Ausland mit einem anschließenden Urlaub. Zum zweiten behauptete man, daß ich ein begeisterter Jäger sei und im Norden der Republik ein gesondertes, besonders großes und attraktives Jagdgebiet für das Ministerium festgelegt und widerrechtlich beschlagnahmt hätte. Ich konnte nur lachen. Jeder der mich kannte, wußte, daß ich überhaupt kein engagierter Jäger war und maximal einmal im Jahr an einer Jagd mit den ausländischen Attachés und einmal mit dem Kollegium – eine Pflicht meines Amtes – teilnahm. Und drittens mutmaßte man, daß ich mir beim Bau von Einfamilienhäusern in Strausberg ein Haus mit besonderem Luxus ausstatten ließ, von einer Sauna war die Rede. Ein Blick in mein Haus hätte die Unrichtigkeit dieser Behauptung belegen können.

Nach einigen Wochen wurden wir von der Keibelstraße in die U-Haftanstalt Hohenschönhausen verlegt. Hier erwiesen sich die

Bedingungen als etwas besser und leichter. Ob etwas ermittelt worden war, erfuhr ich lange nicht. Ich suchte natürlich einen Verteidiger, der tüchtig war und dem ich vertrauen konnte – ich fand ihn mit Hilfe von Freunden, die mir den Justitiar des Staatlichen Rundfunkkomitees Dr. Winfried Matthäus empfahlen. Er war dort der Nachfolger des legendären Professors Friedrich Karl Kaul, in dessen Kanzlei er Jahrzehnte hindurch als sein Sozius gearbeitet hatte und von dem er nach dessen Tod mit anderen Anwälten die Praxis übernahm. Ich erwähne es auch deshalb, weil er später im großen Prozeß in Moabit einer meiner Anwälte war.

Fast fünfeinhalb Wochen dauerte die Untersuchungshaft. Dann suchte mich wiederum der Militärstaatsanwalt in meiner Zelle auf und teilte mir kurz und bündig, offensichtlich ohne Gewissensbisse mit, daß ich sofort die Haftanstalt verlassen könne – die Ermittlung hatte keinerlei Beweise dafür erbracht, daß die Anschuldigungen berechtigt waren.

Er war höchst erstaunt, als ich ihm sagte, daß ich nicht daran dachte, so ohne weiteres die Haftanstalt zu verlassen – dies war ihm noch nie vorgekommen. Mit Schärfe verlangte ich, daß die Generalstaatsanwaltschaft zunächst eine öffentliche Erklärung abgab, in der die völlige Nichtigkeit aller Anschuldigungen bestätigt wurde. Da er es nicht allein entscheiden mochte, blieb ich zunächst in der Zelle. Es dauerte einige Tage, dann kam er wieder und zeigte mir den Text einer knappen Verlautbarung. Ich las sie gründlich, korrigierte dies und das und erklärte mich dann einverstanden – und verließ die Zelle immer noch nicht: Erst sollte klar sein, daß der vereinbarte Wortlaut, vom Generalstaatsanwalt unterschrieben, wirklich der Presse übergeben wurde.

Wieder war keine selbständige Entscheidung zu erhalten.

Dann sagte ich – weil mein Verteidiger dies geraten hatte und auch weil meine Familie wollte, daß ich endlich nach Hause kam –, daß ich unter einem Vorbehalt die Haftanstalt verlassen würde: Innerhalb von zwei Tagen solle die Erklärung in der Presse veröffentlicht sein, sonst würde ich selbst dafür sorgen.

Es kam, wie es vorauszusehen war: Die gleiche Behörde, die mich in allen Zeitungen an den Pranger gestellt und mich der Korruption und Rechtsbeugung beschuldigt hatte, dachte gar nicht daran, ihr Eingeständnis meiner Unschuld zu veröffentlichen. Nur weil ich selbst diese Bestätigung, nicht nur meiner Unschuld, sondern auch der bewußt falschen Beschuldigung durch die Generalstaatsanwaltschaft an die internationalen Agenturen und die großen Zeitungen weitergab, kam die Wahrheit in die Öffentlichkeit.

Ob sie – angesichts der aufgeheizten Atmosphäre – wirklich von vielen zur Kenntnis genommen wurde, weiß ich nicht.

Zur gleichen Zeit wurden auch Günter Kleiber und Wolfgang Junker aus der Haft entlassen – auch die Vorwürfe gegen sie hatten sich als völlig haltlos erwiesen. Wolfgang Junker, ein sehr tüchtiger Mann, hatte eine durch und durch DDR-typische Biographie: Sohn einer Quedlinburger Arbeiterfamilie, lernte er von 1945 an Maurer und arbeitete bei den ersten Neubauten nach dem Krieg in seiner engeren Heimat mit, konnte dann studieren, wurde Bauingenieur, war Bauleiter an einem Abschnitt der Berliner Stalinallee, leitete dann einige große volkseigene Baubetriebe und war von 1963 bis 1989 Bauminister. Als solcher hat er außerordentlich viel für das große Wohnungsbauprogramm der DDR geleistet und all seine Kraft dafür gegeben, daß in wenigen Jahren viele Hunderttausende bezahlbarer Wohnungen entstanden. Er war bei aller Tüchtigkeit und Energie ein sehr sensibler Mensch und hat die schmachvolle Behandlung nicht verkraftet. Schon kurze Zeit nach seiner Entlassung rief mich seine Frau an und bat um einen Besuch, Wolfgang habe sich nach der Entlassung völlig verändert, sei depressiv und spreche kaum noch ein Wort.

Wir besuchten ihn, und als wir gingen, glaubten wir froh sein zu können, weil seine Frau uns sagte: Heute hat er zum ersten Mal wieder gelächelt.

Anfang April 1990, knapp vier Wochen nach unserer Entlassung, nahm er sich das Leben.

Er blieb nicht der einzige, der den Freitod wählte.

Juni 1991 – Juli 1994

Ob sie uns auch zerbrechen -
Sie beugen uns doch nicht,
Und eh der Tag vergangen,
Stehn wir frisch aufgericht.

Ob sie die Flamm ersticken -
Der Funke heiß sich regt,
Und über Nacht zum Himmel
Die neue Flamme schlägt.

Die Gegenwart mag trügen,
Die Zukunft bleibt uns treu.
Ob Hoffnungen verfliegen,
sie wachsen immer neu.
Karl Liebknecht
Herbst 1918

Ein Jahr, nachdem ich aus der ersten Untersuchungshaft entlassen worden war, ein Jahr, nachdem die völlige Haltlosigkeit aller Anwürfe und Verdächtigungen gegen mich erwiesen und von der Anklagebehörde zugegeben war, befand ich mich mit Ruth während der Pfingstfeiertage 1991 bei unserem Sohn Frank und seiner Familie in Strausberg. Es war nach längerer Zeit der erste einigermaßen erholsame Aufenthalt außerhalb Berlins, der wirklich der Entspannung, dem Zusammensein mit den Enkelkindern dienen sollte. Die Monate davor waren anstrengend und eine dauernde, niederdrückende Belastung der Nerven wie der körperlichen Kräfte gewesen. Es waren Monate einer schweren Prüfung und ständigen Selbstprüfung – nicht nur im Ergebnis der sich überhastenden, tiefgreifenden politischen Veränderungen in unserem Lande, sondern auch in den eigenen Lebensverhältnissen. Alles war anders geworden. Die Tage der Ruhe an den Pfingsttagen sollten mithelfen, Abstand zu gewinnen und einen neuen Beginn zu wagen.

Im November 1989 war ich in aller Form aus der Armee verabschiedet worden – nach mehr als vier Jahrzehnten ständiger Anspannung hatte ich plötzlich keine regelmäßig zu bewältigende Aufgabe mehr. Das hätte ich auch sonst – im Januar 1990 siebzig Jahre alt geworden – meistern müssen: Ich hatte schon lange die Absicht, lange bevor an die Wende überhaupt zu denken war, mit diesem Geburtstag aus dem aktiven Dienst auszuscheiden. Es wäre anders verlaufen als jetzt, ich hätte sicher weiter eine ehrenamtliche politische, eine gesellschaftlich nützliche Arbeit übernommen, wäre als Berater und Konsultant aktiv geblieben, gekommen aber wäre es allemal und ich hätte den Übergang schaffen müssen.

Was mich jetzt bedrängte, neben der bitteren, aufreizenden Erfahrung einer unrichtigen Beschuldigung und einer demütigenden Gefängnishaft, die bloßer Willkür entsprang, war vor allem zweierlei: In diesem Jahr des Untergangs der DDR und ihres Übergangs in die BRD war alles auch begleitet davon, daß viele persönliche Kontakte, viele freundschaftliche Beziehungen, viele Möglichkeiten des Erfahrungsaustausches mit Menschen, auf deren Sachverstand und menschliche Loyalität man großen Wert legte, unterbrochen wurden, da ein jeder sich in die neuen Bedingungen einleben und mit den eigenen Problemen und Sorgen erst einmal fertig werden mußte. Ich war immer, Zeit meines Lebens, ein kontaktfreudiger Mensch, der den direkten Umgang mit sehr vielen Menschen wollte und Kameradschaft, Freundschaft und Solidarität groß geschrieben hat. Gewiß, der Kontakt mit vielen meiner engsten Gefährten blieb, aber ihre Zahl wurde geringer und die Abstände zwischen den Begegnungen größer.

Und das zweite war, daß meine unmittelbare ständige Umgebung sich gründlich veränderte. Ich wurde gezwungen, von Strausberg nach Berlin umzuziehen. Ich bekam eine Dreizimmerwohnung in einem baufälligen Zweifamilienhaus in Karlshorst zugewiesen, nicht weit von jenem Gebäude entfernt, in dem ich nach meiner Rückkehr aus der Sowjetunion im Mai 1945 mein erstes Quartier gefunden und meine politische Arbeit im Deutschland der ersten Nachkriegstage begonnen hatte. Natürlich mußte die neue Wohnung erst renoviert und eingerichtet werden – es war dies eine schwierige Arbeit, die vor allem von meiner Frau Ruth Einfallsreichtum erforderte und Kraft verschlang.

Das lag nun endlich hinter uns. Pfingsten 1991 sollte ruhig im Kreis der Familie verlaufen, dann würde man weitersehen.

Am zweiten Pfingstfeiertag jedoch wurden wir von unserem Karlshorster Nachbarn, der mit uns im gleichen Haus wohnte, telefonisch aus der Ruhe gerissen. Er habe den Verdacht – sagte er erregt – daß irgend jemand in unsere Wohnung eingebrochen sei. Sein Eindruck war, die Türen seien aufgebrochen worden, man habe die Wohnung durchstöbert und auch einiges mitgenommen, danach habe die Polizei die Wohnungstür versiegelt – mehr konnte er nicht sagen, da er während des Einbruchs nicht selbst im Haus gewesen sei. Wir fuhren sofort nach Berlin-Karlshorst zurück. Es waren keine Einbrecher gewesen, die unsere Wohnung heimgesucht hatten, es war die Polizei selber. Sie war, ohne uns zu informieren, ohne überhaupt nach uns zu fragen, in unsere Wohnung eingebrochen. Wie wir später erfuhren, ging die Polizei von der Annahme einer akuten Fluchtgefahr aus, eine Begründung gab sie nicht und hätte sie auch nicht geben können. Sie hatte eine Menge Material – übrigens ohne unsere Anwesenheit, ohne eine Bestätigung, ohne jede Zeugenschaft – beschlagnahmt, das aufgesprengte Schloß ausgewechselt und einen Zettel an die Tür geheftet: der Schlüssel sei im Karlshorster Polizeirevier in der Hans-Loch-Straße abzuholen.

Wir fuhren sofort hin – ein Polizeibeamter erklärte mir, es läge ein Haftbefehl vor, ich sei festgenommen. Auf meine erstaunte Frage, was man mir denn vorwerfe, antwortete er zu meiner großen Überraschung nicht »Amtsmißbrauch«, nicht »Korruption«, sondern »Totschlag«. Eine Erklärung konnte oder wollte er nicht geben. Ich wurde in die Stadt, in eine Aufnahmezelle gebracht, wo ich die Nacht verbrachte. Am nächsten Tag – das so friedvolle Pfingstfest war vorbei – wurde ich in die Untersuchungshaftanstalt Berlin-Moabit gebracht. Dort sah ich als ersten Bekannten Willi Stoph. Ich erfuhr, daß sehr bald auch Erich Mielke, Fritz Streletz und Hans Albrecht eingeliefert würden und daß die Bestrebungen der Bundesregierung darauf hingingen, Erich Honecker – der sich zu dieser Zeit in Moskau befand – nach Berlin zu holen. Uns sechs sollte gemeinsam der Prozeß gemacht werden.

Es folgten zunächst dreizehn Monate Einzelhaft, zweiundzwanzig Stunden Alleinsein am Tag, außer den zwei Stunden des Freiganges in einer engen Zelle. Dann erlitt ich einen Leistenbruch, der mit starken Schmerzen verbunden war, und wurde, übrigens von einer sehr umsichtigen und um die Patienten, auch um mich sehr bemühten Ärztin betreut, ins Haftkrankenhaus eingeliefert. Nach einigen Tagen wurde ich dann im nahegelegenen Krankenhaus Moabit in der Turmstraße operiert und nach vier Tagen wiederum ins Haftkrankenhaus gebracht. Dort war ich dann während der ganzen Zeit bis zum Prozeßbeginn und während des gesamten Verfahrens bis zum Tag des Urteils, dem 16. September 1993, eingesperrt. Die Haft betrug insgesamt zwei Jahre und drei Monate.

Der Grund für die lange Untersuchungshaft war offensichtlich das schwierige Bemühen, Erich Honecker wie auch immer nach Berlin zu holen. Die bundesdeutschen Justizbehörden wollten keinen »Prozeß Keßler und andere«, man wollte unbedingt einen »Prozeß Honecker und andere«. Man plante, wie man im voraus mehr als einmal ausplauderte, einen »Jahrhundertprozeß«. Daß das Verfahren, das dann am 12. November 1992 – eineinhalb Jahre nach meiner Verhaftung – schließlich eröffnet wurde, doch nicht zu einem solchen Jahrhundertprozeß wurde, lag nicht an der späten Einsicht oder am wiedererwachten Rechtsbewußtsein der bundesdeutschen Justiz, sondern an anderen Faktoren.

Die Länge der Untersuchungshaft, so unangenehm sie war, gab mir reichlich Gelegenheit zum Nachdenken. Ich bekam entsprechend der Anstaltsordnung ab und zu Besuch, vor allem von Ruth, die mir etwas zu lesen brachte. Zwölf Bücher durfte ich jeweils in der Zelle haben, die Reihe im Regal war immer vollständig. Als ich nach dreizehn Monaten in eine Zelle mit Steckdosenanschluß verlegt wurde, konnte ich Radio hören und fernsehen. Und ich durfte Zeitungen bestellen und die Sichten auf die Ereignisse miteinander vergleichen – im *Tagesspiegel*, in der *Welt*, in der *Süddeutschen Zeitung*, im *Neuen Deutschland* und in der *Berliner Zeitung*.

Anregungen und Material zum Nachdenken gab es also genug. Das war auch dringend notwendig, denn ich wollte ja keineswegs in der Zelle nur die Zeit totschlagen, ich wollte mich, so gründlich es überhaupt ging, auf den Prozeß vorbereiten. Es war für mich, der ich kein Jurist bin, eine komplizierte, anstrengende Arbeit.

Mein Verteidiger war – wie schon Anfang 1990, so auch in diesem Verfahren – Rechtsanwalt Dr. Winfried Matthäus. Eines Tages kam er zu mir und erklärte, daß es notwendig wäre, auch einen westdeutschen Anwalt hinzuzuziehen, da er allein mit den vielen Finessen des bundesdeutschen Prozeßrechtes, mit eventuellen Präzedenzurteilen und mit den Verfahrensweisen der Gerichte und der einzelnen Vorsitzenden Richter nicht ausreichend vertraut war.

Nach kurzer Zeit teilte er mir mit, daß er eine junge Anwältin gefunden habe, die sehr tüchtig und bereit sei, meine Verteidigung, ja selbst eine Pflichtverteidigung zu übernehmen. Es war Frau Astrid Mildebrath, die mit ihrem Mann, Hans Peter Mildebrath, eine erfolgreiche Anwaltskanzlei in Westberlin unterhielt. Ihr Mann würde nicht in den Prozeß einbezogen – so Matthäus –, aber er würde, wenn nötig, helfen.

Mir war der Begriff »Klassenjustiz« seit der frühesten Kindheit bekannt, seit der Zeit der Weimarer Republik, da mein Vater wiederholt angeklagt war und verurteilt wurde. Und ich wußte natürlich – gerade angesichts des geradezu brutalen, rücksichtslosen Feldzuges des siegreich gebliebenen Kapitalismus gegen alle Überbleibsel des Sozialismus in der DDR –, daß dabei auch die Justiz ihren Frontabschnitt zugeteilt bekam. Nur reichten diese überkommenen Bezeichnungen allein natürlich nicht aus, obwohl sie für den Anfang schon viel waren. Jetzt ging es um weitere Fragen, die nur ich selbst mir beantworten konnte.

Die erste Frage, die sich mir stellte: Warum war gerade dieser Kreis von sechs Angeklagten auserwählt worden, in diesem Verfahren gemeinsam auf einer Bank zu sitzen ? Man hatte erklärt: Weil sie alle Mitglied des Nationalen Verteidigungsrates der DDR waren. Aber im Laufe der vielen Jahre hatten sehr viel mehr politische Mandatsträger der DDR dem Verteidigungsrat angehört – und schon jetzt hörte man immer wieder die Ankündigung, auch sie kämen noch vor Gericht. Warum also gerade wir, wenn es so schwierig und langwierig war, alle sechs zusammenzubekommen. Man hatte weiter erklärt – und das dann im Verfahren immer wiederholt: Weil wir sechs an einer ganz besonderen Sitzung des Verteidigungsrates im Jahre 1974 teilgenommen hatten, in der bestimmte Beschlüsse zum Grenzregime gefaßt wurden. Das konnte es auch nicht sein, denn einer der jetzt Angeklagten (Albrecht) gehörte damals noch gar nicht dazu. Daß diese Zusammensetzung aber das erklärte Ziel war und darum einem ganz bestimmten Kalkül entsprang, war ganz offensichtlich. Bundesregierung, Justiz und Diplomatie taten geradezu demonstrativ und unverhüllt alles, um unter allen Umständen Erich Honecker – den ehemaligen Generalsekretär, Vorsitzenden des Staatsrates und Vorsitzenden des Nationalen Verteidigungsrates der DDR – vor dieses Gericht, nicht vor den Bundesgerichtshof, nicht vor das Kammergericht, nicht vor einen Sondergerichtshof, sondern eben vor ein Kriminalgericht, vor eine gewöhnliche Strafkammer des Berliner Landgerichts zu bekommen. Erich Honecker war – nachdem er die Wohnung des evangelischen Pfarrers im brandenburgischen Lindow, der ihm Anfang 1990 Aufenthalt gewährt hatte, und dann auch die zeitweilige Unterkunft in einem Krankenhaus der sowjetischen Truppen in Beelitz verlassen hatte und in der hitzigen Atmosphäre der zusammenstürzenden DDR nirgendwo ein Dach über dem Kopf erhielt – nach Moskau geflogen, um dort in einer Klinik wegen seines Krebsleidens behandelt zu werden.

Danach hatte er Unterkunft in der chilenischen Botschaft in Moskau gefunden, sicher als Anerkennung dafür, daß die DDR nach dem Pinochet-Putsch in Chile Tausenden chilenischen Demokraten Asyl gewährt und Arbeit gegeben hatte. Die Bundesbehörden setzten wirklich alles ein, damit Honecker ausgeliefert wurde, Mittel der unverhüllten Drohung, der angebotenen Bestechung, der politischen Erpressung sowohl der chilenischen wie der russischen Stellen, um dieses Ziel zu erreichen .

Und als dies nach fast zwei Jahren, im Juli 1992, wirklich gelang – solange war der Prozeßbeginn immer wieder hinausgezögert worden –, als Honecker nach seiner endlichen Landung in Berlin in einer sensationellen Autowettfahrt der Polizei und der vielen Fernsehteams in die Haftanstalt Moabit gebracht worden war, erfuhr man, daß man, um diesen Coup zu landen, nicht einmal davor zurückgeschreckt war, von den Moskauer Ärzten eine Fälschung der Krankengeschichte des 80jährigen zu verlangen. Man wußte genau, daß man einen Todkranken vor das Gericht stellte, und man wußte auch, daß er möglicherweise das Ende des Prozesses nicht mehr erleben würde, man kalkulierte es mit ein und nahm es – wie man es sonst nur uns vorwarf – »billigend in Kauf«. Schließlich entschied man sich, als am 19. Oktober 1992 endlich per Beschluß das Hauptverfahren eröffnet wurde, dazu, die Anklage auf nur zwölf »Einzelfälle« von Schüssen an der Mauer zu reduzieren, ausdrücklich mit dem Ziel, angesichts der auch in Moabit festgestellten außerordentlichen Einschränkung der Haftfähigkeit Honeckers das Verfahren abzukürzen und es so unter allen Umständen durchführen zu können.

Weiter war von Anfang an klar, daß auch zwei weitere Angeklagte schwer krank waren – Willi Stoph und Erich Mielke – und daß absehbar war, daß der Prozeß auch gegen sie nicht würde durchgeführt werden können. Das hinderte die Justizbehörden jedoch nicht daran, sie wenigstens zur Eröffnung des Verfahrens herbeizuzwingen und Anklage zu eröffnen. Es war klar: Man wollte unbedingt uns sechs in dieser Formation vor den Schranken des Gerichtes.

Politik hat von altersher immer auch etwas mit Symbolik zu tun. Man glaubte sicher, mit dieser Auswahl die Staatsspitze und die Spitze der Verteidigungskraft der DDR und damit symbolisch die DDR als Staat vor ein Strafgericht zu stellen – das Staatsoberhaupt (Honecker), den Ministerpräsidenten (Stoph), den Minister für Staatssicherheit (Mielke), den Minister für Nationale Verteidigung (Keßler), den Chef des Hauptstabes der Armee (Streletz) und, stellvertretend für alle, einen leitenden Parteifunktionär eines Grenzbezirkes (Albrecht). Sprach man sie schuldig, sprach man den Staat und die Armee als Ganzes schuldig, verurteilte man sie, verurteilte man die ganze DDR.

Die zweite Frage, die sich mir aufdrängte: Warum hatte man sich angesichts so vieler öffentlicher Beschuldigungen und Anklagen gegen die DDR, die plötzlich ausgesprochen wurden, dazu entschlossen, nahezu ausschließlich das Thema »Mauer«, also das Grenzregime der DDR zum hauptsächlichen, ja geradezu zum einzigen Gegenstand des Prozesses gegen die Staatsspitze zu machen? Warum bemühte man sich mit einer juristisch nicht nur gewagten, sondern geradezu abenteuerlichen, halsbrecherischen Konstruktion darum, ausgerechnet den Tatbestand »Totschlag« herbeizuholen – wie es einmal sogar hieß: »Totschlag ohne Täter zu sein«? Warum das starrsinnige Festhalten – trotz aller Einwände und Proteste – an der Bezeichnung »innerdeutsche Grenze« für die Staatsgrenze der DDR, als ob es sich um eine Grenze zwischen Thüringen und Bayern, zwischen Sachsen-Anhalt und Niedersachsen gehandelt hätte, nicht aber um die Grenze zwischen zwei Gesellschaftssystemen, zwei Militärblöcken?

Der Grund dafür konnte nicht allein der sein, daß die Begriffe »Totschlag« und »Mauermorde« besonders furchterregend, bedrohlich und auf niedrigste Weise diffamierend klangen und am ehesten geeignet schienen, vor der nicht voll informierten Bevölkerung und vor der Öffentlichkeit anderer Länder den Eindruck zu erwecken, es ginge in diesem Verfahren nicht um Politik, sondern schlechthin um »Gewaltkriminalität« – oder wie es einer der leitenden Staatsanwälte noch schärfer formulierte: um die Anwendung krimineller Mittel und Methoden zur Durchsetzung von

Staatszielen. Natürlich wußte jeder der Beteiligten, daß die Grenze und das Grenzregime im Herzen Europas zu den politischen Hauptthemen der Nachkriegszeit gehörten. Selbstverständlich wußten alle ebenso, daß die aufgelisteten »Fälle« – allesamt natürlich bedauerlich und tragisch – Ereignisse waren, die aus bestimmten Bedingungen und Zwängen erwachsen waren, die man überhaupt nicht behandeln konnte, ohne ständig mit Ursachen, Begleiterscheinungen und Folgen des Kalten Krieges konfrontiert zu werden.

Auch die wiederholt aus dem Munde bundesdeutscher Juristen gehörte Behauptung – man wolle nicht noch einmal die gleichen Fehler begehen wie in den Jahrzehnten nach dem Zweiten Weltkrieg, in denen die bundesdeutschen Gerichte gegenüber den Naziverbrechern zu milde, zu nachsichtig, zu unentschlossen gewesen seien. Jetzt wolle man, so hieß es da, gleich von Anfang an mit Strenge und mit der notwendigen Härte »gegen eine Diktatur und ihre Diktatoren« vorgehen – auch das war einfach nicht ernst zu nehmen. Zu offensichtlich ist, daß beide Haltungen – Milde gegen die Faschisten, Härte gegen erwiesene Antifaschisten, Nachsicht mit den Nazis, Rachsucht gegen Kommunisten – aus derselben Grundüberzeugung erwuchsen, die die bürgerliche deutsche Justiz noch immer beherrscht hat: Unser Feind steht vor allem links!

Nachdem ich mir alle Antworten selbst gegeben, mehrfach überprüft und bestätigt gefunden hatte, ergab sich, daß es zumindest fünf Erklärungen für den Kraftakt gab, den die bundesdeutsche Justiz mit Wissen und im Auftrag der bundesdeutschen Politik mit unserem Verfahren unternahm, für die unsere Namen ihnen gerade recht waren.

Die erste Erklärung zeugte von dem maßlosen Bemühen, eine ganze historische Epoche – wenn man sie schon nicht aus dem Buch der Geschichte unseres Jahrhunderts streichen konnte – doch wenigstens neu zu bewerten, sie umzuschreiben, schlichtweg zu fälschen, so daß man dort wieder anschließen konnte, wo Deutschland vor dieser Epoche schon einmal stand. Es mußte doch nachdenklich stimmen, daß der nun inflationär gebrauchte Begriff »Unrechtsstaat« bis zum Jahre 1990 fast nicht verwendet wurde – und auch jetzt, wenn es offiziell geschieht nur, wenn man einen allgemeinen, nicht zu beweisenden, nur behaupteten Vergleich mit dem NS-Staat versuchte. Der Begriff wurde und wird nicht auf das Chile Pinochets, das Spanien Francos, das Haiti des Papa Doc, das Indonesien Suhartos oder das Südafrika der Apartheid angewendet – nur auf das Deutschland Hitlers – und auf die DDR. Warum wohl? Indem man – und zwar mit den Mitteln des Gerichtes – die DDR als einen »Unrechtsstaat von Anfang an« diffamierte und verurteilte, wollte man schon ihre Entstehung im Gefolge des Sieges der Antihitlerkoalition über den Hitlerstaat, wollte man schon ihre bloße Existenz während vier Jahrzehnten als einen Verrat an den deutschen Traditionen, als einen rechtswidrigen Bruch mit der Kontinuität der deutschen Geschichte erscheinen lassen.

Eine der ersten Notizen zu diesem Stichwort machte ich bereits kurz nach meiner Einlieferung in Moabit, im Juli 1991, aus einem Bericht über ein offizielles Forum beim Bundesminister der Justiz, gewissermaßen beim obersten Chef aller Staatsanwaltschaften – wir Militärs nannten so einen Vorgang »Vergatterung«. Ein Referent sagte dort: »Es gab ein einheitliches Deutschland, von dem ein gewisser Teil von einer Verbrecherbande besetzt war. Es war aus bestimmten Gründen nicht möglich, gegen diese Verbrecherbande vorzugehen, aber das ändert nichts daran, daß es ein einheitliches Deutschland war, daß selbstverständlich ein einheitliches Recht dort galt und auf die Verbrecher wartete und daß Salzgitter sozusagen das Symbol dieses Sachverhaltes war.«

Indem man nun endlich einmal über ein deutsches Staatsoberhaupt zu Gericht saß, wollte man den von ihm repräsentierten Staat, obwohl er in voller Übereinstimmung mit den Grundsätzen von Potsdam entstanden, Mitglied der Vereinten Nationen und von fast allen Staaten der Welt anerkannt war, wie eine kriminelle Entgleisung, wie einen Verstoß gegen die Rechtmäßigkeit deutscher Geschichte behandeln. Möglicherweise glaubte man sogar an die Chance, damit auch das Potsdamer Abkommen als Ganzes als eine bloße Fehlleistung auswärtiger Gewalt deklarieren zu können, das endlich kassiert werden sollte. Schließlich war Deutschland wieder eine »Großmacht« geworden, zur Führung Europas berufen, ökonomisch ohnehin, bald auch wieder militärisch im Rahmen der NATO.

Um die zweite Erklärung zu finden, bedurfte es jetzt keiner besonderen Anstrengung mehr, sie lag offen zutage und wurde in vielen Ländern, in vielen Sprachen deutlich gemacht. Zufällig an jenem Tag im Juli 1992, an dem Rundfunk und Fernsehen von der

Ausweisung Erich Honeckers aus Moskau berichteten und Kamerateams wie in einem Gangsterdrama den Wagen Honeckers durch die Straßen zum Gefängnis verfolgten, veröffentlichte die Zeitschrift *Die Zeit* einen ganzseitigen Artikel unter der Überschrift »Stasi kommt – Nazi geht«. Er stammte aus der Feder eines stark rechtslastigen Historikers, Hans Peter Schwarz. Er ging von seiner Auffassung aus, daß in den 80er Jahren in der BRD ein »Bewältigungsrummel gegenüber der NS-Zeit« deutlich »überzogen« worden sei, obwohl doch die öffentliche Auseinandersetzung mit dem Nationalsozialismus nur noch »Exerzitien eines gequälten Bewußtseins« waren. Und als Gegenstück zu diesen Attacken des Historikers las man die alarmierende Warnung des Generalsekretärs des Jüdischen Weltbundes, Isaak Singer, daß die Aufarbeitung der DDR-Geschichte zu einer Verdrängung all dessen führen könne, was vor 1945 in Deutschland geschehen war.

Die dritte Erklärung wies darauf hin, daß es bei einem solchen Verfahren nicht nur darum ging, die Vergangenheit der DDR zu delegitimieren, sondern auch wichtige Elemente der Geschichte der BRD vergessen zu machen. Mit einem besonders rüden, harten Vorgehen gegen den entmachteten Staatsratsvorsitzenden der DDR sollte der rote Teppich vergessen gemacht werden, den man noch fünf Jahre zuvor mit allem Pomp und allen Ehren in Bonn und anderswo entrollt hatte. Die durch Jahrzehnte entwickelte und immer weiter ausgebaute »Ostpolitik« der Regierungen Brandt, Schmidt und Kohl, die Millionen- und Milliardenkredite, die penetrante Schönrederei fast aller prominenter westdeutscher Politiker bei ihren Besuchen in der DDR – all das sollte als ein Irrtum erscheinen, den man jetzt erst durchschaute. Obwohl doch in dem »Honecker-Prozeß« nichts zur Sprache kommen konnte, was man in Bonn und anderswo nicht vorher schon wußte und in Kauf genommen hatte. Das Strafgericht über die führenden Männer der DDR sollte nachträglich als das immer, ohne Unterbrechung angestrebte Ziel bundesdeutscher Politik erscheinen und die unbestreitbare Tatsache vergessen machen, daß auch die Bundesregierung vom Zusammenbruch des Sozialismus im Osten überrascht und überrumpelt wurde und daß sie sonst auch noch jetzt gute Beziehungen zur DDR unterhalten und Profite aus dem Handel mit einer so maroden Wirtschaft scheffeln würde, wie es lange geschah.

Die vierte Erklärung hatte nicht so sehr mit Geschichte, sondern mehr mit Gegenwart und Zukunft zu tun. Von Anfang an lag der Gedanke nahe, daß man wieder einmal mit dem seit Jahrhunderten berüchtigten deutschen »gesunden Volksempfinden« spekulierte, daß man damit rechnete, erneut zum wievielten Male eine noch existierende Massenhysterie benutzen zu können, um vieles von dem, was seit 1990 inzwischen geschehen war, nachträglich zu rechtfertigen, es als notwendig, ja unvermeidlich darzustellen: die rücksichtslose Privatisierung einer ganzen Volkswirtschaft, die Deindustrialisierung ganzer Regionen, die daraus erwachsende Massenarbeitslosigkeit und die Minderung der Lebensqualität für Millionen Menschen.

Auch die fünfte Erklärung war gegenwärtiger, praktischer Natur. Ein Präzedenzurteil gegen die Spitze der DDR sollte unbestreitbar die Handhabe dazu liefern, gegen hunderttausend weitere »Funktionsträger« vor Gericht oder auf andere Weise, ob mit Berufsverboten, mit dem Rentenstrafrecht, mit der fortgesetzten Beschimpfung und Diffamierung vorzugehen – gegen die kleinen Funktionäre der verschiedenen Parteien und Organisationen der DDR, gegen ehemalige Richter, Staatsanwälte und Rechtsanwälte, gegen Lehrer und Hochschulprofessoren, gegen Kombinatsdirektoren und Betriebsleiter, gegen Schriftsteller und Künstler. Mit einer unvergleichlichen Unbefangenheit hat dies die Justizministerin der BRD, Frau Leutheusser-Schnarrenberger, auch ausgesprochen: »Das Verfahren kann zwar die Vergangenheit nicht aufarbeiten, aber es kann Anhaltspunkte für andere Verfahren und für geschichtliche Zusammenhänge liefern.« Das Rezept war leicht durchschaubar: Die Bezeichnung der DDR als »Unrechtsstaat« sollte nicht nur die ideologische Umrahmung der strafrechtlichen Verfolgung ihrer ehemaligen Hoheitsträger sein, sondern auch der Diffamierung und Demütigung eines großen Teils der DDR-Bevölkerung dienen. Wer einem Unrechtsstaat gedient hat, verliert zurecht seinen Arbeitsplatz im öffentlichen Dienst. Wer in der DDR Karriere gemacht hat, sei er nun Arzt in der Charité oder Bratscher in einem Sinfonieorchester, bekommt zurecht weniger Rente als ein Westdeutscher. Wer schließlich von diesem Staat ein Stück Land oder ein Häuschen im Grünen erworben hat, muß sich schämen und es zurückgeben. Das heißt, alle sollen das Gefühl haben, schuld zu sein, in der DDR gelebt zu haben.

All dies durchdenkend, konnte ich zu keinem anderen Schluß kommen, als daß der auf uns wartende Prozeß nichts anderes sein konnte, als ein rein politischer Prozeß, bei dem man sich aber scheute, es offen zuzugeben. Auch das hatte seine Tradition in Deutschland. In einem Artikel eines uns nahestehenden Journalisten wurde ich an einen anderen, weit zurückliegenden Prozeß erinnert, in dem Gleiches zu beobachten war. Im Jahre 1914 – nur wenige Monate vor Ausbruch des Ersten Weltkrieges – stand Rosa Luxemburg in Frankfurt am Main vor Gericht, weil sie die Offizierswillkür in deutschen Kasernen angeprangert und zu Ungehorsam gegen deutsche Wehrgesetze aufgerufen hatte. Als sie ihren Standpunkt vor den Geschworenen erläutern wollte, schnarrte der Richter in ihre Rede hinein die entlarvenden Worte: »Wir haben keine Zeit, politische Reden anzuhören. Wir erledigen den Fall juristisch und nicht politisch!« So auch jetzt: man wollte den »Fall DDR« juristisch erledigen, keine politischen Auseinandersetzungen führen.

Für mich gab es nur eine Schlußfolgerung: Wenn ich mich verteidigte, so nicht dadurch, daß ich auf jede konstruierte Einzelheit einging – meine Verteidigung konnte nur politisch sein. Das war leichter gesagt als getan.

Eines Tages stellte mir Dr. Matthäus seine Kollegin Astrid Mildebrath vor, eine sympathische, kluge und einfallsreiche Frau. In diesem ersten Gespräch stellte ich mich vor, begrüßte ihre Bereitschaft, meine Verteidigung zu übernehmen und sagte: »Wir gehen doch wohl überein in der Meinung, daß es sich hier um einen rein politischen Prozeß handeln wird.« Frau Mildebrath hob mit allen Zeichen des Unverständnisses und sogar des Entsetzens die Hände und wehrte entschieden ab: Politische Prozesse kenne das bundesdeutsche Recht nicht – und weil nicht sein kann, was nicht sein darf, werde es nicht mehr sein als ein normales Strafverfahren. Ich drang nicht weiter in sie und meinte: »Belassen wir es heute dabei, wir werden sehen«.

Das Verfahren gegen Honecker, Stoph, Mielke, Keßler, Streletz und Albrecht wurde nicht zum Jahrhundertprozeß. Dieses nie verschwiegene, nie bestrittene Ziel der Initiatoren und Drahtzieher im Hintergrund scheiterte. Nun mag es aus der Feder eines Mannes, der am Ende des Prozesses immerhin zu siebeneinhalb Jahren Haft verurteilt wurde, merkwürdig erscheinen, das Wort vom »Scheitern« des Prozesses zu lesen. Da man aber davon ausgehen kann, ausgehen muß, daß mit dem Verfahren viel mehr vorgesehen war, als nur einigen Männern eine Strafe aufzuerlegen, da das wirkliche Ziel unstreitig darin bestand, über einen langen Zeitabschnitt und über einen Staat das Urteil zu fällen, kann man noch mehr sagen: Der Prozeß scheiterte, gemessen an seinen Zielen, sogar jämmerlich.

Das hatte verschiedene Gründe. Der Hauptgrund war eben der Anspruch, Politik und Geschichte allein mit dem Maß des Strafrechts zu beurteilen.

Eigentlich konnte das Scheitern niemanden so recht überraschen. Schon an dem Tag, an dem die Hauptverhandlung endlich beginnen konnte – am 12. November 1992 – veröffentlichten viele deutsche und ausländische Zeitungen äußerst skeptische, ja sorgenvolle Voraussagen. Ich las am frühen Morgen den Leitartikel des Berliner *Tagesspiegel*. Der Verfasser zeigte das ganze Dilemma auf, in das das Verfahren hineingesteuert wurde und sagte voraus, weshalb es gleich zweimal scheitern könnte: Es müßte »als Strafprozeß scheitern, wenn es zu einem Tribunal über das DDR-Regime und seine Herrschaftspraxis würde. Aber es verfehlte auch seinen Gegenstand, wenn aus ihm irgendein Kriminalfall würde, bei dem es allein um die Anwendbarkeit von Paragraphen und das Beibringen von Beweisen ginge.« Man versuchte die Quadratur des Kreises, also scheiterte man.

Und 1995 – nur einige Jahre danach – bestätigte dies auch der Leiter der Sonderstaatsanwaltschaft »Regierungskriminalität«, Christoph Schaefgen. Auch wenn man seine Argumente nicht teilt und seine sprachliche Ausdrucksweise als unangemessen und rüde zurückweist, ist es interessant, seine Feststellung zu lesen: »Das Spannungsverhältnis von Macht und Recht, ob die Justiz der Bundesrepublik nicht nur die Macht, sondern auch das Recht hat, den höchsten Repräsentanten der ehemaligen DDR den Prozeß zu machen – und ob Honecker nicht nur die Macht hatte, ein Grenzregime mit tödlichen Mitteln zu errichten, sondern zugleich auch das Recht, die Tötung von fluchtwilligen DDR-Bürgern anzuordnen, wurde kaum behandelt.« Das trifft sicher zu – es wurde immer nur beiläufig, widerwillig erwähnt, immer nur dann, wenn unsere Anwälte es wieder einmal forderten oder wenn wir, die Angeklagten, es zur Sprache brachten. Das Gericht wischte das Thema der engen und komplizierten Verflechtung von Macht und Recht auf beiden Seiten immer vom Tisch. Als ein direkt am Prozeß Beteiligter erkläre ich mir das so: Es gelang den Anklägern einfach nicht, den Nachweis zu führen, daß das Geschehen in der

DDR mit den Mitteln des BRD-Rechtes abgeurteilt werden konnte, ohne gegen elementare Grundsätze jeden Rechtes zu verstoßen – und es gelang ihnen ebenfalls nicht, den Nachweis zu erbringen, daß die Politik der DDR-Regierung nicht der Verfassung, nicht den gültigen Gesetzen der DDR entsprochen hätte. Da beides eigentlich unerfüllbar war, unterließ man dann auch die Diskussion vor Gericht oder schnitt sie kurzerhand als unerheblich ab. Die Folge war ein Desaster.

Dafür gab es aber noch weit mehr Gründe.

Die Hauptverhandlung begann am 12. November 1992 – wie zu erwarten mit einem riesigen Aufgebot an Journalisten von Nachrichtenagenturen und Zeitungen aus aller Welt, von Reportern der Rundfunksender und zahlreichen Kamerateams der verschiedenen Fernsehstationen, mit einem Massenandrang von Schaulustigen, deren Zahl gewaltig reduziert werden mußte. Doch der erste Verhandlungstag war bald zu Ende – mit Blamage und Gezänk. Einer der Angeklagten, Willi Stoph, war zur Verhandlung nicht erschienen – in der unmäßig langen Zeit der Vorbereitung hatte er sich, schwer herzkrank, einer Bypassoperation unterziehen müssen. Erst die sofortigen und sehr hartnäckig vorgetragenen Anträge seiner Verteidiger, die Schwere der Krankheit exakt festzustellen und gründlich zu bewerten, führte zur Anerkennung der Verhandlungsunfähigkeit und zum Ausscheiden des vormaligen DDR-Ministerpräsidenten aus dem Prozeß.

Auch ein zweiter Angeklagter, der Älteste auf der Anklagebank, Erich Mielke, wurde vom Prozeß sehr zum Ärger des Gerichts gleich zu Beginn abgetrennt. Zunächst hatte man alles getan, Mielke gerade vor diese Strafkammer, in diesen »Jahrhundertprozeß« zu bekommen – ja, wie man sich in Moabit erzählte und wie auch wir erfuhren, hatte der überaus ehrgeizige Vorsitzende Richter Bräutigam zu diesem Zweck sogar einen eigentlich rechtswidrigen Trick eingefädelt. Gibt es in einem Verfahren mehrere Angeklagte, dann entscheidet der Anfangsbuchstabe des Namens des ältesten, welcher Strafkammer das Verfahren zugeordnet wird. Das ist mit dem »Recht eines jeden Bürgers auf seinen gesetzlichen Richter« geregelt – es soll verhindern, daß ein besonders ehrgeiziger oder von vornherein parteilicher oder bewußt voreingenommener Richter ein Verfahren an sich zieht oder es ihm von oben zugeschoben wird, es soll sichern, daß ein Richter fungiert, der vom Zufall, vom Alphabet und vom Dienstverteilungsplan eines ganzen Jahres an der Reihe ist. Richter Bräutigam tat alles, um nachträglich auch den Buchstaben M zugeteilt zu bekommen. Doch die lange Vorbereitung des Prozesses brachte diesen Plan zum Scheitern: Erich Mielke, schon 84 Jahre alt, zeigte immer deutlicher ernste Behinderungen, den Verhandlungen konzentriert folgen zu können und das Verfahren durchzustehen. Da noch andere Anklagen gegen ihn vorlagen – und da man wollte, daß gerade er, wie auch immer, vor einem Richter stand –, trennte man seinen Anteil an unserem, dem Honecker-Prozeß einfach ab und verhandelte vor einer anderen Strafkammer wegen eines Deliktes gegen ihn, das sechzig Jahre zurücklag und schon einmal von einem Nazi-Sondergericht verhandelt worden war: wegen der nie ganz geklärten Schüsse gegen zwei Polizeioffiziere auf dem Berliner Bülow-Platz 1931. Und die Ironie des Schicksals bewirkte, daß dieser zum Zwecke der Beschleunigung separat durchgeführte Mielke-Prozeß unser Verfahren um viele Monate überdauerte, weil an den meisten Verhandlungstagen jeweils nur wenige Minuten getagt werden konnte, mehr ließ der Gesundheitszustand Mielkes nicht zu. Er selbst äußerte sich überhaupt kaum. Aber man hätte wohl auch dann gegen ihn verhandelt, wenn er auf der Bank tot umgesunken wäre.

Doch der eigentlich Skandal war ein anderer.

Erich Honecker war am 29. Juli 1992 von Moskau nach Berlin gebracht worden, am 19. Oktober wurde das Hauptverfahren eröffnet, am 12. November fand die erste Verhandlung statt. So wie er schon vorher, seit Mitte 1989 wiederholt und mit immer schlimmeren Erkenntnissen ärztlich untersucht worden war – im Krankenhaus Berlin-Buch, an der Berliner Charité, im Hospital Beelitz, in der Moskauer Kremlklinik, immer und immer wieder – ging dies zwischen den eben genannten Terminen unverändert weiter. Eine Untersuchung folgte der anderen, ein Gutachten dem vorigen – alle besagten dasselbe, daß Honecker nur außerordentlich eingeschränkt verhandlungsfähig war, daß die Erwartung, wie die Krankheit sich weiter entwickeln würde, sehr negativ ausfiel und deren Verlauf immer bedrohlicher wurde. Schon bevor das Verfahren eigentlich begann, war klar, daß Honecker des Ende nicht erleben würde, daß er an ihm mit vollem Bewußtsein und mit der Möglichkeit, sich angemessen verteidigen zu können, nicht bis zum Schluß teilnehmen konnte. Rechtlich ist eine solche Diagnose natürlich ein Prozeßhindernis, da der gesetzliche Zweck eines Gerichtsverfahrens ja nicht mehr erreicht werden kann. Dennoch wurden immer neue Untersuchungen angeordnet, immer mehr Gutachten abgelehnt und neue angefordert und allen Dokumenten, ja selbst dem eigenen Augenschein zum Trotz, Honeckers Verhandlungsfähigkeit per Dekret verfügt. Was war die Folge?

Bekanntlich schied Honecker im Januar 1993, wie schon lange vorauszusehen, zwangsläufig aus dem Verfahren aus – vom Beginn an hatten dreizehn öffentliche Verhandlungen stattgefunden. Doch nur eine einzige – nur die am achten Verhandlungstag, am 3. Dezember 1992 – war einem anderen Thema gewidmet als den Symptomen und den Aussichten der Krankheit. Schon am ersten Tag des Prozesses hatte Erich Honecker das Manuskript seiner persönlichen Erklärung in der Hand, die er vor Gericht verlesen wollte. Zu jeder Sitzung brachte er sie wieder mit – das einzige, was ihm noch Energie und Kraft gab, die Strapazen auf sich zu nehmen, war diese seine letzte Aufgabe, die er sich vorgenommen hatte: sein ganzes politisches Leben zu vertreten und zu verteidigen. Erst am 3. Dezember konnte er es tun. Doch schon in der kommenden Sitzung, am 7. Dezember ging es wieder um die medizinischen Gutachten. An allen Verhandlungstagen – mit Ausnahme des einen – glich der Gerichtssaal eher einem medizinischen Kolloquium über Größe und Entwicklungstendenzen von Tumoren, über Leberlappen und Blutwerte, über die Chancen der weiteren Lebensdauer wie über die Möglichkeit eines baldigen Todes, wobei der Eindruck erweckt werden sollte, daß die Juristen bessere Krebsexperten seien als die Ärzte. Auch für uns, die wir nur zuhörend dabei waren und erlebten, wie auch unsere Zeit Woche um Woche vertan wurde und unsere Haft sich verlängerte, waren diese Debatten quälend und abstoßend – wie erst mußten sie den Betroffenen quälen, denn diese bis ins kleinste Detail gehenden Erörterungen über die Möglichkeiten eines sehr raschen oder etwas verzögerten, auf alle Fälle aber schmerzhaften Todes fanden in Anwesenheit Honeckers statt. Es blieb auf zermürbende Weise unklar, wie lange dieses makabre Schauspiel noch weitergegangen wäre, wenn nicht am 12. Januar 1993 das von der Verteidigung angerufene Berliner Verfassungsgericht ein Machtwort gesprochen hätte: Es hob wegen Verletzung des Grundrechtes des Angeklagten auf Achtung seiner Menschenwürde eine Reihe von Beschlüssen des Berliner Landgerichtes wie des Kammergerichtes auf und erzwang so, daß das Verfahren gegen Honecker eingestellt werden mußte. Selbst in der Einschätzung dieses Vorganges durch den Leiter der Sonderstaatsanwaltschaft, Schaefgen, liest es sich, wie es scheint, ohne jede Selbstkritik so: »Dem Kammergericht und der Strafkammer warf der Verfassungsgerichtshof vor, daß sie die Möglichkeit der Verletzung von Grundrechten des Beschwerdeführers überhaupt nicht in Erwägung gezogen hätten und daß das Landgericht seine verfassungsrechtlichen Überlegungen auf die von ihm ausdrücklich erwähnte verfassungsrechtlich gebotene Pflicht zur Strafverfolgung beschränkt habe.« In verständlichem Laiendeutsch: Sie wollten die Strafverfolgung um jeden Preis und pfiffen auf die Wahrung der Menschenrechte.

Mitte Januar schied dann Honecker aus dem Verfahren aus, die Haft wurde beendet, er konnte das Land verlassen und begab sich zu seiner Familie, die in Chile lebte. Ein negativer Nebeneffekt dieser letztlich dramatischen Entscheidung war die Tatsache, daß die persönliche Erklärung Honeckers, die er am 3. Dezember 1992 abgegeben hatte, im Gerichtssaal kaum noch Beachtung fand. Sie wurde zwar mehrfach – auch in Buchform – veröffentlicht und wird für die historische Forschung der Zukunft sicher noch von Bedeutung sein, im Verfahren kam man auf seine wichtigen Argumente nicht mehr zurück. Vielleicht wollte man auch nicht noch einmal damit konfrontiert werden, was Erich Honecker schon vorausschauend über den ganzen Vorgang um seine Person gleich zu Beginn seiner Rede gesagt hatte: »Ich werde dieser Anklage und diesem Gerichtsverfahren nicht dadurch den Anschein des Rechtes verleihen, daß ich mich gegen den offensichtlich unbegründeten Vorwurf des Totschlages verteidige. Verteidigung erübrigt sich auch, weil ich Ihr Urteil nicht mehr erleben werde.

Die Strafe, die sie mir offensichtlich zudenken, wird mich nicht mehr erreichen. Das weiß heute jeder. Ein Prozeß gegen mich ist schon aus diesem Grunde eine Farce. Er ist ein politisches Schauspiel.«

Daß in diesem Schauspiel das Drama ganz eng neben der Farce lag, zeigte sich auch an einem weiteren Vorgang, der ebenso Schlagzeilen machte: Die Einstellung des Verfahrens gegen Erich Honecker wurde von der 27. Strafkammer schon unter einem neuen Vorsitzenden verkündet. Der eigentliche Vorsitzende Richter Dr. Bräutigam war, wie es schien, über einen eigenen

Fehler gestolpert, der aus einer Mischung von eigenwilliger Überheblichkeit und Einfalt entsprang. Wir Angeklagten, die wir während der Sitzungsunterbrechungen, während der Beratungspausen in einem separierten Raum des Moabiter Gerichtsgebäudes warten mußten, hatten wiederholt schon miterlebt, daß die Justizbeamten und Aufseher mit Stößen von Büchern zum prominentesten Angeklagten kamen und ihn um Autogramme baten. Es waren Exemplare eines eben erschienenen Buches von Erich Honecker. Es mußte Mühe gemacht haben, so viele Bücher auf einmal aufzutreiben, doch der Wunsch ihrer Mitarbeiter muß doch sehr groß gewesen sein, eine »Erinnerung« an den »Jahrhundertprozeß« zu bekommen – und Honecker erfüllte die Wünsche. Eines Tages wurde ein solches Buch auch vom Vorsitzenden Bräutigam vorgelegt, angeblich im Auftrag eines Schöffen. Honecker signierte auch dies – kaum wissend, daß dies Herrn Bräutigam den Vorwurf der Voreingenommenheit und der möglichen Befangenheit einbringen und ihn aus dem Verfahren katapultieren würde. Sah der besonders ehrgeizige Richter vielleicht das Scheitern des Verfahrens voraus und wollte ausscheiden? Sein sonst völlig unverständliches Verhalten löste eine wilde Woge der Spekulation aus. Seit wir aber wissen, daß Bräutigam einige Jahre später – schon zu Beginn des nächsten Prozesses gegen Politbüromitglieder, gegen Egon Krenz und andere – wegen eines ebenso unüberlegten und überheblichen Mißgriffes von der Leitung des Verfahrens entfernt werden mußte, zweifeln wir an der Version eines geplanten Rückzugs aus der Verantwortung.

Mitte Januar ging das Verfahren dann weiter: das Gericht tagte jetzt unter dem Vorsitz des Richters Boß, auf der Anklagebank waren drei von ehemals sechs Angeklagten übriggeblieben, der Prozeß hatte viel von seinem spektakulären Charakter verloren. Er begann in Wirklichkeit neu, sachlicher, ruhiger, auch weniger beachtet – und dennoch ermüdend lange, schwerfällig, einseitig.

Richter Boß war ein anderer Typ als Bräutigam – nicht so herrisch, nicht so anmaßend, bereit auch zuzuhören, umgänglicher, bereit auch zu vermitteln – in der Sache jedoch ebenso auf das Ziel orientiert, das diesem Verfahren gesteckt war.

Auch ich gab jetzt meine persönliche Erklärung ab, in der ich meinen auf diesen Seiten schon mehrmals erläuterten Standpunkt ausführlich begründete, warum dieses Verfahren ein politischer Prozeß war, welche letztendlichen Ziele er verfolgte und warum ich die gegen uns erhobenen Vorwürfe der Anklage als unbegründet und aus dem historischen Kontext gerissen ablehnte. Als im Anschluß daran das Gericht und die Staatsanwaltschaft sofort versuchten, mich gewissermaßen in ein Kreuzverhör zu verstricken und mich doch zu Aussagen zu einzelnen Anklagepunkten zu veranlassen, berief ich mich auf das Recht der Aussageverweigerung und schwieg – bis auf eine Erklärung zur Person – bis zum vorletzten Verhandlungstag, bis zum sogenannten persönlichen »Letzten Wort« vor dem Urteilsspruch. Ich hatte mich zu diesem Prozeßverhalten entschieden, mich mit meinen Verteidigern geeinigt und überließ es ihnen, von nun an als meine Vertreter zu agieren, wie der Prozeßverlauf es erforderte – ich hatte völliges Vertrauen zu ihnen.

Übrigens hatte sich, schon vor Prozeßbeginn, auch Rechtsanwalt Hans-Peter Mildebrath in das Team der Verteidiger eingereiht – neben seiner Frau, neben Dr. Matthäus. Als ein sehr erfahrener Jurist bedeutete er eine wesentliche Verstärkung an Sachverstand und taktischem Geschick und auch an Bereitschaft zu einem guten, sachlichen, menschlich anständigen Miteinander mit seinem Mandanten. Wenn ich später in meinen Schlußbemerkungen davon sprach, daß die Art und Weise des Umgangs der Verteidiger mit ihren Mandanten eigentlich ein Muster sein könnte, wie sich ein verständnisvolles Miteinander, statt eines Gegeneinanders, zwischen »Ossis« und »Wessis« entwickeln könnte – dann hatte ich meine eigenen Erfahrungen mit dem Anwaltspaar Mildebrath im Sinn: einander respektierend, aufeinander zugehend, um das Verständnis des Gegenübers bemüht, ohne hartnäckig die andere Herkunft, die andere Lebenserfahrung zu betonen oder in Frage zu stellen. Solches Verhalten, generell geübt, hätte dem nun einmal eingetretenen Einigungsprozeß genutzt und anderes bewirkt als das vorherrschende rüde und überhebliche Verhalten der meisten Bundesdeutschen gegenüber dem Partner aus dem Osten. Hinzu kam in diesem Falle auch, daß die beiden erfahrenen Juristen sehr bald anerkennen mußten, daß aller Schulmeinung zum Trotz das Moabiter Verfahren doch ein politisches war und anders nicht geführt werden konnte.

Wie nicht anders zu erwarten, war die Art, sich vor Gericht zu bewegen, individuell verschieden, so wie die Charaktere der Menschen eben unterschiedlich sind. Das traf für die Verteidiger zu, das war auch bei uns Angeklagten so. Ich hatte mich entschieden, bei einer politischen Bewertung der Anklage zu bleiben und ansonsten zu schweigen. Fritz Streletz hielt es für richtig, auf sachlich-fachliche Fragen ausführlicher zu reagieren, auch Richtigstellungen gewisser einzelner Behauptungen der Anklage vorzunehmen und Gegenbeweise zu liefern – er war seiner ganzen Entwicklung nach mehr der militärische Experte, der als Truppenkommandeur und Stabsoffizier seine Laufbahn begonnen hatte, bevor er dann Chef des Hauptstabes und Sekretär des Nationalen Verteidigungsrates wurde. Seine Sachkenntnis und Genauigkeit, seine Fähigkeit, einen Sachverhalt auf den Punkt zu bringen, unterstützten seine Form der Verteidigung. Auch Albrechts Art war verschieden – wohl auch deshalb, weil er wegen seiner Schwerhörigkeit der Verhandlung nicht immer voll folgen konnte und sich auf sehr wenige Bemerkungen beschränkte.

Wenn wir drei dennoch in der Sache stets übereinstimmten und alle Versuche der Anklage, einen gegen den anderen möglicherweise auszuspielen, fehlschlugen, dann lag das an der Gemeinsamkeit unserer früheren Erlebnisse und Erfahrungen, an der Kraft der Tatsachen, aber auch daran, daß die Anklage und das Gericht unermüdlich versuchten, ihre unrichtigen Behauptungen und Vermutungen weiterhin ins Spiel zu bringen, und uns so dazu zwangen, immer wieder aufs neue die wirklichen Tatsachen zu benennen und unsere Positionen zu behaupten.

Es war – nach dem blamablen und quälenden Gezerre um medizinische Gutachten und Gegengutachten, um Karzinome und daraus erwachsende Todeserwartung – doch noch zu einem wenigstens formal normalen Gerichtsverfahren gekommen: mit Zeugenaussagen, mit der Anhörung von Sachverständigen, mit dem Verlesen von Dokumenten und Protokollen, mit Anträgen der Staatsanwälte, Nebenkläger und Verteidiger. Der Verlauf entsprach den Regeln, sogar die Tonart wurde moderater. Doch: der Krebsschaden dieses ganzen Prozesses blieb und ließ sich nicht ausblenden.

Wir versuchten mehr als einmal, prominente Persönlichkeiten als Zeugen vor Gericht zu bekommen, die als Akteure im historischen Geschehen viele Zusammenhänge genauer kannten als jene Staatsanwälte, die sie erst aus Archivprotokollen herauslesen, rekonstruieren mußten. Wir schlugen vor, Michail Gorbatschow, Helmut Kohl, Hans-Dietrich Genscher, Wolfgang Schäuble und andere Gesprächs- und Verhandlungspartner der DDR-Führung in den Zeugenstand zu laden. Alle Vorschläge wurden abgewiesen, weil sie ja auf politische Bedingungen, Voraussetzungen und Folgen der Geschichte zielten – sie wurden, leger gesprochen, »abgeschmettert«, selbst mit der in verbindlichem Tone geäußerten Bemerkung des Vorsitzenden Richters, man könne die Aussagen der vorgeschlagenen Herren ruhig als bekannt und in unserem Sinne wirkend voraussetzen, in der Sache seien sie jedoch bedeutungslos. Und die Sache war und blieb: Welche direkte oder indirekte Verantwortung hatten wir, als Mitglieder eines DDR-Verfassungsorgans an den Schüssen an der Grenze? Gab es, außer einer generellen Schußwaffengebrauchs-Anordnung, wie es sie in allen Ländern gibt und wie sie fast mit denselben Worten auch in der BRD in Kraft war, noch einen direkten besonderen Schießbefehl, der das Töten an der Grenze nicht zur letzten Ausnahme, sondern zum Prinzip erklärte – wie es die Anklage behauptete, wie wir es entschieden und der Wahrheit gemäß bestritten? Wie war der Verlauf einzelner Sitzungen des Nationalen Verteidigungsrates, konnte man sie zum Nachweis persönlicher Schuld der Angeklagten ausschlachten – wie die Staatsanwälte es um jeden Preis wollten und wie wir es entschieden zurückwiesen? Handelte es sich wirklich um eine rein »innerdeutsche Grenze«, bei der die volle Verfügungsgewalt bei den DDR-Organen lag, wie es die Anklage permanent unterstellte – oder handelte es sich um eine im Kalten Krieg entstandene und verfestigte Grenze der Gesellschaftssysteme und der Einflußsphären der beiden Supermächte, bei der die wichtigsten Entscheidungen im Westen bei den Amerikanern, im Osten bei der Sowjetunion lagen, wie wir es folgerichtig darstellten, aber durch Zeugenaussagen nicht beweisen durften. Lange Zeit verharrte der Prozeß so auf der Stelle, brachte nichts Neues mehr zutage, ließ die ständigen Wiederholungen überdrüssig und lästig werden.

Sicher wird es heute, und in Zukunft vielleicht noch mehr, Menschen geben, die den Prozeßverlauf studieren werden, um die winzigen Brocken an neuen Erkenntnissen oder auch nur an neuen Vermutungen herauszufischen. Ich möchte mich nur noch auf einige andere Beobachtungen beschränken, die für mich mit diesen Monaten im Moabiter Gerichtsgebäude verbunden sind.

Von besonderer Bedeutung für uns waren vom ersten Tage an bis zum allerletzten die sehr deutlichen und starken Beweise der Solidarität, die wir aus dem Zuschauerraum erfuhren. Gewiß, der

Raum war beschränkt und nicht immer konnten alle eingelassen werden, die kommen wollten. Gewiß, man mußte akzeptieren, daß immer neben allgemeinen Schaulustigen auch erklärte politische Gegner anwesend waren, aus deren Zwischenrufen und anderen Reaktionen wir den Geist des Kalten Krieges verspürten. Doch immer waren die Freunde und Genossen, bekannte und unbekannte, in der Überzahl, die uns Beistand geben und Ermunterung vermitteln wollten. Da man sicher in der Vermutung nicht fehl geht, daß gerade bei einem so hochpolitischen Gerichtsverfahren auch das prüfende Auge des Verfassungschutzes auf den Anwesenden im Saale ruhte, ist die Beharrlichkeit und die Deutlichkeit der erwiesenen Solidarität besonders hoch einzuschätzen, sie verdient den besonderen Dank.

Und schließlich: Eine wichtige Erfahrung war für mich, daß ein Gerichtsprozeß, wenn er nur lange genug dauert und sich immer um die gleichen Fragen bewegt, nichts Neues mehr bringt, weil er nichts Neues mehr bringen soll, überaus kräftezehrend und sehr ermüdend sein kann und zum Überdruß führt, so daß man nichts sehnlicher wünscht, als daß er bald zu Ende ginge – und daß dies sogar verführen kann.

Eines Tages kamen Astrid und Hans-Peter Mildebrath zu mir. Sie sprachen davon, daß etwas in der Luft hinge, was in Amerika und seinen Gerichten durchaus üblich sei und dort schlichtweg »deal« heißt – ein gewagtes Geschäft, eine Absprache hinter vorgehaltener Hand. Sie hatten erfahren – ob direkt, ob auf indirektem Wege, ließen sie offen –, daß das Gericht und auch die Anklagebehörde mit einem *deal* einverstanden wären, der auf folgendes hinauslief: Das ohnehin vorgesehene Strafmaß von siebeneinhalb Jahren Haft sollte von mir akzeptiert werden, ohne Einspruch zu erheben, ohne neue Anträge zu stellen, ohne eine langwierige Revision anzustreben – dann könne man zusichern, daß bei Anrechnung der langen Untersuchungshaft und bei Berücksichtigung anderer wohlwollend geprüfter Umstände die Haftstrafe ausgesetzt werde.

Ich fragte die Anwälte sofort, was sie, die Juristen, mir denn für eine solche Möglichkeit empfehlen würden.

Mit ernsten Gesichtern und ohne viele Worte wiesen beide diese Frage zurück und betonten, dies sei ganz allein meine Entscheidung, sie haben nicht einmal die Absicht, mich zu beeinflussen oder auch nur mir zu raten. Ich allein habe zu entscheiden, weil ja auch ich allein mögliche Konsequenzen zu tragen hätte. Darauf sagte ich, daß ich mich auf ein solches Geschäft, auf solch einen *deal* auf gar keinen Fall einlassen würde, weil dies ja bedeuten würde, daß ich damit die Rechtmäßigkeit dieses Urteils, die Schuld anerkennen würde, die man mir zugedacht, aber nicht bewiesen hatte.

An ihrer Reaktion und auch an ihren jetzigen Worten, sie hätten ganz genau so entschieden, erkannte ich, wie nahe sich unsere Auffassungen inzwischen gekommen waren, auch unsere Einschätzung dieses Verfahrens als einen politisch motivierten und politisch geführten Prozeß.

Das Verfahren ging weiter, mit neuen Anträgen, neuen Einsprüchen, neuen Zeugen, neuen langwierigen Verhandlungen – doch mit dem guten Gefühl, seine Überzeugung nicht verkauft zu haben. Schließlich kam das Ende der Beweisaufnahme, kamen die Plädoyers der Staatsanwaltschaft, die Plädoyers der Verteidiger, die einige Tage dauerten und die beide extrem entgegengesetzt waren, aber nichts Neues brachten, sondern die einander widersprechenden Positionen nur befestigten.

Und dann kam der vorletzte Verhandlungstag, der 14. September 1993, an dem die drei verbliebenen Angeklagten die Möglichkeit zu einem abschließenden, zu einem »Letzten persönlichen Wort« erhielten. Der Andrang der Öffentlichkeit und der Presse an diesem Tag war besonders stark. Diese Gelegenheit galt es zu nutzen – alle drei Angeklagten versuchten es auf ihre eigene Weise. Das Gericht hatte, aus welchem Grund auch immer, festgelegt, daß ich – der ehemalige Minister – als letzter sprechen sollte.

Aus dem sehr kurzen, lakonischen Schlußwort von Hans Albrecht blieb mir eine Passage in Erinnerung. Er erinnerte daran, daß er am Ende der 80er Jahre, also noch vor der Wende, einmal einer Einladung nach Bayern folgte. An der Grenze wurde er stundenlang aufgehalten, da der BRD-Grenzschutz angesichts der Funktion des Reisenden erst umfassende Recherchen anstellen wollte – beim Verfassungsschutz, beim Bundesnachrichtendienst, beim Dokumentationszentrum Salzgitter, in diversen Fahndungslisten. Danach habe ihm der diensthabende Offizier seinen Paß überreicht und gesagt: »Gegen Sie liegt in der Bundesrepublik nicht das Geringste vor. Gute Reise!« Diesem Bericht ließ Albrecht eine Frage folgen: »Wie konnte in wenigen Monaten aus Nichts ein Belastungsmaterial werden, das zu Anklage und Haftbefehl reichte? Oder: Ist das, was damals für alle, auch für die Bundesrepublik, geltendes Recht war, jetzt Unrecht geworden? Und vor allem wie?« Es waren nur zwei Fragen, wie es schien sehr naiv formuliert, aber sie trafen dennoch eine der Kernfragen, die der ganze Prozeß unbeantwortet ließ.

Auch das letzte Wort von Fritz Streletz entsprach voll seinem Charakter – es war viel ausführlicher, gründlich vorbereitet, exakt niedergeschrieben, in Hauptpunkte und Unterpunkte gegliedert wie ein Rapport. Nur einmal wich er scheinbar vom Konzept ab und sprach frei – doch auch das entsprach dem ganzen Duktus, klar, präzise, logisch. Er sagte: » Herr Oberstaatsanwalt, wir haben beide ein gemeinsames Problem. Wir sprechen beide die gleiche Sprache, aber wir verstehen uns nicht. Das beginnt bei ganz einfachen Worten. Nehmen wir ein Wort: Grenze. Ich spreche von der Grenze zwischen der Bundesrepublik und der DDR, von einer Staatsgrenze also, in internationalen Verträgen anerkannt, auch von der Regierung der Bundesrepublik so akzeptiert, daß sie mehrmals durch ihre höchsten Repräsentanten erklären ließ, daß man sie zuverlässig sichern müsse. Sie aber sprechen von einer innerdeutschen Grenze, als handele es sich um das Zusammentreffen von Hessen und Bayern. Wie soll es Verständigung geben, wenn es nicht einmal Verständnis gibt?«

Und so ging es weiter, Punkt für Punkt. Klarheit muß sein!

Auch ich versuchte, meinem selbstgefaßten Vorsatz treu zu sein. Ich ging auf einzelne Fragen, die im Prozeß eine Rolle gespielt hatten, nicht noch einmal ein, weder um sie zu ergänzen noch um sie zu korrigieren – bis auf einen. Ich sprach vor allem über die deutsche Geschichte und wie ich sie erlebt hatte, über die Lehren, die wir aus der Geschichte zu ziehen suchten, und was uns dabei hinderte und belastete. Man hatte in diesem Prozeß unsere Motive, unsere Ziele, unsere Pflichten und Rechte, die aus der Vergangenheit unseres Volkes erwuchsen, so wenig zur Kenntnis genommen, daß ich es einfach als nötig empfand, es selbst zu tun. Und das führte auch zu meiner Frage an den Oberstaatsanwalt Jahntz. Dieser hatte in seinem Plädoyer die Behauptung aufgestellt, »Keßler habe sich 1941 von einem Unrechtsregime abgewandt, ja unter Einsatz seines Lebens und mit großem Mut, um sich dann einem anderen Unrechtsregime zur Verfügung zu stellen.«

An ihn wandte ich mich jetzt und fragte: »Was, Herr Oberstaatsanwalt, gibt Ihnen eigentlich das Recht, einen solchen

Vergleich zu ziehen, auf so ungeheuerliche Weise ein Gleichheits-zeichen zwischen Nazidiktatur und Politik der DDR zu setzen. Was gibt ihnen das Recht, einen Antifaschisten, den Hitler auf seine Todeslisten gesetzt hat, so hinterhältig zu verleumden?«

Ich hatte das nicht vorbereitet gehabt, aber im nachhinein fand ich die Wahl meiner Worte richtig. »Was gibt Ihnen eigentlich das Recht?« – das war eine der wichtigsten Fragen an Ankläger und Richter.

Am folgenden Tag wurden die Urteile gsprochen. Überrascht waren wir nicht. Unter dem ständigen Druck der politischen Kräfte, die jetzt in ganz Deutschland das Sagen haben, hatte es Richter Boß nicht gewagt, den juristisch, politisch und historisch überzeugenden Argumenten der Verteidiger zu folgen. Er hatte sich auch nicht den haßerfüllten Strafanträgen der Staatsan-waltschaft anschließen wollen. »Das Gericht war sich jederzeit sei-ner geschichtlichen Befangenheit bewußt. Zugunsten der Angeklagten war zu berücksichtigen, daß sie Gefangene der deut-schen Nachkriegsgeschichte sind wie wir alle.«

Sein Spruch war nicht: Ja, ja – nein, nein. Seine Urteile pen-delten sich irgendwo zwischen Wollen und Müssen ein: gegen Heinz Keßler siebeneinhalb Jahre Haft – beantragt waren zwölf Jahre; gegen Fritz Streletz fünfeinhalb Jahre Haft – beantragt waren zehn Jahre; die Urteile gegen beide ergingen nicht wegen Täterschaft, sondern wegen Anstiftung; gegen Hans Albrecht vier-einhalb Jahre Haft wegen Beihilfe – beantragt waren acht Jahre. Schließlich verkündete Richter Boß den Beschluß, daß die Haft für Keßler und Streletz, die ja bereits zweieinhalb Jahre dauerte, unter strengen Auflagen ausgesetzt wurde, bis die Urteile rechts-kräftig geworden waren. Es war ja allen klar, daß die Staats-anwaltschaft wie die Verteidigung Revision beantragen würden.

Nach dieser Sitzung des Gerichtes konnte ich Moabit, das Gericht wie die Haftanstalt verlassen – ich war noch keineswegs frei, doch freier als in der vergangenen Zeit, ich mußte mich regel-mäßig beim nächsten Polizeirevier melden und meinen Ausweis und meinen Reisepaß abgeben, aber ich konnte bei meiner Familie sein und wieder in den Kreis meiner Freunde und Genossen zurückkehren.

Im Juli 1994 schließlich folgte das nächste Kapitel: Vor dem 5. Senat des Bundesgerichtshofes, der seinen Sitz in Berlin hat, fand die Revisionsverhandlung statt.

Der Tagungsort des Bundesgerichtshof in Berlin befindet sich in dem Gebäude des ehemaligen Reichsmilitärgerichts in Charlottenburg. Niemand wird mir verübeln, daß meine Gedanken zurückgingen an den Anfang der hier erzählten Geschichte. Es muß in diesem Haus gewesen sein, in dem mich Hitlers Richter zum Tode verurteilt hatten.

Es kam, wie ich es schon erwartet hatte: Der Bundesgerichtshof bestätigte zwar das Strafmaß gegen Keßler und Streletz und erhöhte das gegen Albrecht um ein halbes Jahr, und doch verschärfte er das Urteil, da er nicht mehr wie das Landgericht von Anstiftung, sondern von mittelbarer Täterschaft ausging, was immer das auch war. Da unser Einspruch beim Bundesverfassungsgericht wirksam wurde und die Entscheidung auch jetzt, Anfang 1996, noch nicht gefällt ist, blieb die Haft ausgesetzt, ich erhielt meinen Paß zurück, konnte auch schon die Stadt Berlin verlassen und sogar in der Solidaritätsbewegung – Solidarität für die von der Strafjustiz bedrohten ehemaligen DDR-Bürger – tätig werden. Und konnte miterleben, daß manche Erkenntnis, für die ich einstand, inzwischen von vielen Menschen geteilt wird.

Es geht keineswegs um eine Rückkehr, es geht um einen Neuanfang. Es geht immer um einen Neuanfang! Wie sagte Karl Liebknecht, den übrigens damals, 1916, das Reichsmilitärgericht – vielleicht im selben Haus? – wegen Propaganda gegen den Krieg zur Zuchthaushaft verurteilte?

Die Gegenwart mag trügen,
Die Zukunft bleibt uns treu.
Ob Hoffnungen verfliegen,
Sie wachsen immer neu.

Im Herbst 1998 wurde Heinz Keßler, inzwischen 78jährig, nach vier Jahren aus der Haft entlassen.
Allein 850 Tage hatte er in Untersuchungshaft zugebracht.